CW01654378

NIETZSCHE
Le champ de bataille

Du même auteur

Ouvrages traduits en français

Les Mouvements fascistes. L'Europe de 1919 à 1945, Calmann-Lévy, 1969. Rééditions Calmann-Lévy, 1991 ; Hachette-Pluriel, 1992.

Le Fascisme dans son époque (3 tomes), Julliard, 1970 :

- *L'Action française*
- *Le Fascisme italien*
- *Le National-socialisme*

Fascisme et Communisme. Correspondance avec François Furet, *Commentaire*/Plon, 1998 ; Hachette-Pluriel, 1999.

La Guerre civile européenne 1917-1945, Éditions des Syrtes, 2000.

Ernst Nolte

NIETZSCHE
Le champ de bataille

Préface d'Édouard Husson

Traduit de l'allemand par Fanny Husson

BARTILLAT
21, rue Servandoni, 75006 Paris

Titre original : *Nietzsche und der Nietzscheanismus*,
Francfort-sur-le-Main, Berlin, Propyläen, 1990.
© Ernst Nolte.
© 2000, Éditions Bartillat pour la préface et la traduction française.

*Préface**

Nietzsche, Marx et leurs épigones dans l'œuvre d'Ernst Nolte

L'ouvrage consacré à Nietzsche par Ernst Nolte est une étape importante dans l'histoire de la réception du philosophe en Allemagne[1], phénomène qui n'est pas moins complexe à retracer que la réception du philosophe en France[2]. Le lecteur de la présente étude se rendra déjà compte, lorsque Nolte propose une synthèse des lectures du philosophe en Allemagne avant 1914, de la diversité des individus et des courants artistiques, culturels, politiques, idéologiques, qui se sont intéressés au philosophe. Nietzsche n'est à cette époque en aucun cas le précurseur du nationalisme antisémite allemand, avec lequel il a toujours pris ses distances, ni même du fascisme, même si le jeune Mussolini est un marxiste fasciné par Nietzsche. Pourtant le régime nazi essaya de faire du philosophe son penseur : certains passages de l'œuvre de Nietzsche, où il envisage l'extermination de « millions de ratés », ont pu servir de justification aux pires crimes du IIIe Reich. Nietzsche est un « champ de bataille », selon l'heureuse expression de Nolte : non seulement parce qu'après sa mort tous les courants de pensée ont pu se réclamer de lui ; mais aussi parce que, dans sa réflexion, il a effectivement développé les opinions les plus contradictoires.

* Édouard Husson, normalien, agrégé et docteur en histoire, est spécialiste des questions d'historiographie du nazisme. Il est actuellement chercheur à l'*Institut für Zeitgeschichte* à Munich.

1. Ascheim S., *Nietzsche in Germany*, Londres, 1992. Sur L'ouvrage d'Ernst Nolte, voir p. 323-327.
2. Le Rider J., *Nietzsche en France*, Paris, 1999.

Il est sans doute plus difficile à un Allemand qu'à d'autres d'éluder la question des rapports entre Nietzsche et le nazisme ; pourtant, le lecteur allemand bute comme un autre, dès qu'il se plonge dans une lecture approfondie du philosophe, sur l'impossibilité de réduire la paternité de Nietzsche à un seul courant de pensée, à une seule postérité idéologique. On pourrait mettre en exergue à l'étude de Nolte cette formule de Paul Valéry adressée à André Gide : « Pour moi Nietzsche est avant tout contradictoire. Par exemple, il éreinte A par la méthode B, et puis il démolit B ; et conserve les deux éreintements tout de même[3]. »

Ernst Nolte, né en 1923, connu comme historien des idéologies, est philosophe de formation – il fut l'élève de Heidegger – et l'on ne peut dissocier les parties philosophiques et historiques de son œuvre[4]. La question du rôle de Nietzsche dans la genèse des grandes idéologies du XXe siècle n'a cessé de préoccuper Nolte et le présent ouvrage est la synthèse de ses études sur la question. Il faut quelqu'un d'aussi sensible aux multiples contradictions des grands systèmes de pensée et des grandes idéologies pour défendre avec brio une thèse originale : Nietzsche est fondamentalement un anti-Marx.

Ce livre est aussi une bonne introduction à l'œuvre de Nolte, considérable mais connue seulement par bribes en France, et, depuis une dizaine d'années, abusivement réduite aux prises de positions qui furent les siennes durant la « querelle des historiens », cette controverse de la vie intellectuelle des années 1986-1988 en République Fédérale d'Allemagne ayant porté sur la question qui cristallise les passions idéologiques depuis l'entre-deux-guerres, celle de la comparaison entre fascisme et communisme, entre nazisme et stalinisme. Les thèses de Nolte sur le fascisme comme réponse au marxisme-léninisme, sur le « génocide social » comme antérieur au « génocide racial » et les camps d'extermination hitlériens comme copie du goulag stalinien, ont suscité une réprobation quasi générale et ont fait clouer au pilori un auteur jusque-là apprécié pour la complexité de ses analyses. Il faut savoir gré au regretté François Furet[5] d'avoir le premier cessé de faire de Nolte

3. Cité dans Liébert G., *Nietzsche et la musique*, Paris, 2000, 2e édition, p. 183. Voir aussi une anthologie qui fait ressortir toutes les contradictions de Nietzsche : *Nietzsche. Mauvaises pensées choisies*, choix de textes par G. Liébert. Préface de Mona Ozouf ; Paris, 2000.

4. Kraus H.-Ch., « L'historiographie philosophique d'Ernst Nolte », in *La Pensée politique*, 1994, p. 59-87.

5. Furet F., *Le Passé d'une illusion*, Paris, 1994, p. 194-196. De la même approche nuancée et critique témoigne, du côté allemand, Möller H., « Ernst Nolte

un bouc émissaire et d'avoir entamé avec lui une discussion épistolaire sur l'ensemble de son œuvre[6].

Pour dissiper les malentendus sur Nolte, montrer les qualités et les limites de ses analyses et faire comprendre pourquoi son étude sur Nietzsche appartient au meilleur de son œuvre, il faut donc commencer par une présentation générale de ses travaux, qui replace la controverse de la « querelle des historiens » dans le développement de la pensée de celui qui est à la fois historien et philosophe[7]. Effectivement, Nolte est critiquable par certaines conclusions de sa réflexion, mais, de notre point de vue[8], pas pour les raisons habituellement alléguées et, surtout, les pans contestables de son œuvre n'enlèvent rien à l'intérêt de ses études sur certains des plus grands philosophes allemands : Marx, Nietzsche, Heidegger[9].

Le fascisme comme antimarxisme

Ernst Nolte est d'abord connu en France comme l'auteur d'une étude qui a fait date sur l'idéologie fasciste, sa genèse et ses développements[10]. Au début des années soixante, alors que le courant dominant de la recherche sur le national-socialisme analysait le système hitlérien comme un totalitarisme, comparable au stalinisme, le philosophe et historien allemand montre comme il est intéressant de repérer, à la fin du XIXe siècle, avec l'histoire de l'Action française, la lente gestation d'une idéologie et d'une pratique de la contre-révolution. Parce que la tradition monarchiste française la contenait et parce que la IIIe République française

und das "Liberale System" », in *Weltbürgerkrieg der Ideologien – Antworten an E. Nolte. Festschrift zum 70. Geburtstag*, Francfort/Main, 1993.

6. Furet F., Nolte E., *Fascisme et Communisme*, Paris, 1998.

7. Kraus H.-Ch., « L'historiographie philosophique d'Ernst Nolte », *art. cit.* Depuis le début des années quatre-vingt-dix, Nolte a publié surtout des ouvrages d'histoire de la pensée et des penseurs : outre le présent ouvrage et celui, déjà cité sur Heidegger, il faut mentionner *Geschichtsdenken im 20. Jahrhundert, Von Max Weber bis Hans Jonas,* Berlin, 1991 et *Historische Existenz. Zwischen Anfang und Ende der Geschichte ?*, Munich 1998.

8. Pour une étude détaillée de la « querelle des historiens » et de l'ensemble des controverses entre historiens de RFA sur le passé nazi, nous renvoyons à notre étude à paraître dans le courant de l'année 2000 aux Presses Universitaires de France : *Comprendre Hitler et la Shoah. Les historiens de RFA et la question de l'identité allemande.* Voir aussi, à propos de la controverse Goldhagen, Husson E., *Une culpabilité ordinaire ? Hitler, les Allemands et la Shoah*, Paris, 1997.

9. Nolte E., *Martin Heidegger*, Berlin, 1992.

10. Nolte E., *Le Fascisme dans son époque*, Paris, 1970, 3 vol.

était, avant 1914, un régime stable, c'est vers l'Italie qu'il faut se tourner pour comprendre le potentiel d'expansion de cette idéologie contre-révolutionnaire auquel Mussolini, ancien militant révolutionnaire, a donné son nom emblématique, le fascisme.

Nolte le définit comme « un antimarxisme qui vise à anéantir son ennemi en développant une idéologie radicalement opposée, et pourtant apparentée, à la sienne, et en appliquant des méthodes presque identiques, non sans les avoir transformées d'une manière caractéristique[11] ». Et puisque la révolution est un phénomène transnational, le fascisme ne pouvait pas rester limité à un seul pays : le national-socialisme est l'expression d'un fascisme radical, européen, dressé non plus contre le seul communisme de son pays mais contre la puissance qui est la matrice de la révolution au XXe siècle : la Russie stalinienne. C'est parce que le facisme a pris le pouvoir en Allemagne, explique Nolte, que la période 1918-1945 mérite d'être appelée « époque du fascisme ».

Le Fascisme dans son époque contient l'une des premières études d'envergure sur l'Action Française[12] ; surtout, Nolte livre en deuxième partie ce qui reste l'un des sommets de son œuvre : la biographie intellectuelle de Mussolini, dans laquelle la tension entre marxisme et nietzschéisme a joué un rôle important. L'ensemble du livre bute, il est vrai, sur une contradiction : le détour par l'Italie fasciste ne permet pas de comprendre la genèse de l'antisémitisme hitlérien, point que l'idéologie national-socialiste avait en commun avec celle de l'Action française. Mais Nolte a véritablement relancé, à l'échelle internationale, l'étude comparative des fascismes[13]. Cela valut à son étude une grande popularité dans les milieux de étudiants de gauche ouest-allemands des années soixante qui remettaient en cause le silence de la génération de leurs parents, dans les années cinquante, sur le passé nazi.

Nolte peut cependant être considéré, dès cette époque, comme celui qui a permis de renouveler la problématique de la comparaison entre totalitarismes. À la comparaison trop statique qui était celle de Friedrich et Brzezinski, il substituait l'histoire d'une dialectique de la révolution et de la contre-révolution[14].

11. *Op. cit.,* t. 1, p. 75.

12. Depuis, on dispose d'une abondante littérature. L'ouvrage de référence reste : Weber E., *L'Action française*, Paris, 1954. Rééd. 1985.

13. Pour une présentation générale de l'utilisation des concepts de fascisme, totalitarisme, etc., voir Kershaw I., *Qu'est-ce que le nazisme ?*, Paris, 1997, 2e édition, chap. 2. Pour une théorie récente du phénomène fasciste, voir par exemple Griffin R., *The Nature of Fascism*, Londres, 1991.

14. Carl Friedrich, *Totalitarianism*, Cambridge Mass., 1954.

Dans la deuxième grande étude de Nolte, publiée en 1968, année emblématique, Nolte posait la question de la crise du système libéral, *Die Krise des liberalen Systems*[15]. Ce que Nolte appelle le système libéral, c'est ce pluralisme typiquement occidental qui s'enracine dans l'absence de monopole des grandes instances qui organisent notre vie collective. L'Église catholique a perdu son monopole sur la vie spirituelle avec la Réforme, mais ce qui est caractéristique, c'est que la Réforme n'a jamais pu se substituer totalement à elle. L'Église avait déjà, quelques siècles plus tôt, passé un compromis avec l'Empire. Mais en fait aucune puissance ne s'est emparée durablement de l'ensemble du continent ; la puissance européenne ou occidentale dominante du moment finit toujours par susciter la concurrence. À l'intérieur des États, les pouvoirs centraux ont dû tôt composer avec des instances représentatives. Le système libéral est fondé sur la concurrence et la tolérance, sur le fait qu'aucune instance ne l'emporte définitivement sur les autres. La raison et le discours scientifique s'enracinent dans la liberté de conscience. C'est aussi le pluralisme occidental qui a permis la révolution industrielle.

Ce système, dont Nolte souligne, un peu à la façon de Max Weber[16], le caractère unique – et dont il montre que Nietzsche a tenté d'en penser toutes les composantes sans jamais en rejeter totalement aucune – a trouvé sa première expression tranchée dans l'Angleterre d'après la Glorieuse Révolution ou dans la France des Lumières – si familière à Nietzsche. Le cas français permet une première analyse du paradoxe du système libéral : étant fondé sur la concurrence tolérée, institutionnalisée, il supporte l'émergence en son sein d'une critique radicale, extrême, d'une idéologie qui le remette en cause. La souplesse du système libéral peut aussi être à l'origine d'une volonté de le détruire.

Ainsi le rousseauisme formule-t-il une critique non pas de telle ou telle manifestation de la « civilisation » mais il remet en cause cette civilisation elle-même – Nietzsche, admirateur des « philosophes », qui a eu lui-même son « époque des Lumières » était, rappelle longuement Nolte, très hostile à Rousseau et on ne trouve chez lui aucun jugement purement positif sur la Révolution française. En faisant l'apologie de l'ignorance, de l'innocence, de la pauvreté des temps anciens, mais aussi en prônant le retour aux

15. Nolte E., *Die Krise des liberalen Systems und die faschistischen Bewegungen*, Munich, 1968.

16. Sur les traditions de pensée dans lesquelles Nolte situe sa propre réflexion, voir l'excellent article, déjà cité, de Hans-Christof Kraus.

vertus guerrières de Sparte, Rousseau formule une menace sans précédent envers le système libéral. Le rappel d'un âge d'or sans hiérarchie, la défense des victimes de l'ordre hiérarchique du présent et l'appel à refonder – ou peut-être simplement fonder car il pourrait s'agir d'un mythe, dit Rousseau – dans l'avenir l'utopie de la société sans ordres, sans classes, sans propriétés est à la fois le retour à des exigences atemporelles – Nolte parle d'une gauche « éternelle », parce que située hors de l'histoire, dont les exigences ont déjà été formulées pacifiquement par les prophètes d'Israël – et une menace potentielle, dans la mesure où le renversement de l'ordre établi se fait dans la violence.

Tout dépend de la radicalité de l'exigence, de la disposition de cette contestation à respecter le système libéral qui lui a permis de s'exprimer. Nolte classe les forces de la Révolution française suivant la disposition à préserver le polycentrisme du système libéral. Si l'on classe les différences sociales en différences historiques et différences « naturelles » (au sens de ces hiérarchies entre individus, toujours remises en cause, qui naissent de la libre concurrence), alors on distinguera entre :

1. Une gauche « révolutionnaire » ou « libérale » (Nolte l'appelle radicale) : elle veut abolir les différences historiques mais laisser jouer les différences naturelles (dans la libre concurrence du marché ou dans l'élection politique).

2. Une gauche « ultra-révolutionnaire » (Nolte l'appelle « extrême ») qui refuse toutes les différences, historiques mais aussi naturelles (elle tend à supprimer le marché et à instituer la dictature d'une minorité parlant au nom des opprimés).

3. Une droite « libérale » (Nolte l'appelle « modérée »), qui est d'accord pour abolir progressivement les différences historiques.

4. Une droite « réactionnaire », qui considère les différences historiques comme un absolu.

Une révolution va à son terme ou non suivant que la gauche « révolutionnaire » et la « droite libérale » trouvent un terrain d'entente pour empêcher que la gauche « extrême » détruise le système libéral. Les révolutions française et américaine sont des révolutions « incomplètes » au sens où elles ont réussi à stabiliser le système libéral. Elles ont fait évoluer la « société polygonale » sans la détruire. La France a bien produit des idéologies de la contre-révolution – de Joseph de Maistre à l'Action française – elle a bien connu des périodes – de terreur blanche succédant à la terreur rouge mais il a fallu attendre que la gauche extrême développe tout son potentiel idéologique – sous la forme du marxisme – et, surtout qu'elle prenne le pouvoir en Russie – avec tout le potentiel que représentait cet État pour un pouvoir révolutionnaire extrême par l'étendue du territoire, les ressources énergétiques, la masse de la population, la tradition militaire et bureaucratique du pays – pour que prenne corps, se développe, une idéologie et une pratique politique opposées, extérieures elles aussi au système libéral, tout en étant nées en son sein.

L'Allemagne et la Guerre froide

Dans un livre publié en 1973, *Deutschland und der Kalte Krieg*, (L'Allemagne et la Guerre froide[17]), Nolte propose une histoire par bien des aspects remarquable de la confrontation entre le système libéral et ses deux ennemis totalitaires, fascisme et communisme. Il faut s'attarder un moment sur ce livre de Nolte, parce qu'il contient déjà tous les éléments qui ont, dans les années quatre-vingt, alimenté la polémique sur son œuvre mais permet aussi de rectifier certaines des critiques adressées à l'historien allemand.

En fait, toutes les thèses qui ont été reprochées à Nolte lors de la *querelle des historiens* des années quatre-vingt se trouvent dans *Deutschland und der Kalte Krieg*[18].

– L'idée que la radicalité de la volonté d'extermination est d'abord du côté bolchevique : « ... Lénine lui-même parla des "chiens et des porcs de la bourgeoisie mourante" et il exigea dans un langage aux images fortement déshumanisantes (il les traita d'"araignées", de "vampires") que deux millions de "koulaks", c'est-à-dire les paysans aisés, soient mis à mort [...]. Que la politique d'extermination systématique de groupes entiers de populations suivant des critères purement sociaux et qui ne tiennent pas compte du comportement réel des individus ait été d'abord postulée et pratiquée dans la Russie soviétique, cela ne fait aucun doute[19] ».

– L'idée corollaire d'une « terreur angoissée qui en résulta dans le monde et qui traversait les "frontières de classes"[20] ».

– Nolte déséquilibre le portrait de Hitler qu'il avait dressé dans *Le Fascisme dans son époque* : plus le fondateur du IIIe Reich est

17. Nolte E., *Deutschland und der Kalte Krieg*, Stuttgart, 1985.
18. Pour avoir les textes de la querelle des historiens, voir *Devant l'histoire. Les documents de la controverse sur la singularité de l'extermination des Juifs*, Paris, 1989.
19. Nolte E., *Deutschland*, *op. cit.*, p. 69.
20. *Ibid.*

défini comme un anticommuniste, plus son nationalisme et son antisémitisme apparaissent comme des moyens de mobiliser les Allemands (et les Européens) dans sa lutte contre le communisme. Nolte révèle par ce type d'explication les limites de son analyse. Il écrit : « Plus [un pays] était situé près de l'Union soviétique et plus [son] parti communiste était fort, plus un parti [fasciste] avait de chances de devenir un parti de masses » mais il explique ensuite : « Pour le national-socialisme, le "communisme" [allemand] n'était pas une contrepartie suffisante, car on ne trouvait pas dans l'expérience quotidienne des motifs suffisants de s'en prendre à lui. » Les pays occidentaux voisins de l'Allemagne n'étaient pas non plus soumis à une menace communiste si importante que les Allemands aient pu prendre peur. Et donc « seul l'antisémitisme constituait un équivalent véritable au communisme russe, en même temps qu'il apparaissait comme son opposé le plus radical ; l'antisémitisme était par conséquent un moment nécessaire du fascisme radical, *quels que fussent la spécificité et le hasard du parcours qui avait fait de Hitler un antisémite* ». Nous soulignons ce dernier membre de phrase, parce que s'y révèle une autre facette de la tendance noltéenne à désincarner les évolutions historiques qui touchent directement l'Allemagne[21].

Il faut ajouter à tout ce que nous venons de dire que jamais au cours de son livre, Nolte ne fait de l'Union soviétique l'application inéluctable du marxisme poussé à ses dernières conséquences. Il souligne comme les bolcheviques inversent la séquence marxiste : le léninisme prend le pouvoir pour réaliser l'industrialisation qui doit être le socle matériel de l'avènement du communisme[22]. L'historien cite les textes de Marx et Engels sur les dangers pour l'Europe du despotisme russe, qui fondent le refus d'un marxiste allemand comme Kurt Schumacher de fusionner, en 1945, SPD et KPD[23]. Surtout, il inclut comme si cela allait de soi la capacité du communisme soviétique, après la mort de Staline, à se remettre en cause. Il écrit, à propos du rapport Khrouchtchev : « Le discours de Khrouchtchev était *aussi* une preuve des différences existant entre le communisme et le fascisme radical du national-socialisme. Il est en effet inimaginable que, dans le cas où la Seconde Guerre mondiale aurait été remportée, le parti national-socialiste ait mis Hitler de cette manière en accusation après sa mort et renversé la statue cultuelle de son socle. » Nolte en tire des

21. *Op. cit.*, p. 87.
22. *Op. cit.*, p. 73.
23. *Op. cit.*, p. 170.

conséquences inattendues : « La question était de savoir si le rapport Khrouchtchev donnerait l'impulsion à une vraie réflexion sur le passé ou s'il s'agissait simplement d'enlever une pierre d'achoppement. » « En tout cas, ajoute-t-il, le rapport Khrouchtchev priva de leurs armes une partie des intellectuels antistaliniens de l'Ouest, qui avaient joué un rôle si important dans la Guerre froide et elle les ramena éventuellement sur la voie d'une "autocritique de l'Ouest" [24] ». La précision des analyses de Nolte permet en l'occurrence de comprendre une partie de l'esprit qui préside à la volonté de détente du côté occidental. Nolte dit résolument oui à la détente et il considère les traités du début des années soixante-dix comme la renonciation à toute idée d'unité allemande, comme une normalisation souhaitable de la question allemande [25]. Dans la deuxième édition de son livre, qui est celle que nous utilisons, il commente avec beaucoup de modération le retour des tensions entre l'Est et l'Ouest dans les années quatre-vingt [26].

La « querelle des historiens » et la question de l'historicisation du nazisme

C'est contre un article d'Ernst Nolte qui reprenait les thèses sur le caractère fondateur, pour l'affrontement idéologique de l'entre-deux-guerres, de l'extermination bolchevique et stalinienne que Jürgen Habermas a lancé la polémique qui est à l'origine de la « querelle des historiens [27] ».

Habermas critique Nolte treize ans après qu'il eut écrit pour la première fois qu'un élément essentiel de la genèse du nazisme, c'était cette émotion profonde, cette peur suscitée par la révélation des crimes de Lénine puis de Staline en Union soviétique [28]. Le monde sort à peine d'une nouvelle période de tensions entre l'Occident et le bloc soviétique et Habermas rapproche les thèses de Nolte des travaux de deux autres historiens. L'un, Andreas Hillgruber, a écrit un petit essai sur le comportement de l'armée

24. *Op. cit.*, p. 315.
25. *Op. cit.*, p. 557 et suiv.
26. *Op. cit.*, p. 579 et suiv.
27. Les articles de la controverses sont traduits dans *Devant l'Histoire*, *op. cit.*, p. 29-37.
28. On peut penser que sans le philosophe Habermas, la « querelle des historiens » n'aurait pas eu lieu. Voir, ainsi que pour tout ce qui suit Husson E., *Une culpabilité ordinaire ?*, *op. cit.*, p. 109 et suiv.

allemande en Prusse orientale. Il affirme que, même s'il est évident pour nous que la résistance acharnée de la Wehrmacht face à l'Armée rouge prolongeait le fonctionnement des camps d'extermination, il faut comprendre l'état d'esprit de ces soldats : ils ne lâchaient le terrain que pied à pied, parce qu'ils savaient que si les populations allemandes des territoires de l'Est n'avaient pas le temps de fuir, elles seraient massacrées. Hillgruber, comme Nolte, dit Habermas, relativise les crimes collectifs allemands par la comparaison avec les crimes soviétiques.

Habermas pense pouvoir parler d'une révision conservatrice de l'histoire, qui serait la traduction, dans le domaine des idées, de la visite du président Reagan et du chancelier Kohl au cimetière militaire de Bitburg, au printemps 1985 : parmi les soldats allemands enterrés aux côtés de soldats américains, il y avait des *Waffen-SS*. Cette façon de commémorer la Seconde Guerre mondiale avait provoqué de vives protestations internationales. Hillgruber, comme Nolte, n'ont-ils pas voulu montrer que, d'une certaine manière, par leur hostilité au communisme, les Allemands avaient été partiellement du bon côté, avant même la chute du nazisme[29] ?

Et Habermas pense pouvoir parler d'une réécriture de l'histoire dans un sens nationaliste, car, explique-t-il, il faut mettre les textes de Hillgruber et de Nolte en parallèle avec ceux d'un historien proche conseiller du chancelier Kohl, Michael Stürmer, qui parlait depuis quelques années de redonner une identité à l'Allemagne, au sein de l'Alliance atlantique. En effet, la crise des Pershing, avait montré qu'un pays sans mémoire pouvait flancher sur des questions décisives, mettre en jeu sa propre sécurité et celle de l'Occident. Pour éviter cela, expliquait Stürmer, il fallait que l'horizon de la mémoire allemande ne fût plus bouché par les douze années du IIIe Reich. Il fallait que les Allemands puissent retrouver dans l'histoire d'avant le IIIe Reich des traditions positives qui leur servent de repère. Ils n'auraient jamais un rapport à l'histoire aussi positif que les Français et les Anglais mais il fallait décrisper leur manière de parler du passé.

29. On trouve une idée de ce genre dans Nolte E., *Streitpunkte – Heutige und künftige Kontroversen um den Nationalsozialismus*, Berlin, 1993, lorsque l'historien explique par exemple qu'on concédera un jour au nazisme, lorsqu'on écrira l'histoire de façon dépassionnée, d'avoir eu le mérite d'être un adversaire du communisme. Mais cet ouvrage, écrit cinq ans après la « querelle des historiens » se ressent en de nombreux endroits de la radicalisation des controverses entre historiens allemands. Et Nolte semble y pratiquer la provocation avec le plaisir amer d'un individu qui a été injustement marginalisé.

Jürgen Habermas avait lancé une polémique qui coupa en deux la corporation des historiens et le monde intellectuel allemand. Durant deux ans, on échangea de la *Frankfurter Allgemeine Zeitung* à *Die Zeit*, des propos peu amènes, qui ont laissé des blessures jusqu'à aujourd'hui. La génération intellectuelle qui se divisait, celle de Nolte, était arrivée à maturité dans les années soixante. Elle avait accompagné la montée en puissance de la social-démocratie sous la conduite de Willy Brandt, avait contribué à son élection à la chancellerie et avait à une écrasante majorité soutenu sa nouvelle approche de la politique vis-à-vis du bloc de l'Est, ce qu'on appelait la nouvelle *Ostpolitik*. Le livre de Nolte, *Deutschland und der Kalte Krieg*, avec son mélange de critique « de gauche » de l'impérialisme occidental – Nolte a dans le livre des pages dures sur le comportement des Américains au Vietnam – et d'antitotalitarisme est parfaitement représentatif de l'état d'esprit de cette génération, y compris par le fait que Nolte se méprenait sur les intentions de Brandt, pour qui l'Ostpolitik était un moyen de préserver toutes ses chances à la réalisation d'une nation démocratique allemande et non la reconnaissance définitive de deux États allemands[30].

Et le seul fait que Nolte conclue son étude sur la Guerre froide par une approbation de la détente et juge quasi improbable l'idée d'une réunification de l'Allemagne infirme la thèse de Habermas selon qui, dans les textes qu'il incrimine, s'exprimerait une sorte de nouveau nationalisme allemand, trois ans avant la réunification[31]. S'il y a un point qui unit tous les protagonistes de la « querelle des historiens », à l'exception de Hillgruber et de Christian Meier, c'est la croyance que l'Allemagne est une démocratie post-nationale insérée dans un ensemble européo-atlantique qui en assure la stabilité. Les mêmes historiens qui se sont déchirés dix-huit mois auparavant au cours de la « querelle des historiens » se réconcilient tacitement par la prudence avec laquelle ils observent le processus de réunification, par la difficulté qu'ils ont à le penser[32].

Si l'on prend garde à ce que Nolte écrivait en 1973, on va même voir que c'est le cadre post-national de sa pensée qui est à l'origine

30. Voir Willy Brandt, *Mémoires*, Paris, Egon Bahr, *Zu meiner Zeit*, Berlin, 1995 contient un récit et une analyse très détaillés des conceptions et de la politique de Brandt. Sur l'histoire de la chancellerie Brandt, on lira Arnulf Baring, *Machtwechsel*, Berlin, 1977.

31. Jürgen Habermas est l'un des théoriciens les plus acharnés du post-national, qu'il juge comme un phénomène positif, et même nécessaire, non seulement pour l'Allemagne mais pour l'ensemble de l'Occident. Voir Habermas J., *Après l'État-nation*, Paris, 2000.

32. Wengst U., *Historiker betrachten Deutschland*, Bonn, 1992.

des thèses critiquables de son livre *Deutschland und der Kalte Krieg* : « Tout au long de la phase de non-reconnaissance [de la RDA], "l'Allemagne" était un objet de soupçon pour une grande partie des couches intellectuelles, puisqu'elle passait pour l'instrument d'une politique de restauration [de l'unité allemande] et donc pour la cause majeure des dangers liés à cette unité. Pour cette raison, la "pédagogie nationale" était nécessaire et donc le refoulement de l'histoire allemande tout comme l'isolement unilatéral des "errances de son développement". Mais dès l'instant où l'Allemagne est abandonnée comme réalité étatique – même si, pour l'instant, elle se trouve simplement en tant que telle dans une phase de latence – elle redevient accessible comme réalité historique. Le mensonge utile que représentait l'isolement moral n'est plus nécessaire. Lorsque l'on s'est libéré de la simple inversion de l'arrogance nationaliste, alors l'échec de la formation à l'époque moderne d'un État national sur le sol allemand n'apparaît plus comme une histoire manquée et le Reich bismarckien, s'il est comparé au reste de l'histoire de l'Europe et du monde – il ne faut pas le comparer seulement à la Russie tsariste mais aussi à la France et aux États-Unis – n'apparaît pas spécialement agressif ni archaïque. [...] Le plus difficile à réaliser et le plus nécessaire en même temps, c'est de parvenir à cette impartialité dans le traitement de l'histoire allemande quand il s'agit du "IIIe Reich" national-socialiste[33] ».

Peut-on, comme le fait Nolte, supposer que l'histoire de l'Europe soit composée de strates superposées mais qui ne communiquent pas les unes avec les autres et dans lesquelles les pays sont purement et simplement les lieux de déploiement de la dialectique idéologique ? Il y aurait ainsi l'époque des guerres de religion, celle de l'affirmation de l'absolutisme ; celle de la Glorieuse Révolution anglaise et des Lumières, celle des révolutions française et américaine, celle du Congrès de Vienne, celle des unités allemande et italienne, celle de l'impérialisme, celle des fascismes, de la Guerre froide, de la détente, etc. Cette vision n'est-elle pas typique d'une génération qui a assisté à l'âge adolescent au triomphe du nazisme et a voulu à tout prix marquer ses distances, rompre avec le passé fasciste mais n'a pas réussi du coup à imaginer les modalités d'une possible réunification allemande – ce qui, traduit en termes historiographiques, signifie que cette génération

33. Nolte E., *Deutschland, op. cit.*, p. 561.

a eu du mal à considérer le nazisme d'abord comme un phénomène allemand[34]?

On en citera pour preuve le texte de Martin Broszat intitulé « Plaidoyer pour l'historicisation du national-socialisme » et rédigé un an avant la « querelle des historiens[35] ».

« Une tendance typique des contemporains ou de ceux qui ressentaient encore la proximité [...] du IIIe Reich était de donner la primauté à une perspective d'histoire nationale allemande et de retracer, en remontant le plus loin possible les lignes d'une évolution menant de Luther à Hitler ou du moins du romantisme allemand au national-socialisme. » Broszat se réjouit de l'évolution qui fait qu'à « la place d'un discours historique faisant dériver le nazisme d'une longue durée nationale où l'on insiste sur la continuité des idées, les années soixante ont substitué la conception d'une période "préfasciste" plus limitée : l'époque des puissances nationales impériales, avec leurs "failles" internes [...] au milieu d'une "crise" générale du "libéralisme" et de la modernisation dans la conjoncture de l'impérialisme européen général, du capitalisme et du défi nouveau lancé par le socialisme. »

En 1986, Nolte est critiqué, au cours de la « querelle des historiens », par le même Broszat qui avait écrit un an plus tôt : « Entretemps, la recherche internationale est arrivée à un consensus sur un autre point : ce qui a vraiment déclenché le nazisme en particulier et "l'époque du fascisme" (Ernst Nolte) en général, c'est la Première Guerre mondiale et le nouveau danger né dans le sillage de la révolution bolchevique. » Broszat constate un mouvement de « dénationalisation » de la question des origines du nazisme : « Quarante années de recherche historique intensive sur les causes du nazisme n'ont pas laissé subsister grand-chose du déterminisme établi à l'origine. Elles ont au contraire amené à considérer aussi bien la période bismarckienne et wilhelminienne que la République de Weimar comme des périodes ayant leur historicité propre. »

Broszat arrive aussi à sa manière à une relativisation de l'implication des Allemands dans le national-socialisme : « L'image d'une

34. Sur les « émotions fondamentales » qui ont impressionné Nolte, né en 1923 et issu d'une famille catholique très hostile au nazisme comme au communisme, voir Kraus, *art. cit.*

35. Le texte allemand : Martin Broszat, « Plädoyer für eine Historisierung des Nationalsozialismus », in *Nach Hitler. Der schwierige Umgang mit unserer Geschichte*, Munich, 1987, p. 266-281. Ici, nous citons la traduction partielle du texte que nous avons donnée dans Husson, *Une culpabilité ordinaire ?*, *op. cit.*, p. 160-172.

"masse" fanatisée par l'idéologie, ayant totalement succombé à l'irrationalisme politique et au pouvoir hypnotique hitlérien, image qui résulte pour une grande part de la propagande nazie elle-même [devrait être] fortement corrigée et limitée. Aussi bien avant 1933 que sous le IIIe Reich, le soutien massif dont disposait le national-socialisme ne reposait pas du tout ou seulement faiblement sur un accord avec le noyau de l'idéologie hitlérienne. Cette dernière n'était pas totalement discernable pour les contemporains et surtout ils ne pouvaient pas en prévoir toutes les conséquences. » Autrement dit, pour le grand spécialiste du nazisme qu'est Broszat, comme pour Nolte même si c'est d'une autre façon, le nationalisme allemand et l'antisémitisme ne sont pas les facteurs essentiels de l'évolution du IIIe Reich : « L'idéologie [...] n'était souvent qu'une superstructure. » Et les « Allemands ordinaires » n'ont pas eu conscience de rendre possible Auschwitz. « Le soutien donné aux nazis reposait beaucoup plus sur des besoins simultanés de protection et de mobilisation répandus dans la classe moyenne. [...] Avec un instinct très sûr des aspirations des classes moyennes, le mouvement nazi proposait à la fois une légitimation du conservatisme social et un appel au dynamisme. »

Broszat établit alors une sorte de continuité de la société allemande du IIIe Reich à celle de la RFA : « Le IIIe Reich tenait parce qu'il offrait des milliers de postes de Führer, à tous les échelons. Il s'agissait de positions où l'on disposait d'une liberté d'action très concrète, où des forces jeunes et dynamiques issues de la classe moyenne pouvaient s'affirmer dans une concurrence acharnée [...] où leur énergie et leur capacité d'improvisation étaient mises à l'épreuve et devaient être couronnées de succès, même si le régime les garantissait sur leurs arrières. [...] Ce type prospéra sous le IIIe Reich à tous les échelons de la société ; il était propre à presque tous les emplois ; il était également bien préparé pour faire ses preuves et entamer une nouvelle carrière dans l'environnement proto-capitaliste de la reconstruction et du boom économique qui suivit la réforme monétaire de 1948. »

Certains historiens, tel Saul Friedländer, ont vivement critiqué cette façon d'écrire l'histoire du nazisme, la rapprochant même de celle de Nolte[36]. Constatons que chez Broszat comme chez Nolte, le peuple allemand n'était pas véritablement responsable de son histoire entre 1933 et 1945. Quand des Allemands ont voté pour

36. Voir Husson E., *Une culpabilité ordinaire ?*, *op. cit.*, p. 173.

Hitler, avant 1933, c'était uniquement pour sortir de la crise ou par peur du communisme. La question de la responsabilité allemande dans le déclenchement de la Première Guerre mondiale – qui n'est pas exclusive de la responsabilité des autres peuples – n'est pas posée. Le peuple allemand est comme une réalité ahistorique, ballottée par des forces extra ou supranationales[37].

L'anticommunisme des années quatre-vingt-dix : un débat anachronique ?

La « querelle des historiens » est lancée alors que la *perestroïka* bat son plein. Tandis que l'Union soviétique entame sa plus sérieuse remise en question intérieure depuis Khrouchtchev, les historiens et les intellectuels allemands se battent sur la question de la comparaison entre nazisme et stalinisme ! Alors qu'il aurait fallu s'interroger sur l'évolution générale du régime soviétique, sur sa capacité à se stabiliser après sa phase totalitaire, sur les conditions de la coexistence pacifique avec « le système libéral » – était-elle un simple résultat de l'équilibre de la terreur nucléaire ou y avait-il d'autres facteurs ? – on était fasciné par le seul stalinisme. C'est paradoxalement Ernst Nolte qui avait poussé le plus loin la réflexion sur la complexité des objectifs de la politique étrangère soviétique et sur sa composante pacifique, qui s'était manifestée la première fois lorsque Lénine avait donné la priorité à la révolution intérieure sur la guerre extérieure[38].

Mais Nolte était prisonnier de la logique qu'avait imposée à sa réflexion le postulat post-national. Il était obligé de se défendre à propos de ses thèses sur la révolution bolchevique et le stalinisme alors qu'on aurait aimé débattre avec lui des nuances de son analyse sur la Guerre froide. En fait, il avait été emporté lui-même par la logique de son hypothèse. Les articles incriminés dans le *"Historikerstreit"* et surtout le livre intitulé *Der europäische Bürgerkrieg, La Guerre civile européenne*, radicalisaient la thèse du fascisme comme antimarxisme au point de la rendre caricaturale. *Der europäische Bürgerkrieg*, même si aucun ouvrage de Nolte n'a

37. Tout ce que nous pouvons critiquer chez Broszat ne doit pas faire oublier que l'ancien directeur de l'Institut für Zeitgeschichte de Munich, décédé en 1989, est, jusqu'à ce jour, l'un des plus grands historiens du nazisme. En français, on lira Martin Broszat, *L'État hitlérien*, Paris, 1985.

38. Ernst Nolte, *Deutschland*, *op. cit.*, p. 65 et suiv.

été plus discuté depuis *Le Fascisme en son époque*[39], est loin d'être son meilleur livre.

Surtout il contribue – sorti du contexte global de l'œuvre de Nolte – à légitimer une attitude de condamnation indifférenciée et *a posteriori* des régimes communistes du XXe siècle, qui fait oublier que le communisme s'est effondré pacifiquement et que cette disparition sans violence des régimes marxistes-léninistes en Europe – et la réunification de l'Allemagne dont Willy Brandt avait compris qu'il s'agissait de deux phénomènes intimement liés – aurait sans doute été impossible sans la retenue de l'Occident, sans l'équilibre des Accords d'Helsinki qui faisait dépendre le respect des droits de l'homme par les pays du bloc soviétique du respect par les pays occidentaux des frontières issues de la Seconde Guerre mondiale.

S'il est vrai, comme le dit Nolte, que le bolchevisme, dans sa version léninienne puis stalinienne, a provoqué une peur sans précédent en Occident, alors il faut ajouter que l'agressivité occidentale née de cette peur a aggravé le mal : Staline, diplomate prudent, voire timoré[40], aurait-il dominé la moitié de l'Europe, c'est-à-dire serait-il sorti des frontières de l'ancien Empire tsariste – si Hitler n'était pas allé provoquer le régime soviétique jusqu'aux portes de Moscou ? On peut, en retournant la perspective de Nolte, faire de Hitler, le porteur d'un anticommunisme occidental exacerbé, qui n'était pas justifié par la réalité de la menace bolchevique, mais qui a sans doute plus sûrement assuré l'emprise du communisme sur une moitié de l'Europe et pour un demi-siècle que tous les calculs idéologiques et stratégiques qu'auraient pu faire les Soviétiques.

C'est la capacité occidentale à surmonter ses propres peurs – et donc à ne plus alimenter la peur des Soviétiques – qui a permis – entre autres facteurs – le dénouement pacifique de la Guerre froide. Il est vrai que ce n'est pas l'interprétation que véhicule le retour d'un antitotalitarisme indifférencié, qui est intimement lié à la croyance de l'Occident qu'il a « gagné » la Guerre froide, qu'il a « vaincu » le communisme. On attribue à la « Guerre des étoiles » la vertu d'avoir fait plié une Union soviétique économiquement

39. De façon significative *Der europäische Bürgerkrieg*, publié à Francfort en 1987, est, si l'on fait abstraction de la présente étude sur Nietzsche, le premier livre de Nolte traduit en français depuis la fin des années soixante. Au début des années quatre-vingt-dix, on a réédité la synthèse de Nolte intitulée *Les Mouvements fascistes* (1re parution en France 1969), qui contient une excellente présentation d'Alain Renaut sur l'œuvre de Nolte. Mais ce sont les livres de Nolte sur Heidegger et surtout sur Marx qu'il faudrait rendre accessibles au public français.

40. Voir Mastny G., *Stalin and the Cold War*, Londres, 1997.

exsangue sans voir que dès l'origine (voir la NEP), le régime avait cherché tous les moyens de sauvetage économique mais qu'il avait toujours égalé l'Occident dans les technologies militaires tant que l'élite dirigeante croyait au marxisme-léninisme et donc pouvait légitimer l'exploitation des peuples de l'Empire au service du communisme. Les rodomontades de Reagan contre « l'Empire du Mal » auraient pu casser définitivement le climat de détente sans la volonté d'une nouvelle génération de dirigeants soviétiques, incarnée par Mikhaïl Gorbatchev, de prolonger le processus d'Helsinki.

Apparemment, cependant, nous n'avons pas compris les vraies raisons de notre victoire. N'ayant pas tiré les leçons de l'histoire du siècle, nous reproduisons, sous une autre forme, l'esprit du traité de Versailles, et nous accablons *a posteriori* un vaincu sans voir que nous risquons de le radicaliser un jour contre nous. Cet antitotalitarisme indifférencié alimente un véritable impérialisme américain, qui risque – le conflit du Kosovo l'a montré – de ramener une nouvelle confrontation entre l'Occident et les pays sortant du communisme : la Russie et la Chine. L'évolution de Zbigniew Brzezinski[41], du théoricien du totalitarisme des années cinquante au penseur de l'impérialisme américain[42], est à cet égard très significative.

L'enjeu pour les historiens et les intellectuels allemands en 1990, était de penser le rôle d'une Allemagne réunifiée au service d'un nouvel équilibre européen et mondial[43]. Or, réfléchissant quasi unanimement dans des coordonnées post-nationales, ils ne savaient pas quel sens donner à la réunification en train de se faire – encore moins quelle orientation lui indiquer. Ils ont globalement accompagné de leurs commentaires la politique du chancelier Kohl parce qu'elle leur semblait correspondre au fond à la réalité post-nationale souhaitable pour l'Allemagne dans un monde post-moderne. La réunification n'était qu'une manière de liquider définitivement un vieil héritage historique. Elle irait vite et poserait peu de problèmes puis l'histoire reprendrait ses droits ou plutôt la fin de l'histoire allemande : l'insertion définitive de l'Allemagne post-totalitaire dans un ordre américano-européen supra-national[44].

Or, c'était une manifestation nouvelle d'une réalité classique de l'histoire allemande : la difficulté des intellectuels à vivre dans une

41. Il est l'un des co-auteurs du livre de Friedrich déjà cité.

42. Brzezinski Z., *Le Grand Échiquier*, Paris, 1997.

43. C'est ce que fait Egon Bahr, ancien conseiller de Brandt, dans un livre qui est une réfutation implicite du *Grand Échiquier* de Brzezinski : Bahr E., *Deutsche Interessen*, Berlin 1997.

44. Wengst U., *Historiker betrachten Deutschland*, Bonn, 1992.

tension féconde avec l'évolution du monde ; à émettre des jugements critiques sur la politique menée tout en gardant prise sur le réel ; à contribuer à l'émancipation du peuple allemand pour en faire un sujet responsable de son histoire et non l'instrument des élites dirigeantes, nationales et étrangères, ou le jouet de ses propres hallucinations nationalistes.

Lorsque l'on veut apprécier correctement l'œuvre d'Ernst Nolte, il faut bien comprendre l'aspect post-national de sa pensée. Contrairement à ce qu'il déclare dans son livre sur l'Allemagne et la Guerre froide, les années soixante-dix ne marquent aucune rupture dans la tendance des historiens et intellectuels allemands à penser en termes de « nationalisme inversé ». Nolte et presque tous les protagonistes de la « querelle des historiens » continuent à rejeter toute idée de nation allemande parce qu'ils assimilent nation, nationalisme et fascisme allemands. Effectivement, si les trois termes se recouvraient exactement, qui voudrait encore s'identifier à l'histoire allemande ? À partir d'un tel amalgame, deux attitudes sont possibles : celle de Hans-Ulrich Wehler ou de Jürgen Kocka, qui insistent sur les continuités de Bismarck à Hitler, rejettent en conséquence tout retour d'une nation allemande mais alors ne savent pas expliquer ce retour effectif en 1990 ; celle de Nolte ou Broszat, qui pense l'Allemagne d'avant 1945 comme celle d'après l'écroulement du nazisme en termes de luttes idéologiques ou de phénomènes sociaux transnationaux et écartent donc à priori la question des spécificités allemandes du nazisme, empêchant de comprendre pourquoi l'Allemagne spécifiquement s'est donnée au fascisme[45].

Toute une génération d'historiens allemands a pensé que pour comprendre correctement le nazisme, il fallait penser au-delà des nations et de l'Allemagne. Mais cela ne va pas sans contradictions : la question de la nation allemande revient se poser à eux, malgré eux. Nolte formule une sorte de « degré zéro » de la culpabilité allemande ; pour représenter graphiquement la vision de Nolte, il suffit d'une abscisse et d'une ordonnée : à chaque instant repéré en abscisse, on se pose la question de l'intensité de la menace

45. Voir la dissolution par Nolte de l'histoire du Reich bismarckien et de la question de la responsabilité allemande dans le déclenchement de la Première Guerre mondiale dans la dialectique de l'histoire européenne : in *Historische Existenz*, *op. cit.*, p. 515-548. De façon significative, cet ouvrage où Nolte, s'interrogeant sur la « fin de l'histoire », renoue avec la grande tradition allemande de philosophie de l'histoire, n'a aucune rubrique consacrée à la question des « nations » comme phénomène universel, question qui au contraire préoccupe Spengler dans *Le Déclin de l'Occident*.

communiste qui pèse sur l'Europe, repérée en ordonnée. Le nazisme correspond à un moment de menace communiste particulièrement forte.

On ne saurait cependant réduire l'œuvre de Nolte à cette incapacité à penser les spécificités allemandes du nazisme. Pour l'historien allemand, les années quatre-vingt sont celles de *La Guerre civile européenne* mais aussi de l'approfondissement des études des grands penseurs du XIXe et du XXe siècle. Nolte échoue à présenter un tableau satisfaisant de la complexité de l'histoire allemande entre 1871 et 1945 mais il excelle à retracer l'évolution de systèmes de pensée individuels. Les faiblesses de sa méthode se retournent alors en atout : il se sent de plain-pied avec ces auteurs qui, au XIXe siècle, ont pensé en dehors ou au-delà des nations.

Nolte fait remarquer à plusieurs reprises comme *Nietzsche* est resté toute sa vie profondément apolitique. C'est d'un point de vue esthétique ou culturel supérieur qu'il envisageait le monde dans lequel il vivait. Il ne s'est pas mêlé à cette « querelle des historiens allemands » des années 1879-1880, la « querelle berlinoise de l'antisémitisme », qui eut pour protagonistes Heinrich von Treitschke et Theodor Mommsen. Il a exprimé son mépris pour le travail des historiens de son temps dans l'une de ses *Considérations inactuelles*. Il a multiplié les jugements négatifs sur l'évolution politique de l'Allemagne de son temps, en particulier sur les Hohenzollern. Il a balayé d'un revers de main ce qu'il jugeait être la bêtise des nationalismes contemporains. Et c'est ce Nietzsche-là, très vite sorti de la tentation nationaliste allemande de sa jeunesse, que nous apprécions aujourd'hui. Nous en faisons l'un des penseurs essentiels de la post-modernité. Mais, en prenant les problèmes de l'actualité de haut au lieu de les regarder par le petit bout de la lorgnette, Nietzsche contribuait à sa manière à renforcer la difficulté de « l'esprit » en Allemagne à établir une relation critique mais féconde avec le « politique ».

Dans une grande mesure, la pensée de Nietzsche, si contradictoire et si complexe, qui se situe en deçà ou au-delà de l'Allemagne et des nationalismes est le champ où Nolte peut développer de façon idéale sa propre réflexion. Si Nietzsche est, comme il nous le dit, un « champ de bataille », un lieu d'affrontements non résolus entre toutes les composantes du « système libéral », Nolte se voit renvoyé comme dans un miroir les apories de sa propre réflexion : Nietzsche est un penseur de l'individualisme occidental qui, par refus de tout ce que la modernité comporte de nivellement, de massification, de dissolution de la culture – et de théorisation de ces phénomènes, a quelquefois envisagé un « parti de la vie » – qui ressemble beaucoup à ce que, quelques décennies plus tard, on appellera « fascisme » – comme moyen de sauver l'individu.

On peut faire un atout de la pensée anationale de Nietzsche : il a pensé mieux qu'un autre les contradictions et les déchaînements de violence d'un monde dominé par les idéologies transnationales. C'est ce qui fait qu'il aide à comprendre non seulement l'époque des fascismes mais notre monde d'après la chute des totalitarismes, celui des « bons Européens », « anti-antisémites », qui, pour autant, ne fabriquent pas un univers sans violences ni contradictions.

Marx et Nietzsche : un dialogue implicite ?

Dans notre exposé, nous avons provisoirement laissé de côté une étape fondamentale des publications de Nolte : son livre intitulé *Marxismus und industrielle Revolution, Le Marxisme et la révolution industrielle*[46]. Il s'agit sans aucun doute du livre le plus abouti de Nolte depuis *Le Fascisme dans son époque* et en attendant le présent ouvrage sur Nietzsche. En fait, Nolte est incomparable quand il décrit l'itinéraire intellectuel de Marx, et en particulier l'enracinement de sa pensée dans les critiques des conservateurs anglais sur la révolution industrielle naissante – Marx les a pillés, nous dit Nolte, sans toujours rendre justice à la perspicacité de leurs observations sociales alors qu'il s'agit d'une source aussi importante de sa pensée que l'idéalisme allemand ou la pensée politique française.

Nolte est à son meilleur quand il écrit sur Marx et sur le marxisme plutôt que sur le « socialisme réel » ou quand il dresse, comme ici, un tableau tout en nuances de la pensée de Nietzsche. C'est là que ses qualités d'historien des pensées et de leur déploiement dans des environnements historiques peuvent se développer à plein. Ce qui est une faiblesse relative quand Nolte écrit l'histoire des fascismes ou des communismes – le manque d'enracinement de la réflexion historique dans un cadre national – se tourne en force dans le cas d'intellectuels qui ont réfléchi à des évolutions sociales, économiques, culturelles transnationales et qui, fondamentalement, ont développé une attitude critique face aux pouvoirs ou aux forces dominantes de leur époque. Ce sont ses études sur des penseurs particuliers qui font de notre point de vue, de Nolte, un auteur important pour comprendre la période que nous vivons.

46. Ernst Nolte, *Marxismus und industrielle Revolution*, Stuttgart 1983.

L'historien allemand envisage Marx ou Nietzsche pas seulement comme des philosophes mais comme des intellectuels, qui constatent les contradictions du monde moderne et les reflètent dans leur pensée autant et plus qu'ils ne cherchent à les résoudre. « Une perplexité consciente et une “problématisation” toujours renouvelée sont la marque des intellectuels au sens où je les entends », écrit Nolte, « car le monde ne se présente pas à eux comme une organisation limpide mais comme un complexe extrêmement divers, difficilement pénétrable, souvent fait d'un état de choses et de développements inquiétants. » Surtout, l'idée que les pensées ou les constructions idéologiques se construisent en opposition les unes aux autres au sein d'une même époque se révèle très fructueuse.

Un parallèle est mené de bout en bout du présent ouvrage entre Nietzsche et Marx. Il est intéressant et il n'est jamais artificiel. Il permettra au lecteur de se faire une idée de l'ouvrage sur Marx tant il est vrai que, depuis *Le Fascisme dans son époque*, Nolte est convaincu que Nietzsche et Marx doivent être étudiés simultanément pour comprendre toutes les contradictions de leur siècle et du nôtre. Nietzsche, il est vrai, ne mentionne jamais Marx ni le contraire. Si jamais l'un a eu connaissance de l'autre, c'est de manière indirecte, en particulier parce que Nietzsche a été, épisodiquement en contact avec des révolutionnaires exilés à Londres, ou avec des individus qui les fréquentaient. Mais Nietzsche et Marx ont bu à la même source de l'idéalisme allemand, ils ont été tous les deux en contact avec le hégélien Bruno Bauer et ils ont eu des cibles communes, telle Eugen Dühring. Ils ont dénoncé les « philistins », les « bourgeois » dans des termes quelquefois étonnamment ressemblants ; ils ont critiqué l'avènement d'une société fondée sur l'argent et sur la « division du travail ». Nolte montre comment, pour tous les deux le modèle grec est fondamental. Mais c'est là que les deux hommes divergent. Alors que Marx rêve de rendre accessible à tous les hommes l'idéal du citoyen antique, Nietzsche pense que l'esclavage et l'élitisme de la cité antique étaient la condition préalable à son épanouissement culturel.

Nietzsche, s'il ne mentionne jamais Marx, s'est préoccupé du socialisme de son temps. Il mentionne Lassalle, il parle, à propos de la Commune de Paris de la révolution comme un « hydre international », un monstre aux multiples têtes. Surtout, Nietzsche s'étend longuement sur le socialisme comme incarnation la plus récente de ce « parti des esclaves » que le christianisme a en premier incarné de manière massive. Nietzsche ne se réduit jamais aux cris de haine qui caractérisent la période précédant la folie mais il est aussi cela, c'est dans cette direction qu'il bascule sans équivoque à la fin de sa vie lucide. Nolte nous montre bien, comment, dans cette mesure, Nietzsche a appelé de ses vœux une violence qui n'a pas d'équivalent chez Marx.

Marx est convaincu que la révolution ultime se produira sans violence, puisqu'elle ne laissera face à face qu'un petit nombre de magnats de l'industrie et la masse énorme des prolétaires – on peut penser, par analogie, à la première phase de la révolution de 1918 en Allemagne, où des délégués des conseillers d'ouvriers et de soldats se rendaient chez les dynastes des petits pays allemands et leur demandaient poliment de bien vouloir abdiquer, ce que ceux-ci s'empressaient de faire. Nietzsche au contraire, imagine des massacres d'une telle ampleur dans les phases où il souhaite que triomphe un « parti de la vie » que Nolte va jusqu'à écrire : « Si la destruction [que prône Nietzsche] est comprise au sens littéral, le résultat devrait être un "massacre" en comparaison duquel la "solution finale" des nazis a des proportions microscopiques. Cette conception dans toute sa "pureté" est plus monstrueuse encore que la réalité... »

Comment cela se combine-t-il avec les thèses sur la « guerre civile européenne » ? Nolte ne résout pas vraiment la tension entre les deux parties de son œuvre[47] : l'histoire des grandes idéologies modernes et la question de leur entrée dans la réalité politique. Il montre lui-même comment Nietzsche a pu alimenter un besoin de violence qui s'est exprimé dans l'Europe du début du XXe siècle. Il a su mieux pronostiquer les guerres à venir que Marx. Et, dans une certaine mesure, il a aidé à leur accouchement. Le marxisme, au contraire, est infirmé par les faits. Et sans la Première Guerre mondiale, on peut imaginer le triomphe du révisionnisme bernsteinien, en particulier du fait du poids de la social-démocratie allemande. La révolution bolchevique est un produit de la Première Guerre mondiale.

C'est la Première Guerre mondiale aussi qui fait définitivement basculer Mussolini du marxisme révolutionnaire dans le « nietzschéisme » : le parcours même du fondateur du fascisme, sa conversion à l'interventionnisme comme intermédiaire entre la période révolutionnaire et la période fasciste montraient bien que ni 1789 ni 1917 ne sont les dates décisives pour comprendre le nouveau mou-

47. Sinon par un argument qui ne convainc pas : ce serait précisément parce que l'histoire n'aurait pas évolué selon les prédictions de Marx que l'on aurait commencé à avoir peur d'un marxisme qui, pour se réaliser, devait détruire tous les obstacles imprévus situés sur sa route.

vement politique. 1914 est la date fondamentale du XXe siècle. À la différence du communisme, le fascisme est non seulement un produit de la Première Guerre mondiale mais la volonté de continuer à vivre, une fois la paix revenue, selon les valeurs de la « guerre des peuples ». Nietzsche a condamné le déchaînement des nationalismes et pourtant il faut penser le fait que c'est ce phénomène qu'il haïssait qui a permis l'avènement à l'échelle européenne d'une première forme de ce qu'il appelait « parti de la vie ».

Nietzsche comme « champ de bataille »

Nietzsche se désignait lui-même comme un « champ de bataille ». Prendre au sérieux cette formule permet de rendre la complexité chatoyante de sa pensée. En même temps, il semble que Nietzsche a de moins en moins maîtrisé les contradictions qui l'habitaient, qu'il a fini par basculer du côté le plus sombre.

« J'habite ma propre maison. Je n'ai jamais imité personne en rien. Et – je me ris de tout maître. Qui n'a su rire de lui-même », déclare Nietzsche en exergue au *Gai Savoir*. Cette proclamation – aussi ironique soit-elle – nous amène immédiatement au cœur du paradoxe de l'individualisme occidental, que la présentation de Nolte fait admirablement ressortir à propos de la pensée et de la vie de Nietzsche : l'individu sans dieux ni maîtres de l'époque moderne est obsédé par « l'autre », par les autres. Ce paradoxe est une des idées qui structure la pensée de Tocqueville[48], par exemple dans *La Démocratie en Amérique* : la société moderne donne d'abord aux hommes l'impression de leur ouvrir une carrière immense, absolument libre, et puis, très vite, ils comprennent que l'obstacle unique qu'était la classe sociale, le fait de ne pas appartenir à l'aristocratie, est remplacé par une multitude d'obstacles, qui sont tous ces « égaux », ces rivaux que chaque individu rencontre sur son chemin. La contradiction d'un Nietzsche qui se proclame libéré de toute dépendance et qui est obsédé par des rivaux, des « modèles », est au cœur de la description de quelqu'un aussi sensible aux mimétismes que Nolte.

Dans *Mensonge romantique et vérité romanesque*[49], Girard repère un thème constant du roman occidental, de Cervantès à

48. Dans la préface aux *Mauvaises pensées choisies*, *op. cit.*, Mona Ozouf qualifie Nietzsche de « Tocqueville enragé ».
49. René Girard, *Mensonge romantique et vérité romanesque*, Paris, 1961.

Dostoïevski : la modernité est synonyme d'accès de l'individu à l'autonomie ; les liens religieux, politiques, sociaux traditionnels ne cessent de se relâcher ; et pourtant, plus l'individu se libère plus il supporte mal l'indépendance conquise. Il affirme bruyamment son autonomie par rapport à la tradition et par rapport aux autres individus autonomes comme lui, mais il ne cesse de copier les autres, d'imiter leurs désirs, de les idolâtrer secrètement. « L'Autre » est une divinité secrète, inavouée, et toujours plus oppressante, des romans de Stendhal à *À la recherche du temps perdu*. Le tension des grands romans européens est fondée sur cette contradiction : l'affirmation de soi par l'individu moderne est en fait une multiplication des modèles, des médiateurs du désir ; elle produit un véritable emballement de la rivalité mimétique, une tyrannie toujours plus implacable de modes toujours plus éphémères, une démultiplication d'« idoles » toujours plus instables.

Dostoïevski – que Nietzsche aimait tant – pressent dans les dénouements apocalyptiques de ses grands romans que l'individu moderne, véritablement « possédé » par les autres, pourrait être mobilisé au service du néant, de son propre anéantissement. Proust établit une équivalence entre ce qu'il appelle le « snobisme » et qui signifie l'abandon par l'individu de toute autonomie de pensée et d'action au profit d'un médiateur secrètement haï et adoré, et un phénomène collectif comme le nationalisme. Il montre comment, durant la Première Guerre mondiale, ses personnages transposent aisément leur haines individuelles au plan collectif et réciproquement.

La logique de la rivalité mimétique, poussée jusqu'au bout, aboutit à une victimisation collective. Les tensions internes à la société sont surmontées par la polarisation unanime contre un bouc émissaire, individuel ou collectif. C'est-à-dire que l'individu moderne, « éclairé », qui s'est révolté contre l'autorité et la tradition religieuse, reproduit le mécanisme dont René Girard a posé l'hypothèse dans son deuxième ouvrage majeur, *La Violence et le sacré*[50], qu'il puisse être à l'origine de toute religion, de toute culture, de tout ordre social et politique : la victimisation collective, dont Nolte donne un exemple saisissant lorsqu'il cite, en conclusion, l'épisode du châtiment de Thersite, dans *L'Iliade*, qui permet de ramener la discipline dans une armée au bord de la mutinerie. Et, pour Girard, tel est le point essentiel du totalitarisme moderne :

50. René Girard, *La Violence et le sacré*, Paris, 1972.

la volonté de réinstaurer, sur une échelle gigantesque, le sacrifice comme fondement de l'ordre social, alors même que la modernité s'est fixée comme idéal l'émancipation de l'individu de tous les liens de la tradition.

La crise de la modernité que tant d'Européens distingués ont ressentie au tournant du siècle est crise individuelle et collective à la fois. L'individu en mal de médiateurs est facilement mobilisable pour des emballements collectifs de la rivalité mimétique. Il faudrait analyser dans le détail avec les outils conceptuels de Girard l'exaltation de l'irrationnel, la montée du désir de guerre avant 1914. La volonté d'échapper à la grisaille du quotidien, le rejet du « philistinisme », la fascination pour une apocalypse décrétée inéluctable, sont-ils autre chose qu'un refus d'affronter la solitude, d'assumer l'autonomie individuelle une fois qu'elle a été conquise ? Telle est sans doute la vraie menace pour la société libérale : c'est elle qui est à l'origine de la Première Guerre mondiale, du fascisme et du totalitarisme. L'individu s'avère incapable de vivre le « contrat social » ; la société, pour se stabiliser, se réinvente des ennemis.

Particulièrement fascinant à cet égard est l'un des textes empreints de nietzschéisme du jeune Mussolini, cité par Nolte. « Une fois pour toutes, je déteste le bon sens. Je le déteste au nom de la vie et de mon sens insurmontable de l'aventure. [...] On doit contempler les révolutions comme une revanche de la folie sur le bon sens. Car les révolutions sont folles, sans tête, violentes, idiotes, bestiales. Elles sont comme la guerre. » Et Nolte d'ajouter : « ... s'il faut rapprocher la révolution (Marx) et la guerre (Nietzsche), alors la volonté de guerre pourrait être un jour la vie supérieure dans la mesure où la révolution se serait révélée impossible ». N'est-ce pas là toute la question de l'évolution du marxisme vers le léninisme ou le réformisme qui est posée ? N'est-il pas probable que le refus de constater le décalage entre les prévisions de Marx et la réalité de l'évolution du capitalisme tienne autant sinon plus à une attitude générale devant la vie, à une « émotion », pour parler comme Nolte, qu'à un potentiel de violence inhérent à la doctrine marxiste ? L'analyse très fine que Nolte propose de la pensée de Marx et de Nietzsche aide à formuler quelques hypothèses – qui infirment au besoin le thème de « la guerre civile européenne ».

« Hypocrite lecteur, mon semblable, mon frère ! » (Charles Baudelaire)

Nietzsche exprime la contradiction fondamentale de l'individu moderne, la difficulté à vivre l'individualisme. Et c'est ce qui rend son destin personnel particulièrement émouvant. Nolte cite cette déclaration de Rohde, longtemps l'ami de Nietzsche : « Peut-on donc ainsi simplement se dépouiller de son âme et en mettre une autre à la place ? Ne plus être Nietzsche, et se transformer soudain en Rée ? » Mais ces moralistes français du XVIIe siècle, que Nietzsche a tant fréquentés, n'ont-ils pas répété, imprégnés de saint Augustin comme ils l'étaient, qu'aucun individu n'échappe au mimétisme du désir ? C'est notre condition d'individu moderne que Nietzsche nous renvoie comme dans un miroir. Il semble avoir été un être particulièrement mimétique au sens où Girard l'entend, pris dans la logique de ce « double bind » dont Gregory Bateson dit qu'il peut déboucher, chez certains individus sur la schizophrénie[51] : l'autre est ressenti particulièrement fortement à la fois comme modèle à imiter et comme obstacle à la réalisation du désir mimétique.

On verra dans l'exposé limpide de Nolte toutes les contradictions de Nietzsche dans son rapport aux autres. Il est cet individu avide de reconnaissance, guettant avidement les débuts de la gloire naissante, tout en méprisant les hommages individuels qui lui étaient rendus. Il décrète lui-même l'étendue de son génie mais s'étonne de ne pas le voir confirmer tout de suite par les autres. Il affirme rechercher une « solitude azuréenne » mais ne peut supporter les soirées esseulées. Il insulte les Hohenzollern tout en espérant secrètement devenir le philosophe allemand par excellence. Il méprise « la petite politique » mais finit par imaginer une guerre idéologique mondiale. Il déteste le féminisme mais ne dédaigne pas l'admiration de certaines des représentantes les plus éminentes de ce mouvement naissant. Il se brouille avec la plupart de ses amis tout en ne désirant rien plus au monde que l'amitié. Il a eu des phrases d'une dureté inouïe sur sa mère et sa sœur tout en finissant par dépendre entièrement d'elles. Cet homme constamment – et de plus en plus – souffrant physiquement – fait l'apologie des hommes sains et il lui est arrivé de prôner l'extermination des individus malades.

« La philosophie de Nietzsche peut, encore moins que chez les autres penseurs être séparée de sa vie – car pour lui la vérité était

51. Gregory Bateson, *Steps to an Ecology of the Mind*, New York, 1972.

quelque chose “que l’on s’arrache du cœur morceau par morceau et dans lequel chaque victoire se venge avec une défaite” », écrit Nolte, citant Nietzsche. Effectivement, on repère, au fil de cette biographie intellectuelle, ces « médiateurs », au sens girardien, qui orientent la pensée du philosophe. La première époque de ses réflexions est marquée par sa relation avec le couple Wagner. La phase des Lumières correspond à l’amitié avec Paul Rée et Lou Salomé est le troisième sommet de ce que Girard appelle le triangle du désir mimétique.

La deuxième phase marque une proximité avec les « Lumières » françaises. En langage noltéen, on pourrait dire que Nietzsche a été, entre beaucoup d’autres choses, le penseur admiratif du « système libéral ». Jusqu’au bout de sa vie lucide, Nietzsche reste fidèle à cette veine de son inspiration. Comme le rappelle Nolte, on a pu le tirer vers le nazisme mais on a pu aussi trouver dans sa pensée un antidote aux tyrannies. Que bien des affinités rattachent Nietzsche à Voltaire, cela explique sans doute pour une bonne part la fascination que le philosophe ne cesse d’exercer dans notre pays[52]. Mais les Français sous-estiment le tragique de l’expérience nietzschéenne. Le philosophe allemand ne réussit pas comme Diderot, à vivre avec ses contradictions. Peut-être le bonheur de vivre de la société d’Ancien Régime finissant tient-il à ce qu’on peut se permettre beaucoup de transgressions imaginaires dans un univers traditionnel encore peu bouleversé. Un siècle plus tard, l’individu occidental est beaucoup plus évidemment confronté aux conséquences pratiques de la liberté. Nietzsche vit de façon aiguë cette tension déjà ressentie par Stendhal, qu’il admirait : la difficulté à être un homme véritablement autonome.

« L’égotiste » rêvé par Stendhal dans ses carnets n’a ni « médiateur », ni ennemi. Mais, comme dirait Girard, les romans stendhaliens sont plus « vrais » que les réflexions théoriques du romancier : ce n’est qu’au seuil de la mort, que la vraie liberté est conquise par Julien Sorel, de haute lutte. Cela suppose que Julien a renoncé à toute rivalité mimétique – en l’occurrence au ressentiment social sur lequel était fondée son ambition, son désir d’imiter Napoléon – mais aussi qu’il a fait la paix avec le christianisme. Un seuil très mince sépare l’artiste de la folie, explique Girard à propos de Dostoïevski. Il aurait pu, comme Nietzsche, ne pas trouver d’issue à ses conflits intérieurs. Chez le philosophe, l’obsession de l’autre

52. Un bon aperçu sur Diderot et Nietzsche replacés dans une description de la déchristianisation dans leurs pays respectifs dans Todd E., *L’Invention de l’Europe*, Paris, 1990, p. 312-313.

se renforce avec les années et surtout il engage un combat radical avec le christianisme au lieu de tomber du côté de Pascal qu'il a fréquenté et admiré.

La troisième phase est retour à la première en même temps qu'aggravation du mal mimétique, du besoin de se définir par rapport aux autres. Dans *Le Cas Wagner*, il dévoile *ex negativo* toute sa fascination déçue pour le maître de Bayreuth et les billets de la folie livrent le secret tragique de cet être brisé : son désir inassouvi de posséder Cosima et en fait de participer à la gloire et au règne esthétique du compositeur qui a polarisé les désirs de toute l'Europe, qui a incarné l'artiste par excellence. Si Peter Gast était Mozart, Wagner serait supplanté mais Nietzsche ne triomphera jamais de l'homme de Bayreuth. Il y a là l'équivalent de la relation faite de fascination et de haine que Hölderlin entretient intérieurement avec Schiller.

Mais l'aggravation de la crise mimétique tient aussi à ce que Nietzsche assume jusqu'au bout son antichristianisme. Ces billets de la folie qui sont signés « Dionysos » ou « le Crucifié » sont l'aboutissement d'une rivalité mimétique exacerbée où Nietzsche prétend se substituer au Christ, fonder lui-même une religion, en fait inverser la révolution chrétienne. Comme les révolutionnaires français, Nietzsche veut instaurer un nouveau calendrier, mais ce qu'il y a de tragique, c'est sa solitude ; il n'a aucun dérivatif dans l'action. Il est seul face à lui-même dans son défi.

Girard a montré comment cette rivalité mimétique avec le christianisme qui occupe la plus grande partie de la vie du philosophe, lui procure une compréhension très intime du phénomène religieux. Il ne fait aucun doute, pour l'anthropologue français que, par l'analogie qu'il établit entre Dionysos et « le crucifié », Nietzsche a saisi intuitivement l'origine du religieux : le lynchage du bouc émissaire par une communauté soudain réconciliée contre un seul[53].

Pour Girard, la révélation du mécanisme du bouc émissaire, cause de son inefficacité progressive, est le phénomène fondamental de la société occidentale, ce qui la distingue radicalement des autres cultures. Depuis *La Violence et le sacré*, il n'a cessé d'explorer les textes, grecs ou hébraïques qui mettent à nu le mécanisme de la violence collective. Et ce n'est pas un hasard, explique Girard, si Nietzsche met en parallèle l'attitude de Socrate, le christianisme, le libéralisme et le socialisme moderne, ces systèmes de pensées qui tiennent à l'essence même de la culture occidentale

53. René Girard, *Je vois Satan tomber comme l'éclair*, Paris, 1999, p. 263-279.

parce qu'ils sont d'abord fondés sur la défense des victimes de la violence collective.

Particulièrement limpide est cette opposition de Nietzsche, citée par Nolte : « Un parti de la paix sans sentimentalisme, qui s'interdit – ainsi qu'à ses enfants – de faire la guerre, qui éveille contre lui le combat, la contradiction, la persécution. Un parti des opprimés, au moins pour un moment ; tout de suite : le *grand* parti. Hostile aux sentiments de vengeance et aux ressentiments. Un *parti de la guerre* ayant les mêmes bases et la même exigence envers lui-même, mais dans la direction opposée. » Cette opposition est instructive dans la mesure où le parti de la paix n'y repose pas, comme ailleurs chez Nietzsche, sur le ressentiment. Et dans la mesure où Nietzsche serait – entre beaucoup d'autres choses – un prophète du fascisme, on voit que l'émotion fondamentale, au sens de Nolte, qui donne naissance au fascisme, n'est pas d'abord la crainte d'une autre extermination ; au contraire, elle est l'angoisse d'avoir à vivre dans un monde sans ennemis.

La violence totalitaire, c'est la question des victimes. C'est d'abord, au cœur du système libéral, en son sein que se pose la question de la chasse aux boucs émissaires et que naît la contestation d'une société sans ennemis, qu'il s'agisse de la question politique ou de la question sociale. Nietzsche a raison de ramener libéralisme et rationalisme, socialisme et égalitarisme à ce que Simone Weil appellera plus tard la « source grecque » et à la révélation judéo-chrétienne, parce que ces mouvements contemporains sont, dans la mesure où ils ne se fabriquent pas d'ennemis, l'expression de ce qu'il y a de plus noble dans la culture occidentale : le souci des victimes, le refus des ordres culturels fondés sur le « meurtre fondateur ». Et c'est à Nietzsche lui-même qu'on pourrait emprunter la formule qui définit la pensée occidentale : lorsque nous philosophons, nous réfléchissons toujours sur la mort de Socrate.

Édouard Husson

Février 2000

Introduction

En mai 1888, neuf mois avant son effondrement, F. Nietzsche écrivait à son ami de jeunesse Paul Deussen, que l'écrivain danois le Dr Georg Brandes faisait un cycle de conférences à l'université de Copenhague sur le « philosophe allemand Friedrich Nietzsche » ; et il ajoutait : « À chaque fois la salle est pleine à craquer. Plus de 300 auditeurs. Les grands journaux en font des comptes rendus. – *Sic incipit* gloria mundi[1]. » Le mot « incipit » était souligné. Visiblement le philosophe attendait depuis longtemps avec un désir ardent un tel événement. Paul Deussen et tous les autres amis auxquels Nietzsche écrivit des lettres d'un contenu similaire, pouvaient au contraire accueillir cette annonce avec étonnement et y voir une contradiction difficilement compréhensible, s'ils se souvenaient de ce que Nietzsche leur disait autrefois de sa « solitude azuréenne » et de son mépris pour tout ce qui paraissait sur lui dans les journaux. Certes, la gloire ne faisait encore qu'effleurer Nietzsche à ce moment-là, mais il avait raison de penser que ce n'était que le début de la renommée. Dès les années 1890, alors qu'il avait sombré dans la folie et était soigné par sa sœur dans la maison de sa mère, qui était aussi devenu le bâtiment des « Archives Nietzsche », une quantité d'articles et une masse de livres parurent à son sujet, et sa mort en 1900 ouvrit pour ainsi dire les écluses : articles et livres se multiplièrent à l'infini ; Nietzsche devint

1. N.d.T. : L'édition française de la *Correspondance* de Nietzsche – Gallimard, textes établis par Giorgio Colli et Mazzino Montinari – s'arrête à l'année 1874. Nous avons donc traduit nous-mêmes les extraits cités de lettres ultérieures, en conservant la référence à l'édition allemande – *K.G.B.* –, exception faite pour les extraits traduits dans la biographie de Curt Paul Janz : *Nietzsche*, Paris, Gallimard, 1985, et pour les dernières lettres que Nietzsche écrivit avant de sombrer dans la folie : *Dernières Lettres*, Paris, éd. Rivages poche, 1992.

aussi l'objet de séminaires réguliers dans des universités allemandes, ainsi par exemple de la part de Raoul Richter à Leipzig, qui publia en 1903 les « Quinze conférences » qu'il avait faites à l'université. Parmi tous ces livres, ces études et ces cours, on ne trouve pourtant pas – autant que je sache – le thème : « Nietzsche et le nietzschéisme ». Il faut d'abord poser la question de savoir ce que le « et » d'un tel intitulé doit signifier, car c'est là que résidera la caractéristique du cours que nous faisons nous-mêmes.

Ce « et » ne renvoie pas comme on pourrait le penser à première vue au comportement de Nietzsche face au nietzschéisme. Certes le phénomène en tant que tel n'était pas étranger à Nietzsche : dès 1877, il entendit parler d'un cercle d'admirateurs qui s'était formé à l'université de Vienne, et c'est avec une satisfaction visible qu'il constata quelques années plus tard, qu'un critique du nom de Paul Lanzky lui donnait du : « Respecté maître ». Au début de 1887 il eut la confirmation unanime qu'il jouissait auprès de tous les partis radicaux – les socialistes, les nihilistes, les antisémites et les chrétiens orthodoxes – d'une réputation extraordinaire et presque mystérieuse[2]. Mais en fait, il n'y eut que peu « d'admirateurs » avec qui il entra en contact ou sur qui il obtint des informations de première main. Il lui arrivait même de s'exprimer en termes véhéments sur certains admirateurs, ainsi dans le cas du jeune poète Hermann Conradi, à propos duquel il écrivait à son éditeur Constantin Georg Naumann en octobre 1886 : « De tels poètes de pacotille, âgés de 24 ans, sont les derniers lecteurs que je souhaite avoir[3]. »

Le nietzschéisme est un phénomène qui ne date que des années 1890. Dès 1893, le terme a une signification pour Franz Mehring ; et, en 1902, Achad Haam, une des figures les plus importantes du sionisme naissant, peut écrire un article intitulé « Nietzschéisme et Judaïsme » dans lequel il dénonce les tendances nietzschéennes, au sein de la pensée juive de son époque. En même temps il serait impossible de comprendre le « et » du titre que nous avons donné à notre cours, de telle manière que le nietzschéisme soit l'objet principal, et Nietzsche seulement le prétexte. L'étendue du concept est bien difficile à déterminer. Il englobe bien évidemment les plus ardents défenseurs des pensées de Nietzsche ; mais doit-on inclure ceux qui tronquent l'interprétation de l'œuvre, par exemple en en faisant un bréviaire du concept « d'immoralisme » ? Ou doit-on exclure tous ceux qui jugèrent Nietzsche positivement sans vouloir

2. *Ibid.*, p. 47 *sq.*
3. *K.G.B., op. cit.*, vol. III, 3, p. 260.

pour autant en être les «enfants» ou les «adeptes»? Il est difficile d'établir la frontière de ce qu'on appelle «histoire de la réception» et, souvent, les déclarations des adeptes ne peuvent être suffisamment détachées des polémiques avec les opposants. Une histoire de la réception apparaît comme une impossible et périlleuse tentative, et ce n'est vraiment pas un hasard, s'il n'y a eu jusqu'à maintenant que des essais bibliographiques: il faudrait en théorie évoquer l'ensemble de la littérature et de la philosophie mondiale et connaître en particulier le hongrois et le russe. Si l'on donne au contraire au concept de «nietzschéisme» sa signification la plus étroite et si on le limite au groupe des disciples déclarés, on court le danger d'en faire un cabinet de curiosités, un exposé purement descriptif, à moins que l'on élargisse au groupe des adeptes les jugements formulés à propos de Nietzsche lui-même. Pour ma part, je ne prendrai comme base ni le plus étroit ni le plus large des concepts possibles; et je ne ferai pas du «nietzschéisme» l'élément principal. Pour ce qui est de l'extension temporelle, je me limite à la période qui va jusqu'en 1914. Après l'éclatement de la Première Guerre mondiale, les choses prennent une autre tournure: le fait que de nombreux soldats allemands eussent le *Zarathoustra* dans leur balluchon, mais aussi la propagande alliée qui inclut Nietzsche parmi les défenseurs de l'impérialisme allemand, et les publications de l'après-guerre comme le livre dithyrambique d'Ernst Bertram, *Nietzsche, Versuch einer Mythologie* (Nietzsche. Essai d'une mythologie) (la première édition date de 1918), donneraient lieu à un autre livre.

En disant «Nietzsche et le nietzschéisme», je refuse de considérer le nietzschéisme comme simple bizarrerie; je l'envisage bien plutôt comme la question du rapport de Nietzsche à ses contemporains. Je suis intéressé par l'époque de Nietzsche, par une approche synchronique plus que par la question diachronique habituellement posée, c'est-à-dire la situation de Nietzsche dans les siècles de l'histoire occidentale de la philosophie, comme compagnon de discussion d'Héraclite, de Platon ou de Descartes.

Heidegger, plus que tous, a interprété Nietzsche d'une manière philosophique: pour lui, ce ne sont pas seulement tous les nietzschéens qui sont sans importance mais aussi une grande partie de l'œuvre de Nietzsche. La tâche que je me donne est beaucoup plus modeste: je veux prendre en compte Nietzsche, le contemporain de l'ère bismarckienne et de la «fin de siècle» européenne, sur un plan historique. Cela signifie que ses prises de position concrètes face aux phénomènes de son temps seront tout spécialement examinées et par là même les « contradictions » que l'on pourrait y déceler. Ces contradictions sont particulièrement instructives, parce que s'y reflètent des traits fondamentaux de la société dans laquelle Nietzsche vivait. Ajoutons que Nietzsche se voyait globalement en contradiction avec cette société, que cette opposition était étroitement liée à des idées qui n'étaient pas simplement des idées de ses contemporains, mais qui étaient générales : elles avaient un caractère philosophique. Il serait peu opportun de réduire le nietzschéisme au cercle étroit des premiers adeptes, mais il le serait aussi peu de comprendre Nietzsche seulement comme un contemporain de ceux avec qui il vivait.

Nietzsche doit être envisagé comme un « intellectuel ». Là aussi, il faut distinguer entre un concept large et un concept étroit. Si est intellectuel celui dont la principale activité est la réflexion, qu'il dispose des moyens financiers de s'adonner aux choses de l'esprit ou même qu'il puisse en vivre, et ne doive pas effectuer un travail physique, gagner son pain « à la sueur du front », alors, tous les philosophes, depuis Thalès et Parménide, ou dans des temps encore plus reculés, ceux qui appartenaient à la classe des prêtres, étaient des intellectuels ; et même, aujourd'hui, la majorité de la population de quelques pays avancés, fait alors partie de ce groupe. Dans une acception plus restreinte, au contraire, on désigne comme intellectuels les essayistes et les éditorialistes, en particulier ceux qui se décrivent comme « intellectuels progressistes » ; et en règle générale, les universitaires regimberaient certainement contre l'idée d'être rangés dans ce groupe. Ici encore, une signification médiane doit aider. Platon et Aristote, Thomas d'Aquin et Descartes, Kant et Hegel n'étaient pas en ce sens des « intellectuels ». Ils aimaient, comme dans une large mesure Thomas d'Aquin, mettre en question leurs propres thèses, mais le débat philosophique signifiait avant tout pour eux réfutation de l'adversaire et exposé d'une doctrine personnelle, du monde dans son ensemble et de l'homme. Les philosophes, pourrait-on dire, sans vouloir utiliser des termes péjoratifs, étaient jusqu'à Hegel des « théologiens doctrinaires », c'est-à-dire qu'ils développaient des doctrines sur le monde dans son ensemble, dont le fondement, à savoir Dieu, la matière ou le hasard, et l'apogée, à savoir l'être humain, étaient le plus souvent dans son monde atemporel et parfois dans le développement de son histoire. Devaient ainsi s'appeler intellectuels ceux qui se posent les questions essentielles concernant le monde, l'homme et l'histoire, mais ne donnent pas une réponse sur la base d'une doctrine ; ceux pour qui les questions sont beaucoup plus importantes que des essais de réponses de toutes sortes ; pour qui l'homme et l'histoire sont des problèmes plus stimulants que le monde au sens du « kosmos » et le principe du monde au sens de Dieu. Un exemple me vient à l'esprit, Alexis de Tocqueville posant la question : « Où allons-nous donc ? »

Une perplexité consciente et une « problématisation » toujours renouvelée sont la marque des intellectuels au sens où je les entends : à tout élément A, ils opposent un élément B et un élément C, car le monde ne se présente pas à eux comme une organisation limpide, mais comme un complexe extrêmement divers, difficilement pénétrable, souvent fait d'un état de choses et de développements inquiétants. Pris dans ce sens, les intellectuels ont donc en commun avec les véritables philosophes la dimension du questionnement, et ne doivent pas être confondus avec ceux qui exercent simplement des métiers intellectuels ; mais il leur manque l'assurance intérieure, qui caractérise tous les philosophes – bien qu'ils tiennent tant à marquer leurs différences quant à cette assurance.

Pour continuer à préciser la définition, et pour cerner plus exactement Nietzsche, on doit établir une comparaison avec Marx, (et éventuellement avec Engels), parfois formellement, d'autres fois de manière informelle. Entre les deux, il n'y a pas de relations directes, ni même seulement de prise de contact ; aucun des deux n'a même jamais évoqué l'autre. Au début de l'année 1868, le jeune Nietzsche écrit, à son ami Carl von Gersdorff, qu'il vient de lire un opuscule qui lui a beaucoup appris sur les tendances qui divisent l'opinion ; mais, ajoute-t-il, il s'agit d'une doctrine inquiétante, « au goût âpre et amer de réaction et de catholicisme » ; dans cet opuscule de Josef Edmund Jörg brille « la grandeur irrationnelle de Lassalle ». Nietzsche mentionne Lassalle et non Marx, bien que le premier tome du *Capital* fût déjà paru. En 1871, Nietzsche fait allusion à cette « tête d'hydre internationale », qui pendant la Commune de Paris s'était révélée d'une manière si effrayante ; mais Nietzsche ne semble pas avoir remarqué l'homme, qui commençait alors à être nommé souvent dans la presse européenne en tant que « grand chef de l'Internationale ». De même, Marx parlait à propos d'un voyage en Allemagne, à Karlsbad, en 1876, « d'un carnaval organisé par ce musicien officiel, Wagner », à Bayreuth, sans mentionner le jeune professeur de Bâle qui passait pour un des wagnériens les plus profonds et dont il n'a apparemment pas entendu parler. Cependant, il existe entre Nietzsche et son aîné plusieurs liens indirects. Tous les deux avaient un ennemi commun, en la personne de l'universitaire de Berlin, Eugen Dühring ; contre son influence – temporairement importante – sur le tout récent parti social-démocrate, Engels écrivit un *Anti-Dühring* et Nietzsche s'opposa à lui, sa vie durant, comme à un anarchiste et « une langue de vipère ».

Nietzsche connaissait aussi le fils de Gottfried Kinkel, émigré à Londres, comme Marx. Il faut citer aussi un projet de mariage entre Nietzsche et une fille d'Alexander Herzen, le plus connu de tous les révolutionnaires russes émigrés de l'époque. Fait encore plus remarquable : Nietzsche pouvait dire que le vieil hégélien Bruno Bauer était devenu nietzschéen à la fin de sa vie[4]. Bauer avait été, au début des années 1840 – et c'était bien connu – ce qu'on pourrait appeler le mentor de l'étudiant Marx.

Objectivement, on ne peut imaginer, au premier abord un contraste plus abrupt entre, d'un côté, le « radicalisme aristocratique » de Nietzsche, son mépris des masses, son concept de « l'esclavage » et du « dernier homme », ou bien encore son terme de « brute blonde », et d'autre part l'attente de la « révolution du prolétariat » et la prise en compte d'une société sans classe, d'hommes libres et égaux. Pourtant, il existe des correspondances essentielles : une sorte d'antipathie envers les « Philistins », c'est-à-dire les êtres limités à leur métier ou au quotidien, l'exigence d'un être « entier » ou « complet », la critique d'une société fondée sur l'argent, et surtout le tropisme en direction de l'Antiquité grecque. Comme preuve, je donne ici quelques citations.

Une lettre de l'année 1884 que Nietzsche achève avec cette strophe, n'est pas une simple plaisanterie :

« Le monde ne va-t-il pas de plus en plus mal ?
Tous les chrétiens se mettent à marchander
Les Français révèlent de la profondeur –
Et les Allemands deviennent chaque jour plus légers[5]. »

Marx avait écrit quarante ans plus tôt, dans un essai sur la question juive :

« Quel est le culte séculier des Juifs ? Le marchandage. Quel est leur Dieu ? L'argent. Eh bien ! L'émancipation du marchandage et de l'argent, c'est-à-dire du judaïsme pratique, réel, [c'est-à-dire de la production « chrétienne » et capitaliste] signifierait l'autoémancipation de notre époque. »

Chez Nietzsche, les déclarations contre la hâte et l'agitation de l'existence moderne sont légion. Mais le jeune Friedrich Engels ne

4. *In* Curt Paul Janz, *Nietzsche*, Paris, Gallimard, 1985, vol. III, p. 301.
5. *K.G.B.*, vol. III, 1, p. 564.

s'exprime pas avec moins de détermination contre le tourbillon de la société de concurrence et contre la profonde immoralité que représente l'atomisation de la société moderne.

Dans ses conférences Nietzsche, envisageant l'avenir des universités, parle, par exemple en 1872, avec mépris, des spécialistes comme d'ouvriers qui, toute leur vie durant, ne font rien d'autre qu'activer une certaine vis ou faire un certain geste ; Marx écrit dans les *Manuscrits économiques et philosophiques* à propos du destin du travailleur : « mentalement et corporellement, il est ramené au niveau d'une machine, et d'un homme on fait une activité abstraite et un simple ventre à nourrir ».

Le caractère paradigmatique que détient pour Nietzsche l'Antiquité grecque, malgré la parenthèse de sa deuxième période (la « période positiviste »), est pendant les dernières années de sa vie, aussi perceptible que dans les débuts ; mais il ne faut pas omettre chez Marx certaines déclarations de la période dite « idéaliste » ou « pré-marxiste », qui peuvent renforcer la thèse selon laquelle sa « société sans classes » ne serait rien d'autre que la Polis grecque, étendue au monde entier et sans esclaves. On lit par exemple chez lui que la « res publica » était l'affaire privée des citoyens et qu'on n'a pas entendu dire que les hommes d'État grecs ou romains aient passé des examens.

Marx et Nietzsche étaient tous deux issus de la philosophie de l'idéalisme allemand et tournés vers l'Antiquité grecque. Ils étaient tous les deux des membres de la « bourgeoisie du talent », des hommes de culture, qui rompaient avec elle. C'est sur ce plan qu'il faut situer leur concordance. Hegel n'aurait compté aucun des deux au nombre des « philosophes » et, dans cette mesure, ils peuvent tous deux être appelés « intellectuels », dans le sens précédemment décrit. Si un premier examen approfondi les rapproche, on doit cependant arriver jusqu'au point où on réaffirme les différences entre les deux hommes. Marx et Engels, nés respectivement en 1818 et 1820, firent, après une courte période de doute, une découverte, qui leur conféra une nouvelle assurance et une nouvelle identité : la découverte de la signification historique de la révolution industrielle et par là même du « prolétariat » ; ils pouvaient, étant en possession des concepts hégéliens de « réalisation » et de « dialectique », concevoir une révolution imminente, qui mènerait l'histoire à son accomplissement et qui aurait pour conséquence la métamorphose de tous les hommes en êtres accomplis. La révolution entraînerait une prospérité singulière de l'art et de la culture. Chez Nietzsche, disciple de Schopenhauer, rien de tel.

Au contraire, pour lui, la mise en péril de l'art et de la culture par la modernité était bien plus qu'une courte phase d'assombrissement avant un splendide lever de soleil. Dans cette mesure, il apparaît beaucoup plus que Marx ou Engels, comme un intellectuel au sens où nous l'avons défini. Pourtant, ce qui est significatif, c'est que lui aussi cherchait à atteindre une assurance, un enseignement et une « praxis », qui conduisait pour finir à une image aussi utopique que la représentation marxiste (pour autant qu'elle est prise au sérieux et qu'elle n'est pas réduite à quelques banalités progressistes) ; d'un côté, nous avons la vision d'une humanité sortant du gouffre de la misère, retrouvant sa dignité, pour atteindre le « royaume de Dieu » d'où sont bannies la misère, l'angoisse matérielle et la soumission à la division du travail et pour vivre sans institutions dans une réciprocité transparente ; de l'autre, l'image, non moins utopique, est celle des « seigneurs de la terre », des « surhommes » et d'un « parti de la vie ».

On voit très nettement où les plus grandes possibilités d'efficacité se trouvaient. L'enseignement de Marx et Engels pouvait être relié à une réalité, qui aurait existé, ensuite grandi et serait devenue puissante, même sans eux. Il aurait de toute façon existé indépendamment du marxisme, un mouvement des travailleurs, à commencer par l'Europe. Mais la doctrine de Marx donna à ce mouvement, qui aurait pu être un simple mouvement syndical, un but fondé sur des idées universelles, une « mission pour le monde ». Elle forgea par là même son unité, qui bien sûr resta inachevée et précaire. C'est seulement ainsi que fut réalisée la synthèse entre un mouvement d'ouvriers et un autre d'intellectuels « bourgeois » et « progressistes » : cette synthèse, Marx et Engels l'avaient anticipée dans leurs propres personnes ; on pourrait les appeler intellectuels à la recherche d'une certitude, d'une utopie. C'est avec le marxisme seulement que le concept de « bourgeois » devient un instrument de polémique, qui transforme l'autocritique immanente au système en une négation totalisante et excluant tout compromis. Nietzsche, au contraire, n'avait aucun adepte « naturel ». Dans sa jeunesse, il fut lui-même le disciple d'un grand artiste, qui s'était voulu fondateur de culture et principe d'unification pour le peuple : il s'agit de Richard Wagner. En fait, l'efficacité de Nietzsche resta limitée à un petit cercle « d'hommes de culture délivrés des nécessités matérielles », et ce n'est que peu avant son effondrement qu'il identifia des groupements sociaux déterminés, propres à constituer des millions de disciples pour mener ses combats : les officiers et les banquiers juifs. L'échec pratique d'une telle conception devait plus tard en montrer la cohérence, par défaut. En attendant, cela relevait encore de la pure imagination.

Comment une telle pensée aurait-elle pu – en dehors de circonstances très particulières complètement imprévisibles – avoir des effets politiques, elle qui, dans une « époque des masses », espérait opérer avec un concept aussi choquant que « les laissés pour compte », et qui semblait repousser toutes les sortes « d'émancipation » ? Et pourtant Nietzsche sentait venir l'époque des guerres de grande échelle, qui seraient conduites « au nom de doctrines philosophiques fondamentales ». Il se montra en l'occurrence meilleur prophète que Marx, pour qui la contrainte du développement économique pesait si fort sur l'avenir qu'il prévoyait une révolution simultanée des peuples avancés de l'Occident au cours de laquelle le pouvoir ébranlé d'un petit nombre de magnats capitalistes serait définitivement aboli. Il est vrai que l'on trouve chez Marx des formules différentes : par exemple, lorsqu'il imagine, en 1848, une guerre mondiale dont surgirait la révolution ; ou bien lorsqu'il établit une distinction, à la fin de sa vie, entre trois types de révolution : anglaise, allemande et russe, sans qu'on sache clairement comment elles agiront l'une sur l'autre. Mieux encore : le tome trois du *Capital*, publié après la mort de Marx, donne une vision d'avenir toute différente de celle du tome premier. Marx n'imagine plus une lutte commune des prolétaires exploités de toutes les nations développées, mais un soulèvement des peuples, restés sous-développés, contre les nations modernes, qui « concentrent le capital entre leurs mains », où les ouvriers eux-mêmes bénéficieraient de la prospérité. Les marxistes n'ont pas prêté grande attention à cette nouvelle vision des choses chez Marx ; ils s'en sont tenus à la vision optimiste et idyllique du début de l'œuvre. Non seulement Nietzsche s'est montré plus lucide sur l'avenir, mais « son » parti de la guerre civile a effectivement vu le jour ; il en avait parlé comme du « parti de la vie ». Dans la réalité, ce parti s'éloigna en grande partie de ce que Nietzsche avait imaginé, au point que l'on pouvait sur certains points se réclamer de Nietzsche pour le combattre. Mais sans certains aspects du nietzschéisme, ce parti ne serait pas devenu ce qu'il a été, pas plus d'ailleurs que le parti des travailleurs sans le marxisme. Quoi qu'il en soit, ce cours n'a pas pour titre « Marx et Nietzsche ». La question de ce qui relie l'un à l'autre, ces deux pôles opposés du type intellectuel ne peut être pour nous qu'une question en filigrane, une perspective ultime.

Nous ne devons pas perdre de vue ces penseurs qui étaient les véritables contemporains de Nietzsche, c'est-à-dire les contemporains qu'il connaissait, par lesquels il fut influencé et avec lesquels il échangea des idées. Il faut nommer ici en tout premier lieu Eugen Dühring, à propos duquel Nietzsche s'exprima d'une manière très critique, dans son œuvre publiée de son vivant; il s'était pourtant constitué – ainsi que le prouvent ses œuvres posthumes – un recueil de bonnes feuilles de cet auteur, comme il l'avait d'ailleurs fait avec beaucoup d'autres. On peut nommer en second lieu Gustav Teichmüller, qui fut pendant quelques années le collègue de Nietzsche à Bâle, et auquel Nietzsche reprit le concept de perspectivisme; ou encore Eduard von Hartmann: Nietzsche polémiqua, sa vie durant, à propos de son concept de «processus universel»; African Spir dont Nietszche emprunta le livre *Denken und Wirklichkeit* (Pensée et Réalité) à la bibliothèque de l'Université de Bâle plus souvent qu'aucun autre livre.

Pour finir, on ne doit pas négliger ces «figures gravitant autour de Nietzsche», à propos desquelles Erich F. Podach a écrit un livre très instructif; Peter Gast et Bernhard Förster, l'époux de sa sœur Élisabeth, Erwin Rohde et Julius Langbehn; mais avant tout Cosima Wagner et Jakob Burckhardt, avec lesquels Nietzsche avait une relation réelle et en même temps relevant d'un idéal-type au sens wébérien, telle qu'elle ressort très nettement dans les «Billets de la folie» du début janvier 1889, où sont si flagrants ses regrets les plus secrets et son échec le plus perceptible.

Il est un «mot-clé» dans la bouche de Nietzsche, qui pourrait être placé comme devise, et comme invitation à l'interprétation de ce cours. On le trouve dans une lettre à Heinrich Köselitz, auquel Nietzsche donna le nom d'artiste Peter Gast: «Rendez-vous compte que, depuis 1876, par bien des aspects, de tout mon corps et de toute mon âme, je suis plus un *champ de bataille* qu'un homme[6].» C'est à mon avis une déclaration bien plus intéressante et révélatrice que la phrase bien plus connue de Nietzsche, déclarant qu'il ne serait pas un homme mais de la dynamite. Il ne s'agit pas du tout d'un énoncé éphémère. Un an après, en août 1883, Nietzsche écrit à Franz Overbeck: «Pour le moment je ne cesse pas d'être une lutte incarnée: en lisant des recommandations de ta chère femme, j'avais l'impression qu'elle demandait à Laocoon de bien vouloir se décider à triompher des serpents qui l'assaillent[7].»

Ce n'était pas par exagération que Nietzsche se voyait doté de «l'âme la plus dilatée qui soit», et qu'il décrivait comme sa torture

6. *K.G.B.*, *op. cit.*, vol. III, 1, p. 230.
7. *Ibid.*, p. 425.

et son bonheur d'avoir été dans tous les recoins de l'âme moderne : en fait, presque tous les facteurs et toutes les phases de l'histoire européenne se livraient bataille chez un même individu ; les jugements contradictoires qu'il a souvent portés sur un même objet, reflétaient des débats qui habituellement sont le fait d'individus ou de groupes différents. La conjecture selon laquelle la dureté de cette lutte intérieure fut une des causes de l'effondrement de Nietzsche, n'est pas sans fondement ; les médecins sont certainement dans le vrai, quand ils disent que la folie ne peut pas résulter uniquement de causes intellectuelles. Je donnerai par conséquent comme titre à la partie principale de mon cours : « Nietzsche comme champ de bataille » ; il s'agit de voir comment forces et époques de l'histoire européenne ont déchiré l'individu Nietzsche. Sous ce titre, douze thèmes seront traités : « Platonisme, morale et christianisme », « Lumières et sciences », « Socialisme », « Les Allemands et le Reich », « Émancipation et modernité comme dégénérescence globale de l'humanité », etc. Dans le « nietzschéisme », les jugements de Nietzsche sur ces différentes réalités se trouvent dissociés les uns des autres – souvent d'une manière très simpliste – et redistribués entre des personnes ou des tendances très différentes.

La faiblesse, ou mieux, la limite de notre problématique est la suivante : nous n'avons pas fait de questions telles que « devenir et être », « sujet et chose », « temps et éternité » l'objet de notre questionnement. Tout ce qui est proprement philosophique ne surgira qu'en marge ; on consacrera cependant la douzième et dernière heure de ce cours à cette question philosophique qui fut la plus importante pour Nietzsche : « Vie et connaissance, vérité et mensonge. »

La philosophie de Nietzsche peut, encore moins que chez les autres penseurs, être séparée de sa vie – car pour lui, pourtant, la vérité était quelque chose « que l'on s'arrache du cœur morceau par morceau et dans lequel chaque victoire se venge avec une défaite[8] » – et pour cette raison, sa biographie doit tenir une place importante dans l'exposé. Mais, dès les années 1890, ses contemporains avaient aperçu, dans cette vie, une symbolique profonde ; principalement à cause de la folie finale, la comparaison avec Hölderlin s'imposait. Pour des cercles restreints, le « solitaire de Sils-Maria » était devenu dès avant 1889 une figure presque mythique ; et le passage du wagnérien à la jeunesse éclatante et géniale, au « positiviste marqué par les "Lumières" de la deuxième période, resta une énigme, et pas seulement pour Richard et Cosima Wagner

8. *Ibid.*, vol. III, 5, p. 520.

eux-mêmes. On pourrait dire que la vie d'Eugen Dühring a été plus agitée et plus spectaculaire : la cécité tombée sur lui alors qu'il avait à peine trente ans, l'effet de sa conception d'une « société libre » constituées de communes économiques sur le parti social-démocrate, son refus d'être chassé comme il le fut d'un poste d'universitaire et le mouvement étudiant qui en résulta. Mais la comparaison entre Dühring et Nietzsche fait justement apparaître une différence décisive ; chez le premier, tout était cohérent : sa critique des corporations, le caractère éclairé de sa « philosophie de la réalité », son combat contre la tradition judéo-chrétienne qui serait ennemie de la vie, son antisémitisme à connotation raciste. Dühring lançait des idées de polémique, mais il n'était pas lui-même un « champ de bataille ». Si l'on rassemblait ses propos sur l'Antiquité classique, sur la Réforme, sur le Socialisme et sur le Reich allemand, cela donnerait une sorte d'épopée ; chez Nietzsche, cela ressemble plutôt à un drame.

La troisième partie de mon cours est consacrée au « nietzschéisme » et c'est la plus courte : elle ne dure que huit heures. Elle s'organise autour de groupes différents de personnes : « Disciples et enthousiastes » dans le cercle des Archives-Nietzsche, « Socialistes et anarchistes », « Essayistes et Écrivains ». C'est peut-être un plan un peu désordonné, mais il a le mérite de mettre en évidence que le nietzschéisme n'intéresse pas pour lui-même. Notre avant-dernier thème s'intitule : « Benito Mussolini comme marxiste » ; la conclusion a pour titre : « Nietzsche, Marx et la guerre civile européenne ». Je fais ainsi référence au premier, comme au dernier de mes travaux. Ce cours n'est donc pas une présentation de routine, ni du point de vue de l'objet qu'il trace, ni replacé dans la perspective de mes publications.

Bibliographie autour de Nietzsche

Dès que Nietzsche fut devenu fou et *a fortiori* après sa mort, il fut « champ de bataille » : dès le début, il y eut des luttes acharnées autour de son « image » et de son héritage. L'acteur principal de ce combat a été sa sœur Elisabeth, aujourd'hui presque toujours décrite comme une faussaire ambitieuse et appâtée par le gain ; le profit qu'elle retira de l'œuvre de Nietzsche fut sans doute immense. Elle fut la fondatrice de la tradition de Weimar, et les « Archives Nietzsche » étaient sa forteresse. Face à cette « tradition », s'en érigea une autre : dès le début, la « tradition de Bâle » qui était centrée autour du très dévoué Franz Overbeck, devenu ami de Nietzsche. Très tôt une polémique naquit au sujet des droits d'auteurs pour les lettres que Nietzsche avait écrites à Overbeck ; la controverse s'amplifia et après la mort d'Overbeck, elle donna même lieu à des procès. Mais à Weimar même, il y eut des luttes acharnées. Les Archives constituaient le cœur du nietzschéisme, mais très vite on en vint à des échanges très vifs entre Elisabeth et les « éditeurs » des œuvres de Nietzsche, tels Fritz Kögel et les frères Horneffer : Elisabeth fit mettre au pilon des volumes entiers de la première édition complète. Elle réussit à éconduire ses adversaires, gagna « Die Zukunft » de Maximilian Harden comme forum, mais fut aussi violemment attaquée par des observateurs extérieurs comme Rudolf Steiner.

C'est sous l'égide de la sœur du philosophe que furent éditées les trois éditions complètes de l'époque précédant la Première Guerre mondiale :

1. La « Grossoktavausgabe » (G.O.A.) (« grande édition in-8° ») à partir de 1894 aux éditions C. G. Naumann à Leipzig, écrite en caractères romains – peu après suivit la K.O.A. (« petite édition in-8° »), strict équivalent de la première pour ce qui est des tomes et de

la pagination, mais écrite en caractères gothiques. Dans la « Première section », on trouve les œuvres publiées par Nietzsche en huit tomes ; la « Deuxième section » comprend – du tome IX au tome XVI – les *Œuvres posthumes*. La « Troisième section » est la plus petite, et contient deux tomes *Philologica*. Les tomes les plus importants sont de loin les tomes XV et XVI : *Ecce homo* et *La Volonté de puissance*. Le dernier volume a été dans une certaine mesure « composé » par Elisabeth et ses collaborateurs et érigé par eux-mêmes en « œuvre majeure » à partir des fragments qu'avait laissés Nietzsche, qu'ils regroupèrent de façon thématique dans un plus petit tome de 483 aphorismes, ensuite sous sa forme définitive avec 1067 aphorismes. Cette version se trouve dans la troisième édition complète d'avant guerre, celle qu'on appelle la « Taschenausgabe » (T.A.) (édition de poche), en onze volumes. Là, les fragments posthumes ne sont pas présentés indépendamment, comme dans l'édition G.O.A., mais ils sont répartis dans l'ensemble des œuvres.

Tel est le cas, aussi, de l'édition la plus gigantesque, la « Musarion » qui parut entre 1920 et 1929, en vingt-trois tomes, éditée par les cousins de Nietzsche, Richard et Max Oether ainsi que par Friedrich Würzbach, le président de la « Société nietzschéenne ». Dans le premier volume se trouvent les « œuvres de jeunesse » absentes des éditions G.O.A. et T.A. Mais l'entreprise la plus ambitieuse de l'entre-deux-guerres ne fut pas menée à bonne fin : la « Historischkritische Gesamtausgabe » (édition complète historique et critique des œuvres et des lettres) aux éditions C. H. Beck à Munich à partir de 1934. Seuls cinq volumes d'œuvres et quatre de lettres sont parus ; les uns jusqu'en 1869, les autres jusqu'en 1877. Le matériel manuscrit rassemblé est décrit ici très précisément, et l'ensemble de poèmes écrits pendant l'enfance y est repris.

Quoi qu'il en soit, la datation des fragments isolés était possible dès les éditions G.O.A. et Musarion ; on pouvait donc dès avant la Première Guerre mondiale être convaincu que l'aphorisme final de *La Volonté de puissance* (n° 1067) datait de 1885, alors que la plus grande partie des autres aphorismes du volume date de 1887 et de 1888. Mais la question essentielle est de savoir s'il est vraiment autorisé de mettre les œuvres posthumes de Nietzsche sur le même plan que le corpus principal des œuvres. Nous ne savons pas à quelle décision en serait arrivée l'édition complète et historique, mais après la Seconde Guerre mondiale, l'un des éditeurs, Karl Schlechta, imposa un non catégorique. Dans son édition des *Œuvres* (en trois volumes) qui parut à Munich en 1956, ce qui était auparavant *La Volonté de puissance* est à nouveau disséminé et les fragments pris un par un sont distribués dans la suite chronologique des œuvres posthumes. Dans la postface philologique, Schlechta donne des informations sur les coupes claires et les falsifications qu'Elisabeth Förster-Nietzsche a introduites dans les lettres, informations qui furent reçues comme sensationnelles. Malgré une indignation justifiée, on ne devrait pourtant pas perdre de vue le fait que les attaques vraiment déchaînées du Nietzsche de la fin contre sa mère et sa sœur, ainsi que vraisemblablement d'autres lettres et manuscrits, auraient certainement disparu si Élisabeth n'avait pas poussé sa mère et le reste de la famille à lui céder les droits d'auteur. C'est elle qui nous les a transmis.

L'édition la plus récente et qu'on peut qualifier de définitive est la « Kritische Gesamtausgabe » (Édition complète critique), réalisée par Giorgio Colli et Mazzino Montinari, et publiée à Berlin aux éditions de Gruyter, à partir de 1967. Les différentes parties sont rigoureusement ordonnées de façon chronologique, les « sections » et les « œuvres posthumes » sont à nouveau séparées (section K.G.W. de la K.G.A.). La section des lettres (K.G.B.) comprend aussi les lettres adressées à Nietzsche. L'édition la plus accessible et la plus utilisable est la « Kritische Studienausgabe » (K.S.A.) (éditions des études Nietzsche) en 15 volumes. Elle a avec le K.G.W. le même rapport que la K.O.A. avec la G.O.A., mais elle n'en suit pas le découpage des tomes ni la pagination. Les six premiers volumes comprennent les *Œuvres* ; du tome VII au tome XIII, ce sont les *Œuvres posthumes*. Le tome XIV est un volume de commentaires qui fait plus de sept cents pages ; le tome XV une *Chronique de la vie de Nietzsche*, accompagné d'une table de concordance avec le K.G.W. et d'un index général. À l'édition des lettres correspond à peu près la K.S.A. de l'ensemble des lettres en huit volumes, qui ne comprend cependant rien d'autre que des lettres de Nietzsche.

On ne peut pas bien estimer encore les conséquences de la mort subite de Mazzino Montinari, survenue en 1986. Montinari était, avec Wolfgang Müller-Lauter, Heinz Wenzel et Ernst Behler, l'auteur des deux entreprises les plus importantes de la « recherche sur Nietzsche » : la publication des « Nietzsche Studien » (Études Nietzsche) dont ont été publiés, depuis 1972 jusqu'à maintenant[1] dix-sept volumes et les Monographies et Textes de la Nietzsche-Forschung (également chez de Gruyter). C'est dans ce cadre qu'est

1. N.d.T. : c'est-à-dire 1990, date de parution en Allemagne du présent livre.

parue entre autres la seule œuvre que je citerai sur le sujet du nietzschéisme : la monumentale bibliographie de Richard Frank Krummel : *Nietzsche und der deutsche Geist* (Nietzsche et l'esprit allemand) (Berlin-New York 1974 et 1983, en tome III et IX des *Monographien und Texte* [Monographies et Textes]).

Un opuscule propre à servir d'introduction et de première orientation, donne, il faut le noter, beaucoup de titres au sujet du nietzschéisme : le *Friedrich Nietzsche* de Peter Pütz, Stuggart 1975 (Collection Metzlen). En plus des petites présentations, le livre contient un ensemble de bibliographies ordonnées thématiquement.

Pour ce qui est de la vie de Nietzsche, il faut toujours nommer en premier lieu : Elisabeth Förster Nietzsche, *Das Leben Friedrich Nietzsches* (La Vie de Friedrich Nietzsche), en trois volumes, parue en 1895, 1897 et 1904. Beaucoup plus répandue était la version populaire en deux volumes : *Der junge Nietzsche* (Jeunesse de Nietzsche), parue en 1912 et *Der einsame Nietzsche* (La Solitude de Nietzsche), en 1913. L'ouvrage antagoniste, venant du « côté Overbeck », est : *Carl Albrecht Bernoulli, Franz Overbeck et Freidrich Nietzsche. Eine Freundschaft* (Une amitié), deux volumes, Iéna 1908 (éditions Eugen Diederichs). On est toujours surpris par les blancs, correspondant aux suppressions ordonnées « par le jugement de Iéna » (il s'agit surtout des lettres de Gast à Overbeck).

Les travaux biographiques majeurs parus plus récemment sont :

Curt Paul Janz : *Nietzsche*, 3 volumes, 1978-1979[2] (dans la continuité d'un travail de Richard Blunck). Werner Ross, *Der ängstlische Adler. Friedrich Nietzsches Leben*, Stuttgart 1980 (D.V.A.), édition en livre de poche, Munich 1984 (dtv).

Un ensemble de souvenirs de différentes personnes sur Nietzsche se trouve dans :

Sander L. Gilman (Hrsg) : *Begegnungen mit Nietzsche* (Rencontres avec Nietzsche) Bonn, 1981.

Très utile pour connaître l'environnement de Nietzsche, l'ouvrage déjà évoqué d'Erich F. Podach : *Gestalten um Nietzsche* (Figures autour de Nietzsche), Weimar, 1932. On y parle de sa mère, d'Erwin Rhode, d'Elisabeth et Bernhard Förster, de Peter Gast, de Julius Langbehn. Le livre est dans la « tradition de Bâle » et se montre très critique envers Elisabeth Förster Nietzsche.

2. Éditions Gallimard, 1985, pour la traduction française.

Une bonne introduction et un résumé utile pour le thème « Nietzsche comme philosophe » : Eugen Fink, *Nietzsches Philosophie* (La philosophie de Nietzsche), Stuggart 1986 (Première édition 1960).

On peut lire à la fois des interprétations philosophiques anciennes ou récentes dans le recueil d'extraits :

Alfredo Guzzoni (éd.) : *90 Jahre Philosophische Nietzsche-Rezeption* (90 ans de réception philosophique de Nietzsche), Königstein/Ts 1979. On y trouve au début un morceau du *Radicalisme aristocratique*, de Georg Brandes (paru la première fois en 1890 dans la « Deutsche Rundschau »). Plus loin, on trouve, entre autres, Alois Riehl et Hans Vaihinger. Dans la troisième partie, des extraits d'œuvres de Sartre, Foucault, Danto, etc.

Pour ce qui est des « œuvres de références », je nommerai :

Charles Andler, *Nietzsche, sa vie et sa pensée*, trois volumes, Paris 1958 (Première édition 1920). Le chapitre le plus important se trouve dans le tome I et s'intitule : « Les précurseurs de Nietzsche ». Il s'agit surtout d'Allemands comme Goethe, Hölderlin et naturellement Schopenhauer, mais aussi de Français comme Pascal, Stendhal et La Rochefoucauld ; des contemporains, comme Teichmüller et Spir sont, au contraire, à peine ou pas du tout évoqués. Ou encore Walter Kaufmann : *Nietzsche, Philosoph – Psychologue – Antichrist.* Darmstadt 1982 (Première édition Princeton 1950). L'auteur, un émigré allemand d'après 1933, défend Nietzsche comme un homme des « Lumières » et un successeur de Goethe et de Heine, contre Elisabeth Förster qui en a fait, à tort, un « proto-nazi ».

D'une inspiration toute opposée est :

Hitler und Nietzsche, d'Ernst Sandvoss, Göttingen 1969.

Plus prudent, mais ne traitant pas de la question de la « politique » chez Nietzsche à fond :

Philosophie und Politik bei Nietzsche, par Henning Ottomann. Berlin-New York, 1987 (de Gruyter, *Monographien und Texte*, Nietzsche-Forschung, Tome XVII).

Pour finir, j'introduis les « grandes interprétations ». Je les qualifie de « grandes », non seulement parce qu'elles émanent de penseurs importants (et cela concerne aussi bien Alfred Baeumler qu'on ne peut pas réduire à son engagement nazi), mais aussi parce que des possibilités essentielles d'explication s'y articulent : *Die psychologische Errungenschaften Nietzsches* (Les conquêtes psychologiques de Nietzsche), par Ludwig Klages, 1926 (*La Volonté de puissance* en est exclue comme corps étranger).

Nietzsche der Philosoph und Politiker (Nietzsche le philosophe et le politique), par Alfred Bauemler, Leipzig 1931 (*L'Éternel Retour* est exclu parce qu'inconciliable avec *La Volonté de puissance*).

Nietzsche. Einführung in das Verständnis seines Philosophierens (Nietzsche. Introduction à la compréhension de sa philosophie), de Karl Jaspers, 1981 (de Gruyter Studienbuch), 1936.

Nietzsche de Martin Heiddeger, en deux tomes, Pfullingen 1961 (Nietzsche en tant qu'il accomplit « la Métaphysique du crépuscule »).

Dans le déroulement de ce cours, je ne donnerai qu'exceptionnellement des références bibliographiques. Dans une optique purement pratique et bibliographique, le livre de Pütz suffit. On y trouve aussi des références pour ceux qui aimeraient connaître les milliers de titres de la bibliographie complète sur Nietzsche.

I

La vie de Nietzsche

1
Années de jeunesse, années d'études

Celui qui veut écrire ou raconter une biographie fera bien de se souvenir d'un des poèmes de Goethe les plus connus : *Paroles premières – Orphisme*. La première strophe est très souvent citée ; Goethe l'a intitulée : « Daimon – Le démon » :

« Comme au jour qui t'a donné au monde, à son plus haut, le soleil s'offrait au salut des planètes, aussitôt et sans t'arrêter jamais tu as prospéré selon la loi sous laquelle tu fis ton apparition. Ainsi faut-il que tu sois, à toi-même tu ne peux échapper, ainsi le disaient déjà sibylles, ainsi prophètes ; et aucun temps et aucune puissance ne morcellent la forme signée qui en vivant se développe[1]. »

Goethe s'est-il vraiment laissé conduire ici par la croyance ancienne en un destin de l'homme déterminé par la position des astres ? Envisageait-il plutôt la marque de l'hérédité (ainsi qu'il la formula ailleurs : « De mon père j'ai la stature ainsi que la droiture ; de ma mère l'heureuse nature et l'envie de raconter des histoires »). Cette question n'est pas d'un intérêt direct pour nous. Il nous serait plus naturel aujourd'hui de partir de cette autre prédétermination de l'homme, que l'on appelle sociale : la prédétermination par l'activité et l'environnement de la famille dans laquelle l'enfant est né, par le paysage, l'appartenance ethnique ou nationale, par la religion, la classe, ou bien le « milieu » auxquels elle appartient. Ces facteurs se combinent de manière variée. Songeons à l'opposition entre ces deux extrêmes que sont par exemple d'une part, les enfants du quartier orthodoxe Mea Shearim à Jérusalem, habillés de façon traditionnelle et vivant – contre nos préjugés de touristes – très heureux, en parfaite entente avec leurs parents et leurs aïeux ; et, d'autre part, les enfants d'une famille de diplomates ouvertement

1. Cité *in* Charles Du Bos, *Goethe*, Paris, Éditions Corrêa, 1949, p. 38.

« libérale » : dans leur prise de position critique ou distancée envers la tradition nationale, et par le fait que les déménagements fréquents d'un pays à l'autre ne leur posent pas de problèmes, ils se différencieront, à leur tour, très nettement de leurs camarades de classe du moment, dans un lycée allemand.

Du côté paternel *et* maternel, Nietzsche est avant tout déterminé par un milieu de pasteurs protestants du centre de l'Allemagne. Les deux grands-pères de Nietzsche étaient pasteurs : Friedrich August Ludwig Nietzsche (1756-1826), surintendant à Eilenburg, docteur en théologie et écrivain, dans un esprit de christianisme des « Lumières » ; David Ernst Oelher, pasteur à Pobles non loin de Leipzig. Ils étaient tous les deux les premiers théologiens de leur famille ; leurs ancêtres appartenaient essentiellement à la petite bourgeoisie ; cependant la mère de son grand-père paternel descendait – à la cinquième génération – d'une famille de pasteurs ; elle s'appelait Erdmuthe née Krause, et elle était la sœur d'un surintendant général, qui fut d'abord prédicateur à la cathédrale de Naumburg, puis successeur de Herder à Weimar ; d'après une tradition fantaisiste et non confirmée, elle fut aimée de Goethe ; elle constituait en tout cas un incontournable point de liaison avec le monde classique de Weimar ; elle vécut jusqu'en 1856. Il faut évoquer ensuite le grand-père maternel David Ernst Oelher, fils d'un pauvre tisserand de Zeitz, dont la fille avait épousé un hobereau ; c'est dans la grande propriété foncière de ces gens également pasteurs, où s'était déroulée la « bataille des nations », dite aussi bataille de Leipzig, que le jeune Nietzsche passa de longues vacances.

Son environnement était donc marqué par le protestantisme et l'Allemagne centrale, ce « coin des génies » de l'Allemagne. Nietzsche avait vraisemblablement une parenté éloignée avec Richard Wagner, August Wilhelm et Friedrich Schlegel, avec Gneisenau et Pufendorf. Une certaine ressemblance avec Marx est ici indéniable : celui-ci comptait parmi ses ancêtres des dynasties entières de rabbins ; une différence vraiment essentielle pourtant : le père de Marx était dans le siècle, et « éclairé », alors que chez celui de Nietzsche, on assistait à une réaffirmation en plein XIXe siècle de la tradition protestante chrétienne (l'affirmation postérieure de Nietzsche selon laquelle ses ancêtres venaient d'une famille de nobles polonais nommés Niëtzky était pure invention).

Karl Ludwig Nietzsche, né en 1813, nous est décrit comme un pasteur très fin, tendre, doué pour la musique et très dévoué à son ministère. Dans ses jeunes années, il avait été précepteur des princesses à la cour ducale d'Alenburg, et c'est en 1842 qu'il se vit attribué, sur ordre de Frédéric Guillaume IV, la chaire de pasteur à Röcken, près de Lützen. Il éprouvait une profonde reconnaissance et de l'admiration pour son protecteur royal. Lors de sa prise de charge, il se rendit dans la ville voisine de Pobles où il fit la connaissance de Franziska, fille du pasteur David Ernst Oehler, sixième de onze enfants et qui avait alors dix-sept ans. Le mariage eut lieu le 10 octobre 1843 ; un an plus tard le 15 octobre 1844 naquit leur premier enfant, qui reçut le nom de Friedrich Wilhehm car le bienfaiteur royal avait son anniversaire le même jour.

À quel point le dévouement de son père, ou plutôt son amour, envers le roi, était grand, cela apparut pleinement en 1848. Lorsque la nouvelle des événements de Berlin et en particulier celle de la cavalcade forcée du roi arriva à Röcken, Karl Ludwig Nietzsche fondit en larmes et se retira de nombreuses heures dans son cabinet de travail sans se nourrir. Un an plus tard, il était mort ; aujourd'hui on ne sait pas encore clairement si ce fut d'une maladie cérébrale (probablement héréditaire), ou bien – ainsi qu'Elisabeth Nietzsche l'affirma toujours – s'il était tombé dans les escaliers. Le jeune Friedrich Nietzsche voua, toute sa vie durant, une grande admiration à son père ; visiblement la mort de celui-ci fut la première grande souffrance qu'éprouva cet enfant, toujours très sérieux et rêveur. Une histoire vraisemblable raconte que, dès l'âge d'un an, l'enfant regardait son père, comme envoûté, improviser au piano. Dans le premier des nombreux textes autobiographiques que Nietzsche écrivit, on lit en 1858 : « Mais soudain, le ciel s'assombrit ; mon père chéri tomba gravement et durablement malade [...]. Enfin au bout d'une longue période, le terrible événement se produisit : mon père mourut [...]. Toute joie était passée. La douleur et la tristesse avaient pris sa place[2]. »

En revanche, moins crédible, sinon totalement invraisemblable, est l'histoire supposée s'être déroulée, d'après la narration de sa sœur, au début 1851 à Naumburg. À la fin d'une journée d'école, tous les enfants étaient rentrés en courant à la maison pour échapper à une pluie diluvienne. Seul le jeune Nietzsche n'avait pas hâté le pas, et à la question étonnée de sa mère qui lui demandait pourquoi il s'était fait tremper, l'enfant aurait répondu : « Mais maman, c'est écrit dans le règlement de l'école : les enfants doivent rentrer chez eux calmement et raisonnablement. »

Si l'on voulait donc caractériser en peu de mots le « Daimon », qui dès le début régna sur la vie de Nietzsche, il faudrait dire : un

2. F. Nietzsche, « Ma vie », in *Écrits autobiographiques*, 1856-1869, Paris, PUF, 1994, p. 43.

enfant particulièrement doué dans un environnement très monarchiste de pasteurs luthériens, habitant la région de Saxe-Thuringe. C'est de là que lui vient le surnom de « petit pasteur » qui lui fut bientôt donné à cause de ses discours impressionnants et de ses « sermons », et c'est là que se rattache, à l'évidence, son souhait de devenir un jour pasteur.

Mais la mort de son père fut un coup du destin, un hasard qu'il ne faut pas faire découler des prémices du « Daimon », à moins qu'on ne voie dans la maladie cérébrale du père la raison héréditaire des maladies et de la folie finale du fils. La deuxième strophe des *Paroles Premières, Orphisme* a comme titre « Tuchè, le hasard » et on y lit : « L'austère borne cependant est fortuitement circonvenue par une force changeante qui chemine avec nous et autour de nous ; seul tu ne le demeures point, c'est en société que tu te façonnes, et il se peut fort bien que tu agisses de la même manière qu'un autre[3]... »

Les événements, le « présent », façonnés par le hasard, ne firent pas quitter à Nietzsche les directions dessinées par le « Daimon ». En avril 1850, il déménagea à Naumburg avec sa mère, sa sœur Elisabeth, sa cadette de deux ans, sa grand-mère Erdmuthe et ses deux tantes Auguste et Rosalie les sœurs de son père. La petite ville avait un aspect encore complètement médiéval : le soir on fermait les portes de la ville. Nietzsche grandit donc dans un environnement purement féminin, et sa sœur commença tôt à réunir ses poèmes et ses essais.

Une amitié étroite liait Nietzsche à Wilhehm Pinder et Gustav Krug, originaires d'une « bourgeoisie du talent » plus sécularisée. La musique et la littérature classique faisaient l'atmosphère que respiraient les maisons de leurs parents. Nietzsche passa quelques années au lycée de la cathédrale de Naumburg ; lui et ses amis ne prêtèrent qu'une attention distraite aux événements politiques de « l'époque de la réaction ». En tout cas, ils prirent fait et cause, comme le voulait la tradition prussienne, pour les Russes, lors de la guerre de Crimée de 1853-1855, qui opposa l'Europe tsariste aux puissances de l'Ouest ; en mars 1856, le jeune homme écrivait à Elisabeth : « Au buffet de la gare, j'ai lu la *Vossiche Zeitung*, où il était beaucoup question de l'héritier impérial[4] », c'est-à-dire le fils de Napoléon III qui venait juste de naître.

3. *In* Du Bos, *Goethe*, *op. cit.*, p. 39.
4. F. Nietzsche, *Correspondance*, éditée par Giorgio Colli et Mazzino Montinari, Paris, Gallimard, 1986, vol. 2, p. 23.

En 1858, il part de Naumburg avec une bourse pour l'école de Pforta. Cette école princière de renommée ancienne, située non loin de Naumburg était un véritable petit « État scolaire » où régnaient humanisme et théologie. Il y régnait aussi encore un peu de ce « pénalisme » dont le jeune Fichte s'était beaucoup plaint. Les cent quatre-vingts « internes », à qui enseignaient douze professeurs, devaient se soumettre à un emploi du temps strict et à une discipline sévère ; avant de pouvoir faire le plus petit achat, le jeune homme âgé de vingt ans devait encore adresser une demande à son mentor. Nietzsche vécut ce mode d'existence manifestement comme pesant ; il écrivit ainsi fin 1860 à Wilhelm Pinder : « Notre vie à Pforta n'est qu'une continuelle alternance de souvenirs et d'espoir[5]. » Mais il reçut une excellente formation philologique ; parmi les professeurs « l'esprit de 1848 » était encore vraiment vivant. Il écrivit lui-même, dans ces années, de nombreux essais, ainsi que des poèmes. Son amitié avec Pinder et Krug était intense : très souvent on trouve dans les lettres la formule : « Nostra semper manet amicitia. » Pour ce qui est des amis de Pforta même, il faut mentionner Paul Deussen et Carl von Gersdorff ; tous deux restèrent liés à Nietzsche leur vie durant. L'aspiration à l'amitié et à ses soins restèrent caractéristiques de Nietzsche ; c'était là une des différences avec Marx qui avait pourtant sa famille et Friedrich Engels. De ses premières productions littéraires, on peut en citer trois de l'année 1862 :

Napoléon III Président[6]. Cet essai est une louange univoque du « génie ». Un « génie dirigeant » a le droit de s'attribuer le gouvernement d'un État qui se trouve en des mains indignes. Nietzsche introduit ici beaucoup de noms qui ne se retrouveront plus dans ses œuvres suivantes : Louis Blanc, Ledru-Rollin, Cavaignac. Il appelle Napoléon III « un espoir pour les pauvres et pour la paysannerie française, qui auraient été « enchantées » par lui. De même la confiscation des biens de la maison d'Orléans est évoquée positivement. Il n'existe pas la moindre ressemblance avec la haine de Marx pour ce que lui appelle « Boustrapa ».

Fatum et Histoire[7]. Ici le jeune Nietzsche s'exprime en faveur d'un « point de vue plus libre » sur la religion et la chrétienté. Où peut-on trouver des bases certaines dans l'océan du doute ? La

5. *Ibid.*, p. 110.
6. F. Nietzsche, Musarion Ausgabe, vol. 1, p. 52-57.
7. F. Nietzsche, *in Écrits autobiographiques*, *op. cit.*, p. 190-194.

majorité n'a pas encore compris que la chrétienté tout entière se fonde sur de (simples) suppositions. On devrait se demander si l'être humain n'est pas seulement le développement de la pierre par le médium des plantes et des animaux. En tout cas dans le combat de la volonté individuelle avec la volonté collective, il est aussi fait allusion au rapport fondamental entre ce « fatum » et l'Histoire. En s'appuyant sur Emerson, qui restera jusqu'à la fin un de ses auteurs favoris, Nietzsche se prononce contre la puissance de l'habitude et du quotidien dans les relations ; un renouvellement d'idées serait possible et nécessaire. D'où une prise de position politique très décisive : « Pour cette raison, c'est faire preuve d'étroitesse d'esprit que de vouloir imposer à l'humanité tout entière une forme spéciale d'État ou de société d'une manière pour ainsi dire stéréotypée : les idées sociales et communistes pâtissent de cette erreur[8]. » Le libre arbitre, compris comme « absence de liens », ferait des hommes des autocrates, des « dieux indépendants » qui, chacun, régneraient, mais le libre arbitre sans le « fatum » est aussi peu concevable que l'esprit sans le réel, le bien sans le mal. « Car seule l'opposition confère aux choses leur spécificité. » On peut rattacher à cette idée une spéculation audacieuse : le libre arbitre n'est peut-être rien d'autre que la plus haute expression du « fatum ». L'univers pourrait être représenté comme mouvement vers un « océan monstrueux où tous les processus de développement du monde se retrouvent réunis, fondus, ne faisant plus qu'un ».

Le fragment d'avril 1862 intitulé *Sur le christianisme* est encore plus intéressant : « être rendu heureux par la foi ne signifie rien d'autre que cette ancienne vérité : seul le cœur – et non la science – peut rendre heureux ». Dieu s'est incarné en l'homme : cela signifie uniquement que l'homme ne doit pas chercher son bonheur dans l'infini mais qu'il doit fonder son paradis sur terre ; la chimère d'un monde céleste avait amené les esprits humains à mal se situer par rapport au monde terrestre : c'était le fait d'une enfance des peuples [...]. Après des doutes et des combats difficiles, l'humanité atteint l'âge d'homme : elle reconnaît en elle-même « le début, le milieu et la fin de la religion ».

On reconnaît ici clairement l'influence de Feuerbach et certains passages de lettres à Krug et Pinder, de la même époque, sonnent souvent également « feuerbachiennes ». C'est manifestement sous l'influence de la philosophie contemporaine qu'il s'éloignera de la

8. *Ibid.*, p. 193.

force la plus importante et la plus marquante de sa jeunesse, sans pour autant subir l'assaut de rudes combats intérieurs. Cela permet aussi un recoupement avec Marx. Notons que chez les deux hommes l'impulsion « religieuse » ou « identité » ne se perd jamais complètement. En témoigne chez Nietzsche le poème *Au dieu inconnu*, de l'époque précédant de peu de baccalauréat et donc la sortie de l'école de Pforta : « Une fois encore, avant de continuer mon chemin, avant de porter mes regards plus loin, solitaire j'élève mes mains vers Toi, Toi vers qui je fuis et à qui au plus profond de mon âme j'ai solennellement consacré des autels, afin que de tout temps ta voix me rappelle[9]. »

En septembre 1864, peu avant ses vingt et un ans, Nietzsche quitta le lycée. Il avait obtenu un résultat final moyen à cause de son faible niveau en mathématiques. Comme premier lieu d'étude, il choisit Bonn. C'était encore une ressemblance avec Marx, et pas simplement superficielle. Face au grand besoin d'argent de son fils, sa mère réagit de manière très similaire au père de Marx vingt ans auparavant : Nietzsche recevait chaque mois quarante thaler ; comme en 1849 on avait attribué à sa mère une « pension de veuve » de 30 thaler seulement ainsi qu'une somme pour ses enfants limitée à 16 thaler par an ; seul un petit héritage explique que Nietzsche ait pu recevoir autant. Pourtant les études de Nietzsche ne furent pas aussi romantiques que celles de Marx bien qu'il ait fait partie de l'association étudiante « Franconia » ; très vite, il se détourna de la théologie pour s'orienter vers la philosophie, marquée à Bonn par la querelle entre les Professeurs Ritschl et Jahn. Nietzsche ne prit pas parti au début ; il se consacra surtout à du travail philosophique de détail dont les fruits les plus importants furent les études sur Théognis *(Théognidéa)* ; Théognis était un des auteurs anciens qui fit preuve du pire élitisme (« Les gens en grand nombre sont mauvais »). Mais on y trouvait déjà des déclarations abruptes contre les « prêtres » en général. Particulièrement marquée était l'hostilité de Nietzsche envers le catholicisme de Bonn et il fit partie de « l'Association Gustave-Adolphe ». Mais son jugement était tout autre quand le côté esthétique des choses passait au premier plan, si bien qu'il disait de Cologne : « Avec sa cathédrale et ses innombrables églises, cette ville fait une grande impression. » Sur sa philosophie à venir, quelques passages de lettres sont très révélateurs, comme par exemple dans cette lettre à Elisabeth : « Quand il s'agit de se former sur Dieu, le monde et le

9. Cité dans Curt Paul Janz, *Nietzsche*, Paris, Gallimard, 1984, vol. 1, p. 109.

salut, la conception dans laquelle on se sente à l'aise, pour le véritable chercheur, le résultat de sa recherche n'est-il pas justement quelque chose d'indifférent ? Cherchons-nous en effet en notre quête repos, paix, bonheur ? Non point, mais exclusivement la vérité, fût-elle au plus haut point, effrayante et abominable[10]. »

Encore plus annonciatrice de l'avenir, une déclaration faite dans une lettre à von Gersdorff du 7 avril 1866, où Nietzsche parle d'un orage et continue ainsi : « Qu'était-ce alors pour moi que l'être humain et son indécise volonté ? Qu'avais-je à faire de l'éternel "Tu dois", "Tu ne dois pas" ? Comme c'était autre chose, l'éclair, l'ouragan, la grêle, libres forces sans éthique ! Comme elles ont de la chance, comme elles sont puissantes, pur vouloir que ne vient point troubler l'intellect[11] ! » Ici, l'influence de Schopenhauer est évidente. Nietzsche en avait découvert peu avant *Le Monde comme volonté et représentation*. Enfin, la première rencontre personnelle avec Richard Wagner en novembre 1868, organisée par Mme Brockhaus, femme d'universitaire, sœur du compositeur, n'est pas pour rien dans sa bifurcation par rapport au parcours suivi par l'hégélien Marx. Elle eut lieu à Leipzig où Nietzsche avait suivi son professeur Friedrich Ritschl. En 1866, il s'intéressa de près au déroulement de la guerre interallemande entre la Prusse et l'Autriche, émettant de nombreux jugements sur Bismarck. Fondamentalement, il allait dans le sens de l'esprit libre et des Quarante-huitards. On pourrait y voir un moment de paroxysme de la « Tychè ».

Ce que Goethe introduit dans la troisième strophe de son poème, reste étranger à Nietzsche : *Éros, l'amour* : « Et cette flamme ne manque pas à l'appel ! [...] ô alors, si doux et si opprimant, quel bien-être dans le mal-être ! Maints cœurs se fondent dans l'universel, mais le cœur le plus noble se voue à un être unique[12]. »

Nietzsche ne semble avoir connu Éros que sous sa forme sexuelle, et c'est certainement dans un bordel de Leipzig qu'il dut contracter la syphilis, dont Thomas Mann fait le point de départ de son *Docteur Faustus*. Mais son amitié avec Erwin Rohde fut une sorte de passion, dans laquelle on peut voir des indices d'homosexualité – selon nos critères d'aujourd'hui. Cette interprétation moderne ne serait pourtant pas exacte : Nietzsche parla à Rohde d'un ton méprisant de « l'amour physique horriblement concupiscent » et Richard Wagner ne prenait pas ombrage lorsque Nietzsche lui écrivait : « Votre femme que j'aime tant. »

10. F. Nietzsche, *Correspondance*, *op. cit.*, vol. 1, p. 368.
11. *Ibid.*, p. 424.
12. *In* Du Bos, *Goethe*, *op. cit.*, p. 41.

Nietzsche devint rapidement l'étudiant préféré de Ritschl et ses études ne furent interrompues qu'un court moment par le service militaire; il fut volontaire pour un an à Naumburg, à partir de l'automne 1867 ; il ne montra pas d'hostilité à l'armée et même un certain zèle, mais fut renvoyé, au début 1868, avant le terme, à cause d'un grave accident de cheval. Dans l'ensemble, ses études à Bonn et à Leipzig constituèrent une époque « grecque » ; il faut considérer cette phrase d'une lettre à von Gersdorff comme caractéristique : « [...] une rupture est-elle peut-être survenue dans la nature humaine, par le christianisme inconnue du peuple, de l'harmonie ? » Son orientation vers l'Antiquité grecque semble une fois de plus le mettre en accord avec Marx. Ajoutons que parmi les philosophes contemporains, il lit Friedrich Albert Lange et Eugen Dühring, c'est-à-dire deux penseurs du mouvement ouvrier naissant ; il se montre d'accord avec Lange sur le fait que la métaphysique devrait être repoussée au rang de la poésie et de la religion et qu'elle n'a – pas plus que la religion ou l'art – quoi que ce soit à voir avec le Vrai ou l'être en soi.

Nietzsche est donc, à la fin de ses études, déjà fort éloigné du « Daimon » de la tradition familiale. Le point fort suivant amené par la « Tychè » (hasard), c'est l'événement qu'il communique avec grande excitation et sous le sceau du secret à son ami Erwin Rohde : il va être nommé à l'université de Bâle par l'intermédiaire de Ritschl. Ainsi lui est attribué à l'âge de vingt-quatre ans, ce à quoi Marx aspirait de la même manière, mais qu'il ne put obtenir – à cause de ses opinions révolutionnaires – à savoir un poste de professeur à l'université. On doit cependant s'étonner quand on sait qu'au moment où il est nommé, le jeune professeur de philologique classique avait l'idée d'étudier la chimie avec Rohde, et de renvoyer la philologie à la place qui lui revenait, c'est-à-dire chez les ancêtres. Mais qui aurait pu s'exprimer d'une manière plus « classique » que Nietzsche à ce tournant de sa vie – une fois de plus en accord intérieur avec Marx : « Être un philistin, un "anthropos amousos" (homme sans muse), que Zeus et toutes les muses m'en gardent. » Elles le gardaient en effet, et à Bâle où il arriva en avril 1869, se dressait devant lui le sommet de ce que lui réservait la « Tychè » : une relation de confiance avec Richard et Cosima Wagner, un point d'*acmé* qui renfermait déjà en lui l'échec d'une carrière commencée d'une manière si glorieuse.

2
Les années à Bâle jusqu'en 1876

Que Nietzsche fût nommé à vingt-quatre ans à l'université et qu'il fût fait docteur tout de suite après cela, sans examen ni soutenance – ses publications dans le « Rheinisches Museum » suffisaient – n'avait à l'époque rien de vraiment exceptionnel ; mais c'était suffisant pour lui forger – au-delà du cercle de ses amis – une réputation à la fois de précocité et de génie.

Bâle était dans les années 1860 une ville de trente mille habitants dont, comme à Naumburg, on fermait les portes le soir, de sorte que la circulation dans les rues se serait presque arrêtée, si elle n'avait été de toute façon interdite. Mais cette république patricienne et bourgeoise formait un fort contraste avec Naumburg ou même avec la Prusse dans son ensemble. L'université était la fierté en péril du petit territoire, en difficulté depuis 1833, à la suite de la partition du canton entre Bâle-ville et Bâle-campagne. Les familles qui gouvernaient la ville avait réalisé dans leur intérêt le sacrifice considérable que représentait l'introduction de l'impôt progressif, car les radicaux avaient effectué une percée et leur « progressisme » les poussait à transformer l'université en une école professionnelle. En 1869, il n'y avait que quelque cent étudiants répartis dans les quatre universités, mais un grand nombre de professeurs très importants, que Nietzsche avait donc comme collègues : Jacob Burckhardt, Johann Jakob Bachofen, Ludwig Rütimeyer.

Nietzsche n'est plus sujet prussien mais il n'obtient pas le droit de citoyenneté à Bâle – c'est-à-dire suisse ; il est donc sans état, « apatride » selon l'expression qu'employaient les Suisses, de même que Marx. Chaque matin, il fait son cours devant sept auditeurs ; en plus de ses huit heures à l'université, il doit encore donner six heures de cours au « Pädagogium » (c'est-à-dire les dernières années du lycée) ; il prend cette occupation annexe très au sérieux si bien que ses élèves sont très enthousiastes à son égard. Fin mai 1869, il fait son cours d'intronisation sur «Homère et la philologie classique». Son amour de la Grèce saute aux yeux. «L'Hellénisme» n'est pas un point de vue dépassé. Bien sûr la philologie classique est pleine de contradiction. Elle tient à la fois de la science et du moyen de se doter d'une culture supérieure. Si la philologie ne relevait que d'une recherche scientifique, «cette culture prodigieuse», ce parfum propre à l'atmosphère antique se perdrait. Nietzsche souhaite l'interpénétration, la fusion même de la philologie et de la philosophie; il ose cette phrase étrange: «Philosophia facta est quae philologia fuit.»

Cela n'a rien à voir avec une «philosophie critique» au sens où Kant l'entendait, comme en témoigne l'événement fondamental de ses premières années d'université: l'amitié avec Richard Wagner et Cosima von Bülow qui devait devenir, en 1870, après avoir surmonté de nombreux obstacles, Cosima Wagner. Richard Wagner devenu, après ses débuts révolutionnaires et de longues années d'émancipation, un protégé du jeune roi de Bavière Louis II, s'était constitué, à Tribschen près de Lucerne au lac des Quatre-Cantons, un refuge grandiose; et c'est là que Nietzsche fit, le 15 mai 1869, sa première visite répondant à une invitation très vague que Wagner avait lancée lorsqu'ils avaient fait connaissance à Leipzig. Naquit alors presque immédiatement une amitié assez étroite, dont témoigne entre autres leur correspondance. Cosima, fille de Franz Liszt et de la comtesse d'Agoult avait seulement sept ans de plus que Nietzsche; ce dernier se trouvait chez les Wagner lors de la naissance de leur premier fils, Siegfried, le 6 juin 1869. L'atmosphère d'exaltation qui régnait pendant la grossesse et l'accouchement est bien rendue dans une lettre de Nietzsche à Rohde, le 3 septembre 1869 : «Très cher ami, ce que j'apprends là-bas, le spectacle auquel j'assiste, ce que j'y entends et ce que j'y comprends, défie toute description. Crois-moi, Schopenhauer et Goethe, Eschyle et Pindare ne sont pas morts[1].» En tout Nietzsche fit vingt-trois visites à Tribschen jusqu'au moment où les Wagner partirent pour Bayreuth en 1872 ; à Noël 1869, il y passa une semaine entière. Il manque à Marx une expérience de ce type; il était en effet un grand lecteur d'Eschyle mais n'avait pas du tout d'affinité avec la musique. Sa relation avec Heine à Paris peut cependant constituer une analogie lointaine avec l'amitié entre Nietzsche et

1. F. Nietzsche, *Correspondance*, *op. cit.*, vol. 1, p. 53.

Wagner. On peut aussi comparer les poèmes de jeunesse qui, chez Marx comme chez Nietzsche, sont « romantiques ».

Il n'était pas étonnant que, tout à son amitié avec le couple Wagner, les événements politiques contemporains n'aient que peu retenu l'attention de Nietzsche. Il n'évoque jamais la réunion de la Première Internationale en septembre 1869 ; il fait parfois des allusions pleines de mépris au Concile du Vatican ; à l'automne 1870 il émet une opinion erronée : la Prusse serait de plus en plus une puissance ennemie de la culture, car à Berlin on intriguerait en faveur de l'Église catholique – or c'est la période où couve le « Kulturkampf[2] » auquel Nietzsche s'intéresse très peu dans les années qui suivent.

Mais Nietzsche était à cette époque sûrement encore un patriote allemand, comme en témoignent des déclarations de 1866 ; il espérait un renouveau de la culture allemande dans l'esprit de l'Hellénisme par l'ensemble de l'œuvre de Wagner. Nietzsche participa à la guerre franco-allemande comme volontaire, en tant qu'infirmier et il ramena de fortes impressions des champs de bataille de Wörth et de Metz ; cependant son expérience de la guerre dure à peine une semaine car il tombe gravement malade dès le début septembre. Au semestre d'hiver 1870-1871 il était de nouveau à Bâle. Là il suivit le cours de Jacob Burckhardt sur la grandeur historique qui fut publié plus tard sous le titre *Considérations d'histoire universelle*. Pendant un moment, il s'entendit relativement bien avec des gens qui étaient ses aînés. Il partageait leur défiance envers la Prusse et le jugement négatif qu'ils portaient sur l'actuelle guerre de conquête de l'Allemagne. À la même époque, Marx écrivait son pamphlet antiprussien : *La Guerre civile en France*.

1871 est l'année de *Naissance de la tragédie enfantée par l'esprit de la musique* dans laquelle sont inclus une série de travaux préliminaires. Un événement politique – et pour Nietzsche on peut dire suprapolitique – fit sur lui une profonde impression : l'Incendie de la Commune. Elisabeth Förster Nietzsche fait dans sa biographie un tableau mélodramatique de l'effroi de Nietzsche et de Burckhardt ; en tout cas Nietzsche écrit le 27 mai 1871 à Wilhelm Vischer-Bilfinger qui, en tant que conseiller du gouvernement de la ville initia sa candidature : « Les nouvelles de ces derniers jours sont si terribles que je suis absolument incapable de retrouver une humeur même simplement tolérable. Devant de tels séismes culturels, que pèse

2. Le terme « Kulturkampf » désigne les persécutions de Bismarck contre les catholiques dans les années 1880.

un savant ? Comme on se sent peu de chose ! On consacre sa vie entière et le meilleur de ses forces à mieux comprendre et à mieux faire comprendre une période de la culture ; que penser de cette profession dès lors qu'un seul jour funeste réduit en cendres les plus précieux documents du passé ? C'est le jour le plus néfaste de ma vie[3]. » Et encore le 21 juin, alors que les journaux avaient déjà donné depuis longtemps la nouvelle que le Louvre n'était pas détruit et que les « Versaillais » avaient versé beaucoup plus de sang que les Communards, il parle – dans la lettre précédemment évoquée à von Gersdorff – de « l'Hydre international » et il termine avec ces mots : « Si grande pourtant que fût ma peine, il m'est impossible de jeter la pierre à ces criminels, qui, à mes yeux, ne font que porter une faute qui est celle de tous ; cela nous donne beaucoup à penser[4]. » Ainsi apparaît déjà un contraste important entre Nietzsche et Marx, bien que pour tous deux, la volonté d'atteindre la « culture de l'avenir » par la critique du présent soit le moteur de la réflexion. Mais Nietzsche et Marx n'ont pas les mêmes objets d'identifications : la musique et Richard Wagner d'un côté, l'industrie et le prolétariat de l'autre.

Il faut évoquer un autre événement de l'année 1871 – à côté de la *Naissance de la tragédie* dont un biographe[5] pense qu'il a eu des conséquences catastrophiques pour Nietzsche – bien qu'il s'agisse à première vue d'un épisode insignifiant et même ridicule : il s'agit de l'échec de Nietzsche lorsqu'il essaya d'obtenir une chaire de philologie – celle de Gustav Teichmüller qui avait été nommé à Dorpat – Erwin Rohde lui aurait alors succédé à Bâle. (À la place de Nietzsche fut nommé un homme quasi complètement oublié, pourtant prix Nobel à venir, Rudolf Eucken.)

Le 2 janvier 1872, la *Naissance de la tragédie* était disponible en librairie. L'éditeur en était Ernst Fritzsch à Leipzig aussi éditeur de Richard Wagner. L'illustration de couverture montrait Prométhée libéré – un rapprochement s'impose avec la Dissertation de Marx. La *Naissance de la tragédie* était une œuvre de jeunesse géniale où se trouvait esquissée toute la pensée ultérieure de Nietzsche.

Aussi génial fût-il, le livre n'était en rien décousu : plusieurs motifs étaient reliés pour former une unité assez convaincante. Une lecture d'ensemble permet de différencier trois niveaux.

Le premier est le plan de la philologie grecque, dont on trouve la préfiguration chez Friedrich Creuzer et Johann Jakob Bachofen :

3. F. Nietzsche, *Correspondance*, *op. cit.*, vol. 2, p. 180.
4. *Ibid.*, p. 188.
5. Curt Paul Janz, *op. cit.*, t. 1, p. 361 *sq.*

la confrontation entre Dionysos, dieu de l'ivresse et de l'enivrement bachique et Apollon, dieu de la mesure et de la forme ou du « rêve » comme dit Nietzsche. De la coopération du dionysiaque et de l'apollinien naît la tragédie grecque dans laquelle la grandeur du héros se mesure à l'aulne de sa chute.

Le second niveau correspond à l'influence de Schopenhauer. Le dionysiaque est comparé à la « volonté » et à la « musique » et l'apollinien à l'« éclat » et à la « délivrance ». La « volonté » avide et inanimée trouve sa délivrance dans le regard désintéressé de l'art.

Le troisième niveau est le niveau proprement nietzschéen et il est contradictoire en lui-même. Le dionysiaque surgit dans la musique de Richard Wagner comme unité joyeuse qui fait disparaître le principe d'individuation et permet de surmonter dans la vie humaine toutes les limites de castes et de classes si bien que les hommes sont libérés de leur aliénation dans le quotidien, dans la réalité superficielle. D'un autre côté le dionysiaque est conçu comme la réalité effrayante par excellence devant laquelle l'homme, originellement un, finit par trouver la liberté dans le monde de la beauté éclatante de l'art plastique, naturellement apollinien.

Nous reviendrons en deuxième partie sur cet « aspect métaphysique » de la *Naissance de la tragédie* ; ici je m'efforce de le rendre plus visible par quelques citations : « D'après ces conclusions, nous devons considérer la tragédie grecque comme le chœur dionysiaque, dont les effusions débordantes s'épanouissent sans cesse en images apolliniennes[6]. » « Le Grec connaissait et ressentait les angoisses et les horreurs de l'existence : pour qu'il lui fût possible de vivre, il devait les masquer avec cette resplendissante création du rêve, les Olympiens. » « Ici, rien ne rappelle l'ascétisme, la spiritualité ni le devoir : ici ne parle qu'une vie exubérante, triomphante, dans laquelle tout le réel, le bien comme le mal, est également divinisé[7]. » « Ce n'est pas seulement l'alliance de l'homme avec l'homme qui est scellée de nouveau sous le charme du dionysien :la nature aliénée, ennemie ou asservie, célèbre elle aussi sa réconciliation avec son fils prodigue, l'homme. [...] À présent se brisent toutes les barrières rigides et hostiles que la misère, l'arbitraire ou la "mode insolente" ont établies entre les hommes[8]. »

6. F. Nietzsche, *Œuvres*, Paris, Éd. Robert Laffont, coll. « Bouquins », 1993, vol. 1, p. 63.
7. *Ibid.*, p. 43-44.
8. *Ibid.*, p. 38.

Cette dernière citation s'accorde d'une manière très étonnante aux quelques déclarations de Marx, qui parlent d'une libération de la nature, de la destruction des frontières, de la libération des esclaves. Cependant la « philosophie de l'histoire » de la *Naissance de la tragédie* considérée globalement, diffère de Marx et, dans le cadre de notre questionnement, elle est d'un plus grand intérêt que l'aspect « métaphysique ». Ce qui a valeur exemplaire aux yeux de Nietzsche, c'est la tragédie elle-même ou plus exactement l'époque à laquelle la tragédie a pu exister ; une période grandiose qui vit les querelles des dieux s'accomplir dans le mythe. La vie connaissait alors son propre sens ; aussi tout, en ce temps-là, révélait une unité de style. Euripide mit fin à cette période exemplaire. Euripide qui amena le citoyen spectateur sur la scène, et surtout Socrate, chez qui l'instinct s'est fait critique car l'esprit logique « par une particulière superfétation aurait été développé chez lui d'une façon aussi démesurée que l'est, chez le mystique, la sagesse instinctive[9] », mirent fin au caractère exemplaire de cette vie. Socrate a amené l'optimisme rationaliste et la dialectique dans le monde si bien que « l'illusion profonde » s'est répandue grâce au fil directeur de la causalité, qu'elle a pu atteindre jusqu'au plus profond de l'Être et qu'elle a eu le pouvoir non seulement de le connaître, mais même de le corriger[10].

Certes la critique nietzschéenne de l'« être éveillé » et de l'optimisme des « Lumières » reste dans la lignée de Schopenhauer. Mais Nietzsche formule quelques-unes des conclusions politiques de ses thèses plus fortement que son maître en philosophie ; et rien ne pourrait être en plus grande opposition aux convictions de Marx. Lorsque le savoir se répand, se répand avec lui la croyance au « bonheur sur terre pour tous ». Même généralisée, comme à Alexandrie, la culture a besoin de l'esclavage pour durer, mais elle ne veut pas le reconnaître du fait de sa conception optimiste de l'existence. Nietzsche fait directement allusion aux mouvements socialistes du présent quand il dit : « Le bon sauvage réclame ses droits : quelles perspectives paradisiaques[11] ! »

Et pourtant, malgré l'opposition abyssale entre le hégélien Marx et le schopenhauerien Nietzsche, le point de départ était le même : l'Hellénisme classique. Marx veut l'universaliser alors que Nietzsche veut le figer, c'est-à-dire le reconquérir à nouveau, en prenant

9. *Ibid.*, p. 83.
10. *Ibid.*, p. 89.
11. *Ibid.*, p. 106.

l'œuvre générale de Wagner comme base d'une nouvelle culture allemande.

On peut dire avec raison que les mois qui suivirent la publication de la *Naissance de la tragédie* furent les plus heureux de la vie de Nietzsche. Dans une lettre à Richard Wagner du 24 juin 1872, on lit : « Ah ! Très vénéré maître, comme je suis heureux aujourd'hui ! Dans mon existence j'ai échappé à un grand péril : celui de ne vous avoir jamais approché, de n'avoir vu de mes yeux ni Tribschen ni Bayreuth. [...] Une dépêche qui arrive à l'instant de Munich me donne encore espoir d'entendre cette semaine le *Tristan* ! Il est impossible de vivre l'expérience d'un été plus riche et plus plein – et tout cela grâce à vous ! Comment pourrais-je vous remercier[12] ? » Et dans une lettre à Carl von Gersdorff du 20/21 juillet on trouve la phrase : « Je suis revenu à Bâle avec l'heureuse sérénité d'un jeune marié[13]. »

Mais déjà une lutte s'était engagée autour de la *Naissance de la tragédie*. Elle devait avoir pour Nietzsche des effets néfastes.

Le 26 mai parut le compte rendu d'Erwin Rohde dans la *Norddeutsche Allgemeine Zeitung* qui était très positif, mais aussi très général.

Quatre jours plus tard, Ulrich von Wilamowitz-Moellendorff, ancien élève de Schulpforta, plus jeune que Nietzsche, engageait la polémique avec lui. Dans son texte intitulé « Philologie de l'avenir », Ulrich von Wilamowitz-Moellendorff pensait pouvoir prouver de nombreuses erreurs chez Nietzsche. Sur tout, il formulait des accusations extrêmement acerbes telles que celle-ci : « Qu'il rassemble des tigres et des panthères à ses pieds, mais pas la jeunesse philologique ! »

Quelques jours plus tard, Richard Wagner prit la défense de Nietzsche dans la même *Norddeutsche Allgemeine Zeitung* ; mais son article renforça vraisemblablement auprès de beaucoup de gens l'impression que Nietzsche avait mélangé d'une manière inadmissible science et art.

La contre-attaque d'Erwin Rohde, *Afterphilologie*, en octobre, avait plus de poids scientifique. Son auteur retournait l'accusation qui avait été formulée contre Nietzsche : Wilamowitz aussi faisait des erreurs. Mais l'article de Rohde restait sur la défensive.

La « querelle des philologues » prit apparemment fin l'année d'après avec un second pamphlet de Wilamowitz, *Philologie du futur. Seconde Partie.* Sans triomphalisme, celui qui allait régner

12. F. Nietzsche, *Correspondance*, *op. cit.*, vol. 2, p. 306.
13. *Ibid.*, p. 317.

en maître sur la philologie ancienne restait solidement accroché à la conviction qu'il avait défendu l'esprit de la science contre un poète extravagant et un « mythologue ».

Il fut cependant rapidement clair que Wilamowitz n'avait pas parlé seul, mais qu'il avait articulé une opinion largement répandue. Et c'est sans doute pourquoi Ritschl se montra – à la grande déception de Nietzsche – plus que prudent ; Usener à Bonn fut très désapprobateur. Déjà le 7 juillet 1872 Nietzsche écrivait à Rhode : « Il semble bien que la corporation ait prononcé à mon égard une condamnation à mort[14]. » Au semestre d'hiver, les étudiants ne vinrent pas. La carrière de Nietzsche en tant que philologue était finie, avant d'avoir apporté les fruits attendus par tous, et surtout par Ritschl.

Mais il y eut pour Nietzsche des compensations significatives. À la fin de 1872, il fut le « cavalier » de Cosima lors d'un voyage à Mannheim pour assister à un concert de Wagner au bénéfice de Bayreuth ; et à Bâle, il fit des conférences qui attirèrent environ trois cents auditeurs : « Sur l'avenir de nos établissements d'enseignement » ; Jacob Burckhardt lui apporta tout son soutien. Début 1872, Nietzsche avait effectué son dernier séjour à Tribschen : Richard et Cosima Wagner partaient s'installer à Bayreuth.

Nietzsche avait entre-temps gagné un nouvel ami : Franz Overbeck, un théologien qui avait publié en 1873 une sorte de pamphlet contre la théologie ayant pour titre : *Sur le caractère chrétien de la théologie contemporaine*. Rapidement passés au tutoiement, Nietzsche et Overbeck prirent un logement avec Heinrich Romundt, célibataire comme eux, dans ladite « Baumannshöhle » (grotte de Baumann). Lors de son premier séjour à Bayreuth en 1872, Nietzsche fit la connaissance de Malwida von Meysenbug, une des premières « féministes » modernes ; en tant que préceptrice des enfants d'Alexander Herzen, elle représentait pour Nietzsche un lien avec les révolutionnaires émigrés à Londres, dont Marx faisait partie. À partir de 1873 on dut constater une grosse dégradation de l'état de santé de Nietzsche, et il se vit interdire la lecture, pour deux semaines, par son médecin.

Cependant s'amorçait maintenant la période fructueuse des *Considérations inactuelles*. En août 1873 parut la première : *David Strauss, le confesseur et l'écrivain*, une attaque aussi violente que railleuse contre le pionnier de la critique biblique en Allemagne qui avait entre-temps – avant tout avec son livre *Der Alte und der*

14. *Ibid.*, p. 309.

neue Glaube – évolué en penseur progressiste et partisan du Reich. Avec ce livre, Nietzsche ne rencontra pourtant pas qu'approbation : les « Grenzboten » mais aussi Gottfried Keller ainsi que Carl Spitteler s'exprimèrent de manière très négative. Cet écrit eut cependant plus d'écho que la *Naissance de la tragédie*.

Fin février 1874, Nietzsche publia *De l'utilité et de l'inconvénient de l'histoire pour la vie*. Ce livre aussi relevait de la polémique ; Nietzsche s'en prenait à la « culture de la connaissance » incarnée par l'historicisme. L'histoire est soumise à la vie à laquelle appartiennent un « amour inconditionnel » et « la mouvance mystérieuse » d'une atmosphère mythique. Pour Nietzsche, le concept de processus universel élaboré par Hegel et Edward von Hartmann suppose aussi un historicisme destructeur de la vie ; sa question finale est aussi un appel : « La vie doit-elle régner sur la connaissance, ou bien la connaissance sur la vie ? »

En octobre 1874 paraît *Schopenhauer éducateur*. Ici, Nietzsche s'y laisse encore guider par la métaphysique, la religion et l'art. La tâche à accomplir lui apparaît clairement : « Engendrer le philosophe, l'artiste et le saint – ces êtres désanimalisés – en nous et hors de nous et travailler ainsi à l'accomplissement de la nature. »

Mais à la même époque ses Journaux, non publiés, trahissent un doute majeur, concernant l'exemplarité de l'Hellénisme et aussi de la musique wagnérienne. C'est de 1873 que date ce petit écrit étonnant : *Vérité et mensonge au sens extra-moral*. Lors de son deuxième séjour à Bayreuth en août 1874, Nietzsche est très malade, et il a une grosse altercation avec le Maître sur *Le Voleur* de Brahms ; Cosima ne parvient à les calmer qu'à grand mal. Après cela son état de santé ne fait qu'empirer, et le début d'une rupture avec Wagner en fut certainement une des causes. La quatrième et dernière des *Considérations inactuelles : Richard Wagner à Bayreuth* qui parut en juillet 1876, lors de l'ouverture de la Maison du festival, est en tout cas pleine de sous-entendus. Nietzsche fut profondément déçu par l'événement auquel il assista. Ses maux de tête s'aggravèrent ; plus tard il écrivit que lors de la cérémonie d'ouverture à Bayreuth : « On avait rassemblé toute la canaille désœuvrée d'Europe[15]. » On n'est pas loin de penser qu'il se sentit négligé par Richard Wagner qui célébrait ce grand moment comme un monarque. Mais il serait superficiel d'y voir la seule explication du processus – si significatif pour l'histoire de la pensée – de la séparation de Nietzsche et de Wagner.

15. Curt Paul Janz, *op. cit.*, vol. 2, p. 173.

Les douleurs d'estomac et les maux de tête empirent encore. Nietzsche se voit contraint de faire une demande de congé, et l'autorisation lui est donnée pour une période allant d'octobre 1876 à septembre 1877. Plein de souci, Nietzsche revoit le destin de son père. On doit citer ici la quatrième strophe de *Paroles Premières* de Goethe dont le titre est *Anankè, la nécessité* : « Au dur destin doivent se plier nos volontés et nos caprices. Ainsi, nous ne sommes libres qu'en apparence, et, après tant d'années, plus à l'étroit que nous ne l'étions au départ[16]. » Chez Goethe, suit encore une strophe *Elpis, Espoir* et l'on peut dire avec certitude que les espoirs de Nietzsche s'accrochaient au séjour dans le sud auquel Malwida von Meysenbug l'avait invité. Mais ce n'était assurément pas encore la grande espérance telle que Goethe la décrit : « Mais voici que s'ouvre le verrou de cette porte lugubre, de cette borne, de ce mur d'airain[17]. » Car c'est seulement plus tard que le sentiment débordant d'une mission philosophique s'empara de Nietzsche ; cependant on ne peut résumer ce séjour à un simple séjour de convalescence.

Une transformation essentielle s'était déjà profilée. Dans une lettre de juillet 1875, il écrivait à son amie, si maternelle, Marie Baumgartner, à Lörrach qu'il s'exerçait maintenant dans une science pour laquelle il n'a jusqu'à présent presque jamais trouvé le temps, et qui mérite pourtant qu'on lui en trouve : « la théorie du commerce et des affaires, et le développement du commerce mondial, à quoi j'ai encore ajouté l'économie politique et sociale[18]. » Il lut avec Gersdorff en octobre 1875 les *Considérations psychologiques* d'un auteur anonyme qui était en fait un auditeur des cours de Nietzsche. Ce jeune homme était d'origine juive et s'appelait Paul Rée. C'est avec Rée ainsi qu'avec un autre étudiant du nom d'Albert Brenner que Nietzsche voulait passer le séjour chez Malwida von Meysenbug. Nietzsche était-il ainsi sur le point de connaître une évolution analogue à celle de Marx dans les années 1843-1844 ? Lorsqu'il se rendit à Genève en avril 1876, il écrivit à sa sœur : « Mon premier hommage a été pour Voltaire, dont j'ai visité la maison à Ferney[19]. » Entre déception et maladie, c'était une seconde période qui avait commencé pour Nietzsche, la période de l'*Humain trop humain*, la période nietzschéenne des « Lumières » et du positivisme.

16. *In* Du Bos, *Goethe*, *op. cit.*, p. 43.
17. *Ibid.*, p. 44.
18. Curt Paul Janz, *op. cit.*, vol. 2, p. 87.
19. *Ibid.*, p. 98.

3
Ruptures, 1876-1879

Au moment de son congé de 1876, Nietzsche habitait dans des conditions très agréables à Bâle, avec sa sœur ; à Sorrent, il se retrouva dans une sorte de famille qui lui était peut-être plus accordée que sa vraie famille ; il a parlé à cet égard de « couvent idéal », d'« école des pédagogues ». Rée imaginait qu'à l'avenir ils constitueraient « une église invisible [...] où vous-même [Nietzsche] seriez pontifex maximus, pape, prieur. » Dans cette mesure, on peut peut-être parler d'une « phase communautaire » de Nietzsche et penser aux idées similaires du jeune Friedrich Engels, imprégné d'Owen et Fourier, même si Nietzsche n'avait pas lu une ligne de ces « socialistes utopiques ». Après il vécut à nouveau dans une modeste chambre meublée, cette fois-ci face aux portes de la ville de Bâle. Mais, en 1879, après la mise en congé définitive de sa chaire universitaire, il choisit Naumburg comme lieu de résidence ; il voulait y louer une tour des fortifications et cultiver un jardin. Mais le projet n'aboutit pas et il habita dans sa famille, à un moment où jamais sa santé n'avait été si détériorée.

C'est seulement avec le voyage dans le sud, début 1880, que commence la période du « Nietzsche solitaire », mais aussi du penseur qui a trouvé son « espace vital » : la Haute-Engadine, Venise, Gênes. Très sensible au climat, il séjourne dans des meublés et, pendant l'hiver, le plus souvent dans des chambres non chauffées. Un nouveau changement se dessine dans son esprit avec la rédaction, ou plus exactement la dictée d'*Aurore*, au cours de l'année 1880 ; mais il faut surtout remarquer sa solitude à la suite de l'éloignement de Rohde, Gersdorff et d'autres amis encore, dont la cause première est la parution d'*Humain trop humain*. Il faut commencer par décrire les différentes étapes, ainsi que les rencontres que fit Nietzsche.

Il arrive à Sorrent à la fin d'octobre 1876, et c'est là qu'a lieu la dernière rencontre avec Richard et Cosima Wagner. Nietzsche a prétendu que Wagner le mit en garde à cette occasion contre Paul Rée. Celui-ci était le fils d'un Juif grand propriétaire foncier à l'est de l'Elbe, ce qui en faisait un cas assez rare. Ses *Observations psychologiques* parues chez Duncker à Berlin en 1875 étaient, d'après le sous-titre, la mise en forme des papiers posthumes de ***. Il s'agit d'une série d'aphorismes avec des têtes de chapitres comme « Sur les actions humaines et leurs motifs », « Sur les livres et les écrivains », « Sur les femmes, l'amour et le mariage », « Essai sur la vanité ». Il essaie – dans la tradition des moralistes français – de « démasquer » l'homme chez qui des actions apparemment non égoïstes sont ramenées à des motifs égoïstes. J'en donne trois exemples : « Celui qui prend ses amis sous sa protection se contente habituellement de défendre ainsi son honneur d'être leur ami[1]. » « Les belles femmes sont fières de leurs conquêtes, les femmes laides le sont de leur vertu[2]. » « Seul un petit nombre de pasteurs s'occupent plus du contenu des religions que de leurs salaires[3]; de même ils sont peu nombreux à se préoccuper du jugement de Dieu plutôt que des intrigues du consistoire[4]. »

En 1877, Paul Rée fit paraître sous son propre nom un livre ayant pour titre : *L'Origine des sentiments moraux*, chez l'éditeur Ernst Schmeitzner à Chemnitz. Nietzsche reçut un exemplaire avec la curieuse dédicace : « Au père de cet écrit, la reconnaissance infinie de sa mère. » Visiblement, il y avait donc déjà une réelle influence réciproque. La caractéristique en est à nouveau l'insistance mise sur l'égoïsme comme moteur de la nature humaine. D'après Rée, il est comme la réalité, du fait de l'intellect, bien plus développé chez l'homme que chez l'animal. Il n'y a donc pas de « libre arbitre » et donc pas de « responsabilité » ; la justice n'en devient pas pour autant superflue car elle est là pour écarter les nuisances. Mais l'ambition et la vanité ne sont pas purement négatives car elles rendent possible le développement de l'industrie, de la science et de l'art. Le progrès et la civilisation sont donc bien des réalités, mais ils résultent avant tout de l'égoïsme. D'une manière étonnante, Rée ne rejette pourtant pas le concept de « connaissance désintéressée » ; bien au contraire : il en fait même la

1. Paul Rée, *Psychologische Beobachtnugen*, Berlin, 1875, p. 21.
2. *Ibid.*, p. 69.
3. Paul Rée joue ici sur les termes *der Gehalt (e)* : « le contenu », et *das Gehalt (¨er)* : « le salaire ».
4. *Ibid.*, p. 126.

qualité humaine par excellence; l'homme est par nature pacifique; c'est le désir qui le rend guerrier. Dans cette mesure, le livre relève des «Lumières», bien que la «raison» n'occupe pas le centre du tableau – mais c'est aussi le cas de beaucoup d'œuvres des «Lumières» françaises, au XVIIIe siècle.

L'hôtesse de Nietzsche, Malwida von Meysenbug, était à l'époque célèbre pour ses *Memoiren einer Idealistin* (Mémoires d'une idéaliste) et il avait lui-même lu le livre avec attention. Il pouvait donc difficilement avoir éprouvé de l'antipathie à l'égard de la description vivante que l'auteur faisait des prémices de la révolution de 1848, des milieux de gauche émigrés à Londres et des activités d'Alexander Herzen. Malwida était à cette époque également une wagnérienne enthousiaste et elle resta, pendant de nombreuses années pour Nietzsche, un lien indirect avec Bayreuth. C'est seulement vers la fin de sa vie consciente que le philosophe rompit aussi avec elle; Nietzsche la décrivit alors injustement comme suit: «choyée [...] elle est assise sur son canapé comme une petite Pythie étrange».

Malwida a décrit ce séjour dans la suite de ses mémoires intitulée *Der Lebensabend einer Idealistin* (Le Crépuscule d'une idéaliste): on vivait dans une pension tenue par des Allemands, au milieu d'un «vignoble»; au premier étage se trouvaient les chambres – avec terrasse – des trois hommes; au deuxième étage les chambres de Malwida et de ses femmes de chambre, ainsi qu'une grande pièce commune; depuis les terrasses, on avait la «meilleure vue sur le Golfe de Naples et sur le Vésuve, qui était à l'époque en activité; le soir jaillissaient de ses entrailles des colonnes de feu[5]». Le rythme de vie était très agréable. Le matin chacun se consacrait à ses occupations particulières. L'après-midi était réservé à la promenade commune; elle avait souvent pour but «des fermes où de gracieuses jeunes filles dansaient la tarentelle en joyeuse compagnie» et non pas artificiellement comme aujourd'hui pour les touristes, «avec une grâce naturelle, et non sans réserve[6]». (On devrait mettre en regard la description que fit Engels de son voyage à travers la campagne française en l'année de la révolution de 1848, si l'on veut avoir un antidote aux seuls tableaux de la misère des écrivains socialement engagés.) Le soir, on se livrait à des discussions animées et à des lectures collectives dans le salon commun. Les commentaires que Nietzsche fit du manuscrit des cours de

5. Malwida von Meysenburg, *Memoiren einer Idealistin*, und Nachtrag, *Der Lebensabend einer Idealistin*, Berlin, 1881, vol. 2, p. 236.
6. *Ibid.*, p. 237.

Burckhardt sur la culture grecque laissèrent une impression particulièrement marquante sur la petite société. On lisait aussi Voltaire, Diderot, La Rochefoucauld et Vauvenargues...

C'est dans cet environnement que Nietzsche assembla les éléments d'*Humain trop humain*. À l'été 1877, il continua ce travail à Rosenlauibad, non loin de Grindelwald. À l'automne, il était de retour à Bâle pour le début du semestre. Il y reçut une lettre d'admirateurs viennois qui devaient jouer plus tard un grand rôle dans la vie littéraire et politique de l'Autriche : Victor Adler, Heinrich Braun, Engelbert Pernerstorfer, Siegfried Lipiner. *Cum grano salis*, on pourrait dire que les futurs dirigeants de « l'austromarxisme » avaient, avant l'heure, reçu la bénédiction de Nietzsche. Au début de janvier 1878, le texte du *Parsifal* de Wagner parvint entre les mains de Nietzsche. Il donna son avis, très négatif, à Reinhart von Seydlitz : il flairait, disait-il, ici « l'esprit de la Contre-Réforme [...], « pas de chair et trop, beaucoup trop de sang[7] ». Par l'intermédiaire d'Elisabeth, Nietzsche fit parvenir à Cosima un compte rendu du médecin Otto Eiser qui faisait une comparaison entre *Parsifal et* les *Autos Sacramentales* de Calderon. Cosima répondit très agacée que c'était exactement le contraire qui était vrai. Pour Wagner, aucun dogme n'avait de valeur ; ce n'est pas le pain et le vin qui se transforment en sang, mais bien le contraire[8].

Fin avril 1878, *Humain trop humain* vit le jour et, cette fois, non pas chez l'éditeur de Wagner, Fritzsch, mais chez Ernst Schmeitzner à Chemnitz. Nietzsche a réécrit l'histoire de sa rupture avec Wagner, en datant la rupture de *Parsifal*. Mais il est quasi avéré que Nietzsche et Wagner échangèrent cette fois encore leurs ouvrages. La réaction de presque tous les amis de Nietzsche et connaissances fut négative. Richard Wagner abandonna le livre après l'avoir feuilleté ; il voulait, disait-il, garder la bonne impression des premières œuvres. Cosima écrivit à une amie : « Chez Nietzsche, s'est malheureusement produite, depuis longtemps, une évolution contre laquelle je me suis battue dans la mesure de mes faibles forces. Beaucoup d'éléments ont contribué au triste résultat de cet ouvrage. En particulier l'influence d'Israël en la présence du Dr Rée, individu insaisissable, très distant et tout à la fois absorbé et assujetti par Nietzsche ; mais en fait, c'est Rée qui s'est emparé de Nietzsche et cela résume bien les relations entre Judée et Germanie[9]. »

7. Lettre du 4 janvier, citée *in* Curt Paul Janz, *op. cit.*, vol. 2, p. 263.
8. *Kritisches Gesamt Briefwechsel* (K.G.B.), vol. 15, p. 80.
9. *Ibid.*, p. 84.

Rohde qui venait de se marier, très déconcerté, s'exprima ainsi : « [...] Peut-on donc ainsi simplement se dépouiller de son âme et en mettre une autre à la place ? Ne plus être Nietzsche, et se transformer soudain en Rée[10] ? » L'élève de Nietzsche, Adolf Baumgartner, écrivit à Jacob Burckhardt qu'il était « étonné qu'il soit possible de tenir un discours aussi contradictoire... [Nietzsche] affirme se rapprocher particulièrement de la vérité quand il piétine ses sentiments les meilleurs et les fait passer pour des réminiscences d'une époque animale fabuleuse[11] ».

À première vue, quand on regarde *Humain trop humain*, on peut y voir cette thèse assez simple : Nietzsche rattrape la phase historique de l'esprit des « Lumières » européen, se transforme en libre penseur, brûle ce qu'il a adoré, et adore ce qui lui paraissait devoir être brûlé.

En fait, il parle, par beaucoup de côtés, comme un vrai « philosophe des "Lumières" », mais aussi comme l'homme des « Lumières » pratique qu'était Marx : les poètes et les artistes rappellent une humanité ancienne. La capacité du génie n'est pas essentiellement différente de celle du lettré, car le génie est, dans son opposition à l'esprit scientifique précautionneux et précis, un ennemi de la vérité. Les hommes peuvent et doivent en toute conscience décider « d'administrer la terre économiquement comme un tout ; [...] cette nouvelle culture consciente d'elle-même, tuera l'ancienne ». La démocratie et une confédération à venir des peuples européens sont désormais jugées positivement ; l'activité militaire est un anachronisme vivant ; « l'esclave » n'est plus celui qui assure par une surcharge de travail l'existence des « hommes de culture délivrés des nécessités matérielles », « mais celui qui n'a pas moins de deux tiers de son temps pour lui ». Des questions qui jusqu'alors étaient considérées comme fondamentales comme par exemple, pourquoi l'homme ? quelle vie aura-t-il après la mort ? sont décrites comme de simples bizarreries. L'homme est bien plus une simple goutte de vie, sans signification dans le Tout, une insignifiante oscillation sur la terre. Le génie comme but de la culture, l'esclavage comme base nécessaire à celle-ci, la raison d'être du monde dans l'art et la métaphysique, sont donc désormais repoussés à l'arrière-plan et remplacés par l'affirmation de la culture de masse de même que par l'autodétermination de l'homme.

10. *Ibid.*, vol. 2, 6/2, p. 896.
11. *K.S.A.*, vol. 15, p. 88.

Mais on doit faire attention à ce qui suit : Nietzsche se déclarait, dans *Naissance de la tragédie,* avec une grande fermeté, opposé aux « Lumières », mais ce n'était pas le résultat d'une position chrétienne ou cléricale ; son « romantisme » appartenait, dans un sens plus large aux « Lumières », ou en tout cas, n'était pas compréhensible sans elles ; et l'on pouvait déjà repérer des prémices au changement avant même que l'influence de Rée ait pu être effective. Ainsi au début de 1873, se moquait-il d'Edward von Hartmann, avec son concept central de « processus universel[12] » : « Et en plus le "processus universel" ! Il ne s'agit pourtant que des misères du puceron humain. » Et déjà au début de 1872 il avait écrit : « Tout ce qui est épanchement, amitié, amour a en même temps quelque chose de physiologique. Nous ne savons pas à quel point la physique a des effets. » Pour moitié influencé par Schopenhauer et pour l'autre par les « Lumières » – mais il n'y a pas ici de contradiction fondamentale – le fragment de 1873 « Vérité et mensonge au sens extra-moral ». Et il y a cet aphorisme de 1875 particulièrement riche en indices : « Habiter la montagne, voyager beaucoup, quitter vite la place – c'est en cela que l'on peut dès aujourd'hui égaler les dieux grecs. Nous connaissons ainsi le passé et presque l'avenir. Que dirait un Grec s'il nous voyait[13] ? » Cela manifeste certainement – bien que Nietzsche n'ait pas été très clair à ce sujet – qu'il se rapproche du concept hégélien de « réalisation ».

Mais il faut avant tout remarquer l'existence d'une orientation toute différente de sa pensée dans *Humain trop humain*, par laquelle on voit clairement que les sentiments intellectuels de Nietzsche s'écartent en grande partie de cette vulgarisation des « Lumières » et restent proches de ceux de sa jeunesse. Je donnerai comme exemple l'aphorisme suivant : « Et au fond : si dans l'État idéal la vie est organisée, aucune poésie du présent n'est plus possible : dans le meilleur des cas, elle regarde en arrière avec nostalgie, vers les époque de l'État non idéal[14]. » Encore plus significative et en même temps « politique » est la phrase qui dit que l'État dont rêvent les socialistes détruirait l'énergie de l'humanité[15].

On trouve un parallèle à cela chez Marx dans l'introduction (posthume) aux *Fondements de la critique de l'économie politique* :

12. F. Nietzsche, *Œuvres philosophiques complètes*, éd. Colli-Montinari, Paris, Gallimard, 1988, vol. II, 1, p. 379.
13. *Ibid.*, vol. II**, p. 310.
14. *Ibid.*, p. 331.
15. *Ibid.*

« Le chant, la légende et les muses ne s'arrêtent-ils pas nécessairement devant le levier de l'imprimeur, comme s'épanouissent les conditions favorables à la poésie épique ? La difficulté n'est pas de comprendre que l'art grec et l'épopée sont liés à certaines formes du développement social, mais qu'ils nous assurent encore un plaisir esthétique et, qu'à maints égards, ils représentent pour nous une norme, voire un modèle inaccessible... Pourquoi l'enfance historique de l'humanité au moment de son plein épanouissement n'exercerait-elle pas le charme de l'instant qui ne reviendra plus[16] ? »

Au milieu de mars 1879 paraissent les *Opinions et sentences mêlées* et à la mi-décembre suit *Le Voyageur et son ombre*. Réunis, ils forment le deuxième volume d'*Humain trop humain*.

Il faut ici évoquer les plans de mariage formés par la mère de Nietzsche pour son fils au cours de l'année 1877 ; ils jettent un jour possible sur les maladies de Nietzsche : « Je ne peux pas me défaire de l'idée que si tu te maries, ton mal cessera... Edmund souffrait de la même chose que toi [!] [...] et maintenant c'est l'homme le plus sain. Si tu veux je te trouverai une petite femme exquise, digne de ton amour, belle et riche, mais aussi très simple et propre[17]. » De tels souhaits et plans n'étaient pas étrangers à Nietzsche lui-même : c'est de cette époque que date la demande en mariage qu'il fit à Mathilde Trampedach, mais aussi à Bertha Rohr, et la « petite Köckritz » de même que Nathalie Herzen furent envisagées en partie en accord avec Malwida von Meysenbug ; mais justement, Nathalie, qui était sa fille adoptive, y était « fermement opposée ». On doit se poser la question suivante : était-il interdit à Nietzsche de trouver l'amour auprès des femmes, ou bien lui manquait-il une force de décision ? Ou encore, une voix intérieure lui interdisait-elle de se marier ?

En tout cas cela ne déboucha sur aucun mariage et aucune amélioration de son état de santé ne s'ensuivit. Le 2 mai 1879, il adressa sa demande de démission aux autorités de Bâle. Sa rente – trois mille francs – était assurée, pour un tiers chacun, – par le gouvernement, par l'université et par « l'Akademische Gesellschaft » ; elle n'était pas garantie à vie, mais pouvait être renouvelée périodiquement, si bien que le sentiment d'insécurité était modéré. Pendant tout l'été, Nietzsche séjourna à Saint-Moritz et, en septembre, il se rendit à Naumburg. Richard Wagner fit part à Overbeck de ses

16. Karl Marx, *Fondements de la critique de l'économie politique*, Paris, Éditions Anthropos, 1967, Introduction, (cahier II), p. 41-42.

17. *K.G.B.*, *op. cit.*, vol. II, 6/1, p. 680.

soucis concernant Nietzsche, et demanda à être tenu informé ; Cosima aussi exprimait des sentiments d'amitié, le jour où elle écrivit à Gersdorff : « Les nouvelles les plus tristes nous sont parvenues au sujet de Nietzsche. Il sera certainement bientôt aveugle ; il a renoncé à son poste de professeur ; je crains le pire ! Mon Dieu, comme nous aurions aimé lui offrir notre maison, nous l'aurions accueilli à bras ouverts ; il aurait pu nous aider d'une manière déterminante ! Malheureusement cette joie ne nous a pas été donnée : la vie est cruelle[18]. »

À Naumburg, l'état de santé de Nietzsche s'aggrava jusqu'à un point encore jamais atteint, en particulier vers Noël 1875 : « J'avais soif de ma mort », écrit Nietzsche début janvier 1880 à son médecin Otto Eiser, et il lui confie : « Mon existence m'est un fardeau effroyable je m'en serais débarrassé depuis longtemps si je ne faisais, dans cet état de souffrance et de renoncement presque absolu, les essais et les expériences les plus instructifs dans le domaine intellectuel et moral[19]. »

Visiblement il éprouvait toujours – comme plus tard aussi d'une manière cachée – une nostalgie du passé. Ainsi écrivait-il en janvier 1880 à Malwida qui avait voulu tracer le chemin de la réconciliation avec les Wagner : « Madame Wagner est, vous le savez, la femme la plus sympathique que j'aie jamais rencontrée – mais je suis sceptique quant à la possibilité d'une relation et même d'une réconciliation. Il est trop tard[20]... »

Mais il n'était pas trop tard comme on allait le voir pour de nouveaux débuts dans la vie, dans la pensée et aussi dans les relations humaines.

18. *K.S.A., op. cit.*, vol. 15, p. 105.
19. Cité *in* F. Nietzsche, *Œuvres*, coll. « Bouquins », *op. cit.*, Chronologie, p. CXLVII.
20. *Ibid.*

4
Vie solitaire
Crise au sujet de Lou von Salomé

À la mi-février 1880, Nietzsche est suffisamment remis pour pouvoir partir dans le sud, d'abord à Riva, sur le Lac de Garde où il retrouve Heinrich Köselitz, qui avait été étudiant à Bâle, et menait à présent une vie modeste comme musicien à Venise. Nietzsche lui donna le pseudonyme de « Peter Gast » et c'est sous ce nom qu'il est entré dans l'histoire intellectuelle comme le plus enthousiaste et le plus désintéressé de tous les amis de Nietzsche. Ils passèrent ensemble à Venise la période allant de la mi-mars jusqu'à la fin juin. Gast fait fréquemment la lecture à Nietzsche qui souffre à nouveau beaucoup des yeux ; il lui lit entre autres le *Nachsommer* (L'été de la Saint-Martin) de Stifter. Nietzsche dicte à Gast les aphorismes « L'Ombra di Venezia », c'est-à-dire le début d'*Aurore*. Ils lisent aussi Herbert Spencer et John Stuart Mill, et relisent *De la Christianité* d'Overbeck.

Nietzsche se trouve tout juillet et août à Marienbad après la plus désagréable des équipées. Il y fait des promenades quotidiennes de dix heures[1], et il dit dans une lettre être dans une « humeur terriblement excitée ».

De la mi-novembre à fin avril 1881, il séjourne à Gênes, ville à laquelle il restera attaché pour le reste de sa vie. Il écrit à Rée d'un ton très positif sur sa solitude bien qu'il soit « toujours malade et beaucoup au lit ». Vers la fin de l'année, *Aurore* est achevé, et le manuscrit est adressé à Gast en janvier 1881 pour qu'il le mette au net. La recherche récurrente d'un ciel sans nuages donne à Nietzsche l'idée d'aller à Tunis, et en mars, il confie à Gast : « Je veux vivre actuellement un bon moment parmi les Musulmans, et

1. Lettre à Köselitz du 18 juillet 1880, citée par Curt Paul Janz, *op. cit.*, vol. 2, p. 340.

plus particulièrement en cet endroit où leur foi est la plus rigoureuse : de manière à aiguiser mon jugement et mon œil pour tout ce qui est européen[2]. » Mais, dès avril, le plan est abandonné car une guerre a éclaté à Tunis. Les Français avaient occupé Tunis, possession ottomane sur le papier. À cette occasion, les Italiens qui étaient aussi candidats – et pour de meilleures raisons que la France – à la possession de Tunis, firent alliance avec l'Allemagne et l'Autriche ; mais la question de l'Afrique du Nord resta l'un des points faibles de la « Triplice », car les Français pouvaient faire espérer Tripoli aux Italiens et, dans cette mesure, cet épisode colonial, apparemment de peu d'importance et vite résolu, fait partie de la préhistoire de la Première Guerre mondiale. Mais Nietzsche ne montra aucune sorte d'intérêt pour ces questions de politique extérieure et intérieure, tout absorbé qu'il était et ne cessera d'être par la musique et la philosophie. À sa mère et à sa sœur, il décrit Gast comme un musicien de premier rang : « Ce qu'il peut faire, aucun parmi les vivants ne peut l'égaler[3]. » Il n'est pas rare qu'il ait décrit Gast aussi comme le « nouveau Mozart ». À partir de là, on ne peut s'empêcher de contester le jugement de Nietzsche sur les questions musicales ; il en ira de même dans un autre domaine pour ses jugements sur les talents respectifs de Rée et Lou von Salomé.

La parution d'*Aurore* en juillet lui apporte une sorte d'euphorie et, déjà à la mi-juin, il écrit à sa mère et à sa sœur : « Dans quelques semaines, vous recevrez mon livre ; ayez un préjugé *favorable* ; c'est lui qui doit rendre notre nom – qui n'est pas si beau – immortel[4]. » Un peu plus tard, il caractérise *Aurore* de la manière suivante : « J'ai engendré un des livres les plus courageux, sublimes et réfléchis qui soit jamais sorti d'un cerveau et d'un cœur humain. » Et la fin de la lettre : « Écrivez-moi de bonnes choses, ici où je médite sur l'avenir de l'humanité[5]. »

De juillet à décembre, il va pour la première fois à Sils-Maria qui devait ultérieurement devenir mondialement connue grâce à lui, et dont il décrivit peu avant de sombrer dans la folie les environs de la manière suivante : « La Haute-Engadine, mon paysage, si loin de la vie, si métaphysique. » Très étonnante est une remarque – dans une lettre à Franz Overbeck au sujet de Spinoza, après que celui-ci lui avait envoyé l'œuvre s'y rapportant de Kuno Fischer[6] :

2. Lettre à Köselitz du 13 mars 1881, *Ibid.*, p. 350.
3. Lettre à Overbeck du 18 mai 1881, *Ibid.*, p. 354.
4. *K.G.B.*, *op. cit.*, vol. 3, 1, p. 91.
5. *Ibid.*, p. 103 *sq.*
6. Il s'agit de l'*Histoire de la philosophie moderne.*

« J'ai un précurseur, et quel précurseur[7] ! » Mais le plus important pour cette période, c'est l'émergence de l'idée de l'éternel retour ; début août 1881, en effet, lors d'une promenade près de Surlej au bord du Lac de Silvaplana, on trouve par exemple ce passage du Cahier M III 1 : « Retour de la première ébauche de mes pensées. 1. réunion des erreurs fondamentales (...) 5. Nouveau poids : l'éternel retour du même, début de l'automne 1881 à Sils-Maria, à six mille pieds au-dessus de la mer et, bien au-delà de toutes choses humaines[8]. » Mais il faut mettre cela en parallèle à la lettre à Gast du 22 septembre 1881 : « Ce furent des temps dangereux, la mort lorgnait par-dessus mon épaule ; j'ai effroyablement souffert tout cet été d'une manière effroyable : de quel côté dois-je me tourner[9] ? » On peut objecter, à partir d'une autre phrase de la même lettre, qu'il ne s'agissait pas exclusivement de souffrance physique : « La plupart de ceux à qui j'ai envoyé mon livre n'ont pas eu, en trois mois, un seul mot de remerciement pour moi. »

D'octobre 1881 à fin mars 1882, il séjourne de nouveau à Gênes. Il y prend connaissance de *Carmen* de Bizet, et s'exprime avec enthousiasme à ce sujet. Le mois de janvier 1882 est pour lui rétrospectivement « le plus merveilleux mois de janvier que j'aie vécu[10] ». Il travaille à un manuscrit qui est conçu d'abord comme une suite d'*Aurore* et qui donnera en fait *Le Gai Savoir*.

À Gênes, Paul Rée, parti pour Rome à la mi-mars chez Malwida, où il fait connaissance de Lou von Salomé, lui rend visite. C'est là le début de la dernière profonde relation humaine de la vie de Nietzsche. Le 21 mars, il écrit à Rée de Gênes : « Saluez cette Russe de ma part, si cela a un sens : je convoite cette sorte d'âme[11]. » Et ensuite, il continue avec une tournure très particulière qui devait lui poser par la suite des problèmes (visiblement en réponse à une allusion de Rée) : « Le mariage est un tout autre chapitre – je pourrais tout au plus envisager un mariage de deux ans. » Mais au lieu d'aller à Rome, Nietzsche s'embarque sur un voilier pour Messine où il rédige « Idylles de Messine » qui paraissent en juin 1882 dans l'*Internationale Monatsschritft*, tout récemment fondée par son éditeur, Ernst Schmeitzner. Rée lui fait savoir que « la Russe » est déçue, car il n'est pas venu à Rome : « C'est un être énergique et incroyablement intelligent, aux qualités féminines et même enfantines. »

7. Lettre du 30 juillet 1881, cité *in* Curt Paul Janz, *op. cit.*, vol. II, p. 361.
8. *Ibid.*, p. 362.
9. *Ibid.*, p. 367.
10. Cité *in* F. Nietzsche, *Œuvres*, coll. « Bouquins », *op. cit.*, p. CL.
11. *Ibid.*, p. CLI.

Nietzsche fait la connaissance de Lou von Salomé, fin avril (à Rome), et prend contact du même coup avec les débuts de « l'émancipation de la femme » sous un tout autre visage que celui qu'il avait connu avec Malwida. Louise von Salomé, née en 1861, qui avait donc au moment de sa rencontre avec Nietzsche vingt ans, n'était absolument pas russe. Elle venait d'une famille cosmopolite (comme du reste Franz Overbeck) qui était principalement allemande et huguenote. Son père était général à Saint-Pétersbourg, c'est pourquoi elle avait grandi dans l'atmosphère de la cour du tsar. Elle avait cinq frères ; un seul survécut à la guerre et à la révolution, au prix d'une profonde déchéance, ce qui d'ailleurs était caractéristique de la disposition d'une partie de la bourgeoisie russe à accepter son propre anéantissement social comme juste[12]. La jeune fille avait révélé, à Saint-Pétersbourg déjà, une forte volonté personnelle et avait une relation étonnante et compliquée avec le pasteur de la mission hollandaise, Hendrik Gillot.

Après la mort de son père, elle partit avec sa mère pour Zurich où elle s'inscrivit à l'université et fit la connaissance de Malwida von Meysenbug. Gottfried Kinkel joua là un rôle d'intermédiaire. Il était professeur d'archéologie et d'histoire de l'art à Zurich après de nombreuses années d'émigration en Angleterre.

Nietzsche fait une proposition de mariage à Lou après avoir fait sa connaissance par l'intermédiaire de Rée ; parallèle étonnant à l'offre faite à Mathilda Trampedach par l'intermédiaire de son futur mari, Hugo von Senger en 1876. Malgré son refus, des plans pour une communauté d'études, à trois, sont faits et Nietzsche visiblement ne vit pas que ces plans avaient été envisagés au départ, pour Rée et Lou tous seuls. Nietzsche, Rée, Lou et sa mère, passent la première partie du mois de mai à Orta ; Nietzsche et Lou y font sur le Monte Sacro une longue promenade sur laquelle Nietzsche fit bien des mystères et qui se termina apparemment par un baiser. Au même moment, Lou repousse une nouvelle proposition de mariage faite, cette fois, par Nietzsche lui-même. Entre Lou et Nietzsche, on en reste au « vous » alors que Rée et Lou se tutoyaient ; et l'on trouve dans une des lettres de Rée à Lou des expressions telles que « Geliebtes Schneckli[13] ». Mais Lou put aussi lire dans les lettres de Nietzsche à la fin du mois de mai : « Quand je suis tout seul, je dis souvent, très souvent votre nom à haute voix – pour mon plus grand plaisir. » Il est évident que Nietzsche

12. Curt Paul Janz, *op. cit.*, vol. II, p. 392 *sq.*
13. N.d.T. : on pourrait traduire par « ma limace chérie ».

était amoureux. Il écrit pourtant un peu plus tard à Gast : « Vous nous ferez assurément l'honneur d'épargner à notre relation le concept de liaison. »

Lou rend visite à Rée à Stibbe. Nietzsche s'efforce fébrilement d'organiser une rencontre à Berlin. Finalement c'est en août, à Tauntenburg (Thuringe) qu'a lieu une nouvelle rencontre, naturellement en la présence d'un chaperon, Elisabeth, dont Lou avait fait peu avant la connaissance, et qui devient très rapidement son ennemie mortelle en partie par jalousie et en partie par véritable divergence morale sur les propos « inconvenants » – nous dirions aujourd'hui « libérés » – de la Russe. En tout cas la rencontre entre Lou et Nietzsche est au plus haut point dramatique : « Tous les cinq jours se joue une scène de tragédie[14] » ; mais il y a aussi dix heures de conversation par jour – il arrive qu'elles portent sur le sadomasochisme et la bisexualité. Lou est pour Nietzsche un « aigle » et la « plus intelligente de toutes les femmes » ; entre eux il y aurait une profonde parenté intérieure[15]. En souvenir de Monte Sacro, Nietzsche lui écrit : « Je vous dois le rêve le plus enchanteur de toute ma vie. » À la fin du séjour, les premiers exemplaires du *Gai Savoir* parviennent entre ses mains.

De Tautenburg, Nietzsche retourne à Naumburg. Là, il a des échanges très vifs au sujet de la « Russe » avec sa mère, qui visiblement avait été tenue au courant d'une manière très partiale par Elisabeth, restée elle-même à Tautenburg. Franziska Nietzsche est particulièrement choquée par une photographie « à trois » sur laquelle Nietzsche et Rée tirent une petite charrette dans laquelle Lou est assise ; elle les conduit, ayant un fouet dans la main – pause en effet grotesque qui n'est cependant pas sans précédent dans l'histoire de la philosophie ; qu'on repense à la représentation de Socrate que monte un enfant. Des paroles de Lou sur Nietzsche qu'Elisabeth prétend avoir entendues, renforcent le rejet de sa mère : il serait un égoïste banal qui voulait exploiter son esprit à elle, Lou. Finalement sa mère se laisse aller à appeler Nietzsche « une honte pour le tombeau de son père ». Nietzsche se sent touché au plus profond de lui-même et quitte aussitôt la maison. Jusqu'à la mi-novembre, il est à Leipzig et c'est là que se reforme encore une fois la « trinité », pendant le mois d'octobre.

On y fait à nouveau des plans pour une vie de communauté et d'études à Paris ou ailleurs, mais les ombres au tableau sont insur-

14. Lettre à Köselitz du 20 août cité par Janz, *op. cit.*, vol. II, p. 429.

15. *Friedrich Nietzsche, Paul Rée, Lou von Salomé. Die Dokumente ihrer Begegnung*, édité par Ernst Pfeiffer, Frankfurt, 1971, p. 183.

montables. Malwida est aussi présente dans le jeu dans cette phase : elle voit son concept « d'émancipation noble » mis en danger, et conçoit l'influence de Rée comme nuisible – pas seulement pour Nietzsche mais aussi pour Lou. Nietzsche se rend à nouveau dans le sud, à Rapallo, d'abord, par Bâle et, à partir de là, il rompt toute relation épistolaire avec sa mère et sa sœur, mais dans les faits, il rompt aussi avec Rée et Lou à laquelle sont adressées, en décembre 1882, beaucoup de lettres qui sont à la fois bizarres et en partie émouvantes. Il écrit ainsi à Lou : « Pensez-y : cet égoïsme de chat qui ne peut plus aimer, ce sentiment de vie dans le néant que vous revendiquez sont exactement ce que je trouve désagréable en l'homme ; c'est presque quelque chose de plus mauvais que le mal lui-même ; je vous aime comme mon héritage. » Et Rée doit lire les lignes suivantes : « Je ne vous comprends plus cher ami ; comment pouvez-vous vivre avec un tel être ? ... Pour l'amour du ciel ! Air pur et attention réciproque ! » Touchante et peut-être prémonitoire est une lettre du 20 décembre adressée aux deux : « Ce soir, je prendrai tellement d'opium que j'en perdrai la raison. Ne vous laissez pas trop alarmer par les éruptions de ma folie ou de ma vanité blessée : et si, sous l'emprise des émotions ci-dessus nommées, j'en venais à me supprimer, il ne faudrait pas trop s'en attrister. Examinez tous deux bien le fait que je suis un demi-fou que la solitude a rendu complètement confus[16]. » Cette « lettre d'opium » sera ensuite démentie, mais Nietzsche écrit à Overbeck : « Elle a agi avec moi comme elle l'aurait fait avec un étudiant de vingt ans, un étudiant qui serait tombé amoureux d'elle. » Auprès de Malwida, il se plaint de « l'égoïsme animal » de Lou, mais il lui confie aussi ce qui suit : « Un homme qui n'a personne pour partager le secret du but de sa vie, un tel homme fait une perte immense quand il perd l'espoir de jamais rencontrer une être semblable à lui, qui pourrait traîner la même tragédie que lui et envisager la même solution que lui[17]. »

On se demande presque si c'était une idée et un espoir crédibles, une jeune fille de vingt et un ans. Y a-t-il au départ une faute de jugement de Nietzsche à propos de Lou comme à propos de Gast ? Mais Lou était destinée à devenir, dans la suite de sa vie, la formatrice et la maîtresse de Rainer Maria Rilke et une confidente de Sigmund Freud ; Nietzsche avait donc avec elle fait connaissance d'une des femmes les plus intéressantes de la Modernité. Était-elle

16. Lettre citée par Janz, *op. cit.*, vol. II, p. 450.
17. *Ibid.*, p. 451.

pour ainsi dire « la dernière possibilité » pour Nietzsche ? En tout cas, il se voit maintenant définitivement voué à la solitude. La mort de Richard Wagner, le 13 février 1883, n'est pas non plus sans signification à cet égard. Il adresse une lettre de condoléances à Cosima comme à la « femme la plus vénérée qui ait place en mon cœur »[18]; mais il ne reçoit pas de réponse.

Pour finir, je jetterai un regard rapide sur *Aurore* et *Le Gai Savoir*.

Aurore est encore véritablement dans la mouvance d'*Humain trop humain*. L'« humiliation de l'homme » continue : l'humanité n'arrive, à la fin de son chemin sur la terre, pas plus que la fourmi ou le perce-oreille, à la fréquentation de Dieu et à l'Éternité ; les hommes seraient d'après Nietzsche, comme des araignées dans leur toile ; ils ne pourraient rien attraper d'autre que ce qui se laisse prendre dans ces fils ; en d'autres mots, il n'y aurait aucune « intelligibilité du monde » et aucune différence qualitative entre l'homme être raisonnable, et l'être vivant dénué de raison.

Mais on peut percevoir clairement aussi l'idée inverse par exemple dans la glorification de la beauté de la haute spiritualité catholique, de laquelle le postulat de la création d'un « surhomme » peut se dégager.

Et l'on peut entendre un nouveau ton comme dans la phrase suivante : « Nous penseurs, nous devons établir d'abord le parfum de toutes choses et éventuellement le décréter. » À l'égard de la conscience, on constate ici une ambivalence semblable à celle que l'on constate chez Marx : d'un côté elle est repoussée comme insignifiante puis elle redevient pourtant une base sans laquelle rien ne peut être représenté ni montré.

Dans *Le Gai Savoir*, la phénoménologie et le perspectivisme se font encore plus sentir. Mais le fait qu'ils reposent sur la base d'un désespoir n'est nulle part plus clairement reconnaissable que dans le poème adressé *À Goethe* dans *Chants du prince hors la loi* :

« L'impérissable
N'est que symbole !
Dieu l'insidieux
Imposture de poète...

La roue de l'univers
Roule de but en but :
La haine l'appelle misère,
Le fou dit que c'est un jeu...

18. *Ibid.*, p. 455.

Le jeu du monde, impérieux,
Mêle l'être à l'apparence : –
L'éternelle Folie
Nous mélange à elle[19] ! »

Et le contre-chant n'a plus rien de subalterne, car les tons qui le caractérisent sont aussi devenus plus plaintifs et plus exigeants : provisoirement du moins, une culture fondée militairement serait bien au-dessus d'une culture dite industrielle. Un aphorisme est à ce titre très explicite « À l'honneur des homines religiosi » ; et en un autre endroit, il est dit que « nous » les athées et les antimétaphysiques de la Modernité, nous prenons encore « notre feu » sur le bûcher de la foi chrétienne, qui était aussi la foi de Platon : en effet, « Dieu est la vérité ». Mais que devrait-il arriver s'il apparaissait que justement cette foi est de plus en plus invraisemblable.

Suivant l'aphorisme 125, il faut absolument inventer quelque chose de nouveau, sinon l'humanité périra. Dans cet aphorisme, « L'insensé » sort avec une lanterne par une matinée sombre et crie : « Je chante Dieu [...] Nous l'avons tué[20] », mais cet événement énorme ne serait pas encore arrivé aux oreilles des hommes.

C'est pourtant justement la certitude du « monstrueux », de l'absence d'issue, que naît l'issue, c'est-à-dire la doctrine de l'éternel retour de toutes choses. C'est particulièrement net dans l'aphorisme 341, « Le poids le plus formidable » : « Que serait-ce si [...] un démon [...] te disait : "[...] L'éternel sablier de l'existence sera retourné toujours à nouveau – et toi avec lui, poussière des poussières !" – Ne te jetterais-tu pas contre terre en grinçant des dents et ne maudirais-tu pas le démon qui parlerait ainsi ? Ou bien as-tu déjà vécu un instant prodigieux où tu lui répondrais : "Tu es un dieu, et jamais je n'ai entendu chose plus divine !" [...] Ou alors combien il te faudrait aimer la vie, combien il faudrait que tu t'aimes toi-même, pour ne plus *désirer autre chose* que cette suprême et éternelle confirmation, que cette suprême et éternelle consécration[21] ? »

Et c'est dans l'aphorisme suivant, le numéro 342, qu'il est pour la première fois question de « Zarathoustra ». Nietzsche peut-il encore rester longtemps un « homme des Lumières », s'il a recours à un vieux fondateur de religion pour promouvoir une doctrine jamais entendue auparavant, qui se veut, à vrai dire, exactement l'opposé contraire de toute religion connue jusqu'alors ?

19. F. Nietzsche, *Œuvres,* coll. « Bouquins », *op. cit.,* vol. 2, p. 255.
20. *Ibid.*, p. 131.
21. *Ibid.*, p. 202.

Le 1er février 1883, Nietzsche écrit à Gast : « Il s'agit d'un tout petit livre – une centaine de pages. Mais c'est mon *meilleur*, et en l'écrivant je me suis ôté de l'âme une lourde pierre. Ce livre aura pour titre *Ainsi parlait Zarathoustra. Un livre pour tous et pour personne*[22]. » Et Gast répondit le 2 avril après avoir lu les premières corrections : « Il faut souhaiter à ce livre la diffusion de la Bible, le même statut d'écrit canonique, la même masse de commentaires qui en ont en partie le crédit. » C'est un parallèle frappant à ce que Friedrich Engels écrivit (et répandit) après la publication du premier tome du *Capital* : il s'agissait de la « Bible de la classe ouvrière ». À présent, Nietzsche s'élevait, pour ainsi dire à une perspective surplombant les millénaires. C'était « le début de l'ère Zarathoustra ».

22. *Ibid.*, vol. 1, cité dans Chronologie, p. CLIV.

5
L'ère de Zarathoustra

Bible – tournant du millénaire – l'histoire de l'humanité fondue en deux moitiés : ce sont les expressions par lesquelles Nietzsche et Peter Gast essaient de montrer la nouveauté qui a éclos avec le *Zarathoustra*, qui est aussi un travail poétique. Il est très étonnant que Nietzsche ne semble pas se rendre compte que la séparation de l'histoire des hommes en deux grandes unités – la « préhistoire » et la « véritable histoire » qui va bientôt commencer – fut déjà entreprise par Marx et par presque tous les socialistes ; cela avait été évident pour Marx d'englober d'un seul coup d'œil des millénaires (la « société de classe » avec sa méthode de production « asiatique », « antique », « féodale » et « bourgeoise ») ; Friedrich Engels avait décrit *Le Capital* comme « la bible de la classe ouvrière ».

On pourrait voir dans cette correspondance frappante une sorte « d'imitation » ; mais on pourrait dire sans risque aussi que Marx avait imité Hegel et Saint-Simon et que ces derniers avaient à leur tour trié leurs concepts à partir de la théologie chrétienne de l'histoire, en se contentant de les modifier. Nietzsche, en tout cas, pensait représenter un « mouvement antagoniste » au socialisme et, si on lui avait fait remarquer des similitudes avec Marx, il aurait volontiers dit que le socialisme faisait justement partie de ce qu'il combattait, à savoir le monde bourgeois et qu'il ne signifierait – une fois réalisé – aucun renouveau. Mais au total, il faut bien constater des analogies entre la « vision globale » de Nietzsche et Marx. En cela ils étaient étrangers aux conceptions politiques d'hommes d'État de cette époque, mais aussi Bismarck, Disraeli et Gladstone, dont la « vision » était à peine plus globale que celle du fondateur du Reich allemand.

D'autant plus frappante est alors une différence essentielle avec Marx. Nietzsche s'était intéressé aux événements de 1866, et encore plus à ceux de 1870-1871, même si c'était en partie pour porter un jugement négatif. Vers la fin de son existence consciente, en 1888-1889, il prendra encore une fois position d'une manière relativement précise sur les questions de politique intérieure allemande. Entre 1872 et 1888. Il n'évoque jamais explicitement, ni dans ses livres, ni dans ses lettres, des événements ou des développement politiques. Par exemple, il mentionne la « guerre » de Tunis parce qu'elle rend son voyage en Afrique du Nord impossible : la fin progressive du « Kulturkampf » dans l'empire allemand n'est jamais évoquée, encore moins la nouvelle politique douanière de Bismarck. Le renforcement de la IIIe République en France, après de nombreuses années d'incertitudes, n'éveille aucune attention chez lui ; lors de ses voyages en Italie, il n'a jamais un mot sur ce qu'on appelle la révolution parlementaire de 1876 et ses suites ; il ne paraît jamais s'être intéressé au nouvel impérialisme des puissances occidentales, ou bien du début de la politique coloniale allemande. Il ne peut s'agir de la simple ignorance d'un ennemi des journaux qui aurait vécu plongé dans la « Kultur » philosophique et musicale : dans les années 1880, il lisait en effet régulièrement le *Journal des Débats*. Mais visiblement, tout cela était pour lui de la « petite politique », qui ne pouvait intéresser un penseur. Tout autre avait été l'attitude de Marx et d'Engels vis-à-vis de la politique contemporaine. Tous deux étaient en effet, à leur manière, journalistes, et par là même contraints de se préoccuper des événements quotidiens ; les questions politiques d'actualité jouent un rôle énorme également dans leur correspondance. Cette différence tient vraisemblablement à ce que, pour Marx et Engels, le prolétariat, sujet (ou bien instrument) de *leur* « grande politique » avait des contours bien précis : il était, dès leur époque, mêlé à des luttes concrètes, alors que chez Nietzsche la tendance à la « praxis » était bien présente ; elle n'avait aucun point d'appui : « Je n'ai pas encore un seul disciple[1]. » L'auteur d'*Humain trop humain* pouvait encore prétendre ne faire qu'un travail d'information pour le progrès de l'humanité, dans le cercle des « esprits libres » ; mais le concepteur de *Zarathoustra* devait souffrir de l'absence de levier d'action.

La première partie (ce fut le cas aussi pour les suivantes) fut donnée à imprimer comme un tout ; un long délai – jusqu'à l'été 1883 – eut pour cause que Teubner était débordé par un contrat

1. *K.G.B.*, *op. cit.*, vol. III, 1, p. 506.

qui supposait la livraison de cinq cent mille livrets de chant. À quel point Nietzsche avait besoin d'une participation et d'un encouragement d'un de ses « semblables », on le voit bien dans cette lettre à Jacob Buckhardt : « Très respecté Professeur, il ne me manque plus qu'une conversation avec vous !... Vous savez bien *combien* je vous aime et je vous admire[2]. » Mais lorsque Jacob Burckhardt eut lu la première partie du *Zarathoustra* il demanda à Nietzsche, ainsi que celui-ci, profondément déçu, l'écrivit plus tard à Gast, s'il ne voulait pas s'essayer au théâtre[3].

Le début de cette première partie est presque identique à la fin du *Gai Savoir* : « Lorsque Zarathoustra fut âgé de trente ans, il quitta sa patrie [...] et s'en alla dans la montagne[4]. »

Suit une allusion à l'aphorisme « L'insensé ». Zarathoustra rencontre au cours de son « déclin » (descente de la montagne) un saint et il se demande, tout étonné : « Serait-ce possible ! ce vieux saint dans sa forêt n'a pas encore entendu dire que Dieu est mort[5] ! »

De la question de la mort de Dieu résulte tout de suite la prédication sur le Surhomme, qui est conçu ici d'une manière évidente comme étape dans l'évolution du genre humain : « Et Zarathoustra parla au peuple et lui dit : *Je vous enseigne le surhomme.* L'homme est quelque chose qui doit être surmonté. Qu'avez-vous fait pour le surmonter ? Tous les êtres jusqu'à présent ont créé quelque chose au-dessus d'eux, et vous voulez être le reflux de ce grand flot et plutôt retourner à la bête que de surmonter l'homme ? Qu'est le singe pour l'homme ? Une dérision ou une honte douloureuse. Et c'est ce que doit être l'homme pour le surhomme : une dérision ou une honte douloureuse[6]. »

Le « Saint » n'est pas seulement mentionné mais critiqué : « Je vous en conjure, mes frères, restez fidèles à la terre[7]... »

Mais Zarathoustra ne rencontre aucune approbation auprès de son auditoire ; bien au contraire : « Et tout le peuple rit de Zarathoustra. » Alors suit le discours sur les « derniers hommes », sur lequel nous reviendrons plus tard : « Je vais donc leur parler de ce qu'il y a de plus méprisable : je veux dire le dernier homme[8]. »

2. *Ibid.*, p. 371.
3. *Ibid.*, p. 371.
4. F. Nietzsche, *Œuvres*, coll. « Bouquins », *op. cit.*, vol. 2, *Ainsi parlait Zarathoustra*, p. 289.
5. *Ibid.*, p. 291.
6. *Ibid.*
7. *Ibid.*, p. 293.
8. *Ibid.*, p. 295.

Tout ceci se trouve dans « Le prologue de Zarathoustra ». Suivent les « discours de Zarathoustra », entre autres : « Les trois métamorphoses », « Des contempteurs du corps », « De la guerre et des guerres », « De la chasteté », « Des femmes vieilles et jeunes », « De l'enfant et du mariage », « De la vertu qui donne ». Il s'agit « d'enseignements de vertu » d'une sorte particulière ou bien de « morale antimorale », qui est tout à la fois pour et contre les « Lumières » : « Mon moi m'a enseigné une nouvelle fierté, je l'enseigne aux hommes : ne plus cacher sa tête dans le sable des choses célestes, mais la porter fièrement, une tête terrestre qui crée le sens de la terre[9]. » « Vous dites que c'est la bonne cause qui sanctifie même la guerre ? Je vous dis : c'est la bonne guerre qui sanctifie toute chose[10]. »

On rencontre beaucoup de phrases de ce genre, pratique à citer. La plus citée est certainement : « Tu vas chez les femmes ? N'oublie pas le fouet. » (Mais cette phrase est prononcée par une vieille femme[11].)

Cette phrase de conclusion vaut aussi pour le surhomme : « Tous les dieux sont morts : maintenant *nous* voulons que le surhomme vive. »

Une nouvelle voie est ainsi tracée. L'« esprit libre » n'est pas complètement abandonné par Nietzsche, mais on peut dire que, dans le « surhomme », le « génie » de sa jeunesse réapparaît sous une forme nouvelle et que, dans le « dernier homme », c'est la culture de masses moderne, un moment vantée, qui est, de nouveau, et plus fortement encore qu'auparavant rejetée. Le meilleur moyen de comprendre la troisième période de Nietzsche est certainement d'y voir un retour à sa première période – qui la radicalise encore.

Mais il faut d'abord continuer de suivre le cours de la vie de Nietzsche. À l'été 1883, il séjourne pour la deuxième fois à Sils-Maria. En juillet vient la rédaction de la deuxième partie de *Zarathoustra*, à nouveau en très peu de jours, sur la base de notes qu'il développe. Cette tournure, dans une lettre à Gast, du 13 juillet, est très parlante : « En même temps, je me suis avisé que je mourrai sans doute d'une semblable explosion et expansion de sentiments[12]. » Il écrit aussi : « Le curieux danger encouru de cet été n'est autre que folie[13]. » Mais encore plus remarquables sont ses jugements, terriblement durs, sur ses proches (particulièrement ses

9. *Ibid.*, p. 306.
10. *Ibid.*, p. 319.
11. *Ibid.*, p. 334.
12. Cité par Janz, *op. cit.*, vol. II, p. 474.
13. *Ibid.*, p. 476.

« anciens » proches), qui suggèrent cette question : ne peut-on pas déjà discerner une « imbalance of mind » (déséquilibre mental) très proche du pathologique ; ainsi dans une lettre à Georg Rée sur Lou : « Cette maigre guenon sale et puante, avec ses faux seins – une fatalité ! » Et un peu plus tard à sa mère : « Ne vous rendez-vous pas compte du dégoût qu'il faut, pour surmonter le fait que je suis si proche parent d'êtres tels que vous ! »

Et pourtant, en avançant un peu, on trouvera toujours des signes de son aspiration très profondément émouvante et même dérangeante à l'amitié et à des relations avec les autres à l'occasion de la visite de Heinrich von Stein à Sils-Maria lors de l'été 1884. Il écrit à son propos à Overbeck : « Somptueux échantillon d'humanité et de virilité, [...]. Enfin, enfin, un être neuf qui est des miens, et qui éprouve à mon égard un respect instinctif ! Certes, provisoirement encore *trop wagnerisé*, mais néanmoins éminemment préparé à moi, grâce au dressage rationnel reçu auprès de Dühring ! En sa présence j'ai constamment senti de la plus vive manière quelle tâche pratique est attachée à mon existence, pour peu que je gagne assez de jeunes hommes de cette trempe particulière[14] ! » Et à Heinrich von Stein, il adresse un des plus touchants de ses poèmes : *Désir d'ermite* : « Élans de ma jeunesse, ô ferveur, ô méprise ! Ceux-là que je cherchais, [...] Ô midi de la vie, ô seconde jeunesse, ô jardin d'été ! Ô l'inquiète joie d'épier et d'attendre ! Je guette les amis, je suis prêt jour et nuit. Ô mes amis nouveaux, venez, il est grand temps[15] ! »

Revenons à l'année 1883. À l'automne, Elisabeth tombe amoureuse du Dr Bernhard Förster et Nietzsche devenait quelque temps après parent par alliance d'un représentant de l'antisémitisme politique et activiste ; il en avait connu une version plutôt subtile chez Richard et Cosima Wagner, sans qu'on ait décelé, de son côté, des signes de dégoût.

Förster était aussi un wagnérien et il était certainement le premier qui, dans des exposés, ait « présenté » Nietzsche « dans des termes très emphatiques, à ses auditeurs », comme Nietzsche l'avait lui-même rapporté en mars 1882 à Overbeck. Mais Förster avait aussi appartenu au « groupe des sept Allemands » dont faisaient partie aussi Otto Boeckel, Theodor Fritsch et Liebermann zu Sonnenberg ; c'est à leur initiative qu'en avril 1881 fut adressée une

14. *Ibid.*, vol. III, p. 86.

15. Janz explique (*ibid.*, p. 121, note 6) qu'il s'agit de la première version du poème qui figurera en « postlude » à *Par-delà le bien et le mal*, sous le titre « Du haut des cimes » ; voir Nietzsche, *Œuvres*, coll. « Bouquins », *op. cit.*, vol. 2, p. 736.

pétition – réunissant 267 000 signatures – qui préconisait la limitation de l'immigration des Juifs, leur exclusion des emplois de la fonction publique ainsi que leur enregistrement en tant que Juifs[16]. Mais Förster n'était pas seulement wagnérien et antisémite ; il était aussi partisan d'une réforme des modes de vie ; il mena un combat acharné contre la vivisection et pour le végétarisme. Tout se résumait chez lui à un prétendu rejet de « l'adoration du veau d'or », et il voyait dans le « mammonisme » les racines de tout les maux de la société moderne ; or les adeptes principaux du mammonisme étaient, selon lui, les Juifs. Il était donc beaucoup plus proche du socialisme, à ses débuts, que des conservateurs, et cela apparut particulièrement dans son rejet du droit de propriété corrompue et corrupteur. À partir de là, rien d'étonnant à ce qu'il ait conçu la pensée, comme Fourier et Cabet, de fonder une colonie outre-mer qui ne connaîtrait ni le droit de propriété (du sol), ni les manifestations nombreuses de décadence de l'époque récente. Son imagination l'orientait à l'époque en direction du Paraguay et il voulait y construire une « nouvelle Germanie » afin, disait-il, « que si cette Allemagne coincée entres les rochers et la mer devait tomber entre les mains des Russes, des Juifs ou des peuples latins, l'Allemagne idéale y revive et y trouve une nouvelle jeunesse, et que les grandes idées de la culture allemande puissent y prospérer en toute honnêteté[17] ». Au moment où il tomba amoureux de la sœur de Nietzsche, il avait déjà fait les premiers préparatifs pratiques, après avoir été renvoyé de son poste de professeur pour cause de propagande antisémite ; le nom « Paraguay » allait désormais être récurrent dans les lettres de Nietzsche jusqu'à la fin de sa vie consciente. Le mari de sa sœur n'était personnellement pas du tout antipathique à Nietzsche ; il lui offrait, sous un visage moins cultivé mais plus concret, l'image de son propre effort pour fonder une nouvelle culture allemande sous les auspices de Richard Wagner. Mais en même temps – peut-être justement pour cette raison – il n'hésita pas un seul instant à repousser les conceptions et les plans de son beau-frère.

Nietzsche passa l'hiver 1883-1884 à Nice, jusqu'au mois d'avril. Il y reçut la visite de Joseph Paneth, ami et élève de Sigmund Freud ; on peut d'ailleurs peut-être en conclure que des rapprochements ultérieurs entre Nietzschéisme et Freudisme ne furent pas un simple hasard. En janvier 1884, la troisième partie de *Zarathoustra*

16. Förster *in* Erich F. Podach, *Gestalten um Nietzsche*, Weimar, 1932, p. 125-176.
17. *Ibid.*, p. 140.

était achevée. Peter Gast s'exprima ainsi à son sujet : « On va – et on doit – vous honorer plus que les prêtres des religions asiatiques, et je l'espère d'une manière moins asiatique qu'eux[18]. » De telles tournures furent visiblement prises au sérieux par Nietzsche ; il surenchérit même par des phrases comme celles-ci : « ... si je n'arrive pas au point où des millénaires entiers ne mettent pas leurs plus hautes promesses sur mon nom, alors, à mes yeux, je n'aurai rien obtenu[19] ». Ou bien : « Tout manque à l'être qui ne bénit pas le fait que soit possible en lui quelque chose comme ce Zarathoustra : l'oreille, l'entendement, la profondeur, la culture, le goût et surtout la nature d'un "homme élu"[20]. » Cette seconde phrase fait partie d'une lettre à Helene Druskowitz, militante radicale de l'émancipation de la femme qui, malgré cela, tint pourtant un moment le fait d'être en relation avec Nietzsche pour plus fructueux que ses échanges avec ses amies. Elle aurait certainement fait preuve de plus de prudence si elle avait su ce que Nietzsche écrivait presque au même moment à Elisabeth : « Tout ce qui bourdonne autour de la cause de "l'émancipation de la femme" a lentement, mais vraiment très lentement découvert que je suis la "bête noire" de cette cause. Parmi les étudiantes de Zurich, une grande colère s'est élevée contre moi. *Enfin*[21] *!* » Là encore, l'aspiration à l'efficacité, à la « praxis » est indéniable.

À l'été 1884, Nietzsche séjourne à nouveau à Sils-Maria. À cette époque, il était certainement moins connu en Allemagne que, par exemple, Malwida von Meysenbug ; mais en même temps, il représentait une sorte d'attraction pour les étrangers. Sils n'était pas non plus un village de montagne isolé du monde. On y rapporte qu'en un jour neuf cents voitures à cheval passaient devant l'hôtel Maloja, parmi lesquelles cinq cents calèches et équipages. Nietzsche se plaint de la salle à manger trop chaude et surpeuplée de l'hôtel « Alpenrose », à laquelle pendant un an il prit son repas principal. Il a une chambre dans la famille Durisch qui est mieux que simplement meublée ; il s'y fait la cuisine le soir, à partir des produits de Naumburg, le plus souvent du jambon. Dans une lettre à Overbeck du 23 juillet 1884, il se plaint : « Ces soirs où je reste tout seul, assis dans ma turne étroite et basse, sont de rudes morceaux à avaler[22]. »

18. *K.G.B.*, *op. cit.*, III, 2, p. 420.
19. *Ibid.*, III, 1, p. 506.
20. *Ibid.*, III, 3, p. 84.
21. *Ibid.*, p. 49.
22. Cité *in* Janz, *op. cit.*, vol. III, p. 67.

À l'hiver 1884-1885 il est de nouveau à Nice, cette « ville française bruyante et repoussante » qu'il apprécie cependant beaucoup pour son climat. Le mal dont il souffre aux yeux revient plus fortement ; il doit réduire au maximum la lecture et l'écriture. La quatrième partie de *Zarathoustra* est prête, mais il ne trouve aucun éditeur ; il est entré en conflit avec Schmeitzner ; l'engagement de ce dernier aux côtés des partisans du mouvement antisémite n'en est pas la cause la moins importante. Finalement, il fait imprimer quarante exemplaires à ses frais. Le 22 mai 1884, jour de l'anniversaire de Richard Wagner, Bernhard et Elisabeth Förster se marient. Nietzsche ne se décide pas à faire le voyage à Naumburg, mais il adresse une lettre de vœux de bonheur très chaleureuse à sa « chère, chère sœur ».

La seconde partie de *Zarathoustra* est, pour une grande part, une simple continuation de la première partie comme par exemple dans le chapitre « Des tarentules » : « Prédicateurs de l'égalité, la tyrannique folie de votre impuissance réclame à grands cris "l'égalité" : votre plus secrète concupiscence de tyrans se travestit en paroles de vertu ! [...] C'est une mauvaise engeance et une mauvaise race ; ils ont sur leur visage les traits du bourreau et du ratier[23]. » Ce qu'il y a de nouveau, c'est l'émergence du concept de la « volonté de puissance » : « Partout où j'ai trouvé quelque chose de vivant, j'ai trouvé de la volonté de puissance ; et même dans la volonté de celui qui obéit, j'ai trouvé la volonté d'être maître[24]. »

C'est seulement dans la troisième partie que la théorie de l'éternel retour prend une place prépondérante, en particulier dans les chapitres « De la vision et de l'énigme » et « Le convalescent » dont Heidegger a fait une interprétation pénétrante. Je ne donnerai qu'une citation : « Considère cet instant ! repris-je. De ce portique de l'instant une longue et éternelle rue tourne *en arrière* : derrière nous il y a une éternité. Toute chose qui *sait* courir ne doit-elle pas avoir parcouru cette rue ? Toute chose qui *peut* arriver ne doit-elle pas être déjà arrivée, accomplie, passée ? [...] Ne devons-nous pas revenir et courir de nouveau dans cette autre rue qui monte devant nous, dans cette longue rue lugubre – ne faut-il pas qu'éternellement nous revenions[25] ? » *Zarathoustra* est ouvertement décrit par ses animaux, l'aigle noble et le serpent, comme le « professeur de l'éternel retour » : les enseignements de la volonté de

23. F. Nietzsche, *Œuvres*, coll. « Bouquins », vol. II, p. 358.
24. *Ibid.*, p. 372.
25. *Ibid.*, p. 406.

puissance et de l'éternel retour doivent donc être conçus comme une unité, mais une unité énigmatique. Si l'on doit jamais trouver un « problème philosophique de Nietzsche », c'est bien là.

Dans la quatrième partie, on ne retrouve rien de vraiment nouveau, mais il faut remarquer que « L'autre chant de la danse » est repris de la troisième partie et, par là même, est particulièrement mis en avant :

> « Ô homme ! prends garde !
> Que dit minuit profond ?
> J'ai dormi, J'ai dormi, –
> d'un rêve profond je me suis éveillé : –
> le monde est profond,
> et plus profond que ne pensait le jour.
> Profonde est sa douleur, –
> la joie plus profonde que l'affliction
> la douleur dit : passe et finis !
> Mais toute joie veut l'éternité,
> – veut la profondeur éternité[26] ! »

Ce texte est difficile à interpréter. Mais ce qui est sûr, c'est que seul un philosophe et « métaphysicien » peut parler ainsi. La forme dans *Zarathoustra* nous apparaît, aujourd'hui, dans l'ensemble plutôt étrange. Quelque chose d'analogue, à son époque, c'est par exemple l'Épos *Prométhée et Épiméthée, une parabole* de Carl Spitteler. On a souvent dit que le *Zarathoustra* aurait été conçu sous l'influence de ce poème en prose, mais cette thèse est peu convaincante.

En tout cas, Nietzsche dicte à l'été 1885 lors de son quatrième séjour à Sils-Maria, à une connaissance, une série d'aphorismes dans lesquels le « ton de Zarathoustra » n'est plus perceptible. Et dans cette lettre à Elisabeth, précédemment évoquée, du 7 mai 1885, il dit : « Ne crois pas que mon fils Zarathoustra exprime toutes *mes* idées. Il est une préparation, un entracte. » Nietzsche parle de plus en plus souvent de la « grande œuvre » qu'il lui reste à écrire, et jusqu'à l'automne 1888, toutes ses pensées et tous ses plans sont tournés vers cette « grande œuvre » à laquelle il donne le plus souvent ce titre : *La volonté de puissance*.

26. *Ibid.*, p. 542-543.

6
« La volonté de puissance »
« Transvaluation de toutes les valeurs »

Pendant ses trois dernières années de lucidité – de 1885 à 1888 –, il n'y a aucun changement essentiel dans la vie de Nietzsche – ses lieux de séjour varient eux-mêmes d'une manière presque routinière : il passe à nouveau l'hiver 1885-1886 à Nice (« une chambre orientée au nord, sans poêle ; comme d'habitude j'ai les doigts bleus. Qu'est-ce que j'ai pu geler pendant ces sept hivers passés dans le sud ! ») ; avant de se rendre à Sils, il passe mai et juin à Leipzig où a lieu une dernière et décevante rencontre avec Erwin Rohde ; pendant son séjour à Sils, paraît, début août 1886, *Par-delà le bien et le mal. Prélude à une philosophie de l'avenir* qui repose en grande partie sur des matériaux que Nietzsche avait préparés lors de l'été 1885 pour une nouvelle parution d'*Humain, trop humain*. Il n'existe aucune preuve de ce que Nietzsche, en donnant ce titre, ait été conscient de la consonance avec les *Fondements de la philosophie du futur* de Feuerbach (1843) ; mais, intrinsèquement, les deux œuvres sont bien éloignées. Nietzsche dut une nouvelle fois assumer les frais de parution, et ce, chez l'éditeur C. G. Naumann à Liepzig qui devait devenir célèbre en tant qu'éditeur de la « Grossoktavausgabe » ; les droits sur les autres œuvres furent rachetés par Fritzsch von Schmeitzner, si bien que les trois premières parties de *Zarathoustra* purent paraître en un tome. À Sils, Nietzsche fut beaucoup en contact avec Helen Zimmern qu'il décrivait avec un mélange de rejet et d'admiration, comme « Modèle même de la femme de lettres... juive naturellement ». Un commentaire de *Par-delà le bien et le mal* dans « Der Bund », le journal de Berne, par J. V. Widmann, dans lequel on pouvait lire : « Ici, il y a de la dynamite », provoque chez lui un accroissement d'amour-propre ; il passa l'hiver et le début du printemps 1886-1887 de nouveau à Nice où il avait cette fois une chambre chauffée ;

il y lut Dostoïevski dont il comprit tout de suite la signification, comme ce fut le cas précédemment concernant Stendhal ; il fit pendant ce temps un séjour à Chur, travaillant dans les bibliothèques, comme un professeur ordinaire. C'est à cette époque qu'eut lieu la rupture définitive avec Erwin Rohde qui s'était exprimé sans respect sur Hippolyte Taine que Nietzsche tenait en haute estime ; et c'est à Sils-Maria que Nietzsche apprit avec une vive émotion la mort précoce de Heinrich von Stein ; en juillet, il travailla à la *Généalogie de la morale – Pamphlet*, qui parut à l'automne ; il passa à nouveau l'hiver 1887-1888 à Nice, puis il partit début avril pour deux mois, pour la première fois, à Turin qui le remplit d'enthousiasme : « Une résidence du XVIIe siècle [...] pas de ces faubourgs mesquins ». Ici il s'occupa du *Cas Wagner*. Du 6 juin au 20 septembre, eut lieu son dernier séjour à Sils-Maria.

On peut déceler un changement dans sa vie surtout à travers la manière dont il formule ses plaintes et ses jugements négatifs sur lui-même. Il écrit ainsi à Overbeck sur le « caractère irréalisable de ma nature, ma demi-cécité et d'un autre côté cette peur, cette détresse et ce découragement qui sont la conséquence de ma santé... À cela vient s'ajouter un grand nombre de jours douloureux, perdus, sans parler de cet ennui propice au doute dans lequel tombe toute personne privée de la « distraction des yeux ». Il se plaint à Erwin Rohde dans l'une des dernières lettres : « J'ai maintenant quarante-trois ans de vie derrière moi et je suis exactement aussi seul que lorsque j'étais enfant. »

À sa mère il écrit : « Rien n'est malade, seulement ma pauvre âme. » À Overbeck il fait cette remarque très significative : son « extrême sensibilité aux influences météorologiques caractérise un épuisement général » qui serait peut-être héréditaire.

Particulièrement frappante est une remarque de Rohde dans une lettre à Overbeck au sujet de la rencontre de Leipzig : « [...] une atmosphère indescriptible et étrange, qui me parut à l'époque très inconfortable, l'entourait. Il y avait en lui quelque chose que je n'avais vu nulle part ailleurs et plus grand-chose de ce qui le distinguait. Comme s'il venait d'un pays habité par personne d'autre que lui. »

Des signes d'un extrême amour-propre se développent en même temps : « Je ne connais personne – pas plus parmi les vivants que parmi les morts – avec qui je me sente une quelconque parenté. »

Pour cette raison, il n'est pas surprenant que les tout débuts de sa gloire universelle, alors décelables, soient ressentis par

Nietzsche comme un dû. La première lettre qu'il reçoit de Georg Brandes (Morris Cohen) date du 26 novembre 1887 ; dans sa réponse, Nietzsche s'exprime d'une manière très positive sur la caractérisation que celui-ci fait de son enseignement comme d'un « radicalisme aristocratique » : c'était « la parole la plus sensée que j'aie, à ce jour, lue sur mon compte[1] ». Il fut très satisfait en apprenant que Brandes faisait des cours sur lui, à Copenhague ; il n'y a pas une de ses connaissances qu'il n'en ait instruit.

Mais, bien plus importante que tout cet aspect biographique, est son œuvre et en particulier sa « grande œuvre » annoncée. Il faut d'abord jeter un coup d'œil rapide sur les deux écrits publiés à cette époque. Je paraphraserai ici uniquement les passages qui nous occuperont encore en deuxième partie.

L'avant-propos de *Par-delà le bien et le mal* comporte l'une de ses rares phrases sur le caractère fondamental de la société européenne qui montre avec évidence que Nietzsche se retourne à part égale contre les deux phénomènes, jusqu'alors mutuellement ennemis mortels : le christianisme et le rationalisme démocratique. L'invention platonicienne de « l'esprit pur » et du « Bon en soi » serait la plus mauvaise et la plus dangereuse de toutes les erreurs, mais le combat contre cette erreur et contre l'Église chrétienne, ce « platonisme du peuple », « a créé une magnifique tension de l'esprit », ressentie par « l'homme européen » comme « un tourment », si bien que le jésuitisme et la Raison démocratique sont venus comme essais pour détendre l'arc ; « celui-ci pourrait bien, grâce à la liberté de la presse et aux cabinets de lecture, réussir à ce que l'esprit ne s'éprouve plus si facilement comme un "tourment[2]" ». Nietzsche est donc ici très éloigné d'un « biologisme », aussi éloigné que dans cette phrase de *Zarathoustra* : « L'esprit serait la vie qui coupe elle-même dans la vie. »

Paradoxalement, le but principal de ce livre dans la lignée d'*Humain, trop humain*, est de démasquer « l'esprit », compris comme l'aspiration à la vérité des philosophes, et de le faire tomber de son trône ; il ne serait en effet rien d'autre qu'un symptôme d'une vie sur le déclin : par endroits Nietzsche l'attaque avec des accusations rudes, par endroits aussi il considère sa propre recherche de la vérité – cette volonté de démasquer la « vérité » qu'avaient jusqu'alors en vue les philosophes comme une étape supérieure et une conséquence.

1. *In* Janz, *op. cit.*, vol. III, p. 301.
2. F. Nietzsche, *Œuvres*, coll. « Bouquin », *op. cit.*, vol. 2, p. 560.

La première partie s'intitule : « Des préjugés des philosophes ». J'en citerai un passage caractéristique : « Dans "l'en-soi" il n'existe pas de "liens de causalité", de "nécessité", de "détermination psychologique" ; l'effet n'y suit pas la cause, aucune loi ne le gouverne. C'est nous seuls qui avons inventé, comme autant de fictions, les causes, la succession, la réciprocité, la relativité, la contrainte, le nombre, la loi, la liberté, les raisons, le but : et quand nous introduisons faussement dans les choses, quand nous y mêlons ce monde de signes, comme s'il existait "en soi", nous procédons ainsi que nous l'avons toujours fait, *mythologiquement*[3]. » Il s'agit là d'un « idéalisme subjectif » extrême, un fictionalisme et même apparemment un relativisme ; certainement aussi un solipsisme ou bien encore un héraclitisme, en suivant l'exemple de Cratyle qui ne voulait désigner que du doigt les « choses » qui changent continuellement, car il ne trouvait pas que les mots soient adaptés à cet écoulement des choses. Mais il faut peut-être rapprocher cette conception du néo-kantisme et très certainement du « perspectivisme » d'African Spir et de Gustav Teichmüller qui étaient, à vrai dire, dans les fondements de leur conception, très éloignés de Nietzsche ! En revanche, il ne faut pas la rapprocher de la représentation du monde « dionysiaque » auquel « l'éternellement fou » nous mêle.

Cela saute aux yeux dans la seconde partie où l'on lit : « Le monde vu de l'intérieur, le monde désigné en fonction de son "caractère intelligible" serait tout simplement "volonté de puissance" et rien d'autre[4]. » C'est le début de l'idéalisme allemand et de la pensée de Schopenhauer, qui mène à une cosmologie, c'est-à-dire au contraire du fictionalisme subjectif.

Dans la troisième partie (« L'être religieux »), le tropisme vers l'Antiquité et la prise en compte d'événements politiques du présent sont particulièrement perceptibles : dans le renversement monstrueux de toutes les valeurs prônées jusque-là, que l'on pourrait résumer dans la formule « Dieu sur la croix », l'esclave oriental prend sa revanche sur Rome et sa tolérance élégante et frivole, et le contre-mouvement contre la morale aristocratique serait aussi la dernière grande révolte des esclaves ; elle aurait commencé à la Révolution française[5]. Ici se trouve une énumération de concepts fondamentaux de la philosophie tardive de Nietzsche, dont la

3. *Ibid.*, p. 577.
4. *Ibid.*, p. 592.
5. *Ibid.*, p. 599 *sq.*

juxtaposition est éclairante : transmutation, vengeance (ressentiment), révolte d'esclaves, de même que le parallélisme entre Christianisme et Révolution française.

Je donne encore un passage de la sixième partie « Nous les savants », qui implique certainement une synthèse du fictionalisme et de la cosmologie : les philosophes en suivant le modèle de Kant et de Hegel ne seraient rien de plus que des sortes d'ouvriers. « Mais les vrais philosophes commandent et font la loi : ils disent : “Il doit en être ainsi !”, ce sont eux qui déterminent la direction et le but de l'homme, [...]. Leur “connaissance” est création, leur création législation, leur volonté de vérité – volonté de puissance[6]. » Comment le lecteur pourrait-il ne pas penser aux philosophes-rois de Platon ? Mais eux connaissaient les idées existant en elles-mêmes et avant tout « l'Idée du bien ». Les philosophes de Nietzsche doivent-ils être des maîtres du monde dans le genre d'Alexandre ou de César ? Ou bien leur « volonté de puissance » n'atteint-elle pas au plus profond dans la contradiction de l'étant ? Et est-elle ainsi vraiment connaissance, dont le « quoi » *est* quelque chose de complètement indépendant de toutes les « fictions » des hommes ordinaires et de la science ?

La Généalogie de la morale est encore plus audacieuse dans la polémique comme le montre déjà le sous-titre[7]. Nietzsche combat ici très vivement la morale de la compassion dans laquelle la volonté se retourne contre la vie et débouche sur le nihilisme, la dernière maladie de la culture européenne. Le but de Nietzsche est de mettre en question le bien-fondé des valeurs de cette morale de la compassion, c'est-à-dire de les dénoncer en tant que symptômes d'une vie décadente. La « vie » y est parfois conçue comme vitaliste ou biologique, mais parfois aussi simplement comme « culture ». Particulièrement remarquable se révèle ici le retour à un auteur favori de sa jeunesse, Théognis, dont l'aristocratisme est radicalisé par Nietzsche en doctrine raciale, grâce à la thèse étymologique suivante : « malus » (mauvais) proviendrait de « melas » (grec : noir-sombre)[8]. La puissance la plus forte de la révolution aristocratique est pour Nietzsche ici Israël, en tant que représentant classique de la « vengeance »[9]. C'est dans ce contexte que Nietzsche construit un de ses concepts le plus sujet à contro-

6. *Ibid.*, p. 660.
7. « Pamphlet. »
8. F. Nietzsche, *Œuvres*, coll. « Bouquins », *op. cit.*, vol. 2, p. 781.
9. *Ibid.*, p. 784.

verse, celui de la « bête blonde » : « Au fond de toutes ces races aristocratiques, il est impossible de ne pas reconnaître le fauve, la superbe brute blonde rôdant en quête de proie et de victoire ; [...] il faut que la brute se montre de nouveau, qu'elle retourne à sa contrée sauvage ; – aristocratie romaine, arabe, germanique ou japonaise, héros homériques, vikings scandinaves – tous se valent pour ce qui est de ce besoin[10]. » Comment doit-on comprendre ces phrases ? Certainement pas dans un sens « raciste » de louange de la Germanité ou bien aussi seulement des aryens : on doit avant tout prendre garde au mot « fondement » et on ferait bien pour cela de se reporter au chapitre « De l'arbre sur la montagne » dans *Zarathoustra*, où il est dit au sujet de l'arbre qu'il devrait s'enraciner d'autant plus profondément dans la terre, dans les ténèbres, qu'il veut s'élever vers les hauteurs de la clarté. On devrait aussi prêter attention au concept « d'emprisonnement » (des âmes) et en même temps aux concepts opposés de « sable », « derniers hommes », « chinoiserie ». En tout cas, on ne doit pas conclure qu'il est question de la présence de la forêt archétypale comme condition nécessaire à l'existence de la « Kultur » ; il pourrait s'agir d'un simple « biologisme » dans lequel Nietzsche retombe éternellement.

Mais le « combat » est essentiel ; un ordre juridique qui serait surtout un moyen *contre* tout combat, quelque chose qui serait « à la mesure du modèle communiste de Dühring "serait" un principe ennemi de la vie, un attentat à l'avenir de l'homme, un signe d'épuisement, une voie détournée menant au néant. ». Mais ce qui est très étonnant, c'est comme Nietzsche, à d'autres endroits, parle très positivement de la « maladie » qui est alors le principe d'existence de l'homme comme « bête malade », qui le différencie positivement des autres bêtes, qui forme ce qu'on pourrait appeler sa « transcendance » et qui lui permet d'être ce qu'il est : « Lui, le grand expérimentateur de soi-même, l'insatisfait, l'insatiable, qui lutte avec l'animal, la nature et les dieux pour la domination – lui toujours insoumis, éternellement à venir [...] si bien que son avenir lui est aussi douloureux qu'une épine plantée dans la chair de tout présent. » Comment une « bête blonde » complètement saine pourrait-elle être cette bête grandiose et en cela même bête « malade » ? La bête blonde serait « prisonnière » comme toutes les bêtes le sont ; l'homme est d'après Nietzsche « la bête pas encore attachée » et pour cette raison il n'est pas une bête. Ici aussi la contradiction

10. *Ibid.*, p. 790.

– réelle ou apparente – dans les déclarations de Nietzsche est évidente. L'idéal ascétique et son principal représentant – le prêtre – ont eu un effet destructeur sur la santé et la force raciale des Européens, et pourtant il n'y aurait jamais eu quelque chose comme une « histoire européenne » ou bien de spiritualité ou encore de raffinement sans le prêtre ascète et sans les « faibles » ; le rapprochement que fait Nietzsche des « faibles » et du troupeau est une contradiction répétée.

Visiblement Nietzsche sentait bien que la forme jusqu'alors aphoristique de sa philosophie ne suffisait plus pour faire apparaître clairement le contenu de ses pensées ; et il est souvent question, depuis le milieu de l'année 1885, de la « grande œuvre » prévue, qui ne devait pas être un système au sens de Hegel, mais pas non plus simplement une série de propos et d'ensemble de pensées unifiées par des titres souvent produits au hasard. Il écrit à Fritzsch à la fin de 1886 : « J'ai besoin maintenant d'être tranquille vraiment longtemps : j'ai encore devant moi l'élaboration de tout mon système de pensée[11]. »

Il expose à sa sœur son souhait d'une participation financière du projet du Paraguay en lui donnant cette raison : « Si tout continue de bien aller, j'en aurai fini dans les prochaines années, avec une chose primordiale dans mon existence – et j'ai besoin de beaucoup d'argent pour l'impression. » Dans *Par-delà le bien et le mal* il faisait déjà allusion à cette œuvre majeure : *La Volonté de puissance* en quatre volumes.

Dans les fragments en question, maintenant complets, et présentés dans l'ordre de la rédaction au cours des années 1885/1888, on peut observer en détail le plan de cette œuvre majeure, avec ses nombreuses hésitations et déviations ; il est indéniable que le titre *Volonté de puissance* est le plus souvent nommé, et que Nietzsche veut faire un lien avec les doctrines du « surhomme » et de « l'éternel retour » ainsi qu'avec celle de « transvaluation des valeurs ». Dans ce qui suit, j'envisagerai rapidement quelques-unes des principales étapes.

Dans le fragment 35 (41) de l'été 1885, se trouve l'un des nombreux projets de titre : « Midi et Éternité. Prédiction du futur ». Les titres des quatre parties sont : « De l'ordre », « Des maîtres de la terre », « Du cercle des cercles », « De la nouvelle mort ». Au centre se situe à nouveau l'éternel retour.

11. *K.G.B.*, *op. cit.*, III, 3, p. 297.

Le fragment 38 (12) de juin – juillet 1885 est ce long aphorisme qu'Elisabeth pose en numéro 1067 à la fin de sa seconde édition : « Et savez-vous bien ce qu'est “le monde” pour moi ? [...] Ce monde : un monstre de force sans commencement ni fin [...] voilà mon univers *dionysiaque* qui se crée et se détruit éternellement lui-même [...]. *Ce monde, c'est le monde de la volonté de puissance – et nul autre !* Et vous-même, vous êtes aussi cette volonté de puissance – et rien d'autre[12] ! »

C'est à la même époque qu'appartient le titre « Essai d'interprétation nouvelle de tout événement[13]. » C'est d'un cahier qu'on ne peut dater exactement mais qui doit dater de 1885-1886 que vient le titre qui a une consonance très « zarathoustrienne » : « L'Éternel retour. Danses et cortèges de Zarathoustra. Première partie : Fête funèbre de Dieu. » Un chapitre est intitulé « La ville de la peste », un autre « Le grand sacrifice de louange et de mort offert au Dieu mort ». À la fin « Zarathoustra mort », en quatrième partie « Nous les faiseurs de vœux[14] ».

Mais Nietzsche n'en tire rien. Juste après, on peut lire des projets sans titre de « quatre livres » qui certainement auraient eu le titre global de *La Volonté de puissance.*

On a un long fragment daté avec exactitude – en effet « Lenzer Heide » le 10 juin 1887 : « Le nihilisme européen » dans lequel se trouve la phrase étonnante : « ... l'existence, telle qu'elle est, privée de sens et de but mais se répétant inéluctablement, sans final dans le néant : “l'éternel retour”. C'est la forme la plus extrême du nihilisme : le néant (“l'absence de sens”) éternel[15] ! » Nietzsche est donc d'après ses propres mots le vrai nihiliste – comment peut-il alors mener ensuite en même temps un combat contre le nihilisme ?

In Mo XVII 3b de la fin 1886 au début 1887, il y a de nombreuses esquisses qui appartiennent visiblement à *La Volonté de puissance.* Parmi elles, deux phrases particulièrement intéressantes forment un lien entre « volonté de puissance » et « éternel retour » : « Imprimer au devenir le caractère de l'être – c'est la suprême *volonté de puissance.* [...] Que *tout revienne*, c'est le plus extrême *rapprochement* d'un monde du devenir avec celui de l'être : *sommet de la contemplation*[16]. »

12. F. Nietzsche, *Œuvres philosophiques complètes,* éd. Colli-Montinari., *op. cit.*, vol. 11, p. 343-344.
13. *Ibid.*, p. 353.
14. *Ibid.*, vol. 12, p. 131.
15. *Ibid.*, p. 211-217, ici p. 213.
16. *Ibid.*, p. 302.

Dans les faits, le plus important est le projet du 17 mars 1887, car Elisabeth Nietzsche l'a mis à la base de son édition : « La volonté de puissance. Essai d'une transvaluation de toutes les valeurs. Livre premier : Le nihilisme européen. Livre deuxième : Critique des valeurs suprêmes. Livre troisième : Principe d'une nouvelle détermination des valeurs. Livre quatrième : Discipline et dressage[17]. »

C'est du début 1888 que date un titre : « Transvaluation des valeurs. Livre 1. L'Antéchrist, Livre 2. Le misosophe, Livre 3. L'immoraliste, Livre 4. Dionysos[18]. »

Visiblement c'est toujours la grande œuvre qui est désignée. En connexion, il y a un plan pour deux livres de l'ouvrage à venir (en tout trois cent soixante-douze titres de paragraphes[19]) ; mais ils coïncident mal avec le plan indiqué précédemment. En tout cas, Nietzsche donne toujours par la suite comme titre à son projet, « La Volonté de puissance ». Le plus clair est « Sils-Maria, le dernier dimanche du mois d'août 1888 ». Le titre principal en est : « La volonté de puissance. Essai d'une transvaluation de toutes les valeurs » ; il envisage quatre livres : « Qu'est-ce que la vérité ? » ; « Origines des valeurs ? » ; « Combat des valeurs » ; « Le grand midi ».

Début septembre 1888, Nietzsche semble avoir renoncé du jour au lendemain à ce plan nourri depuis si longtemps, et si intensément. Il écrit le 7 septembre à Meta von Salis que sa « Transvaluation de toutes les valeurs » serait imprimée dans l'année à venir et que le premier livre s'appellerait par exemple « L'Antéchrist ». On pourrait supposer que c'est tout simplement le sous-titre qui est devenu le titre principal. Mais dès que Nietzsche est arrivé à Turin à la fin de septembre, on peut noter (d'après ses dires) une amélioration radicale de son état de santé, lié à un état ouvertement euphorique.

Ce qu'il écrit désormais – avant tout *L'Antéchrist* et *Le Crépuscule des idoles* – est rempli d'un ton d'accusation encore plus violent que *Par-delà le bien et le mal* et même que *La Généalogie*. Il paraît concevoir maintenant *L'Antéchrist* comme la transvaluation complète, comme la « grande œuvre » tout entière. Cette « grande œuvre » ne peut pas être philosophique au sens ancien du terme. Nietzsche a vraisemblablement essayé de construire un pont vers la « praxis » ; (chez Marx cela se produisit aux alentours de ses vingt-cinq ans). Ce pont était en même temps la préfiguration immédiate de son effondrement. Nous traiterons de cet essai et de cet effondrement dans la dernière étape de cette partie biographique.

17. *Ibid.*, p. 307.
18. *Ibid.*, vol. 13, p. 367.
19. *Ibid.*, p. 372.

7
Le passage à la praxis

L'arrivée à Turin, le 21 septembre, correspond bien à un revirement étonnant dans l'état de santé de Nietzsche : plus de plaintes, des déclarations euphoriques sur sa propre situation, sur la ville et ses hommes, sur le traitement qui lui incombe – ainsi à Gast le 30 octobre : « Ici, chaque jour arrive avec la même souveraine lumière : le jaune ardent d'une végétation somptueuse, le bleu tendre du ciel et du grand fleuve, l'extrême pureté de l'air – un Claude Lorrain, comme je n'avais jamais rêvé d'en voir [...] À tous égards, je trouve cet endroit digne de la vie[1]. »

Il envoie de là, début octobre, le *Cas Wagner*, tout juste publié, à Malwida von Meysenbug et donne pour nom au manuscrit : une « Déclaration de guerre *in aestheticis* » ; il parle de finir sa « Transvaluation de toutes les valeurs » qui serait le plus grand événement philosophique de tous les temps. Comme on peut le concevoir facilement, Malwida, la wagnérienne fidèle, ne réagit pas d'une manière enthousiaste ; et Nietzsche traite Wagner, dans sa réponse, de « pantin », de « génie du mensonge », quand il s'estime lui-même un « génie de la vérité[2] ». Dans une lettre ultérieure, il attaque sans retenue son ancienne amie et bienfaitrice à cause de son idéalisme, qui ne serait rien d'autre qu'une « insincérité faite instinct[3] », il appelle la musique wagnérienne une « perte » et lui attribue une « dégoûtante sexualité ». Les dernières lignes qu'il écrira à Malwida sont signées « l'immoraliste », certes avec des guillemets, et entendent prouver que « Nietzsche est toujours haïssable[4] » (Pascal !) car

1. F. Nietzsche, *Dernières Lettres*, Paris, Rivages poche / Petite Bibliothèque, 1992, p. 92-93.
2. *Ibid.*, p. 85. Lettre du 4 octobre.
3. Lettre du 20 octobre, citée dans Colli-Montinari, *op. cit.*, vol. 8, p. 387.
4. En français dans le texte.

il l'a injustement traitée, il le concède, mais comme cet automne il souffre d'un « excès de droiture », c'est pour lui une véritable bonne action de faire du mal[5]. C'est de cette manière que s'achève une très vieille relation qui avait beaucoup de prix pour Nietzsche ; à l'occasion de son anniversaire, le 15 octobre, il ne reçoit qu'une seule lettre – de Peter Gast. Pour ce qui est des nouvelles relations, en dehors de celle avec Georg Brandes, il faut surtout nommer August Strindberg ; mais les choses n'iront pas au-delà de quelques lettres.

Plus encore qu'à tout autre moment de la vie de Nietzsche, son œuvre seule revêt de l'intérêt, mais elle prend un autre caractère, sous la forme de projets de lettres très étranges, par exemple à l'empereur Guillaume II et à Bismarck.

Le *Crépuscule des idoles, ou comment on philosophe au marteau* fut pour l'essentiel rédigé dans les mois précédents ; il devait au départ avoir le titre inoffensif « D'un psychologue » – et il faut faire remonter la formulation provocatrice et remplie d'allusion à une suggestion de Gast. Par endroits, l'œuvre se lit comme une continuation d'*Humain trop humain*. Cependant une certaine accentuation du ton est très visible, surtout dans l'« Avant-Propos » du 30 septembre 1888 : « Ce petit écrit est une grande déclaration de guerre[6]. » On y frappe les idoles avec un diapason pour voir quel son en sort ; on touche en particulier, comme il est dit sans plus aucune précaution, aux idoles les plus remarquables qui portaient jusqu'ici le nom de dieu. « Turin, le 30 septembre 1888, jour où le premier livre de "Transvaluation de toutes les valeurs" fut achevé. » Mais ensuite Socrate est à nouveau l'objet de ses attaques ; il ne lui est désormais pas seulement reproché cette « superfétation du logique » mais aussi « dérèglements et anarchie dans les instincts » ainsi que « méchanceté de rachitique[7] ». Le centre du livre est bien le court extrait « Comment "le monde vrai" devint enfin une fable. Histoire d'une erreur », où le progrès de la conception platonique d'un « monde vrai » atteignable par les sages et les vertueux conduit, en passant pas ses modifications chrétiennes et kantiennes, au scepticisme des « Lumières », puis à la volonté de l'abolition de ce monde. Vient alors le point 6 : « Le "monde vrai", nous l'avons aboli : quel monde nous est resté ? Le monde des apparences peut-être ?... Mais non ! *avec le monde vrai nous avons aussi aboli le monde des apparences !* (Midi ; moment de l'ombre la

5. Lettre du 5 novembre., *Dernières lettres*, *op. cit.*, p. 95.
6. F. Nietzsche, *Œuvres*, coll. « Bouquins », *op. cit.*, vol. 2, p. 948.
7. *Ibid.*, p. 957.

plus courte ; fin de l'erreur la plus longue ; point culminant de l'humanité : INCIPIT ZARATHOUSTRA[8].) »

Puis vient la pensée fondamentale à la fois simple et ambiguë : « La morale comme manifestation contre-nature[9]. » On y trouve des attaques très fortes contre le Christianisme. L'Église n'aurait pas, selon lui, atteint un niveau de spiritualisation, mais elle aurait seulement voulu accomplir l'extermination de l'orgueil, du despotisme, de la cupidité ; sa praxis serait hostile à la vie ; la vie finit où le royaume de Dieu commence. La question de savoir si c'est juste (Thomas d'Aquin), si c'est original (Dühring), n'entre pas ici en ligne de compte : la question décisive est de savoir si c'est bien le christianisme qui est désigné ici. Ce qui est évident, c'est qu'il désigne les philanthropes, ceux « qui veulent rendre l'humanité meilleure » et qu'il fait une comparaison avec les anarchistes et les socialistes, qui ne sont eux-mêmes qu'une version d'une volonté de progrès habitant aussi les libéraux et les conservateurs : le Christ et l'Antéchrist seraient également décadents[10] ; le jugement du « monde » par le Christ et le rejet de la « société » par l'ouvrier socialiste se correspondent ; la représentation du jugement dernier aurait autant sa source dans le ressentiment, que dans la volonté de révolution.

Je veux ajouter une réflexion intermédiaire, en m'en tenant aux grandes lignes ; j'y reviendrai en effet avec une plus grande exactitude dans la partie systématique. La même chose vaut pour les textes eux-mêmes que j'évoquerai maintenant : ils seront repris ultérieurement et cités en règle générale plus complètement.

« Ceux qui veulent rendre l'humanité meilleure » – au XIXe siècle tout le « parti du mouvement » et toute la gauche voulaient en être : « Fortschritt », « progrès », « improvement » étaient pour eux à la fois des réalités et des buts. La majorité des membres de ce parti comprenait le mouvement historique – pour utiliser un autre concept central de l'époque – comme « évolution », et c'était le point de départ de leurs exigences politiques concrètes : élargissement du droit de vote, progrès généralisé du niveau de vie grâce au libre- échange, combat contre ceux qui s'accrochaient à des avantages non justifiés, à des « privilèges », par égoïsme, en quelque sorte les « féodaux » mais aussi les Églises liées contractuellement à l'État. Ces « privilégiés » pouvaient difficilement élever une objection là-contre, tout au plus dire ceci : le statut juridique

8. *Ibid.*, p. 968.
9. *Ibid.*, p. 968 *sq.*
10. En français dans le texte.

propre à chaque ordre était un bien précieux, les « prérogatives » étaient nécessaires à l'accomplissement des devoirs de l'existence, les traditions étaient indispensables. Mais, dans l'ensemble, ces « conservateurs » se comportèrent d'une manière ré-active, il était donc facile de les appeler « réactionnaires ».

Pourtant dans l'avènement concret du « progrès », les conservateurs ou les « Tories » trouvèrent beaucoup à redire, et ils n'étaient pas seuls : ce progrès signifiait en effet la dissolution des liens de bienfaisance et de protection (par exemple de la famille patriarcale, du village ou du domaine). Il incluait la perte des points de repère et la dépersonnalisation, il engendrait une croissance de l'anonymat. L'orientation radicale dans le « Parti du mouvement » était caractérisé par le fait qu'elle tenait, d'une part, d'importantes améliorations pour tous, pour réalisables à bref délai – tous les hommes seraient à l'aise si les privilèges ne monopolisaient pas les sources de la richesse – de l'autre, qu'elle mettait le principe de communauté et d'égalité au centre – « la tête qui s'élève outrageusement au-dessus du peuple rencontre la hache du peuple » chantaient les artisans allemands émigrés en Suisse. Entre-temps, le Nouveau – entrepreneur et économie de marché – fut mis sur le même plan que l'Ancien – la grande propriété féodale (déjà depuis longtemps engagée de son côté dans des transformations radicales), et la communauté villageoise avec son régime d'autosuffisance encore largement répandue : le profit de l'entrepreneur fut caractérisé comme de « l'exploitation », exactement comme l'acquittement de la corvée par le paysan envers son seigneur. Les « socialistes pré-marxistes » voyaient la solution de toutes les difficultés dans des communes industrialo-agricoles – ayant chacune tout au plus deux mille habitants – dans lesquelles il y aurait un progrès sans douleur, sans exploitation, car elles vivraient de façon autarcique et auto-gérée. Ainsi produiraient-elles des « hommes complets », qui ne seraient soumis à aucune division immuable du travail. Cela signifiait une adhésion tant aux critiques formulées par les réactionnaires qu'aux idées des « progressistes ». Dans cette mesure, il s'agissait d'une position très favorable et attirante : la nostalgie d'une communauté où l'on vit en sécurité, la critique du présent et la confiance en l'avenir allaient de pair.

Mais il ne fallait pourtant pas perdre de vue que cette conception était en réalité idyllique et extrêmement réactionnaire. Elle allait contre la tendance fondamentale de la modernité consistant en un élargissement du champ des activités économiques, une différenciation sociale et des développements nouveaux fondamentaux ;

elle devait détruire tout ce qui existait déjà, puisqu'elle voulait faire éclater les nations et le monde en d'innombrables unités autarciques et autonomes, par une sorte de retour au Moyen Âge.

À côté de ce « socialisme communautaire » qui imaginait des « phalanstères » ou bien des « villages of unity and cooperation », se constitua assez tôt, en particulier en France, la doctrine d'un « socialisme d'État », qui prétendait achever les processus de concentration dans l'industrie et constituer une économie d'État, plus productive que « l'économie de marché » existant alors. C'est de ce concept-ci – plutôt que du premier – que l'on pouvait rapprocher la vision d'une révolution définitive – amenant une réelle transformation ainsi qu'une réelle amélioration des choses – c'est-à-dire d'une révolution normative. On pouvait imaginer mille combinaisons de ces projets entre eux : celle qui eut le plus de succès fut le marxisme.

Le marxisme approuvait, au contraire du socialisme communautaire, « le développement des forces productives » par le « capitalisme » et il reprenait en même temps le concept originellement « réactionnaire » de « l'aliénation », c'est-à-dire de la paupérisation tant interne qu'externe ; il faisait exploser le cadre étroit du socialisme étatique, et attendait la révolution internationale comme solution et comme passage à un état de choses tout différent. Lui aussi était très dur dans la critique du présent du point de vue des masses et des intellectuels moralisants, mais il était bien moins précis que le socialisme communautaire en ce qui concerne le visage concret du futur : la maxime familière, « Chacun selon ses capacités, à chacun selon ses besoins » peut se réaliser visiblement bien plus facilement dans de petites communautés que dans de grandes.

La pensée de Marx devait apparaître très menaçante aux yeux de ses ennemis, car elle annonçait l'imminence d'une révolution qui pouvait difficilement être autre chose que sanglante. Comment aurait-on pu imaginer une conception exterminatrice plus globale ? En effet, il y avait alors beaucoup de têtes qui « dépassaient outrageusement au-dessus du peuple », tous les entrepreneurs ; tous les juristes et bureaucrates, tous les paysans indépendants, tous les officiers, mais aussi tous les savants et les artistes, car on prescrirait à tous, à l'avenir, un travail manuel, et il n'y aurait pas de « professionnalisation » – l'architecte ne travaillerait à son bureau que la moitié de la journée et pendant la deuxième moitié pousserait une brouette, disait Friedrich Engels dans *Contre Dühring* et il y laissait voir qu'il était moins éloigné de ses rêves de jeunesse « oweniens » qu'il ne le pensait lui-même. Mais Marx trouva une porte de sortie géniale : cette destruction qui devait rencontrer des obstacles quasiment infranchissables si elle essayait d'éliminer les classes supérieures et les classes moyennes existantes, serait accomplie par l'histoire même, c'est-à-dire par les lois de la production capitaliste : à la fin et à un moment que l'on pouvait déjà prévoir, il ne resterait qu'un petit nombre de magnats du capital face à la monstrueuse majorité des prolétaires ; les « haches du peuple » ne seraient pas la guillotine, mais tout simplement la prise en main sans douleur après « l'expropriation des expropriateurs ». Cette représentation de l'histoire possédait une grande force d'attraction, même et justement pour des intellectuels, car elle rendait possible la critique du présent la plus acerbe sans aucune nostalgie réactionnaire ; elle se trouvait visiblement dans la tradition des « Lumières » ; elle mettait de son côté la puissance par excellence, à savoir « l'histoire », un partenaire de tous les hommes qui souhaitaient substituer un monde moral au monde immoral du présent.

On pouvait faire de sérieuses objections à Marx : sa présentation du développement de l'histoire était erronée car elle se fondait sur une simple extrapolation de tendances du présent ; elle ne pouvait donc engendrer qu'une énorme peur devant les destructions qu'il annonçait ; s'imaginer que l'on puisse supprimer l'argent et la propriété privée des moyens de production était fatal, car au fond archaïque ; une culture authentique était, quoi qu'on dise, exclue dans un état de chose où tous les besoins seraient également satisfaits. La plus importante de toutes les questions à poser devait donc être : une conception radicale opposée est-elle possible ? Si elle est radicale, doit-elle envisager aussi la destruction de l'ordre existant ? Et pourra-t-elle s'appuyer sur tous ceux à qui le marxisme refuse le droit à l'existence sociale : les aristocrates, les entrepreneurs, les « classes moyennes », les professions libérales, les paysans, les églises chrétiennes, les juifs orthodoxes, les financiers juifs ou non juifs, les artistes, les savants ? Il s'agissait dans les faits d'un grand nombre de gens très différents, politiquement disséminés dans beaucoup de partis et d'associations, et comptant ainsi une partie du prolétariat industriel (celle qui gardait des « liens confessionnels »).

Reliés ensemble, ces millions d'hommes formaient le « système libéral » et, dans certaines parties du monde, il était si solide que la révolution d'un « parti d'ouvriers militants » n'avait, dès le départ, aucune chance. Dans d'autres régions du monde, ce système était faible ou à peine formé. Mais nulle part, il ne constituait un parti uni, ni un « parti fondé sur une vision du monde totalisante », comme le marxisme. Et ce que le système libéral avait encore moins à sa disposition vers 1885, c'est un concept de destruction équivalent à celui du marxisme ; il faisait surtout confiance à une « differentialmelioration » (une amélioration différentielle) du sort des classes les plus pauvres. Quand un parti totalitaire et destructeur émergerait du système libéral, alors il devrait aussi se retourner contre de nombreux opposants au sein de ce système lui-même et il les accuserait de faire le jeu des ennemis du système ; en allant jusqu'au bout, il devrait se retourner contre tous les « moralistes », « philanthropes » et les « émancipés ». J'avance la thèse selon laquelle Nietzsche fut le premier qui, dans les étapes ultimes de sa philosophie, voulut fonder cette « contre-force » de la destruction et médita sur les moyens de passer à la « praxis ».

Je développerai cette thèse de différents points de vue et citerai surtout des passages de *L'Antéchrist* et de *Ecce homo*, les dernières œuvres de Nietzsche écrites dans les mois précédant son effondrement.

Qui devait être exterminé ?

En beaucoup d'endroits, il semble que Nietzsche pense encore comme un vulgaire philosophe des « Lumières », qui veut uniquement détruire les prêtres et les églises des prêtres : « Toutes les idées de l'Église sont reconnues pour ce qu'elles sont, le plus méchant faux-monnayage qu'il y ait, en vue de *déprécier* la nature et les valeurs naturelles ; le prêtre lui-même est reconnu pour ce qu'il est, la plus dangereuse espèce de parasite, la véritable araignée venimeuse de la vie[11]... »

On doit tuer les araignées venimeuses si l'on veut survivre. Le fait que Nietzsche voulait vraiment passer à la praxis, le projet suivant le montre : « Loi contre le christianisme. Éditée le jour du salut, le premier jour de l'an I (le 30 septembre 1888 de la fausse chronologie). Guerre à mort contre le vice : le vice, c'est le christianisme. Premier principe : toute espèce de contre-nature est vicieuse. L'homme le plus vicieux est le prêtre ; il *enseigne* la contre-nature. On n'a pas de motif, simplement la prison. »

Mais le Christianisme est aussi attaqué dans son noyau le plus dur à savoir sa vision même de la divinité : « La conception chrétienne de Dieu – Dieu, le Dieu des malades, Dieu comme l'araignée, Dieu comme l'esprit – est une des conceptions divines les plus corrompues que l'on ait jamais réalisées sur terre ; [...] Dieu dégénéré jusqu'à être en *contradiction avec la vie*, au lieu d'en

11. F. Nietzsche, *Œuvres*, coll. « Bouquins », *op. cit.*, vol. 2, p. 1072.

être la glorification et l'éternelle *affirmation* ! [...] Dieu, la formule pour toutes les calomnies de "l'en deçà", pour tous les mensonges de "l'au-delà" ! Le néant divinisé en Dieu, la volonté du néant sanctifiée[12] !... » À cela correspond dans les déclarations positives de la même époque une exaltation des mystères dionysiaques de la sexualité et aussi de l'ivresse de l'excitation sexuelle pour laquelle on ne trouve aucune analogie dans la première période nietzschéenne.

Mais le Christianisme est conçu avant tout comme origine, origine de phénomènes qui pour une part essentielle s'affichent comme non chrétiens. C'est seulement à ce moment que saute aux yeux le fait que Nietzsche ne parle pas en homme des « Lumières » ni en ancien puritain qui s'est libéré pour affirmer sa propre sexualité – qui peut être homosexuelle – mais comme philosophe de l'histoire et comme formulateur du programme d'un parti politique d'une sorte toute particulière : « L'aristocratisme du sentiment a été le plus souterrainement miné par le mensonge de l'égalité des âmes, et si la foi en les "droits du plus grand nombre" fait des révolutions, et *fera* des révolutions, c'est, n'en doutons pas, le christianisme, ce sont les jugements de valeur chrétiens que toute révolution ne fait que traduire en sang et en crime ! Le christianisme est une insurrection de tout ce qui rampe, contre ce qui a de la hauteur : l'évangile des "humbles" *rend* humble et vil[13]... »

Il n'est pas rare que Nietzsche décrive ces humiliés comme des « philanthropes » à propos desquels il dit dans une partie tardive et posthume de son Journal qu'ils sont « une sorte d'hommes tout à fait nuisibles » ; dans leur combat « contre le mal », ils sont utilisés par le prêtre contre les puissants, les forts et les gens évolués et dans leur effort pour l'égalité des droits, ils sont utilisés par les hommes politiques de la subversion, les socialistes en tant qu'hommes du ressentiment contre les puissants. Y sont inclus, et sont même en première ligne des antichrétiens et des socialistes : « La *dégénérescence collective de l'humanité* jusqu'à "l'homme de l'avenir", tel que le conçoivent les nigauds et les crétins du socialisme, qui voient en lui leur idéal, cette dégénérescence, ce rapetissement de l'homme, réduit à n'être plus qu'un parfait animal grégaire (ou, comme ils disent, l'homme de la "société libre"), bestialisation de l'homme, ravalé au rang d'animalcule avec des droits égaux et des prétentions égales, – tout cela est *possible*, sans

12. *Ibid.*, p. 1053.
13. *Ibid.*, p. 1077.

aucun doute ! Quiconque a réfléchi à toutes les conséquences de cette possibilité connaît un dégoût de plus que le reste des hommes... et peut-être aussi une *tâche* nouvelle[14] ! »

Le point de repère qui guide désormais Nietzsche n'est plus la Grèce pré-socratique, mais l'Empire romain : « Le grand nombre devint maître ; le démocratisme des instincts chrétiens fut *victorieux*... Le christianisme n'était pas "national", il n'était pas soumis aux conditions d'une race, – il s'adressait à toutes les variétés parmi les déshérités de la vie, il avait partout ses alliés[15]. »

L'ennemi des accusateurs et des moralistes donneurs de leçons devient lui-même un accusateur frénétique ; celui qui louait l'innocence du devenir proclame, pour les besoins de la cause, la culpabilité de presque toute l'histoire de l'humanité (car le bien connu « livre de la loi de Manou » se révèle pour finir aussi « clérical » que l'Islam : « L'égalité des âmes devant Dieu, cette imposture, ce prétexte aux *rancunes* les plus basses, cet explosif de l'idée, qui finit par devenir Révolution, idée moderne, principe de dégénérescence de tout l'ordre social – c'est la dynamite *chrétienne*... [...] J'appelle le christianisme l'unique grande calamité, l'unique grande perversion intérieure, l'unique grand instinct de haine qui ne trouve pas de moyen assez venimeux, assez secret, assez souterrain, assez petit – je l'appelle l'unique et immortelle flétrissure de l'humanité[16]... »

Comment peut-on répondre de façon appropriée à ce danger de la dictature de l'humanité, du fait de l'absence de tension interne, de cette dégénérescence qui mène aux « derniers hommes », où se trouve une sauvegarde contre la coopération d'un si grand nombre d'ennemis ? C'est dans *Ecce homo* que Nietzsche donne la réponse de la manière la plus claire : « Projetons nos regards à un siècle en avant. Admettons que mon attentat contre deux millénaires de contre-nature et de profanation de l'humanité réussisse. Ce nouveau parti, qui sera le parti de la vie et qui prendra en main la plus belle de toutes les tâches, la discipline et le perfectionnement de l'humanité, y compris la destruction impitoyable de tout ce qui présente des caractères dégénérés ou parasitaires, ce parti rendra de nouveau possible la présence sur cette terre de cet *excédent de vie*, d'où sortira certainement de nouveau la condition dionysienne. Je promets la venue d'une époque *tragique* : l'art suprême

14. *Ibid.*, p. 647-648.
15. *Ibid.*, p. 1087.
16. *Ibid.*, p. 1102-1103.

dans l'approbation de la vie, la tragédie, renaîtra quand l'humanité aura derrière elle la conscience des guerres les plus dures, mais les plus nécessaires, *sans en souffrir*[17]. »

Ainsi Nietzsche retourne aux pensées de ses premières années à Bâle et il n'y a là pas le moindre doute, qu'après comme avant, la « culture » est ce qu'il veut sauver, la grandeur, la richesse des tensions qui habitent l'homme ; mais maintenant il postule tout à fait ouvertement que la guerre civile est une condition indispensable à cette sauvegarde. Il revendique l'idéal – type d'une manière de penser et d'agir. Au concept si éclairant des socialistes, qui pouvaient se réclamer de Hegel et de son concept de réalisation – et qui pourtant dans les faits se rattachaient à des conceptions si antérieures et même antérieures à toute philosophie puisqu'elle voulait aider l'humanité à retrouver le bonheur d'une unité préhistorique du genre humain, car elle ne cachait pas son hostilité face à la complexité de la médiation à la liberté individuelle et à la « grandeur ». Nietzsche veut opposer un concept aussi radical qui vise par conséquent aussi à la destruction ; le concept d'une destruction biologique et tout en même temps fondé sur une philosophie de l'histoire, qui soit lié de façon causale à cette conception originelle de destruction sociale (« kausaler Nexus »). Mais elle n'en découle pas totalement. Il devient ainsi le prophète d'une « guerre civile mondiale » qui commencerait par être une « guerre civile européenne » : « Je connais ma destinée. Un jour s'attachera à mon nom le souvenir de quelque chose de formidable, – le souvenir d'une crise comme il n'y en eut jamais sur terre, le souvenir de la plus profonde des consciences, le souvenir d'un jugement prononcé contre tout ce qui, jusqu'à présent, a été cru, exigé, sanctifié. Je ne suis pas un homme, je suis de la dynamite[18]. »

« J'amène la guerre. *Non pas* entre les peuples. *Non pas* entre les classes [...]. J'amène la guerre à travers tous les hasards absurdes de peuple, classe, race, métier, éducation, culture : une guerre connue entre ascension et chute, entre volonté de vie et recherche de vengeance contre la vie, entre loyauté et sournoise fausseté. » Mais ce n'est pas ici une « simple guerre des esprits » qui est signifiée comme les interprètes de Nietzsche d'aujourd'hui cherchent à l'affirmer. Dans un fragment tardif, on peut lire : « Il faut commencer par pendre les moralistes [...]. Transvaluation de toutes les valeurs : ce sera coûteux [en hécatombes], je le promets. » Au même

17. *Ibid.*, p. 1156.
18. *Ibid.*, p. 1191.

endroit, on ne trouve pas moins de cinq versions d'un postulat particulièrement concret : « L'interdit biblique "tu ne dois pas tuer" est une naïveté en comparaison de sérieux de l'interdit de vie aux décadents[19] : "vous ne devez pas engendrer". » Encore plus brutale est cette phrase souvent citée de *L'Antéchrist* : « Les faibles et les ratés doivent périr : premier principe de notre amour de l'homme. Et il faut les y aider. »

Mais qui doit mener la guerre civile à venir ? Les « ordres supérieurs » dans l'intérêt desquels, pourrait-on dire, cette guerre devrait être menée, Nietzsche les exclut sans conditions, car ils sont pour lui déjà remplis « d'instincts mauvais ». Il exclut plus que tout cette grande puissance sur laquelle ses yeux s'étaient portés quelquefois, pleins d'espoir (l'« État militaire, dernier moyen de maintenir la grande tradition », « un jeune prince à la tête de ses régiments... ») à savoir l'Allemagne prussienne de Bismarck et des Hohenzollern ; en effet, l'un de ses derniers fragments déclare à la maison des Hohenzollern une guerre mortelle. La raison de cette haine est à la fois strictement opposée dans son contenu et formellement analogue à celle de Marx : les Hohenzollern – depuis l'époque du voleur, Frédéric le Grand – n'ont fait que mentir et voler et aujourd'hui ils sèment « l'abominable semence du dragon du nationalisme entre les peuples et veulent libérer les valets noirs, par amour pour les esclaves ».

Sur qui Nietzsche veut-il donc s'appuyer, si ce n'est pas sur les « ordres supérieurs » et sur l'État militaire le plus puissant du monde ? S'agit-il pour finir de simples rêveries auxquelles ne correspond aucune volonté, aucun souhait sérieusement formulés ?

Il est sûr que Nietzsche, pendant les derniers mois de son existence consciente, était possédé d'un activisme fiévreux, dans lequel les signes avant-coureurs de sa folie sont perceptibles. Il écrit par exemple le 26 novembre à son éditeur C. G. Naumann que, dès que *Ecce homo* aura eu son effet, il fera traduire « la Transvaluation des valeurs » dans les sept langues principales ; *Zarathoustra* renferme le destin de l'humanité, et le livre sera d'ici peu d'années diffusé à des millions d'exemplaires : « *La transvaluation des valeurs* sera un événement sans précédent, pas seulement un événement littéraire, mais un événement qui ébranlera tout l'ordre établi[20]. »

19. En français dans le texte.
20. *In* Nietzsche, *Œuvres philosophiques complètes*, éd. Colli-Montinari, *op. cit.*, vol. 8, 1, p. 394.

Il assure à Brandes qu'à la suite de la Tranvaluation, toute la terre sera dans les deux ans prise de convulsions[21]; il écrit à Guillaume II qu'il va y avoir des guerres comme il n'y en a jamais eu, et il déclare son hostilité à Bismarck (dans une lettre qu'il ne lui a certes jamais envoyée). Il veut faire paraître *L'Antéchrist* à des millions d'exemplaires comme livre de propagande. Le 22 décembre, il écrit à Ferdinand Avenarius qu'avec la parution de *Ecce homo*, il aura des millions de disciples. Un de ses derniers journaux : « On fera bien de fonder partout des associations, pour me donner au moment approprié des millions d'adeptes. J'accorde de l'importance au fait d'avoir pour moi d'abord les officiers et les banquiers juifs : les deux pris ensemble représentent la volonté de puissance. »

La fondation d'un nouveau parti comptant des millions de membres à la tête duquel « les officiers » (de toute l'Europe) et « les banquiers juifs » (du monde entier, c'est-à-dire d'Europe et des États-Unis) ! C'est en fait un concept qui oppose à l'internationalisme de l'ennemi un autre internationalisme désignant deux groupes concrets, devant, dans les faits, être anéantis en premier par la « révolution du prolétariat ». Et pourtant, le caractère forcé et artificiel de cette conception saute aux yeux ; face à celle-ci la conception opposée du soulèvement des pauvres, dans le monde entier, contre tous les puissants, est beaucoup plus éclairante, même si dans ses perspectives de réalisation complète, elle est tout aussi irréelle et imaginaire. Nietzsche qui se disait sur le tard prophète d'une guerre civile sans précédent, ainsi que protagoniste d'une extermination « sans merci », restait dans sa pensée un philosophe et dans ses sentiments le contraire d'un exterminateur. Dans *Les dithyrambes de Dionysos*, ses derniers poèmes, on trouve quelques strophes qui constituent le sommet de la langue philosophique allemande, entre Hegel et Heidegger, et qui sont totalement opposées à l'agitation politique :

« Emblème de nécessité,
Sublime astre de l'Être
Toi qu'aucun vœu n'atteint,
Que ne souille aucun "non",
Éternel "oui" de l'Être,
À jamais je serai ton "oui" :
Car je t'aime, Ô éternité[22] ! »

21. Lettre du 20 novembre, *ibid.*, p. 393.

22. F. Nietzsche, *Œuvres philosophiques complètes*, éd. Colli-Montinari, *op. cit.*, vol. 8, II, « Dithyrambes de Dionysos », p. 71.

Et d'après une tradition, qui n'est pas complètement sûre, mais pas non plus invraisemblable, le fondateur et l'agitateur du « parti de la vie », du parti du « refus de la pitié » se jeta, le 7 janvier 1889, en pleine rue à Turin, au cou d'un vieux cheval harassé, et pleura sur la souffrance de cette pauvre créature. Ce fut le moment définitif de l'effondrement de Nietzsche, de l'effondrement d'un penseur qui souffrait vraisemblablement depuis longtemps d'une grave maladie physique. Cependant cette maladie ne saurait expliquer à elle seule qu'il fût un « champ de bataille », champ de bataille des sentiments, des idées, des réalités historiques. Nous devons reporter à la fin de la partie biographique de ce cours la question de savoir ce qui fut manifeste dans cette plongée dans les ténèbres et ce qu'il peut y avoir eu comme signes avant-coureurs.

8
Effondrement, folie, mort

La première déclaration de Nietzsche – qui n'existe visiblement que sous forme de projet – à pouvoir être clairement caractérisée comme billet de la folie, date du 30 décembre 1888 et est adressée à Peter Gast. On peut y lire entre autres : « Ensuite, avec impétuosité héroïco-aristophanesque, j'écris une proclamation aux cours européennes pour l'anéantissement de la maison Hohenzollern, cette race d'idiots écarlates et de criminels, qu'on a mise depuis plus de cent ans sur le trône de France ainsi que sur l'Alsace ; en même temps, je fais empereur Victor Buonaparte, le frère de notre Laetitia, et je nomme mon excellent M. Bourdeau [...] ambassadeur à ma cour[1]. » On ne peut pas se méprendre face à une lettre de cette sorte. Écrire une proclamation de l'anéantissement des Hohenzollern peut peut-être encore valoir comme simple expression d'une vie excentrique de fantasmes, mais celui qui parle de sa propre « cour » comme d'un fait réel, et nomme des ambassadeurs, a franchi une frontière qui n'autorise vraisemblablement aucun retour en arrière. Une telle lettre peut cependant très bien être stimulante pour la personne qui écrit. Et l'on y voit ici si clairement l'orientation francophile du Nietzsche de la fin avec la phrase finale son rejet contre « la triplice », qu'on ne peut pas douter de son authenticité. Cependant, il est aussi dit dans le cours de la lettre : « On parlera allemand à ma cour : les plus grandes œuvres de l'humanité sont en effet écrites en allemand » – visiblement l'idéal germanique de ses débuts est resté, malgré toutes les déclarations « anti-allemandes » du Nietzsche de la fin.

Cette lettre adressée à Gast ainsi que celle datant d'un jour plus tard adressée au même, sont signées « Friedrich Nietzsche » ou plus

1. F. Nietzsche, *Dernières Lettres*, *op. cit.*, p. 125.

exactement « Nietzsche ». Comme exemple caractéristique de billet de la folie qui vient un peu plus tard, je citerai d'abord seulement la lettre à Meta von Salis du 3 janvier : « Le monde est transfiguré, car Dieu est sur la terre. Ne voyez-vous pas comme tous les cieux se réjouissent ? Je viens juste de prendre possession de ma propriété, je jette le pape en prison et je fais fusiller Guillaume, Bismarck et Stöcker. Le Crucifié[2]. » La signature est particulièrement caractéristique. La plupart des billets de la folie sont signés « Le Crucifié » ou bien « Dionysos ». Nietzsche s'identifie avec le Dieu qu'il a le plus attaqué, comme la manifestation d'une *transvaluation des valeurs* radicale et fatale. Cela aussi est une exagération, un signe de folie, mais ce n'est pas un simple dérangement de l'esprit. La folie de Nietzsche était en même temps une ouverture.

S'agit-il aussi d'une ouverture dans le sens où le germe de cette folie était déjà perceptible depuis longtemps dans les œuvres de Nietzsche, si bien qu'on doit décrire toute la pensée de Nietzsche comme une « pensée folle » ?

Des indices de profondes secousses, qui ne doivent visiblement pas être expliqués par une maladie, et des paroles inspirées par un amour-propre – inhabituellement développé (que beaucoup tiendront pour pathologique), sont présents en fait depuis le début des années 1870. Déjà le remaniement des trois *Inactuelles* causa à Nietzsche en 1874 une telle « fatigue et secousse d'âme » qu'il se sentit retourné. Les auto-caractérisations comme « champs de bataille » et « demi-fou malade du cerveau » ont déjà été citées, de même celle des « explosions de sentiments » qui le feraient mourir un jour. À l'été 1883, il analyse la folie comme danger qui le perdra. Déjà en 1884, il est convaincu que sa pensée de « l'éternel retour » « fait éclater l'histoire de l'humanité en deux moitiés » et qu'un jour « des millénaires entiers » ramèneront leurs plus hautes promesses à son nom. En février 1886, il exprime cette terreur qu'un jour il ne supporte plus cette aliénation. En 1888, de telles phrases se font plus fréquentes. Nietzsche compare en février son état avec celui « d'un arc tendu et prêt à se casser » ; en octobre, il se nomme, dans une lettre à Hans von Bülow « le premier esprit du siècle » et un peu plus tard « le premier homme de tous les millénaires » ; on a déjà cité l'auto-glorification des derniers mois de sa vie, comme celle de fondateur et de chef du « parti de la vie ». Une phrase de *Ecce homo*, qui fut supprimée par sa sœur et découverte par Montinari, autorise de sérieux doutes : « Si je cherche ce qui m'est le plus profondément

2. *Ibid.*, p. 133.

opposé, la vulgarité des instincts, je trouve toujours ma mère et ma sœur – me croire apparenté à de telles canailles serait un blasphème contre ma divinité. » La même chose vaut pour une tournure dans une lettre à C. Fuchs, du 11 décembre : « Quand le dieu ancien aura abdiqué, c'est moi qui désormais gouvernerai le monde[3]. »

Il n'y a donc pas de passage brusque et soudain de la normalité à la folie ; la normalité s'était pour ainsi dire ouverte déjà tôt sur la folie, et on pourrait retrouver dans sa folie même des traits essentiels de la normalité de Nietzsche. Ici aussi, il y a un contraste prononcé avec Marx et Engels qui étaient très éloignés de ce que l'on peut appeler « une disposition à la folie, innée chez le grand artiste » parce que leur équilibre psychique, à la manière de bons citoyens, n'avait jamais été mis en danger. Mais entre aussi en ligne de compte quelque chose de ce que j'ai appelé la contrainte et l'artifice du concept nietzschéen de la « contre-extermination ».

J'en viens maintenant à une analyse des billets de la folie. Après une longue lettre encore tout à fait normale où il demande de l'argent, adressée à Andreas Heusler et datant du 30 décembre 1888, commencent les « billets de la folie » avec, comme on l'a dit, la lettre adressée à Gast ; on doit en exclure trois lettres normales et de boutique à C. G. Naumann, du 1er et 2 janvier ; il y a ensuite l'ensemble des vingt-sept billets de la folie écrits par Nietzsche entre le 30 décembre et le 6 janvier. Trois d'entre eux sont adressés à Peter Gast et trois à Cosima Wagner, deux à Jacob Burckhardt, Ruggero Bonghi, August Strindberg et Catulle Mendès ; et une lettre ou un brouillon pour chacune des personnes suivantes : Jean Bourdeau, Meta von Salis, Georg Brandes, Hans von Bülow, Paul Deussen, Malwida von Meysenbug, Franz Overbeck, Erwin Rohde, Carl Spitteler, Heinrich Wiener (membre du tribunal suprême pour le droit civil et pénal à Leipzig qui avait écrit une critique du *Cas Wagner*), le cardinal Mariani et le roi Umberto d'Italie. Un billet a « les illustres polonais » comme destinataires. En tout, huit sont signés « Dionysos », huit autres, « Le Crucifié », un autre « Nietzsche César », un autre encore, « Nietzsche Dionysos » ; cinq sont sans signature, quatre simplement « Friedrich Nietzsche », « N » ou bien « Nietzsche », comme par exemple le premier adressé à Gast et le dernier, du 6 janvier, à Jacob Burckhardt. Il est vraisemblable qu'un certain nombre de ces billets ont été perdus ou même détruits ; il est cependant frappant que ni sa mère ni sa sœur ne soient dans les destinataires.

3. *In* Colli-Montinari, *op. cit.*, vol. 8, 2, p. 404.

Il ressort clairement, autant des signatures que de la courte lettre à Meta von Salis, que l'auto-déification est un thème majeur. À cette auto-déification correspond visiblement l'auto-identification avec des personnalités mortes depuis longtemps, mais aussi, encore vivantes : « en Natalie vit son père et j'étais aussi celui-ci[4] » ; « Je suis Prado, je suis aussi le père de Prado, j'ose dire que je suis aussi Lesseps[5]... »

Les plus importants et les plus éclairants sont les trois billets adressés à Cosima Wagner et les deux à Jacob Burckhardt.

Les trois billets adressés à Cosima datent du 3 janvier. Le premier dit : « À la princesse Ariane, ma bien-aimée. C'est un préjugé que je sois un homme. Mais j'ai déjà souvent vécu parmi les hommes et je connais tout ce que les hommes peuvent éprouver, du plus bas au plus haut. J'ai été Bouddha chez les Hindous, Dionysos en Grèce – Alexandre et César sont mes incarnations, de même que le poète de Shakespeare, Lord Bacon. Enfin je fus encore Voltaire et Napoléon, peut-être Richard Wagner... Mais cette fois, j'arrive tel le Dionysos vainqueur qui va transformer la terre en jour de fête... Non pas que j'aurai beaucoup de temps... Les cieux se réjouissent que je sois là.. J'ai aussi été pendu à la croix[6]... » Ici, il n'y a pas de signature. Le troisième billet : « Cette brève, tu dois la rendre publique à l'humanité, depuis Bayreuth avec l'épigraphe : La bonne nouvelle[7]. »

Si l'on prend en compte une phrase que Nietzsche prononça dans l'asile de Iéna : « Ma femme Cosima Wagner m'a amené ici[8] », on ne peut alors pas douter qu'un drame d'amour fasse parti du plus profond destin de Nietzsche, un drame d'amour qui peut, à vrai dire, difficilement être compris comme « simplement personnel », mais qui représente plutôt la lutte de Nietzsche pour rejoindre les sommets d'une culture supérieure.

À quel point Cosima-Ariane était importante pour lui, cela apparaît dans la première lettre à Jacob Burckhardt du 4 janvier : « À mon vénéré Jakob Burckhardt. C'était la petite plaisanterie pour laquelle je me pardonne l'ennui d'avoir créé un monde. Maintenant vous êtes – tu es – notre grand très grand maître : car moi, avec Ariane, j'ai seulement à être la balance d'or de toutes choses, nous avons dans chaque partie de tels individus qui sont au-dessus

4. Lettre à Malwida, in *Dernières Lettres*, *op. cit.*, p. 142.
5. Lettre à Burckhardt du 6 janvier, *ibid.*, p. 151.
6. *Ibid.*, p. 135.
7. *Ibid.*, p. 136.
8. Erich Podach, *Nietzsches Zusammenbruch,* Heidelberg, 1939, p. 94 et 122.

de nous... Dionysos[9].» Le deuxième et dernier est de loin le plus long des billets ; je n'en cite que quelques lignes : «Cher Monsieur le Professeur. Finalement je préférerais de beaucoup être professeur à Bâle que Dieu ; mais je n'ai pas osé pousser si loin mon égoïsme privé que, pour lui, je me dispense de la création du monde. [...] Je [...] remercie le ciel à chaque instant pour ce vieux monde pour lequel les hommes n'ont pas été assez simples ni assez silencieux [...] Avec toute mon affection, Votre Nietzsche.» Post-scriptum : «Demain vient mon fils Umberto, avec la chère petite Margherita, mais ici également, je ne les recevrai qu'en bras de chemise. Le reste pour Madame Cosima... Ariane... De temps en temps on fait de la magie. Je vais partout avec ma robe d'étudiant, ici et là je frappe sur l'épaule de quelqu'un et lui dis : *siamo contenti ? son dio, ho fatto questa caricatura...* J'ai fait mettre Caïphe dans les chaînes ; moi aussi j'ai été continuellement crucifié l'année passée par les médecins allemands. Supprimé Wilhelm Bismarck et tous les antisémites. Vous pouvez faire de cette lettre tout usage qui ne me rabaisse pas aux yeux des Bâlois[10].»

Si l'on essaie de comprendre ces billets de la folie dans leur ensemble, on doit avant tout encore prendre en compte une parole de Franz Overbeck. Celui-ci se rendit le 7 à Turin à l'instigation de Jacob Buckhardt, le jour où Nietzsche s'était effondré physiquement dans la rue alors que, dans les jours précédents il avait déjà beaucoup troublé la famille Fina, famille de son logeur, par un comportement extrêmement bizarre – des cris, des danses effrénées, des improvisations forcenées au piano à toute heure du jour et de la nuit. Overbeck rapporte que Nietzsche, recroquevillé sur le sofa, à son entrée, avait dans la main les épreuves du *Nietzsche contre Wagner* ; il alla vers lui en sanglotant tout en prolongeant comme dans une ivresse bachique, avec des sauts convulsifs, des improvisations étranges au piano, des lambeaux de pensées qui l'avaient occupé les jours précédents : «en phrases brèves proférées d'une voix étrange et étouffée, il articulait des choses extraordinairement lucides et pleines d'une terreur indicible au sujet de sa mission en tant que successeur du dieu mort[11]».

Si l'on regarde l'ensemble, il en découle ces conclusions :

1. Le centre du monde de la pensée de Nietzsche était formé par une théologie négative, celle qui apparaît dans le concept de

9. *Dernières Lettres*, *op. cit.*, p. 139.
10. *Ibid.*, p. 150.
11. Carl Albrecht Bernoulli, *Franz Overbeck und Friedrich Nietzsche*, Iéna, 1908, vol. 2, p. 234.

« mort de Dieu », allant de pair avec la théologie positive liée au monde « dionysiaque » entièrement d'ici-bas, consistant en quantum de puissance, se réalisant en surhomme et revenant éternellement.

2. Le centre intime de ses sentiments était un rapport avec Cosima et Richard Wagner, rapport qui ne fut pourtant jamais, pour lui, simplement personnel, mais resta au contraire étroitement lié à la « grandeur » de cet être qui représentait pour lui la plus haute des réalités désirables.

3. Dans sa relation avec Jacob Burckhardt, s'exprime le plus simple de ses sentiments : le souhait d'être « un Professeur de Bâle », de mener la vie d'un « homme de culture délivré des nécessités matérielles » et de pouvoir « admirer ».

4. C'est seulement en quatrième position que l'on doit placer ce que l'on peut appeler le « politique », en y incluant la prédiction de la grande guerre civile et du concept de l'incontournable extermination. Ce souhait d'extermination revient en tout cinq fois, mais il s'applique exclusivement aux Hohenzollern et aux antisémites. L'avant-dernière phrase dans la lettre à Jacob Burckhardt du 6 janvier dit : « Supprimé Wilhelm Bismarck et tous les antisémites. » Nulle part il n'est question d'une destruction des faibles ou même seulement des prêtres. Cependant le pape doit être jeté en prison, mais au (prétendu) cardinal Mariani, son « cher fils », Nietzsche écrit qu'il se rendra le mardi à Rome pour témoigner à Sa Sainteté.

L'impression s'impose que fut conçu en Nietzsche, un « homme de culture libéré des nécessités matérielles », l'un des plus grands fruits de ce que les marxistes ont coutume de caractériser avec mépris comme « existence de rentier » ou « d'intériorité non politique » ; c'est-à-dire qu'il réunissait tous les conflits du monde moderne comme un champ de bataille ; il se vit en même temps forcé, contre son gré, de prédire finalement la grande guerre civile mondiale et de concevoir le concept d'extermination pour un parti de cette guerre civile qui était le concept opposé à une pensée autre et plus originelle de l'extermination.

Ce ne fut certainement pas par hasard ou sans raison que la fin de cette vie consciente éveilla l'attention de tous côtés. Pour les uns, cela valait réfutation et même punition de l'athéisme de Nietzsche, pour les autres, c'était « une sainte folie », et pour tous c'était un événement symbolique qui rapprochait beaucoup Nietzsche de Hölderlin. Comme Hölderlin, Nietzsche vécut encore de nombreuses années dans la folie – d'abord jusqu'à la mort de sa mère, chez elle à Naumburg, ensuite à partir de 1897 dans le bâtiment des «Archives Nietzsche», à Weimar, sous le même toit que sa sœur. Lorsqu'il mourut, le samedi 25 août 1900, le deuil aux archives et son enterrement dans le cimetière de son lieu de naissance Röcken furent certes des signes du nietzschéisme, mais ne furent pas les premiers. Ici pourrait commencer sans interruption la troisième partie de mon cours, mais nous voulons voir d'abord avec plus de précision pour quelles raisons Nietzsche se nommait lui-même un «champ de bataille», et de quelle manière les époques et les facteurs de l'histoire européenne se présentèrent à lui et se heurtèrent en lui.

II

Nietzsche comme champ de bataille

1
L'Antiquité comme paradigme et passé

Le christianisme s'est développé dans le dialogue avec l'Antiquité ; malgré sa victoire, et par sa victoire, il préserva l'Antiquité dans une grande mesure. Pour les Pères de l'Église, « les vertus des païens étaient des défauts éclatants » ; mais la papauté fut d'une certaine manière la suite de l'Empire romain ; le latin demeura la langue de l'Église, alors que depuis longtemps les « langues populaires » s'étaient formées ; la philosophie chrétienne est sortie d'une réappropriation de la philosophie gréco-romaine. Thomas d'Aquin se voyait, dans une certaine mesure, comme un élève d'Aristote, et Dante s'adresse, dans le Premier Chant de *La Divine Comédie*, au guide, qui se présente à lui dans la forêt obscure et se révèle être Virgile, avec ces mots pleins de respect : « O degli altri poeti onore e lume, vagliami il lungo studio e'l grande amore che m'ha fatto cercar lo tuo volume[1]... » Le *Roman de la rose* médiéval est plein de mythologie antique ; mais on voit bien que la tradition antique au sein du monde chrétien pouvait aussi avoir un effet éventuellement antichrétien, avant tout par sa relation différente avec « l'ici-bas » et la sensualité ; il existe là une sorte de pluralisme, déjà dans le catholicisme médiéval : la tradition antique pouvait être aussi bien comprise comme préparation du christianisme que son contraire, et cette deuxième possibilité pouvait revêtir une valeur positive ou négative. La Renaissance n'était donc pas quelque chose de complètement nouveau, mais elle a entraîné une beaucoup plus forte accentuation de la tradition grecque, en particulier à la suite de la prise de Constantinople par les Turcs en 1453. Renaissance et

1. « Ô lumière et honneur de tous les poètes, Que m'aident la longue étude et le grand amour Qui m'ont fait chercher ton ouvrage. » *In* Dante, *La Divine Comédie*, « L'Enfer », Paris, GF billingue, 1992, vol. 82-84.

humanisme étaient déjà en partie empreints d'« antique », c'est-à-dire centrés vers « l'ici-bas » (et non plus l'au-delà), et hostiles à l'Église ; Érasme quant à lui essayait de concilier Antiquité et christianisme, attachement au monde et attente du jugement dernier. En France, le classicisme, les « Lumières » et la Révolution se constituèrent sur le modèle de la littérature latine et de l'histoire romaine ; l'attirance profonde pour l'Antiquité grecque fut l'une des principales caractéristiques du classicisme allemand au sens large qui englobe aussi le « Sturm und Drang » et le romantisme. Le sens de ce tropisme était multiple ; il s'agissait de prendre pied dans un monde différent et meilleur, mais aussi de critiquer le présent, et de prendre ses distances avec la prépondérance de la culture française.

Pour illustrer cette idée, je donnerai quelques exemples pris dans la poésie de Schiller, Goethe et Hölderlin.

1. Friedrich Schiller : « Les dieux de la Grèce ».

Illusion et poésie sont présentées comme porteuses d'une plus grande vérité que la vérité sobre de la science et la vie sobre du présent ; le concret contre l'abstraction, le polythéisme contre le monothéisme, l'affirmation des sens contre la négation de la sensibilité, l'animé contre l'inanimé, le mythe contre la science : jadis « le voile magique s'est enroulé, encore charmant, autour de la vérité » ; chez les Grecs ; « Hélios » conduisait « son équipage d'or » alors qu'aujourd'hui, d'après ce que disent les sages, le soleil n'est qu'une boule de feu qui tourne sans âme ; dans l'Antiquité, le cri « Evoe » poussé par les membres du cortège de Dionysos énergiques, annonçait « le grand pourvoyeur de joie », Dionysos, tandis qu'à présent ce n'est pas la vie que l'on fête, mais la mort conjurée sous la forme « d'un horrible squelette ». Le désenchantement et la rationalisation sont les caractéristiques du monde dans lequel le poète doit vivre de telle sorte que l'histoire de ce monde se présente à lui comme histoire d'une déchéance : « Au souffle mélancolique du Nord toutes ces fleurs sont tombées ; ce monde divin s'est écroulé pour en enrichir un autre ; [...] insensible même à l'honneur de son action, elle ressemble au pendule qui suit servilement les lois de la pesanteur, la nature dépouillée de sa divinité. »

Et Schiller tire justement de ce pessimisme insondable, un devoir subtil pour la poésie, quand il dit des dieux : « Échappés au déluge du printemps, ils se sont réfugiés sur les hauteurs du Pinde : ce qui doit être immortel dans la poésie doit périr dans la vie. »

Comme théoricien, Schiller a articulé sa conception d'une manière particulièrement claire dans la Sixième des *Briefe über die ästhetische Erziehung des Menschen* (Lettres sur l'éducation esthétique de l'homme). Ici aussi les Grecs apparaissent comme modèle parce qu'ils étaient exempts de cette scission moderne et ne connaissaient pas la contradiction entre l'individu et l'espèce. Maintenant, au contraire, les individus sont de simples fragments et des classes entières ne peuvent déployer qu'une partie de leurs dispositions. L'entendement qui dissocie tout, exerce son pouvoir, la culture provoque des blessures. Toutes les séparations et les différenciations sociales sont négatives, ainsi que la différence entre Église et État. Visiblement, il n'y avait aucun autre moyen pour faire des « progrès » ; mais cette association du progrès au négatif ne doit pas être le dernier mot. Schiller postule avant tout la « totalité dans notre nature », qui aurait détruit l'art pour le remplacer par un art supérieur.

C'est là le concept fondamental de l'idéalisme allemand de Schiller à Marx en passant par Hegel : rétablissement, à l'avenir, de la totalité originellement existante, et de l'harmonie à un stade supérieur. Ce qui implique une critique non seulement du christianisme, mais aussi des « Lumières » en tant que simple culture de l'entendement. Schiller utilise plus loin les concepts de « forme » et de « matière », et en arrive, à un degré supérieur d'abstraction, au postulat suivant : « De là découlent deux exigences contraires qui sont posées à l'homme ; ce sont les deux lois fondamentales de la nature sensible-raisonnable. La première tend à la réalité absolue : il doit transformer en monde tout ce qui est simplement forme, et extérioriser toutes ses virtualités ; la deuxième tend à la forme absolue ; il doit détruire en lui tout ce qui est simplement monde et introduire de l'accord dans toutes ses variations. En d'autres termes, il doit extérioriser tout ce qui est intérieur et mettre en forme tout ce qui est extérieur. Ces deux tâches, conçues dans leur achèvement suprême, ramènent au concept de divinité dont je suis parti[2]. »

De là résulte une mise en évidence du « jeu » par lequel le fond et la forme agissent simultanément, donnant forme à la matière et matière à la forme. En même temps, l'existence esthétique se révèle être la plus grande possibilité de l'homme, car le Beau comble le gouffre entre le sens et la pensée. La beauté est ainsi une œuvre de réflexion libre qui conduit dans le monde des

2. Schiller, *Lettres sur l'éducation esthétique de l'homme*, Onzième lettre, Paris, Aubier, 1992, p. 178-179.

Idées, sans quitter celui des sens. Schiller suit ici Kant, non pas le Kant de la séparation entre la raison « pure » et la raison « pratique », mais le concepteur de la *Critique de la faculté de juger*. Le dernier concept auquel Schiller aspire, est celui de l'état esthétique, qui n'est autre que l'empire de la belle apparence où seul l'idéal de l'égalité est accompli. « L'idéal d'égalité a une existence effective, lui que les illuminés aimeraient tout voir réalisé dans son essence même[3]. » Schiller se retourne donc à la fois contre les « illuminés » et les « calculateurs » : la synthèse la plus haute ainsi que la « réconciliation » ne sont possibles que dans l'ordre esthétique, c'est-à-dire dans le monde de l'art et non pas dans celui de la politique ou de la science. Où et dans quelle mesure la « réalisation » s'accomplit reste une question controversée dans l'idéalisme allemand, mais le but final est toujours une « perfection » dont le caractère se définit pour finir à partir d'un concept théologique. Cela va de la tentative jamais achevée d'approcher l'idéal qui indique le but (Kant), jusqu'à la société universelle et classique des hommes égaux et libres – société qui comme telle est un sommet indépassable – (Marx), en passant par « le savoir absolu » limité à la philosophie (Hegel). Cette conception reste universelle, même là où, comme chez Fichte (dans ses *Discours à la nation allemande*), elle paraît emprunter la route du nationalisme.

2. Johann Wolfgang Goethe : *Iphigénie*.

L'autocaractérisation à laquelle se livre Iphigénie au début de la pièce – « cherchant du cœur le pays de la Grèce » – pourrait être une devise pour tout l'idéalisme allemand, bien qu'en cet endroit elle ne s'applique qu'à une seule personne. Mais la Grèce de Goethe n'est pas comme celle de Schiller le pays de l'harmonie, ni non plus, comme la Grèce de Winckelmann, empreinte de « noble innocence et de calme grandeur » ; c'est le pays des peurs qui ne sont transfigurées en « humanité » qu'avec Iphigénie.

Au roi Thoas qui veut gagner à sa cause la jeune Grecque, échouée au bord de la sauvage Thrace, et devenue prêtresse d'Artémis, Iphigénie dit, alors qu'elle ne peut plus échapper autrement à ses menaces : « Écoute !... Je suis de la race de Tantale », et face à cette histoire de haine fratricide et de meurtre d'enfant, le « barbare » ne peut que s'exclamer : « Assez d'horreurs ! »

Avec l'apparition d'Oreste que Thoas veut voir sacrifié à la déesse, l'horreur menace aussi Iphigénie : son frère l'accuse de la mort de

3. *Ibid.*, Vingt-septième lettre, p. 370.

sa mère, qu'il a lui-même accomplie sur l'injonction d'Apollon et sous l'emprise des Érinnyes, qui le suivent depuis lors. C'est alors qu'Iphigénie pense essayer de s'enfuir secrètement avec Oreste et d'emporter la statue d'Artémis avec elle. Mais en même temps, elle craint que la vieille malédiction ne se perpétue à jamais ; elle chante alors le Chant des Parques, qui donne une image des dieux grecs toute différente de celle du poème de Schiller : « Que la race humaine craigne les dieux ! Ils tiennent l'empire dans leurs mains immortelles et peuvent en user, comme il leur plaît[4]. » Iphigénie alors se décide à rester, c'est-à-dire à être loyale envers Thoas et laisser ainsi l'idéal vaincre la vie, et elle interpellera juste à la fin le roi : « Fais-nous périr, si tu l'oses.[5] » La réponse de Thoas est alors celle de la vie et de ses évidences : « Tu crois que le Scythe sauvage, le barbare, entendra la voix de la vérité et de l'humanité que le Grec Atrée n'a pas entendue[6] ? » Mais Iphigénie fait de l'idéal un mot contraignant, car elle veut exprimer quelque chose qui est de l'ordre du devoir et non de l'existence : « Chacun peut l'entendre, sous quelque ciel qu'il soit né, si la source de la vie coule libre et pure dans son sein[7]. » C'est ainsi que Thoas s'arrache finalement un « Eh bien partez[8] ! » et, accédant à la demande d'Iphigénie, il prend pied dans le domaine du triomphe sur les aspirations banales, même dans celui de « l'humanité ».

L'hellénisme est donc aussi pour Goethe le paradigme de l'humanité, non pas dans sa réalité quotidienne, mais dans la transfiguration de la pureté presque surhumaine d'Iphigénie.

3. Friedrich Hölderlin : *Hyperion*

À la lecture de l'unique « roman » de Hölderlin, c'est encore plus évident qu'à celle des « Dieux de la Grèce » de Schiller : l'expérience ou la représentation de l'Antiquité grecque peut entraîner un jugement extrêmement négatif sur la Modernité, et en particulier sur les Allemands. Dans la dernière lettre du premier tome (Hyperion à Bellarmin) est décrite « l'excellence des anciens Athéniens » dont les dieux restèrent « dans l'admirable milieu de l'humain » et ne connurent pas une déviation vers les extrêmes de l'immatériel et de la matérialité. On peut trouver ces extrêmes d'une part dans l'Orient,

4. Goethe, *Œuvres*, trad. Jacques Porchat, Paris, Hachette, 1968, vol. 3, acte IV, scène 5.
5. *Ibid.*, acte V, scène 3.
6. *Ibid.*
7. *Ibid.*
8. *Ibid.*, acte V, scène 6.

despotique et plein d' « une infinité vide », et d'autre part au Nord, où « l'intellect pur et la raison pure » sont les rois. En Grèce, au contraire, « la nature était la prêtresse et l'homme son dieu ». Mais aujourd'hui, le ciel est mort, dépeuplé et la terre est devenue presque comme une fourmilière. Hyperion est pourtant rempli de l'espérance que « l'antique vérité retrouve une nouvelle jeunesse » et la phrase finale est une prophétie : « Il n'y aura qu'une seule beauté : l'homme et la Nature s'uniront dans l'unique divinité où toutes les choses sont contenues[9]. »

On peut expliquer ainsi les phrases assez dures de l'avant-dernière lettre du deuxième tome : « C'est ainsi que j'arrivai en Allemagne [...]. Des barbares de longue date [...] profondément incapables de sentir le divin [...]. Tu trouveras parmi eux des ouvriers, des penseurs, des prêtres, des maîtres et des serviteurs, des jeunes gens et des adultes certes : mais pas un homme. On croirait voir un champ de bataille couvert de bras, de mains, de membres pêle-mêle, où le sang de la vie se perd lentement dans les sables[10]... » Ensuite, il est question de « l'ordre mort » de ces « barbares maniaques de calcul » et « ces hommes abandonnés des dieux » dont la vie est « altérée par de froides et muettes discordes », qui ne connaissent aucune exaltation. À la fin, c'est moins des Allemands que des hommes modernes qu'il est dit – en tant qu'il sont ennemis de l'art et l'enthousiasme : « Là, les hommes qui sont pourtant tous nés dans la beauté, se font de plus en plus sauvages et stériles ; le sens de la servitude augmente avec la grossièreté, l'ivresse avec le souci, et avec le luxe, la faim et l'angoisse de se nourrir ; les dons de chaque année tournent en malédiction, et les dieux fuient[11]. »

Si l'on se remémore tout cela et que l'on s'intéresse alors à la relation de Nietzsche à l'Antiquité – et en particulier aux Grecs – ce qui saute aux yeux, c'est à quel point il est dans cette tradition de l'idéalisme allemand ; dans cette mesure, il n'y a pas de différence avec Marx, avant que la grande mascarade des écrits nationaux, économiques et du matérialisme historique ne brouillent les contours de sa pensée, si claire dans les textes de sa jeunesse, au point de les rendre méconnaissables. Mais, de même que Feuerbach chez Marx, viennent, dès le début, s'ajouter à cette tradition chez Nietzsche, d'abord la métaphysique pessimiste de Schopenhauer,

9. Hölderlin, *Hyperion* ou l'Ermite de la Grèce, trad. Philippe Jaccottet, Paris, Mercure de France, 1965, p. 96 et 112.
10. *Ibid.*, p. 191.
11. *Ibid.*, p. 195.

puis l'idéal contemporain wagnérien de l'œuvre d'art totale. Par la suite, Nietzsche développe l'idée que l'hellénisme appartient indéniablement au passé et que le choix de l'Antiquité représente une révolte vaine contre la modernité, semblant changer totalement de point de vue ; mais, dans une troisième phase, il effectue un retour spectaculaire vers les idées de sa jeunesse.

Chez le jeune Nietzsche aussi, la pensée de l'harmonie est au centre : grâce à la magie du dionysiaque, « ce n'est pas seulement le lien entre les hommes qui se rénove ; en effet, la nature, à la fois aliénée, assujettie et hostile, fête sa réconciliation avec son fils perdu. ». C'est l'évangile de l'harmonie mondiale, cette « résurrection de la nature », dont Marx avait parlé dans sa jeunesse. Puis à l'inverse, le fondement dionysiaque du monde est conçu par Nietzsche, en référence à Schopenhauer, comme effrayant ; ainsi l'exemple grec se trouve dans une tension extrême ; tout au début, Nietzsche raconte l'histoire de Midas et du Silène, qui nomme le Non-Être, quand on lui demande ce qui serait le mieux pour l'homme (Nietzsche ne dit pas que l'on peut trouver cette phrase du Silène chez Hölderlin, dans le texte original grec, comme devise du deuxième tome d'*Hyperion*). C'est dans ce contexte qu'il faut encore replacer l'insistance sur la « malédiction de la lignée des Atrides » et c'est ainsi que les « splendides figures des dieux de l'Olympe » se ramènent à une « apparence » ; de là précisément est déduite l'idée principale : « C'est seulement en tant que phénomène esthétique que l'existence et le monde sont éternellement justifiés[12]. »

Le jugement négatif de la modernité apparaît ici dans l'attaque contre le socratisme, c'est-à-dire contre la logique des « Lumières » et leur prétention à l'omniscience qui affadit tout, mais aussi contre le caractère apollinien unilatéral de la science dans son ensemble, signe de l'époque récente.

Pourtant, il y a justement ici une perspective de synthèse et de réconciliation, sous la figure de Socrate qui pense, à la fin de sa vie : « Peut-être y a-t-il un domaine de la sagesse, d'où le logicien est banni[13] ? » Nietzsche dit que les Grecs « revendiquent cependant entre les peuples une dignité et un rang qui, parmi la masse, reviennent au génie[14] », et il insiste beaucoup pour établir comme vérité reconnue « que les Grecs tiennent dans leurs mains, les rênes de notre culture[15] ». Il ne faut donc pas s'étonner de ce que le

12. F. Nietzsche, *Œuvres*, coll. « Bouquins », *op. cit.*, vol. 1, p. 44.
13. *Ibid.*, p. 87.
14. *Ibid.*
15. *Ibid.*, p. 88.

jugement de Nietzsche sur la culture de son époque ne soit pas moins négatif que celui de Hölderlin : Nietzsche ne pouvait y voir rien d'autre que « désertification », « épuisement », « poussière, sable, torpeur, langueur ». Mais son jugement sur les Allemands est, au contraire de celui de Hölderlin, très positif, parce qu'il croit reconnaître en eux, à la suite de l'existence de Richard Wagner, les nouveaux Grecs : « Puisse-t-il se faire que personne ne cherche à nous enlever notre foi en une naissance encore à venir de l'Antiquité grecque ; car elle suffit à nous laisser l'espérance en un renouvellement et une transfiguration de l'esprit allemand par la magie du feu de la musique[16]. »

On voit aussi nettement, dans la correspondance, « l'hellénocentrisme » du jeune Nietzsche. En décembre 1870, il propose à Rohde de fonder « une nouvelle académie grecque » et il écrit à la même époque à Ritschl : « Sur ce point il faut de toute nécessité un total radicalisme, un retour effectif à l'Antiquité, fût-ce en courant le risque de ne pouvoir se retrouver avec les Anciens en *communauté de sentiment* sur des points importants, et d'être forcé d'en convenir[17]. »

Toute l'œuvre du début de Nietzsche est traversée d'un tropisme pour les Grecs comme paradigme éternel – à l'époque sans critique ouverte contre le christianisme et le judaïsme, mais avec un point de vue qui dévie très fortement de Schiller, Goethe et Hölderlin, à savoir l'approbation de l'esclavage. Dans l'un des *Cinq avant-propos* – celui sur l'état grec – que Nietzsche offrit à Cosima Wagner pour Noël 1872, on peut lire : « Pour que le terrain sur lequel la culture se développe soit suffisamment étendu, profond et fertile, il faut que l'énorme majorité soit au service d'une minorité [...] Cette classe privilégiée doit être dispensée de lutter pour l'existence. [...] C'est une vérité cruelle à entendre, mais l'esclavage fait partie de l'essence d'une culture. »

C'est justement ici que se trouve la première et la plus grande différence avec Marx, qui part pourtant d'une origine commune : pour Marx, la société actuelle est la « Polis » mondiale sans esclavage ; pour Nietzsche, la culture enracinée dans le mythe est la plus grande vérité de l'humanité ; elle peut seulement se réaliser dans des individus et même un petit nombre d'entre eux, en analogie avec la polis athénienne.

16. *Ibid.*, p. 126 *sq.*
17. F. Nietzsche, *Correspondance*, *op. cit.*, vol. 2, p. 161.

Il est donc d'autant plus déconcertant d'observer la transformation qui s'accomplit en Nietzsche pendant l'année 1874-1875. D'un côté, les sentiments originaux sont désormais formulés particulièrement brusquement : « L'épanouissement du christianisme fut le deuxième grand échec : la puissance nue là, l'intellect engourdi ici, remportèrent la victoire sur le génie aristocratique des peuples. Être philhellène signifie être ennemi de la puissance nue et des intellects engourdis. » La phrase suivante n'en est qu'une autre version : « La défaite politique de la Grèce est le plus grand échec de la culture : il a donné naissance à la théorie que l'on ne peut développer la culture que si l'on est armé jusqu'aux dents. » Mais cela sonne tout différemment quand il écrit un peu plus tard : « Il serait de notre devoir de proclamer que la culture grecque ne peut pas revenir ni le christianisme non plus, ni tout ce qui a constitué jusqu'ici le socle de notre société et de notre politique. »

Dans la période d'*Humain trop humain*, il met toujours cette idée en avant, ainsi quand il dit : « Plus l'empire des religions et de tous les arts anesthésiants perd du terrain, plus strictement les hommes se proposent la véritable suppression des maux, ce qui tombe, il est vrai, mal pour les poètes tragiques[18]. » Les préférences des Grecs sont maintenant comptées au rang des jugements *a priori* : « Seul au loisir (otium) et à la guerre (bellum) il y a noblesse et honneur : c'est ainsi que parlait la voix du préjugé antique[19]. »

Il faut en tout cas faire attention à la voix « contraire » : « Nous avons donné aux choses une couleur nouvelle, et nous continuons, sans cesse à les peindre autrement – mais que pouvons-nous jusqu'à présent contre la *splendeur* du *coloris* de ce vieux maître. Je veux dire l'ancienne humanité[20]. »

Si l'on prend comme repère l'Antiquité, la période tardive de Nietzsche commence très tôt ; le christianisme et, la plupart du temps aussi, le judaïsme sont rendus responsables, sur un ton d'accusation, de l'évolution des paradigmes grecques et antiques ; ainsi déjà dans un fragment de l'été 1880 : « Le christianisme a, grâce à ses caractéristiques juives, transmis aux Européens ce malaise que les Juifs éprouvent vis-à-vis d'eux-mêmes, il a rendu tout ce qui est grec impossible en Europe. »

18. F. Nietzsche, *Œuvres*, coll. « Bouquins », vol. 1, p. 501.
19. *Ibid.*, vol. 2, p. 192.
20. *Ibid.*, p. 143.

Dans cette phase tardive de sa pensée, le pendant de la négation du judéo-christianisme semble être l'affirmation de la culture et de l'Empire romain. Nietzsche se fait le dernier des Romains, qui dresse un doigt accusateur en même temps que, dans une expression hautement instructive, il promet, dans le contexte du « parti de la vie », que l'art supérieur acceptera la vie. Cela veut dire aussi : « Les Grecs restent, pour cette raison, le premier événement culturel de l'histoire [...], le christianisme qui méprisait le corps fut, jusqu'à présent, le plus grand malheur de l'humanité[21]. » L'attaque de Schiller contre la déchirure moderne est radicalisée par cette thèse, qui dit que, dans les dieux grecs, la bête se sentait divinisée en homme « et n'enrageait pas contre elle-même ». Ce tropisme vers l'Antiquité est pourtant essentiel pour son jugement du christianisme et par la même occasion du judaïsme. Ce jugement ne signifie visiblement pas qu'il porte un regard négatif sur tous les chrétiens et tous les juifs ; au contraire, d'une manière étonnante, c'est le produit d'un « anti-antisémitisme » très marqué. Pour comprendre cela, il nous faut maintenant nous tourner vers le thème « judaïsme et orient ».

21. *Ibid.*, p. 1020.

2
Orient et judaïsme

Pour ce qui est du rapport de Nietzsche au judaïsme, il ne s'agit pas – pas plus d'ailleurs que dans son rapport à l'hellénisme – d'une simple admiration du passé ; à l'hellénisme se rattachait au début Richard Wagner, la question de la culture et celle de la vraie vie ; le rapport de Nietzsche au judaïsme exprime d'emblée aussi un rapport aux hommes et au christianisme de son époque ; il implique en particulier une relation au phénomène de l'antisémitisme contemporain, qu'il vaudrait peut-être mieux, en règle générale, définir comme « antijudaïsme ». Mais les prises de position historiques de Nietzsche concernant les Juifs incluent souvent l'Orient : les Hindous anciens et même les Babyloniens ; d'une manière générale l'Orient et le judaïsme sont pour lui comme pour un très grand nombre de ses contemporains plus ou moins identiques : le judaïsme serait la partie visible de l'Orient pour les peuples occidentaux. Cela vaut aussi pour Eugen Dürhing, bien qu'il choisisse une formulation plus générale : « Toute religion ayant une certaine importance relève de l'asiatisme ; mais les rameaux les plus évolués de l'humanité doivent amener le meilleur d'eux-mêmes à se développer. C'est-à-dire qu'ils doivent se défaire de l'asiatisme [1]. »

Qu'« Asie » et « asiatique » soient empreints d'un accent négatif, cela se comprend de soi-même ; en ce qui concerne le « judaïsme », ce n'est – en règle général – pas différent : pour Lessing non plus, car le « juif noble », Nathan, s'est débarrassé de son judaïsme spécifique et a progressé jusqu'à « l'humanité » dans le cadre de laquelle les chrétiens et les juifs ne se différencient pas de manière essentielle.

En RFA, depuis 1945 – et encore plus depuis les années 80 – il est très difficile de parler des formes historiques d'inimitié contre

1. E. Dühring, *Sache, Leben und Feinde*, Leipzig, 1903, p. 236.

le judaïsme, sans qu'aussitôt ne surgisse le symbole « Auschwitz ». Mais l'inimitié que les Juifs et plus particulièrement la religion juive rencontrèrent est si vieille et si répandue qu'un événement isolé dans le XXe siècle ne peut absolument pas être extrait de son contexte sans que l'on tienne compte des autres causes. *La Bible* décrit déjà dans le Livre d'Esther une grande persécution des Juifs, et leur réaction ; Tacite parle de l'« odium generis humani » qui habiterait les Juifs, particulièrement les Juifs chrétiens ; les grandes persécutions et expulsions de Juifs furent fréquentes à la fin de l'Antiquité. On pourrait être tenté de dire qu'il s'est toujours agi d'une forme particulière de haine de l'étranger et du rejet de minorités par la majorité, et que l'on a pu observer des processus similaires dans le monde entier, partout où des minorités facilement identifiables sont regardées avec des yeux défiants ou envieux.

Sur le principe, cette observation est juste et elle pourrait dans le présent être renforcée par l'exemple du destin des Hindous en Ouganda, et d'autres minorités. Mais les Juifs ne furent jamais simplement un « cas » parmi d'autres au sein du problème de la persécution des minorités.

La religion juive fut l'origine du christianisme, et le christianisme n'est devenu ce qu'il est qu'en se définissant par rapport au judaïsme. L'antagonisme était dans cette mesure inévitable ; elle revêtit déjà une forme abrupte au IIe siècle chez Marcion, pour qui le Dieu d'amour du Nouveau Testament était fondamentalement différent du Dieu de vengeance de l'Ancien Testament. D'un autre côté, on ne pouvait nier que Jésus était juif et que l'Ancien Testament et le Nouveau Testament forment un tout en tant que « parole de Dieu ». L'attitude vis-à-vis des Juifs était donc ambivalente. La définition des Juifs comme « peuple élu » fut à la fois reprise et combattue par le christianisme. Dans les faits, pendant de nombreux siècles, l'inimitié religieuse demeura plus visible que la parenté religieuse. En tout cas, le judaïsme est un phénomène historique mondial très significatif ; ce n'est nullement un phénomène de minorité.

Un deuxième facteur à prendre en compte est la dispersion des Juifs après la chute des États juifs et en particulier après la destruction de Jérusalem par Titus en 70 après J.-C. Dans l'Europe du Moyen Âge, les Juifs étaient toujours des minorités de marchands, en partie volontairement, en partie par contrainte, et ils furent un partenaire indispensable dans la formation de l'économie monétaire et du « capitalisme ». De cette manière, vint s'ajouter à cet antagonisme religieux, un antagonisme économique ; les deux motifs entrent en compte dans les persécutions médiévales. La vie dans le ghetto était, de la même manière, à moitié forcée, à moitié volontaire ; elle formait la base d'une vie commune intense qui signifiait une autoprotection et par là même la garantie de l'unité de la foi, des coutumes et des rites qui, dans la société chrétienne depuis la Réforme, avaient tendance à disparaître progressivement. L'esprit des « Lumières » fut, dans ses représentants les plus importants, comme Voltaire et Holbach, ouvertement « antisémite », c'est-à-dire antijuif, mais c'était une partie du combat contre le christianisme et un aspect d'une histoire téléologique. Quant à la branche « philosémite » des « Lumières », elle prit unanimement parti contre l'orthodoxie juive et pour « l'anoblissement » des Juifs, c'est-à-dire pour leur participation à l'union des citoyens. La Révolution française offrit ensuite « l'émancipation », mais avec ce bémol : « Le juif comme être humain doit être protégé, le juif comme nation doit être refusé. »

Les « Lumières » présentaient donc un problème difficile aux Juifs : elles garantissaient, comme avantage, la fin des restrictions de leur activité économique et politique, mais elles comportaient, comme inconvénient, la perte de la cohérence communautaire à laquelle, sous la forme de l'état chrétien et en particulier confessionnel, il avait été si difficile de renoncer pour les chrétiens eux-mêmes. Des partis marqués virent donc bientôt le jour, dans le judaïsme même : les orthodoxes, les « assimilés » (Libéraux), les révolutionnaires. À cela correspondaient les différents types d'« antisémitisme » dans la majorité de la population : les conservateurs polémiquaient avant tout contre l'esprit « destructeur » des auteurs et les révolutionnaires juifs, par exemple contre « la jeune Allemagne juive », autour de Heine et Börne ou bien contre le « révolutionnaire juif Lassalle ». Les libéraux critiquaient les juifs orthodoxes comme reliquat mort d'un état du monde du passé et leur reprochait leur hostilité contre un monde moderne déterminé par le christianisme et les « Lumières » : tel était le cas de Bruno Bauer à ses débuts et encore, plus tard, lorsqu'il se rapprocha des « sociaux-conservateurs » autour d'Hermann Wagener ; les socialistes s'en prenaient à la « puissance d'argent juive », avant tout à la maison Rothschild en tant que symbole du « capitalisme », de « l'avarice » de l'argent et l'esprit de marchandage ; ainsi en était-il de Fourier et Proudhon, mais aussi de Karl Marx : le monde d'aujourd'hui serait « juif jusqu'au fond du cœur », l'émancipation des juifs serait dans sa dernière signification « libérer l'humanité des Juifs[2] ».

2. Karl Marx, *La Sainte Famille*, Paris, Éditions Sociales, 1969, p. 135.

Se contenter d'excommunier moralement ces antisémites ne suffit pas. Ces hostilités déclarées font partie de l'histoire mondiale et si on les condamne, il faut condamner en même temps tous ces conflits dont elle n'était qu'un élément. Il était d'ailleurs révélateur que des Juifs adhèrent à l'une ou l'autre de ces opinions : il y avait en effet des conservateurs d'origine juive comme Friedrich Julius Stahl, des Juifs libéraux comme Gabriel Riesser, des Juifs socialistes comme Marx et Lassalle. C'est ici qu'apparaît encore ce qu'on appelle la querelle antisémite berlinoise. L'article d'Heinrich von Treitschke « Unsere Aussichten » (Notre point de vue) de 1879 fit grand bruit, dans une certaine mesure à bon droit, car Treitschke exposait visiblement avec sympathie des idées culminant dans cette phrase : « Les Juifs sont notre malheur. » Mais, détachée, cette phrase dans son ensemble ne correspond absolument pas à l'idée de Treitschke, beaucoup mieux exprimée dans une phrase très discrète : « Ce que nous devons exiger de nos concitoyens israélites est simple : ils doivent devenir allemands, se sentir à bon droit allemands – sans porter dommage à leur foi et leurs vieilles et saintes réminiscences, qui nous paraissent à nous bien respectables... » L'homme qui était l'un des opposants déclarés de Treitschke, ainsi qu'ouvertement philosémite, à savoir Theodor Mommsen, disait au fond exactement la même chose : « Aucun Moïse ne conduira plus les Juifs en terre promise exaltée ; [...] il est de leur devoir, autant qu'ils le peuvent, sans pour autant agir contre leur conscience, de se défaire le mieux qu'ils peuvent de ce qu'ils ont de particulier, et de mettre à bas, d'une main décidée, toutes les limites entre eux et le reste des citoyens allemands[3]. » Treitschke et Mommsen avaient donc le même point de vue concernant le problème auquel les Juifs étaient confrontés, de savoir s'ils constituaient un peuple ou bien une simple confession. Mais justement des Juifs comme Heine ou Moses Hess avaient mis en avant le caractère ethnique des Juifs, et il ne faudrait plus attendre longtemps avant que Theodor Herzl résume ainsi son idée fondamentale : « Nous sommes un *peuple*, *un* peuple. » Quand on repense quels conflits difficiles accompagnèrent sous Bismarck l'accoutumance progressive des protestants et des catholiques les uns aux autres, leurs difficultés à se considérer réciproquement comme des égaux, on devra tenir pour infondé le postulat qui dit que « l'assimilation des juifs » aurait pu s'accomplir sans blocages chez

3. *Der Berliner Antisemitismusstreit*, édité par W. Böhlich, Francfort, 1965, p. 277.

les assimilateurs et chez les assimilés et sans conflits entre eux. Il faut de nouveau, ici, citer Theodor Herzl, qui, dans le même ordre d'idée écrivit : « Nous sommes des deux côtés aux endroits les plus exposés du conflit social, et nous en serons la première victime si nous ne prenons pas rapidement la décision de coloniser la Palestine et de nous forger une patrie. »

En rapport avec cette phrase de Herzl, on pourrait tout de suite formuler la loi sociale suivante : plus une minorité est particulière, plus elle souhaite cette particularité et, plus son activité et son succès sont grands, plus grande est la haine qu'elle attise, car elle éveille des instincts à la fois conservateurs et égalitaires. Elle se présente alors d'autant plus comme bouc émissaire et, pour certaines tendances politiques, comme schéma d'interprétation grâce auquel des conflits sociaux d'une plus grande dimension sont expliqués. Ainsi l'orientation conservatrice et aristocratique vers le passé et l'aspiration à l'homogénéité démocratique peuvent former un mélange extrêmement explosif, en particulier quand s'en mêle une idéologie qui veut des coupables afin de trouver une explication simple à des questions complexes, difficiles à maîtriser, et donc ressenties comme menaçantes. À partir de là, on pouvait formuler cette thèse globale que quelques Juifs comme Marx, Lassalle et Hess ont apporté, à l'évidence, l'« intelligence critique » au « mouvement des ouvriers », permettant l'émergence du mouvement idéologique du socialisme ; de même quelques autres Juifs, ayant pour figure emblématique Rothschild, ont joué un rôle important dans le développement du capitalisme. Les Juifs se prêtaient particulièrement à « la désignation collective d'une culpabilité ». L'antisémitisme n'étant, avant 1918, pas plus fort en Allemagne qu'en France, en Pologne ou en Roumanie. On pouvait affirmer, à bon droit, qu'il était en voie de disparition, car l'assimilation faisait de grands progrès. Cependant, il subsistait un cas particulier : l'immigration des Juifs de l'Est signifiait – au grand dam des Juifs assimilés – le retour de l'image du Juif comme « étranger ». Ainsi, la perspective finale du choc de deux mouvements démocratiques, l'un luttant pour l'émancipation des Juifs, l'autre pour les droits des Allemands, n'était pas exclue, comme l'indiquaient ces deux cris de ralliement : « Égalité complète des droits pour les Juifs » et « L'Allemagne aux Allemands ».

Mais ce deuxième mot d'ordre ne découlait pas des conceptions de Treitschke : l'antisémitisme que l'on présentait comme produit des grandes philosophies avait été, d'abord en réalité, le centre d'une idéologie autonome, qui comportait ouvertement un jugement très négatif sur les Juifs, vus comme les initiateurs d'un monothéisme ennemi de la vie, et d'un capitalisme destructeur de la culture et/ou comme les initiateurs d'un concept de révolution sanguinaire. Nous donnerons ici l'exemple d'Eugen Dühring, et nous reviendrons ainsi sans transition dans la proximité de Nietzsche.

Le fait que Dürhing vienne de la gauche, des « Lumières » et de « l'esprit de 1848 » est indéniable. Le *Cursus der Philosophie als streng wissenschaftlicher Weltanschauung und Lebensgestaltung* (Le cours de la philosophie comme vision du monde et système de vie strictement scientifiques), paru en 1875, veut être une « doctrine de la réalité », sur une base strictement scientifique et antithéologique ; déjà, dans l'Avant-propos, la conséquence politique du livre est clairement exprimée : il faut combattre la « pourriture » et la pusillanimité du désespoir du monde. Ce combat anticipe sur « l'ordre plus noble » qui se mettra en place après la « mort de l'ancien régime spirituel ». Au sein de cette analogie qui inclut le concept « anti-autoritaire » d'une société libre remplaçant « l'état de force », on trouve des phases comme celles-ci : « Dans la société d'aujourd'hui, l'influence grandissante de l'élément juif est inévitable. Un petit peuple dans la préhistoire duquel la cruauté et l'égoïsme grossier sont érigés en programme de vie est parvenu (déjà habitué qu'il était, avant la chute de son propre État, à s'incruster dans la chair des autres nations à la manière d'un parasite) à ensemencer toute la terre avec sa descendance. Comme il est chez lui à la fois partout et nulle part, il joue dans les États de culture moderne un rôle commercial et financier prépondérant[4]. » C'est pourquoi, explique Dühring, les Juifs règnent sur la presse ; leur pensée marchande s'immisce aussi dans les sciences ; les mœurs se dissolvent sous leur influence... Seul le socialisme est, d'après Dühring, en état de résoudre le « problème juif », et Dühring paraît penser ici à une réglementation fondée sur des quotas qui doit offrir de bonnes conditions à la complète absorption des Juifs par la majorité. Mais, dans les livres ultérieurs, ainsi que dans les nouvelles éditions, comme celle de la *Denkerbetrachtung im Sinn heroischer Lebensauffassung* (Considérations d'un penseur dans le sens d'une conception héroïque de la vie) sur la « valeur de la vie », ou bien dans son autobiographie *Sache, Leben und Feinde* (Cause, vie, ennemis), son ton se fait toujours plus dur ; les difficultés de Dühring à partir de 1877 avec la « socialdémocratie juive » en sont visiblement la cause ; il ajoute que la philosophie hostile à la vie

4. E. Dühring, *op. cit.*, p. 390.

du christianisme et son « adoration du rien » sont issus de « la mauvaise nature de la race juive ». Ici, il est clair que « l'égoïsme hébraïque » ne disparaîtra qu'avec « les Hébreux » eux-mêmes. Cela aboutit en fait à une exigence d'extermination, exprimée sans ambages, dans la cinquième édition (1901) du texte : « La question juive comme question de caractère de la race et de ses inconvénients pour l'existence des peuples, les coutumes et la culture. » Voilà le vrai antisémitisme, c'est-à-dire l'antijudaïsme, centre d'une philosophie du monde avec laquelle aucun Juif ne peut sympathiser, parce que, *en tant que* juif, c'est-à-dire à cause d'une qualité biologique qu'il ne peut perdre, il est désigné comme ennemi, comme ennemi universel.

À quel point le comportement de Nietzsche face au judaïsme et aux Juifs est complexe et ambivalent, n'apparaît clairement que sur le fond de cet arrière plan.

Il faut ensuite différencier très précisément la position de Nietzsche face aux Juifs et sa position face au judaïsme. En elle-même, la différence, dira-t-on, n'est pas très intéressante ; c'est en effet chose connue que tous les antisémites ont des amis juifs. Mais chez Nietzsche, une telle différence est particulièrement intéressante et représentative.

Que le jeune Nietzsche ait eu des « préjugés antisémites » est hors de question. Et cet antisémitisme vient très clairement d'un rejet de l'argent et de la société fondée sur lui. Il écrit en 1865, dans une lettre, que les affaires d'argent sont pour lui une horreur : « Pourquoi cette engeance existe-t-elle ? » Un peut plus tard, il peint, dans une lettre à sa mère et à sa sœur, la situation à Leipzig pendant la foire : « De surcroît tout fourmille d'affreux singes dénués d'esprit et autres négociants [...]. Finalement j'ai déniché avec Gersdorff une auberge où l'on n'a à déguster ni beurre fondu, ni binettes juives, mais où nous sommes en règle générale les seuls clients[5]. » Cela, qui peut être une sorte de métaphore comme dans *Les Juifs rois de l'époque* de Toussenel, sonne différemment quand il écrit à Richard Wagner que le sérieux de la vie germanique est mis en danger par un judaïsme forcené. C'est un autre ton qu'il faut remarquer dans le contexte de la querelle autour de la *Naissance de la tragédie*, où il reconnaît des qualités « au Juif Bernay » : « Les Juifs sont partout, même ici, pendant que notre bon Allemand Usener, fait cocu, reste derrière dans l'obscurité. » Mais

5. F. Nietzsche, *Correspondance*, *op. cit.*, vol. 1, p. 427-428.

en revanche, il parle à Carl Fuchs, de nouveau, de la « populace agitée des Juifs cultivés », dans le Hatz-Berlin remuant ; et pendant un voyage dans les Alpes, il note : « Un Juif fera malheureusement le voyage avec moi demain en partant à la même heure (cinq heures du matin)[6]... »

Pourtant l'origine juive de Paul Rée ne l'empêcha pas d'être en relation étroite avec lui ; et il écrit en août 1877 à Siegfried Lipiner dont le poème « Prométhée délivré » lui avait fait grande impression, qu'il avait eu ces derniers temps certaines expériences qui n'incitaient à fonder des espoirs tout particuliers sur les disciples de cette souche. Plus l'œuvre avance, plus des jugements positifs sur les Juifs reviennent, et en règle générale, elles sont associées à des tournure négatives à l'égard des Allemands : il est, selon Nietzsche, excellent que les Juifs aient ainsi en main l'intellectualité de l'Europe ; que le ciel ait pitié de l'entendement européen, si les Juifs disparaissent, et il s'adresse à Ferdinand Avenarius, avec grande amertume à propos de « la négligence dans laquelle on tient Heine au regard de ce vent maudit de teutomanie ». Et pourtant, une expression comme « l'horrible Juif Goldschmidt », lui échappera plus tard. Et il est pour le moins ambigu, quand il écrit au sujet de Georg Brandes, qu'il vienne justement d'exprimer à nouveau son mépris contre tout ce qui est allemand ; il s'agit de ces Juifs internationaux qui ont un courage de diable chevillé au corps. C'est pourquoi, il ne faut pas négliger l'« effort » et l'« artifice », qui lui font dire à Brandes, début décembre 1888, que, pour le coup final à porter pour la destruction du christianisme, il a absolument besoin de la puissance internationale des Juifs ; car ceux-ci auront, d'après lui, un intérêt naturel à la destruction du christianisme ; encore compte-t-il les « banquiers juifs » à côté des officiers, au nombre des cadres du futur « parti de la vie ».

Il exprime donc dans des phrases très claires un certain « anti-antisémitisme », mais les raisons en sont souvent très circonstancielles. Sur la *Internationale Monatsschrift* de Schmeitzner, il s'exprime de la manière suivante en janvier 1883 : « C'est la première fois, depuis six ans, que j'ai lu quelque chose à mon propos sans dégoût. Pour le reste, ce journal pue Dühring et l'antijudaïsme[7]. »

Visiblement, il rejette dans l'antisémitisme justement ce qu'on pourrait appeler « la voie étroite du socialisme » (que du reste

6. Lettre du mois d'août 1877, citée *in* C. P. Janz, *op. cit.,* vol. II, p. 226.
7. *K.G.B.*, *op. cit.,* vol. III, 1, p. 317.

Friedrich Engels observait également, même si c'était dans un autre contexte) : le mouvement antisémite conduirait lui aussi « aux séismes et aux poussées d'anarchisme d'une ampleur monstrueuse » qu'il prévoit ; elle apparaît entièrement « comme le combat contre les riches et les moyens existant jusqu'alors pour devenir riche[8] ».

Mais encore plus souvent, ce sont des raisons toutes personnelles et pragmatiques qu'il met en avant pour expliquer son anti-antisémitisme : « Ce maudit antisémitisme corrompt pour moi toutes les factures – en ce qui concerne mon indépendance financière –, les élèves, les nouveaux amis, l'influence ; il m'a brouillé avec Richard Wagner, il est aussi à l'origine d'une rupture *radicale* entre ma sœur et moi[9]. » En tant que beau-frère de Bernhard Förster, comme auteur chez Ernst Schmeitzner, comme disciple (ayant volontairement pris ses distances) de Richard Wagner, Nietzsche devait certainement apparaître au monde comme un ami ou un disciple de l'antisémitisme, et cela lui sembla insupportable, certainement et avant tout parce que, « sans les Juifs, il n'y aurait pas de gloire ». Et pourtant ce n'est sûrement pas hypocrisie ou pragmatisme quand il se décrit dans une lettre à sa sœur, datant de février 1886, comme « incorrigible européen et anti-antisémite[10] ».

Mais celui qui voudrait attribuer à Nietzsche une relation positive au judaïsme en tant que puissance historique spirituelle, se tromperait beaucoup, bien que dans ce domaine, on ne puisse trancher vraiment.

Dans la *Naissance de la tragédie* et dans les autres œuvres du début, le judaïsme n'entre pas en ligne de compte ; mais dans les fragments qui leur sont contemporains, il est évident que Nietzsche se sentait héritier de cette tradition artistique qui accuse les Juifs de l'« odium generis humanum », et par l'intermédiaire de Schiller, il s'était plaint de ce que le monde grec des dieux ait dû disparaître pour « en enrichir un parmi tous ». Le socratisme est un « monisme issu de la pauvreté » ; ceci veut dire la « victoire du monde juif sur la volonté affaiblie de la culture grecque ». L'avenir est anticipé quand il est question de « l'infâme formule juive : réaliser le ciel sur la terre ». Pour le jeune Nietzsche, cela signifie un « joug étranger et non national » que le dieu national des Juifs, symbole d'un peuple combattant avec un seul étendard, soit devenu le Dieu des Allemands. Cependant dans la période d'*Humain trop humain*, le

8. *Ibid.*, p. 365.
9. *Ibid.*, p. 403.
10. *K.G.B.*, *op. cit.*, III, 3, p. 147.

transfert d'interprétation inclut aussi le judaïsme : il aurait aidé d'une manière essentielle l'Occident à se réoccidentaliser ; et dans *Aurore*, c'est dans un sens positif que Nietzsche dit des Juifs qu'ils sont le peuple « qui a poussé l'imagination du sublime moral plus haut que tout autre peuple et qui a seul réuni la création d'un Dieu saint, avec l'idée du péché considéré comme manquement à cette sainteté[11] ».

On voit aussi, ici et là, des intonations ouvertement philosémites : quand la culture de la terre autrefois rêvée par Nietzsche ou, bien acceptée, est devenue réalité : « Alors ils seront les inventeurs et les guides des Européens [...] alors reviendra ce septième jour où le Dieu ancien des Juifs pourra se réjouir de lui-même, de sa création et de son peuple élu, – et nous tous, tous, nous voulons nous réjouir avec lui[12] ! » Mais dans un même élan, Nietzsche écrit : « Le principe exalté “aimez vos ennemis !” a dû être inventé par des Juifs, les meilleurs *haïsseurs* qu'il y ait jamais eu[13]. » Cette phrase est vraiment ambiguë : « Les Juifs (sont) le génie moral des peuples. » Plus Nietzsche identifie clairement « la morale » comme ennemi, d'autant plus décisives deviennent ses déclarations contre le Judaïsme. J'en citerai quelques-unes :

« La moralité de l'Europe est juive. »

« Ce renversement de valeurs [...] fait l'importance du peuple juif : avec lui commence dans la morale la révolte des esclaves[14]. »

« Les Romains étaient les forts et les nobles, ils l'étaient à un point que jamais jusqu'à présent sur la terre il n'y eut plus fort et plus noble [...]. Les Juifs, au contraire, étaient ce peuple sacerdotal du ressentiment *par excellence*, un peuple qui possédait une génialité de la morale populaire qui n'a pas son égale [...]. Lequel des deux peuples a *vaincu* provisoirement, Rome ou la Judée ? [...] Dans un sens plus décisif, plus radical encore, la Judée remporta une nouvelle victoire sur l'idéal classique, avec la Révolution française[15]. »

« Les Juifs sont le peuple le plus remarquable de l'histoire universelle, puisque, placés devant la question de l'être ou du non-être, ils ont préféré, avec une clairvoyance inquiétante, l'être *à tout prix* : ce prix était *la falsification* radicale de tout ce qui est nature, naturel, réalité tant du monde intérieur que du monde extérieur. [...] C'est

11. F. Nietzsche, *Œuvres*, coll. « Bouquins », *op. cit.*, vol. 1, p. 1006.
12. *Ibid.*, p. 1094.
13. *Ibid.*, p. 1145.
14. *Ibid.*, vol. 2, p. 639.
15. *Ibid.*, p. 799-800.

par cela même que les Juifs sont le peuple *le plus fatal* de l'histoire universelle : dans leur influence ultérieure, ils ont tellement faussé l'humanité qu'aujourd'hui encore le chrétien peut exprimer des sentiments antijuifs sans voir qu'il est *conséquence extrême du judaïsme*[16]. »

Il ne saurait y avoir de doute : tout ce que Nietzsche dit dans *Loi contre le christianisme* sur le prêtre en tant que protagoniste de la contre-nature, toutes les injonctions de destruction qu'il en retire, peut aussi convenir aux Juifs, en tant que véritables instigateurs de la « morale », c'est-à-dire de la dénaturation, et on pourrait même dire, de la rationalisation.

Et cependant, lorsqu'on prend en compte un terme comme « judaïser » ou bien les formules : « La haine des Juifs s'est nourrie aux Dieu des Juifs », « le César romain devint bête de troupeau, Dieu lui-même était juif », il est difficile de ne *pas* se ranger à l'avis de Franz Overbeck : « Nietzsche a été un véritable opposant de l'antisémitisme – c'est ainsi qu'il a vécu. Ce qui n'empêche pas que ses jugements sur les Juifs, laissent tous les antisémites, quand il parle franchement, loin derrière lui par leur dureté. Son antichristianisme était avant tout fondé sur de l'antisémitisme[17]. »

Et pourtant cela ne sonne pas faux, quand Nietzsche compte les Juifs au rang des « plus grandes races » qui, même dans les situations les plus difficiles, ne tombent pas facilement dans le sort extrême, de ceux qui doivent louer leur force de travail (c'est-à-dire devenir ouvriers) ; ou bien quand il dit qu'en Europe, les Juifs seraient la plus ancienne et la plus pure des races ; pour cette raison, la beauté de la femme juive surpasserait celle de toutes les autres femmes. Il lui arrive de placer aussi le « grand style » de l'Ancien Testament, non seulement très loin au-dessus du Nouveau Testament, mais même au-dessus de l'écriture grecque. Visiblement, dans cet homme, des manières de penser, habituellement dispersées en plusieurs personnes, étaient imbriquées et s'articulaient tout en entrant en collision. C'est pour cela que chaque idéologie, en faisant un choix judicieux, peut si facilement construire son « propre Nietzsche ».

On peut maintenant jeter un coup d'œil à son comportement face à l'Orient ou « Pays du levant », dans la manière où il n'est pas identifié au judaïsme.

16. *Ibid.*, p. 1058.
17. Carl Albrecht Bernoulli, *op. cit.,* vol. 1, p. 362.

Dans la *Naissance de la tragédie*, Nietzsche ne néglige pas le fait, comme l'avait montré Friedrich Creuzer, que Dionysos est venu de l'est, d'Asie, et c'est pour cette raison qu'il fait une différence entre les grecs dionysiaques et les barbares dionysiaques. En dehors de la Grèce, le centre des fêtes dionysiaques était « une exubérante indiscipline sexuelle » dans laquelle les « bêtes les plus sauvages de la nature » se déchaînaient ; en comparaison avec les cultes orgiaques babyloniens où l'homme redevenait tigre ou singe, leurs équivalents grecs auraient eu la signification de fêtes de délivrance du monde et de jours de transfiguration.

Cela va bien avec le fait que Nietzsche, dans une lettre à Rohde, parle de l'amour sexuel et à un autre endroit du « mystère repoussant » dans lequel s'accomplirait la procréation d'enfants. Mais à la fin de sa vie, il place Dionysos en maître des « Mystères de la sexualité » face à la contre-nature du christianisme, et l'on peut se demander si le Nietzsche de la fin ne franchit pas vraiment le pas du Dionysos grec ou Dionysos babylonien, ou serait, du moins, contraint de le faire par la logique de ses analyses.

Une contradiction d'une autre sorte se rencontre dans son rapport à la religion hindoue, dont Nietzsche ne s'est occupé que très tard. Le *Livre de la loi de Manou* qu'il connut par une traduction française lui a visiblement fait – en 1887-1888 – une forte impression. Les affirmations extrêmement brutales en faveur du maintien de la pureté de la race ancienne face aux indigènes non aryens appelés « Tschandala », lui apparaissent comme les preuves fondées d'une « humanité aryenne », à l'opposé exact du christianisme érigé sur des racines juives, « la religion anti-aryenne par excellence ». Il considère, avec une approbation particulièrement forte la répartition en castes prônée par Manou, car elle est pour lui un miroir exact de l'ordre de la nature : « C'est la nature et *non* Manou qui sépare les hommes à prépondérance spirituelle et ceux à prépondérance musculaire et à tempérament fort et ceux qui ne se distinguent par aucune prépondérance ; les troisièmes, les médiocres – les derniers sont le grand nombre, les premiers sont l'élite[18]. » C'est une réplique exacte de la répartition des ordres que Platon prône dans *Politeia* ; Nietzsche apparaît ici comme le platonicien le plus accompli parmi les philosophes modernes. Mais dans un fragment tardif, il écrit que dans le livre de la loi aryenne, dans la race pure, dans Manou, on trouve un « sémitisme », c'est-à-dire un esprit de prêtre, pire qu'ailleurs.

18. F. Nietzsche, *Œuvres*, coll. « Bouquins », *op. cit.*, vol. 2, p. 1095.

La simple confrontation du judaïsme et du christianisme, de l'Orient et de l'Antiquité classique, était donc visiblement insuffisante. Ce que les Pères de l'Église avaient défini comme « l'adventisme » dans l'Antiquité, Nietzsche ne pouvait pas l'ignorer : la morale existait avant le judaïsme et en dehors de lui, le christianisme existait déjà, d'une certaine façon, avant Jésus-Christ, au sein de l'hellénisme, sous le visage de Socrate et Platon. Notre prochain thème sera donc : Platonisme, morale et christianisme.

3
Platonisme, morale et christianisme

Il faut d'abord se souvenir des conceptions, des préférences et des « idées » fondamentales de Nietzsche, qui sont en même temps des émotions fondamentales, et qui sont formulées particulièrement spontanément dans les lettres du début. Au sujet d'un orage : « Qu'était pour moi l'éternel "Tu dois", "Tu ne dois pas". Combien différents étaient l'éclair, la tempête, la grêle, puissances libres sans éthique ! Qu'ils sont heureux, forts, de volonté pure, sans trouble de l'intellect[1]. » À Von Gersdorff, le 6 avril 1887 : « Ne serait-ce point que le christianisme a opéré, dans la nature humaine, une coupure qu'ignorait le peuple de l'harmonie[2] ? »

L'homme est donc pour le jeune Nietzsche le seul être rendu étranger à la nature par l'éthique (c'est-à-dire la morale). Cette aliénation varie cependant selon les époques et n'exclut pas toujours l'« harmonie ». Le christianisme signifie cependant la déchirure de l'harmonie grecque. Doit-il pour autant être compris comme déchéance ? Ou bien comme étape de développement, formation des différences, si bien qu'il serait le préparation d'une forme future et plus haute de l'harmonie ? Nietzsche se demande si christianisme et morale n'ont pas justement été préparés dans l'hellénisme. Dans la *Naissance de la tragédie*, Socrate apparaît comme « superfétation du logique », comme combattant contre les instincts et l'irrationnel ; Euripide est introduit comme l'ennemi de la tragédie parce qu'il amène le spectateur – l'homme du commun – sur scène. Nietzsche relie très étroitement Socrate à son élève : Platon. En fait, l'échange avec Platon, comme d'ailleurs celui avec Socrate, traverse toute la vie de Nietzsche, à des degrés divers.

1. *K.G.B.*, *op. cit.*, I, 2, p. 121.
2. F. Nietzsche, *Correspondance*, *op. cit.*, vol. 1, p. 504.

Il faut d'abord jeter un coup d'œil sur la *Philosophie à l'âge tragique des Grecs*. Nietzsche veut écrire ici l'histoire de la philosophie comme l'histoire des philosophes, c'est-à-dire des grandes personnalités « typiques et idéales » – pourrait-on dire. Dans la ligne de pensée allant de Thalès à Socrate, Nietzsche voit une « république de génies qui ne connaissent encore aucune convention car il n'y avait autrefois pas de classe des érudits et des philosophes », un « grand dialogue des esprits » au cours duquel un géant rappelle l'autre, dans les intervalles déserts des époques. Mais déjà Platon est un « personnage mélangé » dans la doctrine duquel des éléments socratiques, pythagoriciens et héraclitiens sont réunis, et qui combine en outre, en tant qu'homme, des traits de caractère de différentes sortes. Le véritable héros de Nietzsche est Héraclite avec son « apologie du devenir », du devenir et du passage « sans adjonction morale », ainsi que cela apparaît dans le *Jeu de l'artiste et de l'enfant*, et dans sa doctrine de l'unité des contraires, dans laquelle la « bonne Discorde » d'Hésiode est érigée en principe du monde : « Les choses elles-mêmes, que l'esprit étroit de l'animal croit stables et immobiles n'ont aucune existence propre, elles sont l'éclair et l'étincelle d'épée brandies, elles sont le scintillement de la victoire dans la lutte des qualités contraires. » Platon n'est pas le premier à être en opposition avec Héraclite ; Parménide en effet rejetait le monde du devenir comme faux et il arrivait – dans le bain froid des effrayantes abstractions – à imputer, à l'être seulement, et à l'unité indissociable, la vérité, si bien que pour lui le monde qui laisse apparaître les sens est une simple tromperie ; les sens et la raison sont brusquement dissociés ; il advint « cette séparation complètement erronée de l'esprit et du corps » – qui particulièrement depuis Platon est comme une malédiction sur le philosophe. » Ce que Parménide découvre et que Platon développe, c'est la conviction que « l'abstraction supérieure de la pensée » mène justement à la plus haute vérité mais cette vérité n'est pour Nietzsche rien d'autre que la généralité la plus défraîchie, « le calme engourdi de la mort, du concept froid qui ne dit rien, de l'être ». À partir de ce concept, le monde visible peut être rejeté et jugé comme une « objectivisation de l'illogique et du contradictoire ». Mais cette « objectivisation » n'est pas pour Nietzsche une « chose », ni un « complexe de choses », c'est, comme il le dit dans un fragment tardif, « l'éclat séduisant de l'or sur le ventre du serpent vita ». Donc, en ce qui concerne Platon et Parménide le Nietzsche de la fin était préfiguré par le jeune Nietzsche, il est très intéressant de voir que Nietzsche déjà dans un fragment du début

1871 disait: « Ma philosophie, du platonisme à l'envers: plus on s'éloigne de l'étant véridique, mieux c'est, plus c'est pur, plus c'est beau. Avoir pour but la vie sans force d'apparence. »

Et sur ce point central, la deuxième période de Nietzsche ne signifie pas vraiment une déviation, mais simplement un déplacement de l'accent. Il dit dans *Le Gai Savoir* que même ceux qui aujourd'hui cultivent la connaissance, les « athées et antimétaphysiciens », au nombre desquels il se compte, prennent leur flamme dans le foyer qu'une foi vieille d'un millénaire a allumé, « cette croyance chrétienne qui était aussi celle de Platon, qui dit que Dieu est la vérité et que la vérité est divine[3] ». Mais cela même se révéla être de plus en plus incroyable, car plus rien ne paraît divin, sauf l'erreur, la cécité, le mensonge. Ici, le platonisme vaut comme double étape: une étape entre l'Antiquité elle-même et le christianisme, et une étape entre le christianisme et le « libre penseur » moderne, qui veut aussi la vérité et, pour cette raison, parvient à la connaissance de l'existence exclusive de l'erreur qui est visiblement apparentée aussi bien à l'effrayant qu'au beau.

À la fin, chez Nietzsche, le simple rejet, et même les insultes envers Platon, prennent le dessus: il est désormais « le grand pont de la pourriture, qui commença par vouloir confondre la nature et la morale [...] qui avait dévalorisé les dieux grecs avec son concept de bien et s'était déjà entaché de judaïsme ». Nietzsche oppose à Platon les sophistes et Thucydide en tant que réalistes forts et exigeants, qui ne se réfugient pas dans l'idéal et qui ne sont pas, comme Platon, « judaïsés » et « chrétiens avant l'heure[4] ». Platon est donc à ses yeux, l'instigateur de la morale, c'est-à-dire de la « falsification de tout ce qui existe effectivement » par là même, « le plus grand malheur de l'Europe ». À partir de là, le christianisme sombre dans un monde négatif, « le christianisme est un platonisme pour le peuple » dit-il dans l'« Avant-Propos » de *Par-delà le bien et le mal*[5].

Rien ne semble plus évident car le christianisme est le grand fait de base de l'histoire occidentale (et aussi de l'histoire orientale, si l'on fait abstraction de celle de l'Islam).

Opprimé pendant plusieurs siècles sous l'Empire romain, se diffusant pour cette raison dans toutes les classes, et finalement victorieux au IVe siècle, évangile des pauvres mais aussi doctrine

3. F. Nietzsche, *Œuvres*, coll. « Bouquins », *op. cit.*, vol. 2, p. 208.
4. F. Nietzsche, *Œuvres*, coll. « Bouquins », *op. cit.*, vol. 2, p. 1025-1026.
5. *Ibid.*, p. 560.

du royaume de l'homme divin (le Christ, ascétique, qui n'interprétait pourtant pas, à la manière de nombreuses sectes, le corps comme une « tombe »), le christianisme s'assujettit le monde d'une manière à peine concevable, tellement elle était totale : il y avait des églises ou des chapelles dans toutes les villes et les villages ; des chants des fidèles retentissaient tous les dimanches, l'enseignement du péché et du salut fut aussi offert dans les universités ; de l'Écosse à la Sicile, des Pyrénées au Dniepr, une même foi se répandait, même s'il y eut des épisodes hérétiques et des soulèvements. Mais le christianisme incluait aussi des tendances qui pouvaient aller contre sa propre cohésion. Il n'y avait pas à prier cinq fois par jour comme dans l'Islam. L'Antiquité et dans cette mesure le paganisme continuèrent pendant ce temps à vivre, jusqu'à la grande synthèse avec Aristote, accomplie dans l'œuvre de Thomas d'Aquin. À l'époque, le christianisme n'oublia pas complètement son origine juive. Il ne fallait pas non plus prendre au sérieux, concernant le monde chrétien, la « paix sur la terre » si souvent jurée ; il y eut en effet continuellement des guerres internes au christianisme, et des guerres déclarées à l'extérieur. C'est ainsi que le Moyen Âge chrétien, par l'existence même de ses villes auto-administrées, fut plus riche en tensions que l'Islam contemporain, qui ne connaissait pas les différences dogmatiques ni de séparation entre le pape et l'empereur ; les « nations » et les « États » s'affirmèrent relativement, au contraire de l'« umma » fondamentalement unifiée, de la communauté islamique des croyants.

De toutes ces tensions, naquit la rupture de l'unité, l'« éclatement des Églises » et la naissance des « confessions ». La concurrence de postulats contradictoires entraîna l'établissement de la science, comme on peut le voir facilement dans le cas de Pierre Bayle et de John Locke. Une autre conséquence fut la naissance des « Lumières », qui voulaient marquer avant tout la fin définitive de l'âge des religions et de « l'intolérance ». De là, naquirent aussi bien le scepticisme antimétaphysique, que les nouvelles religions sociales. Dans la doctrine des « trois imposteurs », le scepticisme devint synonyme d'hostilité à la religion et dans celle des « trois anneaux », la direction fut infléchie vers une « religion de l'humanité ». C'est seulement peu à peu que l'incroyance et le scepticisme gagnèrent le peuple : à l'époque de la naissance et de la jeunesse de Nietzsche, la « vie du peuple » était encore chrétienne, comme on peut le deviner dans les exemples de Naumburg et aussi de Pforta. Une histoire de la « sécularisation du christianisme » serait comme identique à une « histoire spirituelle de l'Europe » jusqu'au milieu du XIXe siècle : la « sécularisation y signifiait souvent « le combat contre le christianisme » mais non pas cependant de façon obligatoire, car il y eut aussi des « Lumières chrétiennes », ainsi que, cela va de soi, une apologétique chrétienne et une continuation des combats confessionnels.

Au milieu de tous ces débats, Nietzsche occupa une place essentielle ; en effet, il combattait non seulement le christianisme mais aussi sa réalisation, ce qui incluait combattre en même temps les « Lumières », le libéralisme et aussi le socialisme ! Pour le sujet « Nietzsche et le christianisme », je choisirai des textes de trois auteurs : le premier, caractéristique du christianisme authentique, le second représentatif du scepticisme ironique, et le dernier imprégné de cette volonté de « réalisation » du christianisme au besoin contre lui, que nous venons d'évoquer.

1. Blaise Pascal (extrait des *Pensées*, VII) : « Quelle chimère est-ce donc que l'homme ? Quelle nouveauté, quel monstre, quel chaos, quel sujet de contradiction, quel prodige ! Juge de toutes choses, imbécile ver de terre, dépositaire du vrai, cloaque d'incertitude et d'erreur : gloire et rebut de l'univers. Qui démêlera cet embrouillement ? La nature confond les pyrrhoniens et la raison confond les dogmatiques. Que deviendrez-vous donc, ô hommes qui cherchez quelle est votre véritable condition par votre raison naturelle ? Vous ne pouvez fuir une de ces sectes, ni subsister dans aucune. Connaissez-vous, superbe, quel paradoxe vous êtes à vous-même. Humiliez-vous, raison impuissante ; taisez-vous, nature imbécile ; apprenez que l'homme passe infiniment l'homme, et entendez de votre maître votre condition véritable que vous ignorez. Écoutez Dieu[6] ! »

2. Heinrich Heine : extrait des *Lobgesängen auf König Ludwig I* :

« À Munich en la chapelle du château
Il est une jolie Madone
Elle tient dans les bras son petit Jésus
Délices du ciel et de la terre

Quand Ludovic de Bavière
Eut aperçu la sainte image
Il s'est dévotement agenouillé
Et il a balbutié en extase :

6. Pascal, *Pensées,* VII, Paris, Garnier-Flammarion, 1976, p. 173.

Marie reine du ciel
Princesse sans défaut
Les saints te servent de courtisans
Et tu as les anges pour serviteurs
[...]

Ô fais que de la source de tes grâces
Une gouttelette tombe aussi sur moi
[...]

La mère de Dieu ne tarde pas à s'agiter
[...]

Et elle dit à son fils :
J'ai de la chance de te porter
Dans mes bras et non plus dans mon sein
[...]

Si j'avais aperçu le vilain fou
Pendant ma grossesse
J'aurais sûrement mis au monde
Un avorton plutôt qu'un Dieu[7] »

3. Ludwig Feuerbach : *Das Wesen des Christentums* :
« La religion, du moins la chrétienne, est la relation de l'homme à lui-même, ou plus exactement à son essence, mais à son essence comme à un autre être. L'être divin n'est rien d'autre que l'essence humaine ou mieux, *l'essence de l'homme*, séparée des limites de l'homme individuel, c'est-à-dire réel, corporel, objectivée, c'est-à-dire contemplée et honorée comme un autre être, autre particulier, distinct de lui, – toutes les déterminations de l'être divin sont donc des déterminations de l'essence humaine. [...] Un être sans détermination est un être non objectif, un être non objectif est un néant d'être[8]. » « Inconscient et sans volonté, l'homme commence par créer Dieu à son image [...] C'est ce que manifeste avant tout le développement suivi par la religion israélite [...] Le feu de la colère destructrice dans les yeux brûlants de vengeance d'Israël avide d'extermination, bref, Jéovah est le Je d'Israël, objet de lui-même en tant que but final et seigneur de la nature[9]. » « Le judaïsme est le

7. Heinrich Heine, *Pages choisies*, Paris, Éditions sociales, 1964, p. 224-225.
8. Ludwig Feuerbach, *L'Essence du christianisme*, Paris, coll. « Tel », Gallimard, 1992, p. 131.
9. *Ibid.*, p. 250-251.

christianisme terrestre, le christianisme est le judaïsme spirituel[10]. » « Homo homini deus est – tel est le principe pratique suprême – tel est le tournant de l'histoire mondiale[11]. »

Nietzsche connaissait bien Pascal et Heine ainsi que Feuerbach au moins dans les grandes lignes. Pour ce qui est de son attitude face au christianisme, les explications psychologiques (personnelles) sont insuffisantes : il ne s'agissait pas du « monde de sa jeunesse » dont il se serait détaché dans la douleur et avec une grande brusquerie – il est certain qu'il fut connu à une époque comme « le petit pasteur » ; mais la déclaration d'*Ecco homo* où il explique que, déjà enfant, il n'aurait porté aucune attention aux concepts chrétiens, n'est pas dénuée de vraisemblance ; déjà assez tôt, il notait qu'il n'avait – parce qu'il était athée – jamais dit le bénédicité à Pforta ; la rage contre la « vertu de Naumburg » n'est certainement pas une explication satisfaisante. Dans ses premiers écrits, on trouve beaucoup plus de phrases sur l'hellénisme que sur le christianisme ; en tout cas, le jugement négatif porté sur le socratisme et le platonisme fait allusion à un jugement équivalent sur le christianisme, ou du moins il l'implique.

Mais on ne saurait mettre en doute cette idée : il y avait en Nietzsche des « sentiments chrétiens » puissants ; il ne cessa de vouloir rendre justice au christianisme ; il faudrait se souvenir ici de ces jugements sur « l'amour sexuel horrible et concupiscent », opposé à l'amitié ; ou bien du discours sur « le mystère repoussant » de la procréation et de la naissance. L'aphorisme qui suit – extrait des œuvres posthumes de l'été 1880 est porté par des sentiments chrétiens : « Que coulent toutes les larmes qui sont pleurées à chaque instant sur la terre, que coule constamment un flot important à travers la prairie du malheur ! » Cette phrase du *David Strauss* sur le savant moderne est complètement pascalienne : « Héritier d'un petit nombre d'heures fugitives, il voit autour de lui les abîmes les plus affreux. Chaque pas en avant devrait lui remettre ces questions en mémoire : D'où venons-nous ? Où allons-nous ? À quoi bon vivre ? Mais son âme s'échauffe à l'idée de sa tâche, que ce soit de compter les étamines d'une fleur, ou de casser les roches au bord du chemin. Et il se plonge dans ce travail, entraîné par tout le poids de son intérêt, de son plaisir, de sa force et de son désir[12]. » De même en 1885, il désigne comme caractéristique de la « philo-

10. *Ibid.*, p. 253.
11. *Ibid.*, p. 426.
12. F. Nietzsche, *Œuvres*, coll. « Bouquins », *op. cit.*, vol. 1, p. 185.

sophie chrétienne dont nous sommes tous issus », la représentation « d'un monde que nous pouvons adorer [!], à la mesure de nos aspirations adoratrices ». L'aphorisme 350 du *Gai Savoir* date aussi de la fin de la vie de Nietzsche : « À *l'honneur des homines religiosi*. – La lutte contre l'Église est certainement aussi, entre autres – car elle signifie beaucoup de choses – la lutte des natures plus vulgaires, plus gaies, plus familières, plus superficielles contre la domination des hommes plus lourds, plus profonds, plus contemplatifs, [...] – L'instinct vulgaire du peuple, sa joie des sens, son "bon cœur" se révoltaient contre ces hommes[13]. » C'est encore dans ce contexte que Nietzsche écrit à Gast en juillet 1881 : « [Le christianisme] est pourtant le meilleur morceau de la vie idéale que j'aie vraiment appris à connaître [...] et je crois que je suis le descendant de générations entières d'intellectuels chrétiens[14]. » On peut déceler une touche de douleur et d'aversion dans cette « parodie » qu'il aurait entendue et qui constitue l'aphorisme 22 de la deuxième partie d'*Humain trop humain* : « Au commencement était le non-sens, et le non-sens *était* Dieu ! et Dieu (divinement) était le non-sens[15]. » Quand il souhaite avoir des opposants parfaits, il voit Pascal face à lui, « le plus grand de tous les chrétiens dans l'union de l'esprit de ferveur et de loyauté », et Fénelon qui est, pour lui, « l'expression la plus parfaite et la plus séduisante de la culture ecclésiastique sous toutes ses formes[16] ».

La période intermédiaire de Nietzsche est pourtant surtout caractérisée par le fait que le christianisme est à ses yeux ce qui précède les « Lumières », que la moralité est conçue avant tout comme « moralité sociale » et ne contient un accent négatif que parce que la « faculté créatrice » est contestée au « troupeau ». Ainsi, dans la deuxième partie d'*Humain trop humain*, le christianisme est vu comme « baume » pour les dégénérés de tous les peuples de culture, et encore comme « angélus de la *bonne* Antiquité » ; « en revanche, le christianisme est un *poison* pour de jeunes peuples barbares ; planté par exemple dans les âmes des vieux Germains, ces âmes de héros, d'enfants et de bêtes, la doctrine du péché et de la damnation, qu'est-ce d'autre sinon de les empoisonner[17] ? » Mais il faut se demander si le ton de Nietzsche le plus vrai ne se

13. *Ibid.*, vol. 2, p. 215.
14. *K.G.B.*, vol. III, 1, p. 109.
15. F. Nietzsche, *Œuvres*, coll. « Bouquins », *op. cit.*, vol. 1, p. 712.
16. *Ibid.*, p. 1081.
17. *Ibid.*, p. 782.

fait pas entendre quand, au même moment, dans un fragment posthume, on lit : « Le christianisme, grand mouvement de plèbe sous l'Empire romain est le soulèvement de tout ce qui est mauvais, non cultivé, opprimé, malade, fou, pauvre ; des pauvres, des esclaves, des vieilles femmes, des hommes lâches, en résumé de tous ceux qui auraient eu une raison de se suicider mais n'eurent pas le courage de le faire. »

C'est la pensée principale de la fin comme nous l'avons déjà vu dans la partie biographique : le christianisme naît des ressentiments d'une vie qui s'en va ; c'est une émanation de la « diffamation universelle » qui de son côté puise sa source dans l'hypothèse de l'« étant » et est donc en même temps, une morale ascétique. Nietzsche est dès lors en contradiction parfaite avec les sentiments « évoqués ci-dessus : « Ce n'est que le christianisme, avec son fond de ressentiment *contre* la vie, qui a fait de la sexualité quelque chose d'impur : il a jeté de la *boue* sur le commencement, sur la condition première de notre vie[18]... » Nietzsche ne fait qu'exprimer positivement la même thèse quand il donne à « l'ivresse » – qui fut toujours pour lui la préparation de l'art – avant tout la signification « d'ivresse de l'excitation sexuelle » en tant que « forme la plus ancienne et la plus originelle de l'ivresse[19] ». Le protagoniste de la morale ascétique est le prêtre et la doctrine de la « moralité de la morale » est menée par lui jusqu'au point où le prêtre devient un « défenseur du troupeau malade ». D'un autre côté, revient toujours cette objection : les « gens médiocres » seraient les gens sains alors que les novateurs seraient les « décadents ». Mais la transvaluation de toutes les valeurs de Nietzsche ne trouve pas son expression suprême là où Nietzsche met en avant la signification des faibles pour l'élaboration de la spiritualité et surtout pour le développement de la vie, mais là où il rassemble christianisme et morale sous la même étiquette de symptôme de la vie décadente et arrive à des revendications qui sont au sens le plus strict « antichrétiennes » : « La loi suprême de la vie formulée par Zarathoustra exige l'absence de pitié envers les rebuts et les déchets de la vie, – l'extermination de tout ce qui signifierait obstacle, poison, conjuration, hostilité souterraine sur le chemin ascensionnel de la vie – le christianisme en un mot [...] Il est *immoral* au sens le plus profond du mot, de dire : tu ne tueras pas. »

18. F. Nietzsche, *Œuvres,* coll. « Bouquins », *op. cit.,* vol. 2, p. 1028.
19. *Ibid.*, p. 995.

On trouve, pourtant aussi dans *L'Antéchrist*, où le concept de Dieu est attaqué avec une dureté sans égale, et où une guerre sans merci est déclarée au prêtre (« Dieu comme Dieu des malades, Dieu comme araignée, Dieu comme esprit... », « Loi contre le christianisme »), des interprétations de Jésus et du christianisme originel qui semblent trahir une profonde sympathie : « Le "Royaume des cieux" est un état du cœur, – ce n'est pas un état "au-dessus de la terre" ou bien "après la mort". [...] Le "Royaume de Dieu" n'est pas une chose que l'on attend, il n'a point d'hier et point d'après-demain, il ne vient pas en "mille ans", – il est une expérience du cœur ; il est partout, il est nulle part[20]... »

En même temps, ce serait une erreur de voir en Nietzsche « un disciple du christianisme » et un simple combattant de la vulgarisation du christianisme par l'Église. Nietzsche se retourne aussi contre le « saint anarchiste » Jésus et l'appelle un « criminel politique » dont le langage « le conduirait encore aujourd'hui en Sibérie[21] ». Nietzsche est ennemi du christianisme à sa racine, dans sa réalité et dans ses conséquences – et il le méprise – pour autant qu'il est encore dissimulé dans la modernité. Une phrase très significative de l'*Antéchrist* a été peu prise en compte, qui, pourtant, aide à comprendre les vraies raisons de l'hostilité de Nietzsche face au « Reich allemand » de Bismarck et de Guillaume II : « Un jeune prince à la tête de ses régiments, superbe expression de l'égoïsme et de l'orgueil de son peuple – mais, *sans* aucune pudeur, s'avouant chrétien !... [...] quel *monstre de fausseté* doit être l'homme moderne pour ne *pas avoir honte*, quand même, de s'appeler chrétien[22] ! »

Malgré tout, comme nous l'avons montré, Nietzsche n'était pas dénué de tout sentiment chrétien : il ne suffit pas de le caractériser comme un continuateur de Feuerbach et de Heine, car il existe une composante pascalienne dans sa pensée. Si nous nous demandons quel serait le plus fort parmi ces sentiments contradictoires, nous devons nous tourner vers un rapport au christianisme dans ses manifestations concrètes : le catholicisme, en particulier du Moyen Âge, et le protestantisme, en particulier de la Réforme. On y verra que l'admiration de Nietzsche allait à ce qui fut très proche de l'un comme de l'autre temporellement, et ce qui pourtant leur était opposé à tous les deux : la Renaissance.

20. F. Nietzsche, *Œuvres*, coll. « Bouquins », *op. cit.*, vol. 2, p. 1069.
21. *Ibid.*, p. 1063.
22. *Ibid.*, p. 1072.

4
Catholicisme, Renaissance, Réforme

Le fait qu'au XIXe siècle, les protestants avaient montré un intérêt nouveau et souvent nostalgique envers le catholicisme et presque toujours par la même occasion envers le Moyen Âge, apparaît nettement à travers les nombreuses conversions de personnalités significatives, d'Adam Müller et Zacharia Werner jusqu'à la demi-sœur et au demi-frère du roi de Prusse Frédéric Guillaume III ; mais la manifestation la plus impressionnante en est l'œuvre de Novalis : *Die Christenheit oder Europa* (Europe ou la Chrétienté)[1]. Nous voulons commencer ce cours avec quelques citations de ce livre.

« Les temps ont existé bénis et resplendissants où l'Europe était une terre chrétienne, ou UNE seule chrétienté habitait cette partie du monde formée et façonnée humainement. Sans avoir de grandes propriétés de par le monde, un unique chef conduisait et unissait les grandes forces politiques. Une grande corporation où chacun avait son entrée, était immédiatement sous ses ordres, suivait ses indications et aspirait avec zèle à confirmer son pouvoir bienveillant [...]. Avec quelle sérénité intérieure on quittait ces belles assemblées dans les églises emplies de mystères, qui étaient décorées avec des images confortatrices, remplies de douces effluves et de musiques sanctifiantes [...]. Ce sage chef de l'Église eut raison de s'opposer aux insolentes instructions forgées par les hommes au détriment de l'Esprit mystique, ainsi qu'à des découvertes inopportunes dans le domaine de la connaissance. Les princes venaient d'eux-mêmes soumettre leurs querelles au Père de la Chrétienté déposant leurs couronnes et leurs titres à ses pieds ; ils considéraient en effet comme une gloire le fait de passer le soir de leur vie en

18. Novalis, *Œuvres complètes,* Paris, Gallimard, 1975, coll. « NRF », vol. 1, p. 307-324.

considérations divines comme membres de cette haute corporation, entre les murs isolés d'un cloître [...]. C'était là essentiellement les beaux traits caractéristiques de ces temps vraiment catholiques ou vraiment chrétiens. L'humanité n'était pas encore suffisamment mûre, pas suffisamment formée pour cet empire splendide [...]. La Réforme amena la fin de la chrétienté. Le sang coulera sur l'Europe jusqu'à ce que les nations s'aperçoivent de leur effroyable folie qui les fait tourner en rond, jusqu'à ce qu'elles soient conquises et calmées par la musique sainte et qu'elles se rendent aux anciens autels dans une confusion bigarrée ; ou encore qu'elles entreprennent des œuvres de paix et qu'elles organisent une grande agape pour fêter la paix en versant des larmes chaudes sur les champs de bataille encore fumants. Seule la religion peut réveiller à nouveau l'Europe, mettre en sécurité ses peuples et réinstaller le christianisme dans sa domination visible sur la terre, lui redonnant son rôle pacificateur [...]. Plus personne ne protestera alors contre une contrainte chrétienne et universelle car l'Église sera la véritable liberté et toutes les réformes nécessaires seront pratiquées en tant que véritables processus de l'État pacificateur. »

Nietzsche n'était pas un habitant banal de la Thuringe ou de la Saxe au sens où il a beaucoup fréquenté le catholicisme et tout ce qu'il impliquait de conservation du Moyen Âge ; il fit des études à Bonn, et vécut pendant les dernières années de sa vie consciente, surtout dans des régions catholiques. Pourtant, le catholicisme lui est toujours resté étranger et les déclarations à son sujet se comptent presque sur les doigts d'une main. À ses tantes Friederike et Rosalie, Nietzsche écrit de Bonn en décembre 1864 : « Vous devez bien le penser, du fait de la proximité de Cologne, ce qui domine à Bonn est le catholicisme, et même hélas ! le jésuitisme. Les jésuites ont, dans l'immédiat voisinage de Bonn, un couvent sur le Kreuzberg, et ils édifient maintenant une église du "Sacré-Cœur" ; parmi les étudiants ils exercent, semble-t-il, une grosse influence au moyen de ce qu'on appelle les congrégations mariales, dont le but est l'expansion du catholicisme et l'extirpation du protestantisme[1]. » Nietzsche s'engage par conséquent pendant un moment dans le Gustav-Adolf-Verein et il s'exprime de manière très négative au sujet de la population catholique et bigote de Bonn. Qu'il écrive au sujet de Cologne, que cette ville avec sa cathédrale et ses innombrables églises fait une impression significative et impressionnante, ressortit simplement à un sentiment esthétique. Un tel sentiment

1. F. Nietzsche, *Correspondance*, *op. cit.*, vol. 1, p. 336-337.

domine sans doute aussi quand il rêve de nouveaux « cloîtres » ou bien quand il s'adresse à Richard Wagner en l'appelant « Pater seraphice ». Une observation à la fois simple et intéressante se présente quand il affirme que le drame musical antique aurait son analogie dans la grand-messe catholique ; ainsi fait-il mieux comprendre le plaisir du théâtre antique à l'époque d'Eschyle.

Le développement le plus propre à trahir une sorte de nostalgie se trouve dans la période intermédiaire de Nietzsche, c'est-à-dire dans *Aurore*. Il dit : « Dans cet esprit allié à la puissance [...], [le christianisme] a peut-être *forgé* les individualités les plus subtiles qu'il y ait jamais eu dans la société humaine : les figures du haut, du plus haut clergé catholique, surtout lorsque celles-ci tiraient leur origine d'une famille noble [...]. La puissante beauté et la finesse des princes de l'Église ont toujours prouvé chez le peuple la *vérité* de l'Église ; une brutalisation momentanée du clergé (comme du temps de Luther) amène toujours la croyance au contraire. – Et ce *résultat* de la beauté et de la finesse humaines, dans l'harmonie de la figure, de l'esprit et de la tâche, serait anéanti en même temps que finissent les religions ? Et il n'y aurait pas moyen d'atteindre quelque chose de plus haut, ni même d'y songer[2] ? » Il n'est pas exclu qu'il faille mettre cet aphorisme au rang d'un point de départ décisif pour la conception du « surhomme ».

En même temps, un observateur, en 1875, aurait encore pu affirmer que Nietzsche a vécu comme un bon protestant, même s'il était dans le siècle. Une preuve en est la réaction de Nietzsche à la conversion envisagée par Heinrich Romundt, le troisième habitant de la « grotte de Baumann » et à son intention de devenir un prêtre catholique : « Notre bonne et pure atmosphère protestante ! Je n'ai jamais ressenti plus fortement que maintenant ma dépendance intérieure vis-à-vis de l'esprit de Luther [...] J'ai vraiment honte quand je pense que j'ai eu à faire à cet être catholique détestable d'une quelque manière que ce soit[3]. » Il faut rapprocher cela de la remarque positive sur les corporations étudiantes dans la Ve conférence « Sur l'avenir de nos établissements d'enseignement » : elle inclut en elle « cet esprit de ce fils de mineur, Luther, resté sain grâce à la Réforme ».

Il faut maintenant rappeler l'atmosphère du protestantisme culturel que Nietzsche semble encore respirer en 1875 avec quelques citations d'œuvres de ces mêmes années 1870.

2. F. Nietzsche, *Œuvres*, coll. « Bouquins », vol. 1, p. 1004.
3. *K.G.B.*, *op. cit.*, III, 2, p. 241.

1. Heinrich von Treitschke : « Martin Luther a réuni encore une fois avec grande efficacité des hommes enthousiastes, pris dans toutes les branches du peuple dispersé. La gravité de la conscience allemande a reconduit l'Église universalisée à la simplicité sublime du christianisme évangélique ; la pensée de la libération de l'État de la domination de l'Église s'est échappée de l'esprit allemand. Notre peuple a atteint pour la deuxième fois un point d'acmé dans la civilisation ; il a vraiment commencé la révolution la plus audacieuse de tous les temps [comparer avec Novalis !] Mais la puissance impériale, ou, dans ce cas, le guide des Allemands dans leur combat contre la papauté, se dérobe à la réforme impériale et politique qu'on attendait de lui. Le pouvoir impérial des Habsbourg était romain ; il a conduit les peuples du sud de l'Europe romaine au combat contre les hérétiques allemands et il est resté, jusqu'à sa chute peu glorieuse, l'ennemi de tout ce qui était allemand [...]. La moelle de notre esprit était protestante [...][4]. » Treitschke voulait visiblement affirmer l'identité du protestantisme, du prussianisme et du germanisme ainsi que justifier l'expulsion de l'Autriche de la confédération germanique.

2. Conrad Ferdinand Meyer : « Romfahrt »
« J'ai vu les ruines de l'ancienne splendeur romaine
servir la forteresse d'une puissance cléricale [...]
J'ai vu une femme peu farouche. On l'appelait "l'Église universelle". [...]
Dirai-je brièvement et avec classicisme ce que j'ai vu dans le Tibre ?
La Cloaca Maxima !

(Luther).
Plus un humain a du mal à se libérer, plus puissamment il éveille en nous des sentiments d'humanité. [...].
Il brisa pour survivre la clôture sacrée du monastère.
Les plus grandes choses sont faites sous l'empire de la nécessité. [...]

En son âme se battent ce qui sera et ce qui fut
Un duo de lutteurs haletant inextricablement entrelacés.
Son esprit est le champ de bataille de deux époques.
Je ne suis pas étonné qu'il voie des démons.

4. Heinrich von Treitschke, *Deutsche Geschichte im 19 Jahrhundert*, 1879, 1re partie, p. 1 *sq*.

("Nuit de fièvre", Ignace de Loyola).
L'aube blanchit – la chambre du pèlerin est-elle vide ?
Au chant du coq, il s'est enfui comme un spectre !
Ce que j'ai vu, est-ce la vérité ? Ou n'était-ce qu'un rêve ?
Ai-je dormi dans la même chambre que le diable ? [...]

Non, c'était bien la vérité ! Aucune brise du matin
N'emporte dans son souffle la prière dévote et démente [...]!
[Dans le livre de la bible ton propre fils s'adresse à toi,
Altesse, d'un ton qui n'est pas digne.]

Là où nous consacrons à nouveau des temples, détruits,
Que la déesse gravisse seule l'autel [...]
C'est un rêveur ! Empli d'illusions !
À côté de cela, il est intelligent comme l'enfer !
Diviniser une femme – Folie et honte –
De l'engeance d'Ève qui apporta la pomme !
L'art latin luxurieux s'approche avec empressement,
C'est la dévotion s'accouplant avec la chaleur des sens [...].

Rome, le dragon, est touché à mort,
Il retrouve de la force dans ses blessures,
Décapité par l'épée Vérité.
Sa tête repousse, empoisonnée[5]. »

Lorsque Nietzsche dit – en 1873 – que le protestantisme a cru avoir purifié le christianisme alors qu'il l'a fait s'évaporer et sortir du monde en l'intériorisant, il est déjà bien éloigné des fondements du protestantisme ; Treitschke aurait-il pu se laisser influencer par l'œuvre historique anti-protestante de Johannes Janssen dans son jugement, comme le fit Nietzsche en 1879 dans une lettre à Peter Gast ? : « Pour une fois, ce n'est pas cette construction historique protestante faussée à laquelle on nous a appris à croire. En ce moment je réduis l'appartenance religieuse à un simple goût *national* différent au nord et au sud : nous préférons Luther – en tant qu'homme – à Ignace de Loyola. L'horrible et arrogante habitude d'insulter de la pire manière pour décharger sa bile et son envie, qui était celle de Luther, et qui faisait qu'il ne se sentait pas bien tant qu'il n'avait pas craché de colère sur quelqu'un, m'a trop écœuré[6]. » Une remarque comme celle-ci ne repose pas sur une impression momentanée.

5. Conrad Ferdinand Meyer, *Huttens letzte Tage*, 1871.
6. *K.G.B., op. cit.,* II, 5, p. 451.

Le point de vue de Treitschke est mis sens dessus dessous dans le troisième livre du *Gai savoir*: la réussite de la Réforme de *Luther* fut un signe que le nord de l'Europe était resté «en arrière sur le midi[7]». Un des fragments posthumes de cette époque sonne encore plus durement: «Luther exprima sa colère contre la vie contemplative après que la vie monacale lui avait été interdite et qu'il s'était senti incapable de sainteté; vengeur et justicier comme il était, il est passé du côté de la vie pratique, paysan et forgeron.»

Au cinquième livre du *Gai Savoir*, inclus seulement dans la deuxième édition de 1887, Nietzsche prend position de la manière la plus argumentée et la plus négative sur la réforme de Luther, par exemple dans l'aphorisme 358 «La jacquerie de l'esprit». D'une manière certaine, il prend ici parti pour l'Église catholique romaine qui aurait été «le dernier édifice romain» mais pas du tout dans un esprit chrétien. L'Église était quelque chose de «multiple» qui pouvait s'autoriser le «luxe du scepticisme et de la tolérance», contre lequel Luther protesta avec «l'indignation du naïf», parce qu'«il était dénué de tout sentiment inné d'appartenance à une caste dominante, de tout instinct de pouvoir». Il voulut donc remettre en place cette œuvre romaine, mais il ne fit que le début d'une œuvre de destruction. «Il livra à tout le monde les livres sacrés, de telle sorte qu'ils finirent par tomber entre les mains des philologues, c'est-à-dire des destructeurs de toute croyance qui repose sur des livres. Il détruisit l'idée d'"Église" en rejetant la foi en l'inspiration des conciles [...]. Il rendit au prêtre le rapport sexuel avec la femme, mais la vénération dont est capable le peuple, et avant tout la femme du peuple, repose aux trois quarts sur la croyance qu'un homme qui est exceptionnel sur ce point sera aussi une exception sur d'autre points [...] "Chacun son propre prêtre"– derrière de pareilles formules et leur astuce paysanne, se cachait, chez Luther, la haine profonde pour "l'homme supérieur" et la domination de "l'homme supérieur", tel que l'a conçu l'Église [...][8].» La Réforme fut donc une «jacquerie» qui eut pour conséquence l'aplatissement de l'esprit européen du nord; elle était l'expression d'un «plébéïanisme de l'esprit» qui, il est vrai, a permis la «science moderne»; la science moderne et surtout les «idées modernes» relèvent aussi «de cette jacquerie du Nord contre l'esprit du Midi, plus froid, plus ambigu, plus défiant, dont l'Église chrétienne est le plus sublime monument[9]».

7. F. Nietzsche, *Œuvres*, coll. «Bouquins», *op. cit.,* vol. 2, p. 142.
8. F. Nietzsche, *Œuvres*, coll. «Bouquins», *op. cit.,* vol. 2, p. 228.
9. *Ibid.,* p. 229.

Dans ces déclarations, Nietzsche ne prend pas le parti de l'Église catholique mais celui de la Renaissance et il fait ainsi allusion à deux auteurs qui lui étaient tous deux bien connus : Jacob Burckhardt et le comte Arthur de Gobineau. Il connaissait bien sûr *La Culture de la Renaissance* (première parution en 1860) et peut-être même *La Renaissance – Scènes historiques* (1879). Il faut maintenant examiner ces deux livres.

Jacob Burckhardt veut présenter la Renaissance avant tout comme le début de l'époque moderne, c'est-à-dire de l'époque de l'individualisme qui aurait inclus en elle « l'éveil de la personnalité » et son accomplissement simplement parce qu'elle aurait accompli « un réveil de l'Antiquité » et aurait justement été capable, pour cette raison, de découvrir le monde et l'homme. C'est visiblement pour Burckhardt une première phase des « Lumières », dans laquelle « l'universalité de l'esprit » et la tolérance deviennent visibles face à l'Islam, où la croyance subit un profond bouleversement et où un doute généralisé fait irruption. Tout cela est décrit en détail et clairement ; en même temps, des tendances opposées se font jour, telles que la domination de Girolamo Savonarole à Florence et la diffusion de la superstition aussi bien parmi les Humanistes. Ce qui nous intéresse ici, dans tout cela, c'est uniquement ce que Burckhardt dit des grands crimes politiques et de leurs initiateurs, en particuliers les deux Borgia, le pape Alexandre VI et son fils César. Le vrai but des deux Borgia et en particulier de César – la suppression des nombreuses petites principautés et la mise en place d'un pouvoir unique, au moins dans les États de l'Église, mais imaginable aussi dans toute l'Italie – rencontre l'approbation de Burckhardt comme il avait d'ailleurs rencontré celle de Machiavel. Mais Burckhardt ne minimise pas le moyen employé pour atteindre ce but et il le désigne même du mot de « satanique » : « C'est avec une cruauté consommée que César isola son père en assassinant son frère, son beau-frère et d'autres parents et courtisans, dès qu'ils perdent la faveur du pape ou la position qu'ils occupent en général. Alexandre dut donner son accord pour l'assassinat de son fils préféré, le duc di Gandia, parce que lui-même tremblait en permanence devant César. » Burckhardt évoque aussi la possibilité que César se serait laissé choisir comme pape après la mort de son père et il en vient à ce résultat : « Si quelqu'un avait dû sécularisé les États de l'Église, c'est bien lui qui l'aurait fait. Il n'aurait pas pu faire autrement pour continuer à régner. Si nous comprenons bien les enjeux de l'époque, la vraie raison de la sympathie de Machiavel envers ce grand criminel est que seul César pouvait réaliser ce qu'il espérait tant : que "le fer soit retiré de la plaie", c'est-à-dire que la papauté, cause de toutes les invasions et de toutes les divisions de l'Italie soit anéantie. »

Arthur de Gobineau a représenté dans ses *Scènes historiques* la plupart des grandes figures de la Renaissance dans des tableaux très vivants : Savonarole, Léonard de Vinci, Michel-Ange, Raphaël, Lucrèce Borgia, Alexandre VI, Jean de Médicis (plus tard Léon X), Machiavel, Jules II (Giuliano della Rovere), sans camoufler le « totalitarisme » de « l'empire divin » de Savonarole, ni les faits horribles de la soldatesque. Ces crimes coexistent avec l'atmosphère des ateliers d'artistes.

Je ne citerai que quelques passages qui concernent les Borgia et en particulier César.

Alexandre VI cherche à consoler sa fille Lucrèce dont le mari, Don Alfonso, a été assassiné par son frère César, pour des raisons politiques : « Ce n'est pas un monstre, ma fille, mais un dominateur qui ne saurait entrer dans la sphère à lui destinée qu'au prix des efforts les plus soutenus et souvent les plus impitoyables [...]. Voilà, comme je vous aime et comme je vous reconnais ! La petite veuve bourgeoise à disparu ! C'est la reine, c'est la souveraine qui me parle !... Ma fille, vous êtes en ce moment belle comme l'Orgueil ! Vous êtes la Force ! Je vous parlerai en conséquence [...]. Abandonnez aux petits esprits, à la plèbe des subordonnés, les langueurs et les scrupules. Il n'est qu'une considération digne de vous : c'est l'élévation de la maison de Borgia [...][10]. »

Machiavel dans un monologue intérieur : « Quelle singulière et effrayante créature !... Intelligent et rusé comme le dragon, sans foi comme le léopard, ambitieux comme l'aigle [...]. Je ne serais pas surpris qu'à travers des milliers de crimes, et sur l'amas sanglant de déconvenues amassé par la meurtrière honnêteté de Jérôme, nous fussions sauvés, quelques jours, par l'habileté et l'audace corrompues de César Borgia[11] ! »

César à Machiavel : « Oui certes, un dragon, messire Nicolas ! Je ne suis pas, comme le triste duc de Milan, une misérable guivre engoulant un nourrisson ! Moi, je suis l'hydre de Lerne, un monstre, si l'on veut, mais qui démembre et engloutit les monstres, et je détruirai jusqu'au dernier de ces princes de bouc, de ces condottieri de méchant métal qui encombrent mon chemin. Des débris de leurs nids, je construirai mon aire, et un jour viendra où, depuis

10. Comte de Gobineau, *La Renaissance*, Scènes historiques, p. 96, 97, 101.
11. *Ibid.*, p. 128.

le pied des Alpes jusqu'à la mer de Sicile, il n'existera d'autre domination que la mienne[12]. »

Il est très étonnant de voir que César Borgia n'est évoqué nulle part par Nietzsche avant 1884 ; alors que Machiavel apparaît déjà de manière essentielle plus tôt, mais il faut le dire, seulement en passant, ou bien dans le contexte de questions de style. Une puissante adresse à Machiavel se trouve d'abord dans *Le Crépuscule des idoles* : « *Thucydide* et peut être *Le Prince* de Machiavel me ressemblent le plus par la volonté absolue de ne pas s'en faire accroire et de voir la raison dans la *réalité* – et *non* dans la "raison", encore moins dans la "morale"[13]. »

Il dit au sujet de César dans un fragment posthume du début 1884 : « Mal entendu de la bête féroce : très sain comme César Borgia ! Les propriétés d'un chien de chasse. » D'une manière révélatrice, tout près se trouve la note : « Si l'on voulait la *santé*, on supprimerait le génie ainsi que l'homme religieux. Si l'on voulait la morale, même chose : suppression du génie. La maladie. Le crime. Le vice. Le mensonge et sa mission de culture. » Il résulterait de cela que César Borgia, sain comme une bête féroce, ne peut en tout cas pas être un génie. Mais n'y a-t-il pas aussi des criminels et des débauchés géniaux ? L'ambiguïté de la position de Nietzsche par rapport au concept biologique de « santé » apparaît ici encore. La santé pure ne devrait-elle pas être tout simplement ce qui est « hostile à la culture » ?

D'une manière générale, Nietzsche conçoit la « santé » comme un « débordement des forces » qui n'a rien à voir avec la santé en tant qu'état normal et la ferait, sous cet angle, bien apparaître comme une maladie. Il en va ainsi dans l'aphorisme 197 de *Par-delà le bien et le mal* : « On se méprend du tout au tout sur la bête et sur l'homme de proie (par exemple César Borgia) ; on se méprend sur la "nature", aussi longtemps qu'on cherche à découvrir "quelque chose de maladif" ou même un "enfer" inné, au fond de ces êtres qui ont, par excellence, la santé du fauve de la jungle et l'exubérance de la flore tropicale ; c'est pourtant ce qu'ont fait presque tous les moralistes. On dirait que les moralistes ont la haine de la forêt vierge et des tropiques. [...] Pourquoi donc ? En faveur des "zones tempérées"? En faveur des hommes modérés ? [...][14]. »

Il apparaît que Nietzsche entend la « mesure » et la « modération » – concepts centraux de l'Antiquité grecque – comme modération

12. *Ibid.*, p. 170.
13. F. Nietzsche, *Œuvres*, coll. « Bouquins », *op. cit.*, vol. 2, p. 1025.
14. *Ibid.*, p. 640.

de la « forêt archétypale » ou bien du « tropical » dans l'homme, tandis qu'une modération de la « mesure » va jusqu'à signifier chute ou mort dans l'insignifiance. Mais d'après le texte, il vante ici la « forêt archétypale » et le « tropical » en tant que tels et les nomme « santé ». Un malentendu semblable est suscité par Nietzsche lui-même lorsqu'il parle de la « bête blonde ». Ce n'est pas un hasard si la notion voisine dans le temps avec des allusions à César Borgia : celui-ci « est issu » d'une lignée remarquable mais ce n'est pas celle-ci en tant que telle qui intéresse Nietzsche.

Il apparaît particulièrement clairement dans l'aphorisme 37 du *Crépuscule des idoles*, combien la critique de la modernité fut un point central de son éloge de la Renaissance. Il y dit : « Il est certain que nous n'oserions pas nous placer dans les conditions de la Renaissance, que nous n'oserions même pas nous y figurer : nos nerfs ne supporteraient pas une pareille réalité, pour ne pas parler de nos muscles [...]. Ne doutons pas, d'autre part, que nous les modernes, avec notre humanitarisme épaissement ouaté qui craindrait même de se heurter à une pierre, nous offririons aux contemporains de César Borgia une comédie qui les ferait mourir de rire [...]. La diminution des instincts hostiles et qui tiennent la défiance en éveil – et ce serait là notre "progrès" – ne représente qu'une des conséquences de la diminution générale de la *vitalité* : cela coûte cent fois plus de peine, plus de précaution de mener à bien une existence si dépendante et si tardive. Alors on se secourt réciproquement, alors chacun est, plus ou moins, malade et garde-malade. Cela s'appelle "vertu" – : parmi les hommes qui connurent une vie différente, une vie plus abondante, plus prodigue, plus débordante, on l'aurait appelé autrement, "lâcheté" peut-être, "bassesse", "morale de vieille femme" [15] » (*cf.* Herder : « La modernité comme chute de la force vitale ! »)

César Borgia apparaît aussi comme contre exemple dans l'une des attaques nietzschéennes les plus fortes et les plus démesurées contre le christianisme du Nouveau Testament ; il s'agit de l'aphorisme 46 de l'*Antéchrist* : « Nous fréquenterions des "premiers chrétiens" tout aussi peu que les Juifs polonais [...]. Tous les deux sentent mauvais [...]. N'importe quel livre devient propre quand on vient de lire le Nouveau Testament : pour donner un exemple, j'ai lu avec ravissement, immédiatement après saint Paul, ce très charmant et très insolent moqueur qu'est Pétrone, Pétrone dont on pourrait dire ce que Domenico Boccaccio écrivait sur César Borgia

15. *Ibid.*, p. 1010-1011.

au duc de Parme : *è tutto festo* – immortellement bien portant, immortellement gai et bien réussi[16]... » César est donc l'exemple le plus net à opposer aux petits dévots dans les communautés des premiers chrétiens, ainsi qu'à leur « haine de Tschandala » contre les privilégiés, c'est-à-dire les représentants d'une vie fière, humaine et pleine d'esprit.

Non seulement la « bête blonde », mais aussi le « surhomme » de Nietzsche sont dans un rapport de proximité évidente avec César Borgia. Il dit ainsi ouvertement dans *Ecce homo* que le mot de « surhomme » sert à la description d'un type humain d'une grande réussite, au contraire de l'homme « moderne », de l'homme « bon », du Christ et d'autres nihilistes, le concept n'aurait pas d'après lui le moindre rapport avec le « culte du héros », « du grand faux-monnayeur » Carlyle : « Quand je soufflais à quelqu'un qu'il ferait mieux de s'enquérir d'un César Borgia que d'un Parsifal, il n'en croyait pas ses oreilles[17]. »

Nietzsche imagine donc un paradoxe vers la fin de son parcours, par lequel il aggrave une remarque de Jacob Burckhardt ; il s'agit de l'aphorisme 61 de *L'Antéchrist* : « je vois un spectacle si significatif et en même temps si merveilleusement paradoxal que toutes les divinités de l'Olympe auraient eu l'occasion d'un immortel éclat de rire – je vois *César Borgia pape*... Me comprend-on ?... Vraiment *cela* eût été la victoire que je suis seul à demander maintenant – : cela eût aboli le christianisme[18] ! » Et ce paradoxe – la bête blonde à la tête de l'empire de la contre-nature, et ainsi présidant à son auto-destruction se transforme pour Nietzsche en aboutissement d'une des attaques les plus violentes qu'un fils de pasteur et protestant ait jamais dirigé contre Luther et la Réforme : « Qu'arriva-t-il ? Un moine allemand, Luther, vint à Rome. Ce moine, le corps chargé de tous les instincts de vengeance d'un prêtre malheureux, se révolta *contre* la Renaissance... [...] Luther vit la *corruption* de la papauté, tandis qu'il aurait dû s'apercevoir du contraire : la vieille corruption, le *peccatum originale*, le christianisme, n'était *plus* sur le siège du pape ! Il était remplacé par la vie, le triomphe de la vie, le grand oui à l'égard de toutes les choses hautes, belles et audacieuses !... Et Luther *rétablit l'Église* : il l'attaqua... La Renaissance –, devint un événement dépourvu de sens, un grand *en vain* ! – Ah ces Allemands, ce qu'ils nous ont déjà

16. *Ibid.*, p. 1081.
17. *Ibid.*, p. 1147.
18. *Ibid.*, p. 1101.

coûté ! En vain – c'est ce qui fut toujours l'œuvre des Allemands. – La Réforme[19]. »

Mais on se trompe presque toujours, quand on prend trop au pied de la lettre les morceaux de bravoure et paradoxes rhétoriques de Nietzsche ; presque toujours se trouvent à proximité des réflexions où s'exprime un point de vue différent, un autre sentiment. Ainsi, dans les fragments posthumes du début 1888, il y a une page qui a pour titre « la Renaissance et la Réforme ». Nietzsche pose ici la question de savoir ce que la Renaissance prouve et il donne une réponse : « Que le règne de “l'individu” ne peut être que bref. Le gaspillage est trop grand ; il manque la possibilité même d'accumuler, de thésauriser, pour entasser richesse sur richesse[20]... »

Dans la vie humaine, on ne peut pas conserver et *glorifier* les phases d'ascension tandis qu'on combattrait et rejetterait les phases de déclin. Chacune des deux se prépare dans l'autre. La bête féroce reste – en tant qu'espèce – la même bête féroce au cours des siècles et c'est pour cela que César Borgia ne saurait être le paradigme de l'homme ; tout cela se déduit des formulations de Nietzsche.

Dans cet aphorisme il s'en tient aussi fermement et volontairement à la dépréciation de la Réforme ; elle demeure pour lui « un pendant désert et plébéien » à la Renaissance italienne parce que les mots magiques « liberté évangélique » firent exploser tous les instincts, « qui avaient une raison de rester dans la clandestinité », comme des chiens sauvages, si bien que le ventre devint le Dieu de « l'évangile libre » et tous les instincts de vengeance et d'envie purent se libérer. Y a-t-il aussi une sorte de « bête blonde » (ou mieux de bête sauvage) à la base de ces hommes simples et de basse condition ? Ils ne seraient donc pas caractérisés par la « mollesse ». En tout cas Nietzsche fait suivre la Réforme d'une « forme *vulgaire* d'épuisement », d'un banal « ruere in servitium ». « Alors vint le siècle peu édifiant de l'Allemagne. »

En fait Nietzsche n'a presque rien dit sur le XVIIe siècle allemand ; la période suivante qui l'intéresse sont les « Lumières » et la science qui commence ; cette époque fut majoritairement une époque française.

19. *Ibid.*, p. 1102.

20. F. Nietzsche, éd. Colli-Montinari, *op. cit.*, vol. 14, Fragments posthumes, début 1888-début janvier 1889, p. 186.

5
« Lumières » et science

Les « Lumières » sont aujourd'hui un concept universellement reconnu ; même en RFA, il est depuis longtemps conçu positivement, et souvent comme un phénomène cohérent. Originellement le mot est une métaphore empruntée à la nature : un ciel couvert se découvre [1] – la lumière du jour prend la place de la nuit. Mais ici, on peut déjà déceler le premier paradoxe de cette métaphore : la nuit suit obligatoirement le jour ; un jour sombre suivra bientôt le jour clair. La principale caractéristique du concept est pourtant une durée escomptée. Les « Lumières » doivent déterminer et détermineront tout l'avenir. Si, en français, l'on dit « siècle des Lumières », « siècle des philosophes », ce « siècle » n'est pas un laps de temps limité, et ces « philosophes » ne seront pas remplacés un jour ou l'autre, par des savants ou des techniciens. L'obscurité vaincue – qu'il fallait d'ailleurs continuer à surmonter dans ses reliquats – est celle du Moyen Âge et, avant tout, celle des guerres de religion du XVI et du XVIIe siècle. Voltaire voulait « bannir cette peste du monde à tout jamais ».

Les principales notions négatives pour les « Lumières » étaient : « préjugés », « superstition » et « privilège ». Les différences dogmatiques d'où procédaient donc visiblement les combats entre catholiques et protestants, étaient désignées comme « préjugés ». Les « privilèges » étaient des avantages devenus obsolètes et des positions de puissance, en premier lieu de l'Église, comme par exemple les revenus des évêques, que l'on pourrait qualifier de « princiers » en comparaison avec les revenus plus qu'indigents des curés de campagne.

1. N.d.T. : en allemand « Lumières » se dit « Aufklärung ». L'auteur fait ici référence au verbe « (sich) aufklären ».

Les notions positives étaient : « raison » (le plus souvent identifiée avec la « nature »), « progrès », « science ». Dans les faits, il y avait une liaison étroite entre les « Lumières » et l'absolutisme grandissant ou, dans le cas anglais, le parlementarisme qui s'établit définitivement ; cependant, en France, beaucoup de défenseurs des « Lumières » s'en tenaient à la « thèse nobiliaire », c'est-à-dire qu'ils étaient des aristocrates anti-absolutistes comme Montesquieu ; le théoricien le plus significatif de l'absolutisme était anglais : Thomas Hobbes. « Nature » n'est pas un concept clair et incontestable, pas plus que « Dieu » d'ailleurs ; la raison n'est visiblement pas le tout de l'homme ; les « préjugés » ne sont pas seulement répandus dans le domaine religieux ; toutes sortes d'inégalités peuvent être conçues et attaquées comme privilèges. Les « Lumières » et leurs défenseurs ne formaient pas un bloc. Mais ils avaient une caractéristique commune : leur hostilité aux théories de la révélation, ainsi qu'au surnaturalisme chrétien ; dans cette mesure, le rationalisme peut être considéré comme le caractère fondamental des « Lumières ».

Cependant la raison est conçue comme fondement du monde, elle est Dieu à son tour ; comme maxime de toutes les actions humaines, le principe de raison est réfutable, et provoque dès lors en réaction « l'irrationalisme ». Le seul pôle fixe, opposé aux « Lumières » dans toutes leurs nuances, est la croyance aux miracles. Et, si les « Lumières » veulent être un cosmopolitisme plus égalitaire, si elles se comprennent comme l'abolition de toutes les frontières, la reconquête d'états originels de l'humanité, alors elles se trouvent au XVIIIe siècle en stricte opposition avec la réalité existante, y compris le mode de vie souvent très aristocratique ou bourgeois du philosophe des « Lumières » lui-même.

Pour illustrer cela, je citerai à nouveau quelques auteurs, que Nietzsche a connus, ou bien dont les positions sont des sortes d'idéaux-types.

1. Antoine (marquis de) Condorcet : *Esquisse d'un tableau historique des progrès de l'esprit humain* (1794). « Il arrivera, donc, ce moment où le soleil n'éclairera plus, sur la terre, que des hommes libres, et ne reconnaissant d'autres maîtres que leur raison ; où les tyrans et les esclaves, les prêtres et leurs stupides ou hypocrites instruments n'existeront plus que dans l'histoire et sur les théâtres ; où l'on ne s'en occupera plus que pour plaindre leurs victimes et leurs dupes [...][2].

2. Condorcet, *Esquisse d'un tableau historique des progrès de l'esprit humain,* Paris, GF, 1998, p. 271.

[Inégalité de richesse, d'état et d'instruction] Il faudra donc montrer que ces trois espèces d'inégalité réelle doivent diminuer continuellement, sans pourtant s'anéantir, car elles ont des causes naturelles et nécessaires, qu'il serait absurde et dangereux de vouloir détruire ; et l'on ne pourrait même tenter d'en faire disparaître entièrement les effets, sans ouvrir des sources d'inégalité plus fécondes, sans porter aux droits des hommes des atteintes plus directes et plus funestes [...][3].

[...] et combien ce tableau de l'espèce humaine, affranchie de toutes ses chaînes, soustraite à l'empire du hasard, comme à celui des ennemis de ses progrès, et marchant d'un pas ferme et sûr dans la route de la vérité, de la vertu et du bonheur, présente au philosophe un spectacle qui le console des erreurs, des crimes, des injustices dont la terre est encore souillée, et dont il est souvent la victime[4]. »

Question : Condorcet ne veut-il pas dire aussi par-là que pourraient émaner, du noyau des « Lumières », une inégalité plus grave et des ruptures plus terribles que de la « superstition » elle-même ? Il mourut lui-même, l'année de la parution de son livre, en tant que girondin, sous la guillotine des Jacobins, ses camarades des « Lumières ».

2. Emmanuel Kant : *Réponse à la question : Qu'est-ce que les Lumières ?* (1784)

« Les "Lumières", c'est la sortie de l'homme hors de l'état de tutelle dont il est lui-même responsable. L'état de tutelle est l'incapacité à se servir de son entendement sans la conduite d'un autre. On est *soi-même responsable* de cet état de tutelle, quand la cause tient non pas à une insuffisance de l'entendement mais à une insuffisance de la résolution et du courage de s'en servir sans la conduite d'un autre. *Sapere aude !* Aie le courage de te servir de ton propre entendement ! Voilà la devise des "Lumières" [...]. Il est si commode d'être sous tutelle. Si j'ai un livre qui a de l'entendement à ma place, un directeur de conscience qui a de la conscience à ma place, un médecin qui juge à ma place mon régime alimentaire, je n'ai alors pas moi-même à fournir d'efforts [...]. Mais seul celui qui, lui-même éclairé, n'est pas sujet à des peurs chimériques et qui a en même temps à sa disposition une armée nombreuse et bien disci-

3. *Ibid.*, p. 272.
4. *Ibid.*, p. 296.

plinée pour maintenir l'ordre public, peut dire ce qu'un État libre ne peut oser dire : *raisonnez autant que vous voulez et sur ce que vous voulez ; obéissez*[5] *!* »

Question : Kant ne relie-t-il pas trop le concept d'émancipation à celui d'« autarcie » ? Le penseur de la modernité ne tombe-t-il pas dans l'antimodernité quand il caractérise de manière négative le « fait de s'en remettre à quelqu'un » (à un médecin par exemple), alors que ce phénomène doit justement s'étendre toujours plus avec le progrès ? Et si la critique doit trouver ses limites dans l'obéissance du citoyen, un état libre des « Lumières » n'est-il pas autodestructeur ?

3. Jean-Jacques Rousseau : *Essai sur les sciences et les arts* (1750).

« Dieu tout puissant [...] délivre-nous des lumières et des funestes arts de nos pères et rends-nous l'ignorance, l'innocence et la pauvreté, les seuls bien qui puissent faire notre bonheur et qui soit précieux devant toi[6]. »

Question : Les « anti-Lumières » ne se trouvent-elles pas elles-mêmes dans les « Lumières », dans le « primitivisme », qui est un de leurs fondements parmi les plus controversés ?

4. Adolf Freiherr von Knigge : *Über den Umgang mit Menschen* (Sur le commerce avec les hommes) (1re édition 1788).

« Siècle de la médecine universelle, où nous mènes-tu ? Je vois l'esprit des "Lumières" se répandre dans tous les domaines : je vois le paysan abandonner sa charrue pour aller exposer au prince l'égalité des classes et l'obligation de porter ensemble la charge de la vie ; je vois comment tous repoussent, en ergotant, les préjugés qui leur sont désagréables [...], qu'il n'y a plus de propriété, de constitution ni de frontière, comment chacun s'auto-administre et s'invente un système qui libère ses instincts. Quel âge d'or ! Nous ne formerons plus qu'une seule grande famille, et nous serrerons le noble cannibale sur notre poitrine, comme un frère ; nous finirons – si cette bienveillance se perpétue – par traverser la vie main dans la main avec ce génie, l'orang-outang[7]. »

5. E. Kant, *Réponse à la question : Qu'est-ce que les Lumières ?*, trad. J.-F. Poirier et F. Proust, Garnier-Flammarion, 1991, p. 43 et 50.

6. J.-J. Rousseau, *Essai sur les sciences et les arts*, Paris, « Folio Essais », 1996, p. 52.

7. Adolf Freiherr von Knigge, *Über den Umgang mit Menschen*, Berlin, 1878, vol. II, 2, p. 141.

Question : Le philosophe des « Lumières » ne doit-il pas craindre par-dessus tout ce qui peut être la conséquence ultime des « Lumières » : la dépossession complète du pouvoir de la raison par les instincts, qui donnent comme « raison » de l'individu l'anarchie ?

On pourrait donner beaucoup d'autres exemples qui tous, soulignent la même évidence : les « Lumières » sont pleines de tensions et de problèmes non résolus ; des concepts comme « rationalité », « optimisme », « croyance au progrès », « anticléricalisme », « citoyenneté », « primitivisme », « pacifisme », « cosmopolitisme », « libéralisme économique », « scientisme » ne peuvent pas être réunis sous un dénominateur. Mais il est certain aussi qu'elles furent fondamentales pour le XVIIIe siècle : le parti du mouvement tout entier se réclamait des « Lumières » ; les protagonistes du parti adverse étaient quant à eux, pour une bonne part, des aristocrates éclairés de l'Ancien Régime, comme par exemple Metternich ; l'« idéalisme allemand » tout entier est empreint de pensées des « Lumières » ; mais avec son concept, « illuminé », il est très critique envers leur forme vulgarisée, et sa pensée de l'harmonie est une correction de cette vulgarisation.

Pour ce qui est de sa prise de position par rapport aux « Lumières », l'œuvre de Nietzsche s'organise très clairement. On pourrait nommer la première phase, selon les propres mots de Nietzsche (dirigés contre la musique de Richard Wagner) : la « dernière guerre – et la dernière réaction [...] contre l'esprit des "Lumières" » ; la seconde serait la période où Nietzsche, en tant que philosophe des « Lumières » formule une autocritique ; et sa dernière phase serait la reprise de la première sous une forme beaucoup plus radicale, mais qui « est passée » par la seconde.

L'Euripide de la *Naissance de la tragédie* est en fait un paradigme des philosophes des « Lumières » antiques : avec sa pensée critique, avec la clarté et l'agilité de sa conscience, il cherche à construire la tragédie d'une manière neuve sur la base d'un art, de mœurs et d'une philosophie non dionysiaques, et justement par-là il la détruit. Il amène la « masse éclairée » sur la scène et justifie la « médiocrité bourgeoise ». Dans une mesure encore plus grande, Socrate est un « apollinien », c'est-à-dire un amputeur d'existence. Pour lui, tout doit être raisonnable afin d'être beau, et comme ce qui existe n'est pas raisonnable, il en conclut à l'absurdité interne de cette existence et à la nécessité de sa condamnation ; il aimerait donc la corriger au moyen de la dialectique. Il est le prototype de « l'homme théorique » qui a « cette inébranlable croyance que la pensée, par le fil d'Ariane de la causalité, peut atteindre jusqu'aux plus profond abîmes de l'Être[8] », il s'agit de « l'archétype de l'optimiste théorique, qui attribue à la foi dans la possibilité d'approfondir la nature des choses, au savoir, à la connaissance, la vertu d'une panacée, et tient l'erreur pour le mal en soi[9] ». Il fonde ainsi une culture « alexandrine » et tardive, qui gouverne encore l'époque moderne car elle a mis à la place de l'homme, conduit par les mythes de la conception tragique du monde – qui englobe une image d'ensemble du monde avec ses souffrances éternelles –, l'homme abstrait, l'éducation abstraite, les coutumes abstraites, le droit abstrait, l'état abstrait ; en d'autres termes elle a fait émerger « l'abstraction de la vie ». Nietzsche prend en compte en même temps une « vision de la vie » socratique : sans la distraction procurée par la connaissance, il y aurait peut-être « de perpétuelles migrations des peuples et luttes exterminatrices », à la fin desquelles, une éthique horrible de la mort des peuples par pitié surgirait.

Une forme de cette existence abstraite est, comme Nietzsche le disait déjà dans *David Strauss*, « ce modernisme bariolé qui semble venir d'un champ de foire[10] » ; l'absence de toute « unité du style artistique dans toutes les expressions de la vie d'un peuple » propre à « une culture authentique ». Le meilleur exemple de l'homme abstrait est le savant moderne, le représentant d'une « science excitée, essoufflée, courant partout et frétillante ». C'est la science spécialisée moderne dans son détachement à l'égard de la philosophie, que Nietzsche attaque comme ennemi de la culture. Ces « cohortes de chercheurs et d'érudits » tracent, d'après lui, un chemin vers la barbarie ; ils travaillent comme dans une « usine scientifique » ; ils aspirent à une domination de la « vie », qui tue justement cette vie soit qu'ils se livrent, dans la science historique, à une rage de collectionneur aveugle soit qu'ils atteignent un degré de nervosité propre aux insomniaques, soit qu'ils produisent un « amas de pierres scientifiques impossibles à digérer ». La critique de la science va main dans la main chez Nietzsche avec une critique encore plus générale de la culture qui constate la « tristesse et la confusion des âmes modernes », qui rejette « cette société d'argent très méprisable » et dit à la manière de Pascal : « Jamais le monde n'a été plus monde, jamais plus dépourvu d'amour et de bonté. » Mais tout cela est-il véritablement « anti-Lumières » ? Cette sorte de critique de la culture n'a-t-elle pas justement commencé avec les « Lumières » et en leur sein ? Schiller n'aurait-il pas approuvé Nietzsche sur tous ces points ?

8. F. Nietzsche, *Œuvres*, coll. « Bouquins », *op. cit.*, vol. 1, p. 89.
9. *Ibid.*, p. 90.
10. *Ibid.*, p. 156.

Tous les protagonistes des « Lumières » n'ont-ils, pas à leur manière, été des « hommes de culture libérés de toute servitude ». Des métaphysiciens, comme Leibniz et Christian Wolf n'appartenaient-ils pas aux « Lumières » ? Le jeune Nietzsche lui-même n'était pas simplement un « anti-Lumière ». Il serait plus exact de l'inclure dans la tradition de l'autocritique des « Lumières ».

Pour cette raison, il conviendrait mieux de placer la seconde période de Nietzsche, période de l'annexion, du côté activiste ou pratique des « Lumières », où l'on renonce à toute espèce de métaphysique et d'art métaphysique, c'est-à-dire orienteurs de sens, où l'on cherche à créer un « monde raisonnable », d'où « le mal soit réellement chassé ». Nietzsche prend alors parti pour l'esprit modeste de la science spécialisée, il fait de « la philosophie historique » sa chose, il accepte « la nouvelle culture consciente » qui tua l'ancienne culture et abolira l'Antiquité comme modèle. Il se nomme lui-même un « libre-penseur », parle de « nous les philosophes des "Lumières" », veut se décharger d'un « poids culturel accablant », justement, grâce à la science ; il forge un concept de l'esprit prudent et modeste complètement différent et non sociologique de « l'esclavage », rejette le génie comme ennemi de l'esprit prudent et modeste de la science. Il critique la tendance à se représenter les couches les moins élevées de la population comme plus grossières et plus abaissées qu'elles ne le sont vraiment ; il se met du côté de Socrate pour ce qui est d'estimer les choses les plus immédiates et les plus accessibles et il semble aussi préférer Helvétius à Kant. Avant tout, il fait complètement sienne la conception de Condorcet sur la métamorphose de l'humanité comme unité heureuse : « Ce qu'avec une sénile myopie vous craignez, un surpeuplement de la terre, met entre les mains de ceux qui ont plus d'espoir que vous une tâche grandiose : il faut que l'humanité soit un jour un arbre qui ombragera la terre tout entière, avec plusieurs milliards de fleurs qui toutes deviendront des fruits ; c'est pourquoi il faut dès maintenant préparer la terre à nourrir cet arbre [...]. Il nous faut plutôt *regarder en face* cette tâche grandiose qui consiste à *préparer* la terre à recevoir une plante de la plus grande et de la plus joyeuse fécondité, et c'est une tâche de raison pour la raison[11] ! » Nietzsche souhaite par la même occasion la « démocratisation de l'Europe[12] » ainsi que la « décadence de l'État[13] ». Il décrit alors la formation de la science

11. *Ibid.*, p. 901-902.
12. *Ibid.*, p. 929.
13. *Ibid.*, p. 649.

comme le mérite principal de la Grèce tandis que son art aurait été artificiel. Il s'appuie beaucoup sur Voltaire.

La question de savoir si au sein de « la période des "Lumières" » de Nietzsche, on ne peut pas déceler des intonations qui témoignent d'une profonde scission au sein des « Lumières » elles-mêmes, ou de poussées d'hostilité au phénomène, est légitime. Nietzsche prétend que le monde dans son ensemble n'est pas raisonnable, ni d'ailleurs la raison humaine ; quand il caractérise la raison comme hasard dans le hasard et qu'il ne veut pas voir de différences fondamentales entre l'homme, la fourmi et le perce-oreille, il enterre alors, pourrait-on dire, le fondement ontologique des « Lumières » ; Helvétius avait fait de même avec sa réduction du jugement au sentiment. En démasquant l'homme, en réduisant ses vertus à un déguisement de l'égoïsme, il marche dans les traces des « moralistes » français. Ce qui est proprement « nietzschéen » apparaît plutôt là où il laisse deviner combien de maux et de regrets ses propres idées de « progressistes » lui préparent, là où il veut donner à l'homme du futur un double cerveau, l'un pour la science et l'autre pour les idées qui naissent de sa « relation illogique fondamentale avec toutes les choses[14] », ou bien encore là où il voit aussi bien une possible « bêtification » de l'homme, le menant au singe, comme perspective d'avenir.

Nietzsche déroute encore plus quand il parle avec mépris dans *Aurore* du « philosophe des Lumières bienfaisant » et place les « Lumières » dans la filiation directe du christianisme ; elles seraient en effet une suite du monothéisme avec lequel elles partagent la « doctrine d'une norme unique de l'humanité », de telle sorte qu'elles peuvent elles-mêmes devenir le pire des dangers pour l'homme. L'homme est l'« animal non fixé » sans horizon ni perspectives, parce que la liberté et la diversité de l'esprit de l'homme sont préfigurées dans le polythéisme éternel.

Cette critique anthropologique s'accompagne d'une critique sociologique qui oppose les « folies passionnelles et les demi-mensonges de Rousseau » à la « nature modérée » de Voltaire, et creuse ainsi un gouffre profond entre les « Lumières » et la Révolution. L'aphorisme 221 de la deuxième partie d'*Humain trop humain* a pour titre « Le côté dangereux de la philosophie des Lumières » : « Toutes ces choses quasi démentes, histrionesques, bestialement cruelles, voluptueuses et surtout d'une sentimentalité toujours prête à s'enivrer d'elle-même, qui, réunies, composent le fonds proprement *révolutionnaire* et

14. *Ibid.*, p. 461.

qui, avant la Révolution, s'étaient incarnées en Rousseau – tout cet assemblage finit encore, avec un enthousiasme perfide, par poser la philosophie des Lumières sur sa tête fanatique, qui acquit ainsi comme un rayonnement de gloire[15]. » Une profonde inversion se serait ainsi mise en place, car rien ne serait plus étranger aux « Lumières » qu'un « être fort et spontané ». Pour cette raison, il s'agit pour chaque homme de purifier les « Lumières » de cette « souillure » et de perpétuer leur œuvre afin d'étouffer la révolution dans l'œuf, pour empêcher qu'elle n'arrive.

Mais Nietzsche a-t-il vraiment suivi ce chemin à la fin de sa vie, séparant le côté réformateur des « Lumières » du côté révolutionnaire et là y puisant son inspiration ? Il n'est pas rare, il est vrai que Nietzsche parle comme s'il était un vulgaire philosophe des « Lumières », quand il dit par exemple : « c'en est fini des prêtres et des dieux, si l'homme devient scientifique[16] ». Mais de telles tournures sont maintenant si lourdes de sens que l'on ne peut éviter la question de savoir si Nietzsche n'est pas alors passé du côté de la révolution, d'une révolution d'une autre sorte. Il place le « jésuitisme » et la « démocratie des Lumières » sur le même plan, en ennemis de la « magnifique tension » qui constitue l'Europe ; il rejette dès lors les « libres penseurs », car ils ne sont que des niveleurs ; il s'exclame alors : « ô Voltaire ! ô Humanité ! ô imbécilité[17] ! » Il écarte à nouveau l'homme savant en tant que « type d'homme sans relief » et « l'homme objectif » n'est pour lui rien d'autre qu'un outil. Ce qu'il oppose à Rousseau est la « couleur flatteuse et la retouche » sous laquelle le « texte fondamental effrayant *l'homo natura* » a dû être redécouvert. Les « Lumières » apparaissent ainsi comme un phénomène de la dégénérescence, de la chute, de la Décadence, dont Socrate est, pour Nietzsche, comme déjà dans sa jeunesse, la figure symbolique : « Le cas de Socrate fut un malentendu ; *toute la morale du perfectionnement, y compris la morale chrétienne, fut un malentendu*... La plus vive lumière, la rationalité à tout prix, la vie claire, froide, prudente, consciente, dépourvue d'instincts, en lutte contre les instincts, ne fut elle-même qu'une maladie, une nouvelle maladie – et nullement un retour à la « vertu », à la « santé », aux bonheur... Être *forcé* de lutter contre les instincts – c'est là la formule de la *décadence* : tant que la vie est *ascendante*, bonheur et instinct sont identiques[18]. »

15. *Ibid.*, p. 915.
16. *Ibid.*, vol. 2, p. 1084.
17. *Ibid.*, p. 591.
18. *Ibid.*, p. 960.

Les « Lumières » sont donc pour Nietzsche, en dehors de sa période intermédiaire, décadence, dégénérescence, danger pour l'avenir de l'homme. Elles relèvent – comme la morale, le christianisme, le socialisme et l'émancipation de la femme – du phénomène de la « dégénérescence généralisée » de l'humanité, vers l'interprétation de laquelle nous devons bientôt nous tourner, pour la traiter séparément. Mais, nous voulons d'abord nous arrêter à des phénomènes isolés et poser la question suivante : la décadence est fatigue, perte des instincts, enfermement du malade ; la Révolution française n'était-elle pas le plus fort déchaînement d'instincts et de passions et ne devait-elle pas sembler un phénomène positif à celui qui, pourtant, refusait d'y voir le sommet ou même l'accomplissement pratique des « Lumières » ?

6
La Révolution française

Aucun événement de l'époque moderne – avant 1914 – n'a plus divisé les Européens, que la Révolution française. Les « Lumières » voulaient dans leur principe être réconciliatrices et fermer la faille des guerres de religions – la Révolution française creusa de nouveaux gouffres, d'une profondeur jusqu'alors inconnue, car elle prit rapidement un caractère idéologique, à cause de la radicalisation du combat des « Lumières » contre les « prêtres et les tyrans », et avec comme devise, « Paix aux chaumières, guerre aux palais », se transforma en première guerre civile européenne.

Lorsque les troupes de Louis XIV menèrent leur guerre de destruction dans le Palatinat rhénan, il n'y eut pas un seul habitant du pays pour se mettre de leur côté ; mais lorsque les troupes de la toute jeune République française prirent possession de Mayence à la fin de 1792, des associations se formèrent rapidement pour soutenir les « libérateurs » ; en de nombreux endroits du Rhin, mais aussi en Autriche et ailleurs encore, des « jacobins » se mobilisèrent ; ils se sentaient beaucoup plus proches de leurs compagnons de pensée de Paris, que des « tyrans » de leurs patries d'origine.

Quand un État en guerre trouve dans un pays ennemi des partisans convaincus et des collaborateurs, c'est une situation de guerre civile, même si l'on ne va pas jusqu'à la formation d'unités armées, combattant l'État au profit de l'ennemi. Les États combattants deviennent d'une certaine manière eux-mêmes des partis dans une guerre civile d'une nouvelle sorte, où un côté incarne la « révolution » et l'autre la « réaction ». Il fallut bien constater dès le début que sa « réaction » n'était pas si faible ni démunie que le répétaient ceux qui ne voulaient y voir qu'une conjuration de tyrans apeurés. Les émigrants français à Coblence formèrent des unités militaires efficaces, qui n'étaient nullement constituées seulement d'aristocrates ; et, en Vendée, c'est le « peuple » lui-même qui combattit la révolution. Encore plus important : les amis et les ennemis de la Révolution française n'étaient pas des groupes rigides. Lorsque la réforme de la Constitution française, accueillie bientôt dans toute l'Europe avec une joie presque unanime (les événements de 1789-1790 ne signifiaient en effet pas autre chose qu'une transformation de l'absolutisme en gouvernement constitutionnel), devint de plus en plus radicale, lorsque les jacobins guillotinèrent finalement le roi et la reine et allèrent jusqu'à la Terreur de 1793-1794, de nombreux partisans devinrent des opposants ; inversement d'autres firent porter la faute de la dérive de la Révolution, non pas sur Robespierre et les jacobins, mais sur leurs adversaires ; il y avait aussi des admirateurs déclarés ou non de la guillotine.

Un changement essentiel se produisit à nouveau lorsque les jacobins se divisèrent entre eux et lorsque le général Napoléon Bonaparte passa au premier plan : dès lors en effet, beaucoup de jacobins devinrent opposants du nouveau despotisme militaire ; mais du temps s'écoula encore avant que Bonaparte soit couronné empereur, et avant que Ludwig van Beethoven ne renonce à dédier son *Eroica* au maître victorieux des champs de bataille. Schiller et Klopstock faisaient partie de ceux qui, déjà, sous l'emprise de la peur, révisèrent leurs idées ; Goethe avait été sceptique presque dès le début, mais Kant et Hegel s'en tinrent, avec peu de modifications, à leur première impression positive, quant à Johann Gottlieb Fichte, il resta jusqu'au début du siècle un jacobin et un révolutionnaire. Au même moment d'anciens libéraux comme Ernst Brandes, August Rehberg et Friedrich Gentz, étaient devenus depuis longtemps des opposants amers au « synode despotique » de Paris, puis au régime napoléonien.

Pour illustrer cela, j'ai choisi quatre textes, qui ne sont pas livrés dans l'ordre chronologique et ne se limitent pas strictement à la Révolution française, car le XIXe siècle presque tout entier était convaincu du fait que les événements français n'avaient été qu'un cas de « la révolution », et la « révolution » fut comprise comme une entité souhaitée avec enthousiasme ou profondément redoutée. On alla bien au-delà des passions suscitées pas la révolution anglaise du XVIIe siècle, même si la « Glorieuse Révolution » de 1689, avait, la première, largement contribué à donner un sens positif au mot, jusque-là neutre, de « révolution ».

1. Johann Gottlieb Fichte : *Zurückforderung der Denkfreiheit von den Fürsten Europas, die sie bisher unterdrücken*, (Reconquête de la liberté de pensée sur les princes de l'Europe qui l'ont jusqu'ici tenue prisonnière), « Héliopolis, dans la dernière année de ténèbres » (1793, anonyme) :

« Les temps de la barbarie sont révolus, ô peuples. On n'osera plus vous proclamer au nom de Dieu que vous êtes des troupeaux que Dieu a mis sur la terre pour servir une douzaine de fils de dieux qui se déchargent sur vous, à qui vous servez d'esclaves ou de servantes et qui finalement vous envoient à l'abattoir. [Indication de l'atrocité] [...] Et nous ne voulons pas vous rappeler des fêtes plus sanglantes qu'ont données le despotisme et le fanatisme traditionnellement alliés à ce peuple-ci – ne pas vous rappeler que ce ne sont pas les fruits de la liberté de pensée mais les suites d'un long esclavage antérieur de l'esprit, ne pas vous dire qu'il n'est nulle tranquillité plus grande que celle du tombeau [...]. »

2. Richard Wagner : *La Révolution* (1849)

« Oui nous le voyons, le vieux monde tombe en ruine. Un nouveau monde naît de lui car la grande déesse Révolution, vient en grondant sur les ailes des tempêtes [...] et partout où elle pose son pied puissant, tombe en ruine ce que dans un accès de vaine folie on avait bâti pour des millénaires. [...] Mais derrière elle s'ouvre pour nous, éclairé par les adorables rayons du soleil, un paradis de bonheur insoupçonné. [...] Et les chants de joie de l'humanité éclairée éclatent, ils remplissent les airs encore pleins du tumulte des combats. [...] Les cœurs de l'humanité vivante sont comme des plantes desséchées entres les piles d'archives et de traités et ils tombent en poussière dans ces chambres de torture modernes. Regarde là-bas ces flots qui se déversent des usines ; ils ont créé, ils ont fabriqué les plus belles étoffes – eux et leurs enfants sont nus ; ils ont froid et ils ont faim car ils sont privés du fruit de leur travail par le riche et le puissant qui nomme sien les hommes et la terre. »

[Parole de la révolution] « Je suis la vie qui toujours rajeunit, qui toujours crée, où je ne suis pas, là est la mort. [...] Tout ce qui existe doit disparaître. C'est la loi éternelle de la nature, c'est la condition de la vie, et moi, l'éternelle destructrice, j'accomplis sa loi et je crée la vie éternellement jeune. [...] Je veux détruire la domination d'un seul homme sur les autres, la domination des morts sur les vivants, de la matière sur l'esprit ; je veux briser le pouvoir des puissants ; de la loi et de la propriété. [...] Je veux détruire cet ordre des choses qui sépare la jouissance du travail, qui fait du travail un fardeau, et de la jouissance un vice, qui plonge dans le malheur certains individus parce qu'ils n'ont pas assez et d'autres parce qu'ils ont trop. [...] Désormais, il n'y a plus que deux peuples, l'un qui me suit, l'autre qui me résiste. [...] Et, poussant un cri qui ébranle la voûte céleste, des millions d'individus s'écrient "je suis un homme !" Ils sont la révolution vivante, l'homme devenu Dieu, ils descendent dans les vallées et les plaines et ils proclament au monde entier le nouvel Évangile du bonheur. »

3. Edmund Burke : *Reflections on the Revolution in France* (1790)
« C'est pourquoi les niveleurs ne font que changer et qu'intervertir l'ordre naturel des choses. Ils surchargent l'édifice de la société, en plaçant en l'air ce que la solidité de la construction devait faire placer à la base[1]. » « Et ainsi la chose publique elle-même, après bien peu de générations finirait par se dissoudre et par se réduire à l'état de poussière et de cendre de l'individualité, pour être bientôt après dispersée par les vents. [...] Oui sans doute la société est un contrat. [...] Mais faudra-t-il considérer l'État sous les mêmes rapports qu'un traité de société pour un commerce de poivre ou de café, pour de la mousseline, du tabac, ou pour tout autre objet d'un intérêt vulgaire, qui n'a que la durée d'une spéculation momentanée, et que l'on peut dissoudre à la fantaisie des parties ? [...] Cette société devient celle non seulement de ceux qui existent, mais elle est un contrat entre ceux qui vivent, entre ceux qui sont à naître et entre ceux qui sont morts. Je vais plus loin : chaque contrat, dans chaque État particulier, n'est qu'une clause dans le grand contrat primitif d'une société éternelle qui compose une seule chaîne de tous les anneaux des différentes natures, qui met en connexion le monde visible avec le monde invisible[2]. » « De même que les Créoles s'élèvent contre vous, les Nègres s'élèvent contre eux. Encore des troupes ? massacres, tortures, potences ! Et ce sont là vos droits de l'homme ! Ce sont là les fruits de ces déclarations métaphysiques faites si imprudemment et si honteusement rétractées[3] ! »

1. E. Burke, *Réflexions sur la Révolution en France*, trad. Pierre Dupont (1790) révisée par Michel Derouard, Paris, Éditions du Franc-Dire, Mécénat d'entreprise, coll. « Authentica », 1998, p. 71.
2. *Ibid.*, p. 118-119.
3. *Ibid.*, p. 243.

4. Joseph de Maistre, *Considérations sur la France* (1797)

« Il y a dans la Révolution française un caractère satanique qui la distingue de tout ce qu'on a vu et peut-être de tout ce qu'on verra. Qu'on se rappelle les grandes séances ! Les discours de Robespierre contre le sacerdoce, l'apostasie solennelle des prêtres, la profanation des objets du culte, l'inauguration de la déesse Raison, et cette foule de scènes inouïes où les provinces tâchaient de surpasser Paris ; tout cela sort du cercle ordinaire des crimes, et semble appartenir à un autre monde. [...] La génération présente est témoin de l'un des plus grands spectacles qui jamais ait occupé l'œil humain : c'est le combat à outrance du christianisme et du philosophisme. La lice est ouverte, les deux ennemis sont aux prises, et l'univers regarde[4]. »

Il est évident que toutes les descriptions utilisant des images d'Épinal, sans autre explication, sont insuffisantes. La société européenne ne se constituait pas exclusivement d'habitants de « palais » d'un côté et de « chaumières » de l'autre. Mais elle n'était pas non plus si « naturelle », si consciente d'elle-même et « differential » que Burke ne le décrivait en parlant de la société anglaise. Les questions suivantes devaient compter parmi les questions décisives : combien y avait-il de « maisons nobles » et quelle était la situation sociale réelle de leurs habitants ? Quels étaient les liens entre « chaumières » et « palais », et quelle était leur intensité ? La noblesse était-elle en effet simplement une classe de luxe parasitaire, ou bien était-elle une classe dirigeante ? Quel était le rôle des Églises dans toutes les questions concernant la loyauté vis-à-vis des institutions ?

Mais les débats continuèrent et devaient continuer. Pendant tout le siècle un « parti de l'ordre » s'opposa à un « parti du mouvement ». Ranke vit dans ce combat deux principes fondamentaux : le principe du légitimisme et celui de la souveraineté du peuple. Il n'y a pas de doute que « l'espérance révolutionnaire » avait un caractère plus solide, qu'elle se renouvelait plus aisément que les imprécations contre le satanisme. Richard Wagner parlait en 1849 comme Sieyès et Mirabeau en 1789 et 1790 ; mais Friedrich Julius Stahl n'était pas un nouveau Maistre.

Ce qui est étonnant, c'est que Nietzsche, qui en fait était, concernant l'Antiquité, le christianisme, le judaïsme, la Réforme, et même le Reich allemand, un champ de bataille de sentiments et de conceptions contradictoires, adopte une position très nette sur

4. Joseph de Maistre, *Considérations sur la France*, éd. Slatkine, Genève, 1980, p. 109.

cette question, pourtant des plus discutées, et cela dans un sens exactement opposé à Richard Wagner. En outre, ses déclarations sur le sujet ne sont pas nombreuses : on peut en faire une revue complète, alors que, pour tous les autres thèmes, il faut procéder à une sévère sélection. Nietzsche n'est pas pour autant un simple successeur de Burke et de Maistre.

Dans la *Naissance de la tragédie*, et dans les travaux préliminaires, la Révolution, Rousseau, l'optimisme libéral et les mouvements socialistes sont décrits par Nietzsche comme des phénomènes sans reliefs et opposés à l'esprit gréco-allemand de la tragédie : dans l'opéra, genre proprement moderne, c'est une grande exigence extra-esthétique qui se fabrique au forceps une forme artistique appropriée. L'exigence en question est la « nostalgie de l'idylle, la croyance qu'un homme bon et artiste a existé à l'origine des temps ». À partir de là, avec le temps, une revendication s'est mise en place, que nous ne pouvons plus ignorer au regard des mouvements sociaux du présent. L'homme bon des origines réclame : « Quelles perspectives paradisiaques ? ». Dans un avant-propos que Nietzsche n'a finalement pas publié, « L'État grec », il est dit expressément que la conception libérale optimiste du monde aurait ses racines dans les doctrines des « Lumières » et de la Révolution française, c'est-à-dire dans une « philosophie complètement non germanique platement romaine et non métaphysique ». Nietzsche conçoit ici comme particulièrement néfaste « l'utilisation détournée de la pensée de la Révolution au service d'une aristocratie d'argent, égoïste, sans État », et c'est justement pour cela qu'on doit lui concéder le droit de « pousser occasionnellement un cri de guerre, un péan », car ce n'est pas un hasard si la réalisation inachevée de l'art grec s'est actualisée dans une « histoire guerrière ». Ce qui signifie donc à la fois opposition et demi-adhésion à Richard Wagner, l'auteur du *Judaïsme dans la musique*, ouvrage de 1850.

Une autre note dans les fragments de cette époque dit : « La Révolution française est née de la croyance à la bonté de la nature : elle est la conséquence de la Renaissance. Nous devons nous laisser instruire. Une conception du monde optimiste à la dérive déchaîne finalement toutes les horreurs. » Peu de temps après, en 1874, il juxtapose les postulats suivants : « Destruction des "Lumières", rétablissement du sens métaphysique de l'existence, hostilité au christianisme, car il néglige la même chose – contre les pensées de la révolution. »

Dans *Schopenhauer éducateur* encore, « l'homme de Rousseau » est rendu responsable de la révolution mais en même temps dédouané car il s'est vu « opprimé et à moitié écrasé par des castes orgueilleuses et par des fortunes sans pitié, corrompu par les prêtres et une mauvaise éducation[5] ».

C'est de Richard Wagner que Nietzsche est le plus proche – et il en est cependant encore assez éloigné – quand il demande, dans *Richard Wagner à Bayreuth* : « Quelles digues opposerons-nous au flot de la révolution qui semble inévitable de toute part, afin que la bienheureuse espérance, la garantie d'un meilleur avenir, d'une humanité plus libre, ne soit pas entraînée avec la masse de ce qui est destiné à périr et mérite de périr[6] ? »

Aussi profond est le bouleversement par rapport à *Humain trop humain*, aussi peu change-t-il la position de Nietzsche par rapport à la révolution et en particulier la Révolution française. Nietzsche loue ici la « manière de penser tout simplement non révolutionnaire » de Voltaire et met en évidence son appartenance à la tradition de la mesure fondée par les Grecs[7]. La phrase de Voltaire « quand la populace se mêle de raisonner, tout est perdu[8] » suscite chez Nietzsche une approbation illimitée. L'opposition déjà évoquée de Voltaire et Rousseau doit être maintenant citée dans son intégralité : « Ce n'est pas la nature de *Voltaire*, avec sa modération, son penchant à arranger, à purifier, à modifier, mais les folies et les demi-mensonges passionnés de *Rousseau* qui ont éveillé l'esprit optimiste de la Révolution, contre lequel je m'écrie : *"Écrasez l'infâme !"* Par lui *l'esprit des Lumières et de l'évolution progressive* a été banni pour longtemps : voyons – chacun à part soi – s'il est possible de le rappeler[9] ! » La critique de Rousseau sonne différemment quand Nietzsche en fait dériver le moralisme de Kant, de Schiller et de Beethoven de Rousseau et quand il l'interprète comme un « attentat quasi théologique contre Helvétius », mais elle reste une critique[10].

Dans l'« Avant-propos » de 1866 à *Aurore*, Rousseau est appelé une « tarentule morale[11] » et Nietzsche s'en prend aussi à celui qu'il appelle son « exécuteur » Robespierre ; Nietzsche effectue un retournement du principe de Rousseau dans l'aphorisme 163, « Contre Rousseau », où cette « déplorable civilisation » est rappor-

5. F. Nietzsche, *Œuvres*, coll. « Bouquins », *op. cit.,* vol. 1, p. 311.
6. *Ibid.*, p. 412.
7. *Ibid.*, p. 556.
8. *Ibid.*, p. 633.
9. *Ibid.*, p. 644.
10. *Ibid.*, p. 914.
11. *Ibid.*, p. 969.

tées aux « conceptions sociales efféminées du bien et du mal[12] ». De même quand il dénonce l'hostilité des Allemands aux « Lumières », il ne critique pas pour autant leur hostilité à la révolution – ou ce qu'il juge être tel. Dans le cinquième livre, il parle, dans deux aphorismes qui se suivent, du « charlatanisme pathétique et sanglant », de la « grande révolution », et de ses « petits marquis rationalistes[13] ». Puis, il en vient, lui qui ne dit pas un mot de Marat ni de Danton, à l'histoire concrète de la Révolution française, quand il reporte les raisons de la sympathie de Chamfort pour la Révolution à un besoin de vengeance provenant de son enfance : « En admettant que Chamfort fût demeuré alors plus philosophe d'un degré, la Révolution eût été privée de son esprit tragique et de son aiguillon le plus affilé[14]. » C'est au genre des simples insultes qu'appartient la phrase de conclusion de l'aphorisme 350 du *Gai Savoir* : « Déjà le protestantisme est une révolte populaire en faveur des gens intègres, candides et superficiels [...] ; mais ce fut la Révolution française qui plaça définitivement et solennellement le sceptre dans la main du "brave homme" (du mouton, de l'âne, de l'oie, et de tout ce qui est incurablement plat et braillard, mûr pour la maison de fous des "idées modernes")[15]. »

Dans *Zarathoustra*, les mots « Révolution française » ne viennent naturellement pas, mais il ne saurait pas y avoir de doute sur le fait que c'est Robespierre qui est désigné dans le chapitre « Des tarentules », encore plus que Proudhon ou Bakounine : « Prédicateurs de l'égalité, la tyrannique folie de votre impuissance réclame à grand cris l'"égalité" : votre plus secrète concupiscence de tyrans se travestit en paroles et vertu ! Vanité aigrie, jalousie contenue, peut-être est-ce la vanité et la jalousie de vos pères qui fait jaillir de vous ces flammes et ces folies de vengeance [...]. C'est une mauvaise engeance et une mauvaise race ; ils ont sur leur visage les traits du bourreau et du ratier[16]. »

Dans *Par-delà le bien et le mal*, la Révolution française est pour Nietzsche une « farce sinistre et inutile » dont le « texte » a fini par disparaître sous l'interprétation des « spectateurs nobles et romanesques de l'Europe tout entière[17] ». C'est un ton encore plus violent qui est employé dans la *Généalogie de la morale* où « la Judée

12. *Ibid.*, p. 1067.
13. *Ibid.*, p. 1191.
14. *Ibid.*, vol. 2, p. 108.
15. *Ibid.*, p. 215.
16. *Ibid.*, p. 360.
17. *Ibid.*, p. 592.

remporta une nouvelle victoire sur l'idéal classique avec la Révolution française ». Elle a su rallier les « instincts populaires de ressentiment », si bien que « ce fut une allégresse immense, un enthousiasme tapageur comme jamais on n'en avait entendu sur la terre[18] ». Visiblement les discours de Robespierre et de Saint-Just, sur la « vertu[19] », lui viennent à l'esprit, quand il écrit plus tard : « Ces fils dénaturés : quelle noble éloquence surgit sur leurs lèvres ! [...] Ils se sont désormais approprié complètement la jeunesse, ces faibles et ces malades incurables [...] et comme ils ont soif d'être des *bourreaux*. »

Dans *Le Crépuscule des idoles*, Rousseau est pour lui « idéaliste et canaille en une seule personne », prodiguant le poison le plus empoisonné, la doctrine de l'égalité qui semble être elle-même empreinte de justice, initiateur de la moralité et ainsi en même temps de l'« immoralité » de la « farce sanglante », face à laquelle on devrait, comme Goethe, éprouver un sentiment de rejet, bien que son spectacle « ait séduit même les esprits les plus nobles[20] ». La phrase suivante montre clairement que ce n'est pas le christianisme de la théologie qui est attaqué avec une telle amertume déchaînée, dans *L'Antéchrist* : « L'aristocratisme du sentiment a surtout été le plus souterrainement miné par le mensonge de l'égalité des âmes, et si la foi en les "droits du plus grand nombre" amena les révolutions, et si elle en *amènera*, c'est, n'en doutons pas, le christianisme, ce sont les jugements de valeur chrétiens que toute révolution ne fait que traduire en sang et en crime[21] ! » Nietzsche montre encore une fois clairement ce qu'il a dans l'esprit, quand il décrit « Savonarole, Luther, Rousseau, Robespierre, Saint-Simon » comme « fanatiques » et comme « le contraire d'esprits forts et libérés[22] ».

Dans les *Œuvres posthumes* de la troisième période, on ne trouve à peu près rien qui apporte quelque chose de nouveau ou bien même seulement qui soit formulé autrement, à l'exception peut-être de cette phrase : « La Révolution française est la fille et la continuatrice du christianisme, et pour cette raison, elle a un instinct sûr contre l'Église, contre les gens distingués, contre les derniers privilèges. »

Plus intéressante est la question de savoir si l'on ne trouve pas cependant à la fin des déclarations contradictoires, qui prouve-

18. *Ibid.*, p. 800.
19. En français dans le texte.
20. *Ibid.*, p. 1021.
21. *Ibid.*, p. 1077.
22. *Ibid.*, p. 1091.

raient que, dans le for intérieur de Nietzsche, se livrait cette bataille entre amis et adversaires de la Révolution, bataille qui constitue un chapitre si important de l'histoire des idées européennes.

Mais on n'en trouve qu'un petit nombre. À l'été 1873, Nietzsche formule dans les fragments posthumes la phrase suivante : « La révolution est un fait, mais il dépend de l'intelligence et de l'humanité des générations prochaines d'en faire sortir la barbarie ou autre chose. » Dans *Schopenhauer*, il doute que l'on puisse révolutionner quelque domaine que ce soit avant d'avoir révolutionné les hommes eux-mêmes ; mais cela, précisément, est impossible. La phrase la plus étonnante est certainement la suivante, dans *Ecce homo* : « Nous autres qui, tout enfants, avons respiré l'air marécageux des années 1850, nous sommes nécessairement des pessimistes pour tout ce qui touche à "l'idée allemande". Il nous est impossible d'être autre chose que des révolutionnaires ; nous n'admettons pas un état de choses où les tartufes ont la haute main[23]. » Voilà l'origine de son inclination pour Richard Wagner. Mais dans le *Cas Wagner*, il parle pourtant avec grand mépris de ce que Wagner, pendant la moitié de sa vie, a cru à la révolution que son Siegfried incarne le révolutionnaire typique et que Wagner, « comme les idéologues de la révolution » voyait la source du mal « dans les anciennes constitutions ». La révolution de Nietzsche contre les tartuffes est alors une révolution contre la Révolution française comme l'un des résultats de la tartufferie chrétienne, qu'il compare à « la morale des esclaves ». Il approuve la Révolution française seulement d'un certain point de vue et d'une manière complètement paradoxale : elle fit apparaître le « grand homme », même si c'est contre ses vœux, et contre sa vraie nature : « Comme une dernière indication de l'*autre* voie apparut Napoléon, homme unique et homme de la dernière chance si jamais il en fut, et avec lui la question essentielle : Napoléon, cette synthèse d'*inhumain* et de *surhumain*[24] !... »

Si la Révolution française fut pour Nietzsche la fille et la continuatrice du christianisme, de même c'est indubitablement le socialisme – son contemporain – qui fut pour lui le fils et le continuateur de la Révolution française, à côté d'autres mouvements d'émancipation, à ses yeux des échecs. On trouve sur le socialisme beaucoup plus de remarques que sur la Révolution française. En particulier, Nietzsche rejoint le socialisme dans plusieurs des critiques qu'il

23. *Ibid.*, p. 1137.
24. *Ibid.*, p. 800.

adresse à son époque. Doit-on conclure que Nietzsche découvre dans le socialisme des traits ou des personnes proches de ce « surhomme » qu'il voit dans Napoléon, le rejeton de la Révolution française ?

7
Le socialisme

Lorsque Nietzsche sombra dans la folie, les lois bismarckiennes contre les socialistes n'étaient pas encore supprimées en Allemagne, et la deuxième Internationale pas encore fondée. Le socialisme était pourtant considéré comme « vague du futur » et le concept était connu de tous, bien qu'il ne fût vieux que de cinquante ans. Seul le libéralisme radical d'Adam Smith et de ses successeurs offrait une autre perspective d'avenir : un monde de paix, libre de limitations économiques, politiques ou intellectuelles sans frontières ni hostilité entre les hommes – mais Richard Cobden n'en attendait la réalisation que dans « mille ans » ; et l'on devait aussitôt se poser la question : ce monde de concurrence illimitée entre tous les individus ne supprimerait-il pas les liens existant jusqu'alors dans la société et les concentrations politiques, c'est-à-dire les États, et ne se contenterait-il pas de mettre à leur place des liens d'une autre sorte et un autre type de concentration, avant tout économique ? Le socialisme promettait au contraire une solution immédiate ou très prochaine à toutes les difficultés par la méthode opposée : la création de nombreuses communautés industrialo-agricoles se suffisant à elles-mêmes – nommées « phalanstères » ou « villages of unity and cooperation », dont les membres – deux mille au maximum par unité – se gouverneraient eux-mêmes sans répartition par classes, afin de partager également les charges de travail et le plaisir, de telle sorte que chacun obtienne le salaire complet de son travail et que toute exploitation soit écartée comme d'ailleurs toute sorte d'inégalité. La répartition du travail serait en même temps supprimée, car « chacun prendrait part à tout » : le concept de démocratie serait complètement réalisé.

Cette version du socialisme avait eu sa grande époque dans les années 1830 et 1840, lorsque Robert Owen et Charles Fourier exposèrent leur pensée et que beaucoup d'expériences de vie communautaire furent faites, surtout en Angleterre et en Amérique. Mais très vite étaient apparues les grandes difficultés qui suivaient l'application de ce concept. Orbiston, New Lanrak et Queenwood étaient tombés parce que, très rapidement parmi les habitants, des conflits importants s'étaient développés, qui venaient le plus souvent du fait qu'une heure de travail de l'un n'était pas équivalente à l'heure de travail d'un autre et que les assemblées de la communauté consommaient beaucoup trop de temps puisqu'en effet, toutes les questions devaient y être réglées. Très tôt, on conçut une autre possibilité de socialisme d'État planificateur, celle de Constantin Pecqueur : « En principe, il ne doit y avoir dans une nation qu'un seul propriétaire, un seul entrepreneur, un seul maître, un seul capitaliste-prêteur, une seule institution de crédit, à savoir : L'État, le peuple dans ses représentants. Tout producteur, tout commerçant, tout détenteur de la matière de travail doit être fonctionnaire de l'association nationale[1]. » Ainsi abolirait-on l'aspect chaotique de l'économie libérale ; mais quelles institutions assureraient l'administration du nouveau système – c'est tout le problème de la bureaucratie – et ses relations vis-à-vis des autres États ? Ce n'est vraiment pas un hasard si les travailleurs sont vus chez Pecqueur « comme des soldats ». Pourtant « l'idylle » semble devoir caractériser la « vie communautaire des villages modernes » dans la plupart des descriptions – par exemple chez Étienne Cabet, *Voyages en Icarie*. L'Icarie, fondée par le très respecté Icare, est un paradis sur terre ; il n'y a pas d'inégalité, pas d'argent, pas d'achat ni de vente et donc un bonheur généralisé. Tout y est centralisé et rationalisé, un travail mesuré est le devoir de chacun ; soldats, gendarmes et prisons n'existent pas. Le mobilier est standardisé et semblable partout. Tous se lèvent à cinq heures pour travailler et vont à dix heures du soir au lit. Les langues anciennes ne sont pas enseignées à l'école, car elles sont inutiles. L'État tout entier est une grande famille où il n'existe pas de propriété privée. Les mauvais livres sont brûlés publiquement. Il y règne une morale stricte : les séducteurs sont vus comme des criminels. On aspire à une amélioration de la « race humaine » par l'étude de la phrénologie et l'observation des lois de l'eugénisme. Le passé n'est pas négligé : le bonheur enfin atteint permet aux historiens de juger objectivement le passé, d'instituer un « tribunal pour les morts ». L'assemblée du peuple s'est décidée unanimement pour

1. Constantin Pecqueur, *Théorie nouvelle d'économie sociale*, 1842, p. 565.

l'adoration de Dieu, mais contre *La Bible*, car le Dieu de Moïse est un « Dieu jaloux, exigeant, colérique, vindicatif et sanguinaire ». En même temps que la propriété, l'argent et l'inégalité, tous les défauts de l'ancien ordre de la société sont supprimés ; les hommes ont enfin une existence selon la nature, car, par nature, il n'existe ni riches, ni pauvres. C'est seulement ainsi que la « paix sociale » est possible, alors qu'auparavant la « guerre sociale » était la réalité fondamentale. La « machine à vapeur » est à la base de la nouvelle organisation, chez Cabet, comme chez Pecqueur, c'est elle qui a permis de se débarrasser de l'aristocratie. Mais il ne saurait être question d'un repli sur soi, béat, de l'Icarie ; bien au contraire, on entreprendra des croisades au profit des opprimés dans le monde entier.

Le socialisme d'État est donc exactement comme le socialisme communautaire – selon l'intention de ses instigateurs un « socialisme mondial » ; il s'exprime selon la métaphore familiale. Saint-Simon attribue à l'Angleterre, la France et l'Allemagne une fonction d'avant-garde. Chez lui, les banquiers sont en tout cas particulièrement importants ; le droit d'héritage est supprimé, mais la propriété individuelle et l'initiative individuelle demeurent.

Le socialisme ne commença pas dans cette mesure avec Saint-Simon, Owen et Fourier mais il a des racines beaucoup plus anciennes. Max Beer en fixe le début dans son *Allgemeine Geschichte des Sozialismus und der sozialen Kämpfe* (Histoire générale du socialisme et des combats sociaux) avec la société originelle, qui était caractérisée par l'égalité de tous ses membres et qui se métamorphosa d'une manière générale en sociétés d'inégalités institutionnalisées. Les opprimés pensent avec nostalgie à cette époque originelle perdue et à l'égalité qui y régnait ; ils l'idéalisent dans les représentations du paradis et de « l'Âge d'or ». Le droit de nature est aussi une protestation contre l'inégalité forgée sur la bas de la propriété privée et de son organisation. La croyance en Yahvé était la croyance des gens sans possession, pendant que les propriétaires entrèrent en Palestine en adorant Baal. Tous les « romans politiques » de l'Antiquité fustigent la propriété privée, l'envie de possession et la force, rejettent des images d'îles heureuses où les hommes vivent comme une seule famille dans une entente complète. Virgile et David font l'éloge de l'âge saturnien où il n'y avait pas encore de frontière et l'époque du communisme originel. Les Pères de l'Église décrivent pour la plupart « ce monde » comme issu de la soif de posséder et voient la source du « mien » et du « tien » dans le péché. Les membres de la secte gnostique des Carpocratiens allèrent si loin qu'ils donnèrent les animaux en exemple parce qu'ils ne sont pas étrangers à la nature et « s'accouplent sans ordre ni demande préalables ». L'individualité et la différenciation, ils l'expliquaient par leur théorie des anges déchus et c'est seulement Jésus qui ramena la sainteté, unit les hommes à Dieu et rendit les lois superflues. Le monachisme du Moyen Âge était une protestation contre l'Église devenue sécularisée : il rejetait tout ce que le « monde » produisait : propriété privée, recherche de la possession, famille ; État, différence de situation, comportement de puissance, contrainte et force. Pour Joachim de Flore, le « troisième empire » était celui du Saint-Esprit, dont il annonçait la venue : un état de liberté, de paix, d'absence de violence, de communisme, un âge pour les humbles et les pauvres, sans différences sociales. Maître Eckhart avait des rapports avec les Bégards qui, d'après Beer, « éveillaient alors chez les Dominicains ainsi que dans tous les cercles de l'Église, autant de dégoût qu'aujourd'hui les bolcheviques dans les partis de l'ordre[2] ». John Wycliff faisait partie des hommes qui « préparaient moralement le passage du Moyen Âge aux temps modernes tout en défendant l'économie communautaire contre l'économie privée en train de prendre le dessus[3] ».

Pour les Taborites, pour John Ball et Thomas Müntzer, c'est la même chose : ils rejetaient le « mien » et le « tien », causes, selon eux, de tous les maux. Pour Thomas More, l'ordre établi était une conspiration des riches contre les pauvres ; une conception fondamentalement différente – « bourgeoise » – vit le jour (bien sûr préparée par Aristote et Thomas d'Aquin), d'abord chez Francis Bacon qui voulait atteindre le bonheur de l'humanité, non pas par un bouleversement des modes de propriété, mais par une augmentation de la production au moyen d'une utilisation des science de la nature ; mais la véritable mise en place eut lieu avec John Locke, qui voyait la propriété privée et l'État déjà présents dans l'état de nature.

À partir de cette origine, une première postérité, la « bourgeoisie », mène à David Ricardo et Richard Cobden, pendant que l'autre en passant par Linguet, William Godwin et ceux qu'on appelle les « premiers socialistes » aboutit à Karl Marx, qui se différencie cependant de tous les socialistes du « droit de nature » en plaçant le développement des forces de production et le combat

2. *Ibid.*, p. 188.
3. *Ibid.*, p. 253.

des masses du prolétariat moderne de l'industrie au centre de sa pensée. Sa doctrine a bien sûr été détrônée plus tard par le réformisme, mais lorsqu'il écrivait au début des années trente, Matthias Beer pouvait dire, en pensant à Marx, que l'humanité n'avait le choix qu'entre « être sauvé par le communisme ou bien sombrer dans la barbarie[4] ».

Ce survol rapide montre clairement que le « socialisme » est un phénomène très complexe. D'une certaine manière, c'est quelque chose de très ancien : on cherche une « racine du mal » dans le présent et on la trouve dans la « propriété privée » ; il n'en allait pas différemment déjà, dans l'Antiquité ; le salut et la « Rédemption » sont recherchés dans un état de choses familial, personnel et égalitaire. Dans un tel « primitivisme », le socialisme est radicalo-réactionnaire et même archaïque : il est une religion sociale et un contre-modèle du monde moderne, dominé par la machine, son impersonnalité et sa tendance à la spécialisation.

D'un autre côté, le socialisme est particulièrement moderne : il offre une « critique de la culture » acérée ; il prend au sérieux l'augmentation du nombre de ceux qui ne possèdent pas ; il peut se réclamer des tendances « socialisantes » dans la vie de l'État et l'appareil de production (impôt sur le revenu, grandes entreprises) ; il reprend la critique de la religion faite par les « Lumières » ; il fait grand cas de la science de la nature et par une analogie de la tendance à la crise de l'économie moderne.

Cet autre aspect moderne n'attend pas Marx pour exister : déjà Owen et Proudhon voulaient fonder un « socialisme scientifique », Saint-Simon était exempt de retours en arrière nostalgiques, bien que lui et ses successeurs aient inclu des éléments de la pensée antilibérale et « réactionnaire » de Joseph de Maistre et de Bonald dans leur système ; Pecqueur et déjà Owen soulignaient l'importance de la « machine à vapeur », du système industriel et de la misère sociale.

Mais Marx est celui qui fit la synthèse la plus englobante et la plus réussie de tous ces éléments et avec Engels, il établit l'idée que seul son « matérialisme historique » était un « socialisme économique » et par là même une doctrine tout à fait moderne. En fait, il faut décrire Marx comme un socialiste qui – comme auparavant William Thompson et Proudhon au début – a passé la quasi-totalité de son activité à faire une analyse de la « méthode de production capitaliste » et cherche à prouver que cette méthode de production,

4. *Ibid.*, p. 638.

reposant sur la séparation entre « travail » et « capital », conduit à la division du travail à l'extrême et entraîne la constitution d'une classe de travailleurs et tombe dans la misère ; à cause de son absence de planification, elle doit aller de crise en crise et finalement s'effondrer par nécessité. Mais au sujet de « l'organisation socialiste à venir » de la société, Marx ne dit au contraire presque rien. En cela il est bien différent d'Owen et Fourier qui en font une description quasi religieuse ; Marx est un « matérialiste ». Le marxisme n'est pas un « description du socialisme ».

Mais dans ce qu'on appelle les *Ökonomisch-philosophischen Manuskripten* (Manuscrits économico-philosophiques) de 1844, il ne se contente pas de l'analyse classique (et pourtant plutôt plus proche de la philosophie de la société romantique d'Adam Müller), du travailleur aliéné de son humanité par la division moderne du travail, et qui n'est plus « qu'activité abstraite et ventre », mais il livre aussi cette description du socialisme – comme de cet état de chose final – qu'il a ailleurs éludée avec tant d'obstination : « Le communisme est, en tant qu'abolition positive de la propriété privée (elle-même aliénation humaine de soi), appropriation réelle de l'essence humaine par l'homme et pour l'homme. C'est le retour complet de l'homme à lui-même en tant qu'être pour soi, c'est-à-dire en tant qu'être social, humain, retour conscient et qui s'accomplit en conservant toute la richesse du développement antérieur. En tant que naturalisme achevé, ce communisme est humanisme ; en tant qu'humanisme achevé, il est naturalisme. Il est la vraie solution de l'antagonisme entre l'homme et la nature, entre l'homme et l'homme, la vraie solution du conflit entre l'existence et l'essence, entre l'objectivation et l'affirmation de soi, entre la liberté et la nécessité, entre l'individu et l'espèce. Il est l'énigme résolue de l'histoire, et il en est conscient[5]. »

On dit souvent que cette conception appartiendrait « aux débuts » de Marx ; c'est seulement après cela que Marx aurait trouvé le matérialisme et l'économie. Mais qui peut croire qu'une idée aussi centrale et mise en avant par un homme de vingt-cinq ans, pourrait plus tard se transformer, en silence, en son contraire ? Et cela devrait sauter aux yeux de tous que cette prééminence des comportements économiques est une caractéristique de l'histoire jusqu'alors, et qu'elle aura perdu sa valeur dans la « véritable histoire de l'humanité » commençant après la « révolution prolétarienne ».

5. Marx, *Manuscrits de 1844*, Paris, GF, 1996, p. 144.

On peut dire quelque chose d'exactement semblable pour ce passage connu extrait de John Stuart Mill datant de la même époque : « Notre valeur réciproque (dans la production de marchandises actuelles est pour nous la valeur des objets que nous échangeons. Donc, l'homme lui-même n'a pas de valeur d'échange pour nous. En supposant que ce soit en tant qu'homme que nous ayons produit : chacun de nous aurait dans sa production doublement affirmé lui-même et l'autre. Nos productions seraient donc des miroirs nombreux qui refléteraient notre être. [...] Cette relation devient alors réciproque, de ton côté se passe ce qui se passe du mien. [...] Mon travail serait une libre expression de la vie, donc jouissance de la vie. Dans l'hypothèse de la propriété privée, elle est aliénation de la vie, car je travaille pour vivre, pour me procurer les moyens de vivre ; travailler pour moi, ce n'est pas vivre. »

La compréhension qu'a Marx de ce qu'est vraiment le travail, c'est-à-dire ce qu'il devrait être, est donc très vivement opposé, d'une manière radicalement personnaliste opposée à toute production et à toute industrie de masse ; il est un échange entre des artistes.

Assurément, dans la période tardive, la manière de s'exprimer est plus prudente et l'objet plus prosaïque. Mais dans le deuxième tome du *Capital*, Marx propose ce qui suit après avoir montré de quelle manière les investissements sont faits dans l'économie monétaire : « Imaginons une société non pas capitaliste, mais communiste : c'est d'abord le capital monétaire qui disparaît, c'est-à-dire avec lui le déguisement des transactions qu'il permet. L'affaire se ramène simplement à ce que la société doit calculer à l'avance combien de travail, de moyens de productions et d'alimentation elle peut utiliser sans aucune rupture dans des branches qui, comme la construction de chemins de fer par exemple, ne fournissent, pour une certaine période, au moins un an, ni moyens de production, ni d'alimentation, ni ne sont d'aucune utilité, mais au contraire retranchent du travail, des moyens de production et d'alimentation à la production totale annuelle. Dans la société capitaliste au contraire, la compréhension sociale ne peut avoir lieu qu'après coup, et donc, il peut et il doit se produire d'importantes perturbations. »

Il devrait être éclairant de comprendre quels problèmes difficiles se rattachent aux termes « simplement » et « la société ». Mais pour un « village of unity and cooperation » autosuffisant, la réflexion est en fait dépourvue de signification et n'est pas problématique. C'est la même chose pour la phrase connue d'Engels sur les « pousseurs de brouettes et les architectes ».

Marx donne en 1875 dans *Critique du programme de Gotha* l'une des quelques autres caractéristiques de la « société socialiste » : « Dans une phase supérieure de la société communiste, après qu'a disparu la servitude des individus qui résulte de la division du travail et donc de l'opposition entre travail intellectuel et travail physique, après que le travail est devenu non seulement un moyen de vivre, mais le premier besoin de la vie et que toutes les sources de la richesse communautaire ont commencé de couler à flots – à ce moment-là seulement, l'horizon juridique étroit de la bourgeoisie peut être dépassé et la société peut écrire sur ses drapeaux : chacun selon ses capacités, à chacun selon ses besoins. »

Si donc Marx introduit une telle dose de dialectique hégélienne et d'analyse « ricardienne » de la production comme jamais aucun socialiste ne l'avait fait auparavant, le caractère originel du socialisme est maintenu par lui comme religion sociale et doctrine de délivrance, et ainsi, implicitement, comme volonté de destruction dirigée contre « les méchants », allant de pair avec le primitivisme d'une conception familiale et personnelle de la société, mais aussi profondément antimoderne. On peut se demander s'il s'agit de reliquats au milieu d'une analyse économique moderne, ou bien si cette analyse est seulement un moyen pour donner un air moderne à ce qui est archaïque. En tout cas, la forme marxiste – qui déjà au temps de Nietzsche était la formule la plus efficace du socialisme, est un produit très complexe, significatif et riche en contradictions ; ce produit d'un côté n'était rien d'autre que le cri d'opposition de la classe ouvrière toujours plus nombreuse, en opposition sans cesse grandissante aux entrepreneurs capitalistes ; et, d'un autre côté, le marxisme reprenait cette manière de voir – certes pas réfléchie jusqu'au bout – selon laquelle « le travail » ne fait pas toutes les valeurs comme le disait la tradition des artisans, mais qu'au contraire, à la suite de la division du travail, ce qu'il y a d'esprit dans le travail se réfugie dans une classe particulière : la classe des entrepreneurs, des savants et des « couches intermédiaires » de toutes sortes.

Selon la terminologie de Ferdinand Tönnies, on pourrait dire : le socialisme dans sa version marxiste était une synthèse singulière des contraires, de la communauté et de la société ; il voulait à partir de la communauté et à travers la « société », caractérisée par la décomposition et l'aliénation, retrouver une communauté « de niveau supérieur ». C'est là que résidait son extraordinaire force d'attraction : la croyance en la science et l'aspiration au bien des intellectuels pouvaient être satisfaits exactement comme l'exigence des travailleurs en vue d'une amélioration maternelle et d'un « combat de classe réussi ». Mais il y avait aussi de fortes objections : la « communauté », une fois perdue ne peut se retrouver à « un niveau plus haut », sauf dans des situations exceptionnelles comme la guerre par exemple ; la « science » ne peut rien dire sur ce que « doit être la vie des hommes », le « eu zèn[6] » : l'amélioration matérielle est liée au développement du capitalisme ; le « combat de classe » même s'il n'est pas conçu comme « pression » ayant pour but l'augmentation des salaires, est un euphémisme pour « guerre civile » et peut mener à des échecs épouvantables.

En tout cas, le socialisme marxiste devait être interprété par des couches entières de la population comme menace de destruction, et la destruction (sociale) était bien son but avoué. La question décisive était celle de la taille du groupe qui se sentirait menacé et poussé à réagir. (Combien de « maisons » y avait-il entre les palais et les chaumières ?) S'il n'y avait que peu de « magnats du capital », ou bien seulement « deux cents familles » sur le chemin de la révolution, alors l'avenir était clair comme de l'eau de roche. Mais que se passerait-il si des « classes intermédiaires » – contre le pronostic qui les vouait au dépérissement augmentaient, si pour de nombreux intellectuels la culture existante ou bien la religion traditionnelle avaient plus de valeur qu'un simple scientisme ou encore si face à des espoirs de délivrance le scepticisme régnait ? Ou bien même : si dans un esprit hostile, la révolution, la croyance, la destruction, la rédemption étaient déifiées et que par la même occasion une « contre-foi » voyait le jour ?

Nietzsche ne savait pas grand-chose du socialisme et il n'a visiblement jamais lu une ligne de Marx, mais il n'est pourtant pas exclu qu'il ait eu le marxisme présent à l'esprit, quand il s'exprimait sur le socialisme. On peut même se demander si ces déclarations ne laissent pas percer un intérêt important. Nietzsche n'était pas en tout cas complètement ignorant du marxisme : la lecture du livre de J. E. Jörg sur les « partis sociopolitiques en Allemagne », ainsi que la peur face à la « tête d'hydre internationale » de 1871, ont déjà été évoqués ainsi que sa relation indirecte avec Alexander Herzen. Il connaissait bien les textes de Dühring dont l'enseignement fut décrit par des disciples comme « socialisme libéral » et en opposition complète avec « l'asservissement à l'État » prôné par les marxistes. En 1869, Nietzsche trace un parallèle, dans une lettre à Von Gersdorff, entre socialisme et végétarisme comme des

6. Grec : bien vivre.

manifestations d'un optimisme à l'opposé de la philosophie de Schopenhauer[7]. En 1875, il raconte que lui et quelques amis ont passé un moment avec « Herr Cook, l'ami de Proudhon » : « c'était génial[8] » ; il écrit à Franz Overbeck en avril 1880 de Venise qu'il aimerait avoir le catalogue des livres vendus par la librairie socialiste de Zurich[9].

Si l'on se tourne vers ses propres textes, c'est d'abord un accord étonnant avec Marx qui saute aux yeux, qui peut s'expliquer par l'origine commune de l'idéalisme allemand et la position négative à l'égard de la « civilisation » moderne. À l'expression marxiste de la « resurrection de la nature » à venir, correspond chez le jeune Nietzsche l'idée que sous l'emprise de la magie du dionysiaque, la nature aliénée, ennemie ou assujettie, fêtera sa réconciliation avec son fils perdu, l'homme, qui de son côté sera gouverné par « un sentiment d'unité très puissant » capable de faire disparaître tous ces gouffres qui séparent les hommes les uns des autres. Le jeune Nietzsche se tourne aussi brusquement que le jeune Marx contre ceux qui « ont à la bouche, infatigablement, ce cri de guerre et de sacrifice "division du travail", "en rang" » ; il parle du mal fait par la doctrine économique ou « laisser faire », il parle avec mépris de la « vile société d'argent » ; comme Marx, il présente positivement l'espèce humaine, contre le simple individu ; il caractérise le monde moderne avec ces mots : « L'usine règne – L'homme devient une vis » ; il voit dans la tragédie un acte « de toute la communauté civique » ; il attaque « l'état d'esprit repoussant des classes possédantes » ; il se révolte à propos de ces milliers de gens dans les grandes villes, « sur la manière dont ils passent avec une expression d'apathie et de hâte » avec des mots très proches de ceux du jeune Friedrich Engels.

Pourtant, on peut dès le début déceler une opposition très claire et très forte entre Nietzsche et Marx. On ne peut visiblement pas s'opposer plus fortement que le jeune Nietzsche à la « considération matérialiste de l'histoire » : « Il suffira de continuer à écrire l'histoire au point de vue des *masses* et de chercher en elle ces lois que l'on peut déduire des besoins de ces masses, c'est-à-dire les mobiles des couches les plus basses du limon social. Pour ma part, les masses ne me semblent mériter d'attention qu'à trois points de vue. Elles sont d'une part des copies diffuses des grands

7. F. Nietzsche, *Correspondance*, *op. cit.*, vol. II, p. 57-58.
8. F. Nietzsche, *K.G.B.*, *op. cit.*, II, 5, p. 42.
9. *Ibid.*, III, 1, p. 17.

hommes, exécutées sur de mauvais papier et avec des plaques usées ; elles sont ensuite la résistance que rencontrent les grands et enfin les instruments dans la main des grands. Pour le reste, que le diable et la statistique les emportent[10] ! » Opposition et accord semblent être réunis lorsque Nietzsche attaque « l'égoïsme de l'acquéreur » dont les postulats néfastes disent : « le plus de production possible et donc le plus possible de profit et de bonheur. » C'est la même chose pour la description d'une histoire humaine jusqu'alors encore pour moitié animale : « La monstrueuse mobilité de l'homme sur le désert terrestre, ses fondations de villes et d'états, ses guerres [...] ses cris dans la peine, ses hourras dans la victoire – tout cela est de l'animalité continuée. »

On ne peut selon Nietzsche échapper à cet état que par la pensée – « gagnée par la fatigue du soir », celle des philosophes. Elle seule fait « sortir de la bestialité » et non la transformation révolutionnaire de la « société de classes » existant jusqu'alors. L'opposition devient parfaitement claire lorsque Nietzsche formule cette « vérité qui résonne cruellement » : l'esclavage appartiendrait à l'essence d'une culture ; à cet endroit Nietzsche fait référence très ouvertement au communisme pris dans un sens très large : « C'est ici qu'est la source de ce courroux que les communistes et les socialistes, mais aussi leurs pâles rejetons, la blanche race des "libéraux" de tous les temps, ont nourri contre les arts mais aussi contre l'Antiquité classique. » Si l'on se rappelle cependant que pour Marx, les « masses » ne seraient dans l'avenir socialiste même plus des « masses » mais des « hommes entiers » des individus réalisés comme les citoyens d'Athènes l'étaient, alors il devient évident que chez Nietzsche comme chez Marx, la critique de la modernité s'appuie sur le paradigme antique et sa « possibilité de réalisation » ; il en va de même pour la critique de la culture et de la société : Marx veut « la culture pour tous » tandis que Nietzsche tient à la différence et voit dans l'abolition de la différence, justement la destruction de la culture. C'est pour cela qu'il ne faut pas comprendre cette phrase très étonnante des fragments posthumes de 1873 simplement d'une manière sociologique, comme la réaction de peur d'un « bourgeois » : « Si la classe ouvrière venait à découvrir qu'elle peut facilement nous surpasser grâce à l'éducation et à la vertu, il en serait alors fini de nous. Mais si cela n'arrive pas, il en est encore plus fini de nous. »

10. F. Nietzsche, *Œuvres*, coll. « Bouquins », *op. cit.*, vol. 2, p. 272-273.

Dans la période intermédiaire, l'accord semble parfois aller jusqu'à l'identité dans la formulation, par exemple lorsque Nietzsche exprime l'idée « que nos éducateurs eux-mêmes ne sont pas éduqués ». Il faut constater aussi dans le contenu une similitude remarquable de conception, quand on lit : « Mais les hommes peuvent décréter en conscience le développement à venir d'une nouvelle culture, alors qu'auparavant, ce développement se faisait au hasard et inconsciemment : ils peuvent [...] administrer la terre comme un tout économique, équilibrer les forces des hommes les unes par rapport aux autres. » Il est très souvent question – à la fois implicitement et explicitement – « d'une économie mondiale administrée de manière unifiée » comme de quelque chose d'inévitable pour l'avenir ; au sujet de la nécessité temporaire de l'ascèse et sur le rôle secondaire de la conscience, Nietzsche s'exprime d'une manière très similaire à Marx. Il se rapproche aussi beaucoup de l'aversion socialiste fondamentale face à « l'argent qui engendre l'argent », quand il écrit qu'il est connu que dans le grand monde de l'argent, le thaler du riche le plus corrompu rapporte plus que celui du pauvre et du laborieux, et il fait appel à une conviction marxiste quand il affirme que l'histoire deviendrait un instrument effrayant de la révolution si elle était écrite « avec plus de justice et d'ardente compassion » au lieu de servir d'« opiat contre tout ce qui révolutionne ». Dans *Aurore*, Nietzsche écrit vraiment comme un sympathisant du socialisme et un membre de la « race blanche des libéraux » : « Et voici (ô épouvante !) que c'est justement le "travailleur" qui est devenu *dangereux !* Les "individus dangereux" fourmillent ! Et derrière eux il y a le danger des dangers – l'individuum[11] ! » Dans la phrase qui suit, on trouve à la fois confirmation et contradiction : « il [le peuple] attaquera par l'impôt progressif la domination du capital, du grand commerce et de la bourse et créera ainsi, d'une façon lente, une classe moyenne qui pourra *oublier* le socialisme comme une maladie que l'on a surmontée[12] ».

Et pourtant également dans la période des « Lumières » de Nietzsche, les expressions purement négatives l'emportent : « L'État idéal auquel aspirent les socialistes épuiserait l'humanité[13]. » Le socialisme est le frère cadet du despotisme[14], la « gale socialiste » est une maladie du peuple ; les « socialistes et les idolâtres en

11. F. Nietzsche, *Œuvres*, coll. « Bouquins », *op. cit.*, vol. 1, p. 1073.
12. *Ibid.*, p. 939.
13. *Ibid.*, p. 649.
14. *Ibid.*, p. 802.

Europe[15] » tendent à un « bonheur chinois pour les masses[16] » ; et dans *Le Gai Savoir* Nietzsche salue les signes qui montrent « qu'un nouvel âge plus viril et plus guerrier commence, qui rendra son honneur au courage[17] ». Dans les fragments posthumes, il n'a plus peur de parler aussi de haine personnelle : « Je sais de quoi périront les États : de l'État *nec plus ultra*, des socialistes ; j'en suis un opposant, et je le déteste déjà dans les États qui existent. »

Vers la fin, Nietzsche parle aussi, dans ses écrits publiés, de « haine », ainsi que dans *L'Antéchrist* : « Qui est-ce que je hais le plus parmi la racaille d'aujourd'hui ? La racaille socialiste, les apôtres tchândâla qui minent l'instinct, le plaisir, le contentement de l'ouvrier satisfait de sa petite existence, – qui rendent l'ouvrier envieux, qui lui enseignent la vengeance[18]... »

Nietzsche ne fait jamais explicitement dériver le socialisme du judaïsme mais il met le socialisme en relation étroite avec le christianisme et le judaïsme en tant que phénomène de décadence. Tous les postulats de compassion sont des symptômes de déclin et de l'hostilité à la vie : « vivre c'est *essentiellement* dépouiller, blesser, subjuguer l'étranger et le faible, l'opprimer, lui imposer durement nos propres formes, l'incorporer et au moins, au mieux, l'exploiter – mais pourquoi employer ces mots auxquels s'attache de tout temps une intention calomnieuse ? [...] Partout à l'heure actuelle on rêve avec enthousiasme, et même en leur prêtant un déguisement scientifique, d'états futurs de la société d'où aura disparu tout "caractère d'exploitation" : cela sonne à mes oreilles comme si on promettait d'inventer une vie qui s'abstiendrait de toute fonction organique. L'"exploitation" n'est pas le fait d'une société corrompue ou imparfaite et primitive, elle est inhérente à la *nature* même de la vie ; elle est sa fonction organique fondamentale, une conséquence de la volonté de puissance proprement dite, qui est tout bonnement la volonté de vivre[19]. » Nietzsche nomme seulement Dühring lorsqu'il parle du « cliché communiste » qui serait un principe ennemi de la vie, « un attentat à l'avenir de l'homme, un symptôme de lassitude, une voie détournée[20] ». Mais dans les faits il se présente comme un « anti-Marx ». Il interprète l'exigence de supprimer l'exploitation et la société de classes comme l'expression

15. *Ibid.*, vol. 2, p. 71.
16. *Ibid.*
17. *Ibid.*, p. 232.
18. *Ibid.*, p. 1097.
19. *Ibid.*, p. 709.
20. *Ibid.*, p. 819.

emphatique d'un ressentiment. La base en est simplement de nouvelles formes d'exploitation et un nouveau règne de classe. Nietzsche se représente de plus en plus l'histoire comme un attentat qui commence par la diffamation universelle juive et chrétienne, et atteint son paroxysme dans l'attente socialiste d'un État sans histoire, d'un « empire de Dieu » sécularisé : « Quand le chrétien condamne, diffame et noircit le *"monde"*, il le fait par le même instinct qui pousse l'ouvrier socialiste à condamner, à diffamer et à noircir la *Société* : le "Jugement dernier" reste la plus douce consolation de la vengeance – c'est la révolution telle que l'attend le travailleur socialiste, mais conçue dans des temps un peu plus éloignés[21]... »

L'idée qu'un attentat philosophique ait été perpétré il y a bien longtemps et continuerait d'exercer ses ravages sur l'être de l'homme, fait définitivement de Nietzsche l'opposant par excellence de la notion hégéliano-marxiste de « réalisation » de ce même être humain par l'histoire. Et la plus effrayante de toutes les accusations est adressée à la fin de *L'Antéchrist*, manifestement aussi bien contre le socialisme que contre le christianisme ; on n'a pas beaucoup de chances de se tromper si l'on substitue à la célèbre formule de Voltaire « Écrasez l'infâme[22] », reprise à la fin d'*Ecce homo* un : « Le socialisme judéo-chrétien doit être exterminé. » Nietzsche développe ainsi un concept symétrique et opposé, pour le contenu, à la conception marxiste, de la destruction du capitalisme et aussi de la bourgeoisie comme classe sociale. Presque exactement au même moment, Friedrich Engels cherchait à détourner de leur égarement ses compagnons de parti à Paris qui avaient montré à l'époque une sympathie inquiétante pour le général Boulanger : « Et vous, oui, c'est vous qu'il exterminera ! » Mais le radicalisme de l'opposition formulée par Nietzsche avec toutes les conséquences politiques qu'elle entraînerait, devait être malgré tout inconcevable pour Engels.

On peut bien sûr objecter que la dernière phrase de Nietzsche ne se laisse pas simplement ramener à la formule d'un « antisocialisme » ou d'un « antimarxisme ». Nietzsche ne revient pas sur ce qui le rapproche de Marx : la question de la division du travail et de la spécialisation. Il continue à parler de « rouage déshumanisé » et de « caractère impersonnel de l'ouvrier » comme de maladies mortelles. L'homme isolé est condamné au désespoir face au « machinisme

21. *Ibid.*, p. 1008.
22. *Ibid.*, p. 1198.

monstrueux ». Mais on ne prouve ainsi qu'une chose : la culture critique et le concept d'aliénation n'étaient pas le monopole de Marx. Il existe une fragment de l'année 1887 particulièrement intéressant, où les religions de l'Antiquité tardive auxquelles le christianisme se serait accordé sont décrites comme religion de cette masse « des femmes et des esclaves de basse extraction qui croient en Isis, Mithras, Dionysos et la grande Mère. » C'est vraisemblablement un pendant à ce corpus de pensées du début, où Nietzsche avait différencié l'une de l'autre la forme asiatique et la forme grecque du culte de Dionysos.

Les masses du boulangisme se recrutaient marxistement parlant parmi les petits-bourgeois nationalistes auxquels s'étaient rattachés d'une manière surprenante tant d'ouvriers. La question essentielle était alors : sur quelle base Nietzsche voulait-il fonder son mouvement opposé ? Les « officiers », les « banquiers juifs » pouvaient servir d'encadrement, mais ils ne pouvaient constituer aucun recrutement de masse. N'était-il pas inéluctable que Nietzsche fasse appel à l'empire allemand et aux Allemands en tant que tels ? Ne s'agissait-il pas de la plus grande puissance militaire en Europe et dans le monde, l'État « antisocialiste » par excellence, qui persécutait les sociaux-démocrates et n'était pas bien disposée envers le christianisme catholique ? Où bien « l'homme de culture délivré de toute servitude » avait-il peur d'une alliance avec la « puissance brute ». Ou bien cette puissance n'était-elle pas, pour lui encore insuffisamment puissante et consciente de sa puissance ? Avant d'examiner le concept social le plus global du nietzschéisme, la notion de « dégénérescence collective de l'humanité », nous devons jeter un coup d'œil sur son comportement face à l'Allemagne et aux Allemands. On peut déjà prévoir de nombreuses contradictions dans sa pensée.

8
Les Allemands et le Reich allemand

Nietzsche n'était pas, et de loin, le premier penseur ou écrivain allemand à parler aux Allemands de leur avenir, quand il traitait de leur présent et de leur passé ; il n'était pas non plus le premier pour qui cet avenir paraissait si incertain et problématique, que le présent et le passé se trouvaient inclus dans la critique. On a déjà cité le célèbre chapitre de l'*Hyperion* d'Hölderlin sur les Allemands ; Goethe et Schiller se sont plus d'une fois exprimés d'une manière empreinte de scepticisme sur les possibilités d'avenir de l'Allemagne ; Novalis pensait qu'un jour l'Allemand se révélerait être « l'idiot par excellence », Hegel était le philosophe de l'État prussien, et à l'époque de Nietzsche les *Deutsche Schriften* (Écrits allemands) de Paul de Lagarde eurent beaucoup d'influence. Les historiens, en premier lieu Heinrich von Treitschke, dont le thème était le passé allemand, parlaient presque toujours à la fois du présent et du passé des Allemands. On ne pouvait jamais appréhender leur histoire de façon cloisonnée : celui qui s'exprimait sur les Allemands devait aussi s'exprimer sur leur comportement face au christianisme et à la Réforme, et il pouvait difficilement éviter les relations des Allemands avec les Juifs. Mais c'est de Nietzsche assurément qu'émanent les déclarations les plus extrêmes, aussi bien dans l'attirance, et même l'amour, que dans le rejet ou la haine. Pour conforter cette thèse, je commencerai par citer quelques passages de Heinrich Heine et de Richard Wagner :

1. Heinrich Heine : *Histoire de la religion et de la philosophie allemande* (1834/35) : « Comme c'est étrange ! Nous, les Allemands, nous sommes le peuple le plus fort et le plus avisé. Nos princes sont assis sur tous les trônes d'Europe, nos Rothschild maîtrisent toutes les bourses du monde, nos érudits dominent dans toutes les

sciences. Nous avons inventé la poudre et l'imprimerie. Et pourtant quiconque, chez nous, tire au pistolet, paiera trois thaler d'amende, et si quelqu'un veut publier dans le *Hamburger Correspondent* : "Ma femme chérie a accouché cette semaine d'une petite fille belle comme la liberté", Monsieur le Docteur Hoffmann prend son crayon rouge et raye le mot liberté[1]. »

« N'ayez pas peur, messieurs les Républicains allemands ; la révolution allemande ne sera pas moins dure ni moins terrible que d'autres parce que la critique kantienne, l'idéalisme transcendantal de Fichte, ou même la philosophie de la nature vous ont précédés. Grâce à ces doctrines, des forces révolutionnaires se sont développées, qui attendent avec impatience le jour où elles pourront exploser et remplir le monde d'épouvante et d'admiration. Des kantiens apparaîtront qui ne voudront rien savoir de la piété même dans le monde des phénomènes et qui, impitoyables, remueront le sol de notre vie européenne à coups d'épée et de hache pour en arracher les dernières racines du passé. Des fichtéens armés rentreront en scène, dont la volonté, fanatique et indomptable, ne sera contrebalancée par aucun sentiment de peur ni de prudence. [...] Le philosophe de la nature sera redoutable car il entrera en relation avec les forces originelles de la nature et parce que s'éveillera en lui ce désir de combat, que nous trouvons déjà chez les anciens Allemands ; il ne s'agit pas d'un combat pour la victoire ou pour la destruction mais simplement pour le combat. [...] Les anciens dieux de pierre se lèvent de leurs ruines disparues, il essuient sur leurs yeux une poussière vieille de milliers d'années ; Thor bondit finalement armé de son énorme marteau pour détruire les cathédrales gothiques. La pièce qui se jouera en Allemagne pourrait bien faire apparaître la révolution française comme une idylle inoffensive[2]. »

(Tiré de *Ludwig Börne*)

« Ou bien dois-je partir en Amérique, cette monstrueuse prison de liberté, où les chaînes invisibles me pèseraient encore plus que chez les chaînes visibles que j'ai chez moi ; c'est là que le tyran le plus désagréable – la plèbe – exerce sa domination grossière ? Tu sais ce que je pense de ce pays maudit, que j'aimais autrefois, alors que je ne le connaissais pas encore[3]. »

1. Heinrich Heine, *Zur Geschichte der Religion und Philosophie in Deutschland*, in Œuvres en cinq volumes, Weimar, 1957, p. 44.

2. *Ibid.*, p. 144 *sq.*

3. *Ibid.*, p. 202.

« Ou bien pensez-vous que le baptême ait changé complètement la nature interne de l'homme ? Pensez-vous que l'on puisse changer les poux en puces en leur versant de l'eau dessus ? Je ne le crois pas. [...] La vision de sales juifs barbus venant de leur cloaque polonais me parut encore plus repoussante. Ils furent gagnés à la cause du ciel à Berlin par la société des convertis, ils prêchaient le christianisme dans leurs dialectes inaudibles et en plus de tout cela ils puaient épouvantablement[4]. »

« Quand l'harmonie reviendra-t-elle, quand le monde guérira-t-il de cette aspiration unilatérale à l'abstraction, de cette splendide erreur qui a rendu malades aussi bien les âmes que les corps[5] ! »

(« Testament »)

« Je n'ai pu penser sans effroi à la possibilité que l'avenir appartînt aux communistes – non, j'étais parfaitement sincère ! Je ne peux penser sans frisson et sans effroi à l'époque où ces sombres iconoclastes arriveront au pouvoir. Ah ! Je prévois tout cela et je suis rempli de tristesse quand je pense à la déchéance dont le prolétariat vainqueur menace mes vers qui partiront en même temps que tout ce vieux monde romantique. Et pourtant deux voix s'élèvent ensemble dans ma poitrine (Justice ; fiat justitia, pereat mundus). La seconde de ces deux voix impérieuses est celle de la haine, de la haine que je nourris contre un parti dont le pire ennemi est le communisme et qui pour cette raison est notre ennemi commun. [...] Oui, ces reliquats ou ces héritiers des teutomanes de 1815, qui se sont contentés de moderniser leur vieux costume de fou ultrateuton et se sont un peu fait écourter les oreilles, toute ma vie je les ai repoussés et combattus, et maintenant, je me sens consolé par la conviction que le communisme, qui les trouvera en premier sur son chemin, leur assènera le coup de grâce [...] d'un simple pas, le géant les écrasera du pied, comme on écrase un crapaud. (profession de foi des communistes, le cosmopolitisme absolu). [...] Ce dogme fondamental est le même que celui que prêchait autrefois l'Évangile, si bien que, pour ce qui est de l'esprit et de la vérité, les communistes sont beaucoup plus chrétiens que nos patriotes germains, ces défenseurs bornés d'une nationalité exclusive[6]. » Avant Nietzsche aucun auteur en Allemagne ne fut si contradictoire et si représentatif de chaque sentiment opposé, de chaque façon de voir.

4. *Ibid.*, p. 194 *sq.*
5. *Ibid.*, p. 203.
6. *Ibid.*, p. 459 *sq.*

2. Richard Wagner : *Qu'est-ce qui est allemand ?* (1865)

« Comment s'imaginer un État où le *peuple* allemand subsisterait mais où *l'esprit* allemand aurait péri ? Nous ne sommes pas si éloignés que nous le croyons de cette situation à peine imaginable [...] ce qui nous fait ressembler le plus, avec les dons les plus heureux, à ce vieux peuple hindou qui possède d'éminentes qualités, peut donner à la masse du peuple le semblant de la paresse naturelle aux Orientaux. [...] Nul peuple n'a plus besoin [que l'Allemand] d'être aiguillonné et poussé à l'initiative, à l'action personnelle. Mais les princes et les gouvernements allemands ont fait exactement le contraire. Il a fallu que le Juif Börne élevât le premier la voix pour stimuler la nonchalance de l'Allemand et qu'[...] il accentuât en ce sens le grand malentendu qui divise les Allemands sur eux-mêmes dans la confusion la plus pitoyable. [...] Or, le *démagogue* était là réellement mais quel lamentable arrière-faix ! Chaque nouvelle révolution parisienne était sans retard mise en scène en Allemagne ; de même que tous les nouveaux opéras à spectacles parisiens étaient mis en scène sur les théâtres de cour de Berlin et de Vienne, et proposés en exemple à toute l'Allemagne. Je n'hésite pas à qualifier d'absolument anti-allemandes les révolutions que nous avons eues en Allemagne depuis lors. La *démocratie* [franco-judéo-allemande] est en Allemagne une chose absolument importée. Elle n'existe que dans la *presse* et ce qu'est cette presse allemande, il est nécessaire de l'expliquer[7]. »

Le fait que Nietzsche enfant se soit intéressé au monde des légendes allemandes et qu'il ait écrit un traité sur « Ermanarich[8] », il n'y avait là rien de très original. Et les sentiments avec lesquels le jeune homme observa le déroulement de la guerre civile allemande de 1866, étaient certainement identiques à ceux de ses contemporains : « Toute notre espérance réside en un parlement allemand ; c'est un gros travail pour Bismarck de fonder l'État unifié allemand de cette manière révolutionnaire, mais il sous-estime les forces morales dans le peuple. » Un peu plus tard il constate l'« accomplissement de nos espérances allemandes » et se nomme lui-même un « Prussien engagé » ; il se prononce positivement sur ce qui concerne la déposition des trois princes, mais très négativement sur « le vieux Gerlach » et sur « cet horrible journal qu'est la *Kreuzzeitung* ». Il cite comme des compagnons de pensée Gustav Freitag et Karl Biedermann ; on peut donc compter sans hésiter le

7. Richard Wagner, *Œuvres en prose*, 13 vol., Éd. d'aujourd'hui, Les introuvables, rééd. Delagrave, Paris, 1910, vol. 12, p. 87.

8. 1861.

jeune Nietzsche au nombre des patriotes libres-penseurs et grands prussiens[9].

Mais les premières déclarations publiques du professeur de Bâle sont faites dans une perspective tellement englobante et sont empreintes d'espérances si hautes qu'une métamorphose profonde doit s'être produite ; effectivement elle a pour nom : Richard et Cosima Wagner, et Tribschen. Dans *Naissance de la tragédie*, il espère en effet que l'Allemagne s'opposera au trait fondamental de la modernité présente, la disparition de l'esprit dionysiaque qui a commencé avec une dégénérescence de l'homme grec. « Du tréfonds dionysiaque de l'esprit allemand, une force a surgi, qui n'a rien de commun avec les conditions originelles de la culture socratique, et que celles-ci ne peuvent ni expliquer ni faire pardonner, une force qui, au regard de cette culture, est au contraire quelque chose d'effrayant et d'inexplicable, quelque chose d'irrésistible et d'hostile, *la musique allemande*, telle surtout qu'elle nous apparaît dans son puissant cycle solaire de Bach à Beethoven et de Beethoven à Wagner[10]. » Cette conception est fondée sur Wagner et Schopenhauer, sur l'Antiquité grecque et la musique ; elle ne prétend à rien de moins qu'à surmonter la « civilisation actuelle » avec sa « désertification et sa fatigue » ; il s'agit visiblement d'un parallèle – tiré de l'art – avec les représentations marxistes. Chez le jeune Marx, la critique de la méthode de production capitaliste avait un lien très étroit avec l'Allemagne ; puis elle a dégénéré en terminologie économique. Il est bien plus clair chez Nietzsche que chez Marx qu'il s'agit, en même temps, d'un combat pour surmonter les « Lumières », ou plus exactement la vulgarité des « Lumières » ; en effet une tournure acerbe contre la « banalité romaine » et « l'élégance française » est frappante ; y est opposé l'extraordinaire don de l'Allemand, c'est-à-dire « le sérieux et la profondeur de son esprit, propres à sa nature ». C'est seulement ainsi qu'il peut y avoir un « lien entre l'être allemand le plus interne et le génie grec ».

Mais comment cet « être le plus interne » se comporte-t-il face à la réalité extérieure ? Nietzsche écrit à sa mère juste après le début de la guerre franco-allemande : « Ce qui est en question est notre culture ! Et là il ne saurait y avoir d'assez grand sacrifice ! Ah ! ce maudit tigre français[11] ! », et il s'exprime très négativement au sujet de l'amitié des Bâlois à l'égard des Français. Mais peu après

9. F. Nietzsche, *Correspondance*, *op. cit.*, vol. 1, p. 436 *sq.*
10. F. Nietzsche, *Œuvres*, coll. « Bouquins », *op. cit.*, vol. 1, p. 109.
11. F. Nietzsche, *Correspondance*, *op. cit.*, vol. 2, p. 123.

son retour des champs de bataille, il écrit à Von Gersdorff, le 7 novembre 1870 ce qui suit : « L'état présent de notre culture me cause les plus graves soucis. Pourvu que nous n'ayons pas à payer trop cher les immenses succès nationaux dans un domaine où, pour ma part, je ne saurais souffrir aucune sorte de dommage ! Entre-nous soit dit, je considère la Prusse actuelle comme une puissance au plus haut point dangereuse pour la culture[12]. » Mais il fonde ce jugement d'une manière étonnante sur les « intrigues en faveur de l'Église catholique » venant prétendument de Berlin ; on pourrait avoir tendance à déceler ici aussi les réactions d'un libéral classique si le concept nietzschéen de la culture, de ce qui « pour moi ne saurait être comparé avec les plus grands faits militaires et même avec tous les soulèvements nationaux » n'était pas si fondamentalement différent du concept de culture libéral moyen. Pour le grand public, les doutes du jeune Nietzsche apparurent au grand jour avec son jugement sur David Strauss au début des *Considérations inactuelles* : l'erreur de l'opinion publique selon laquelle la culture allemande aurait aussi gagné dans la guerre franco-allemande pourrait transformer la victoire allemande en une défaite complète : « la défaite, je dirai même l'extirpation de l'esprit allemand, au bénéfice de l'"empire allemand[13]" ». Nietzsche formula son concept alternatif positif un peu plus tard dans une exhortation aux Allemands très marquée par « Bayreuth » : « L'Allemand ne semblera digne d'admiration et salutaire aux autres nations que lorsqu'il aura démontré qu'il est terrifiant, et qu'il veut pourtant faire oublier qu'il était terrifiant par l'utilisation des forces supérieures les plus nobles : son art et sa culture. »

Mais pour Nietzsche, l'opposition ne se nomma pas longtemps « Bayreuth contre Berlin », « Richard Wagner contre Bismarck ». La foi en Wagner disparut, mais un amour jamais éteint demeura ; le rejet de l'empire de Bismarck se renforça, mais il faut aussitôt ajouter qu'on pouvait pourtant discerner ici aussi une attirance cachée. Il est très facile de dénoncer (autrefois) ou de louer (aujourd'hui) Nietzsche comme « ennemi de l'Allemagne ». On lit ainsi dans *Le Gai Savoir* : « Que l'on écoute les commandements dont les appels entourent de leurs hurlements les villes allemandes, maintenant que l'on fait l'exercice devant toutes les portes : quelle arrogance, quel furieux sentiment d'autorité, quelle froideur moqueuse résonne dans ces hurlements ! Les Allemands seraient-ils vraiment

12. *Ibid.*, p. 145.
13. F. Nietzsche, *Œuvres*, coll. « Bouquins », *op. cit.*, vol. 1, p. 153.

un peuple musicien ? [...] Dans presque chaque discours du premier homme d'État allemand, alors même qu'il se fait entendre par le porte-voix impérial, il y a un accent que l'oreille d'un étranger repousse avec répugnance ; mais les Allemands le supportent, – ils se supportent eux-mêmes[14]. » Le Nietzsche de la fin place la culture française et surtout la culture du sud, la culture romaine, bien au-dessus de la culture allemande ; il parle en plaisantant amèrement du « Reich allemand » et il s'écrit : « Quel bienfait est un Juif parmi les Allemands », et à la fin de sa vie consciente, il entre en campagne avec une radicalité sans pareille contre les Hohenzollern et le Reich allemand : il veut livrer une « guerre sans merci » aux Hohenzollern, « ces idiots qui ont revêtu la pourpre ». Il veut habiller le Reich d'une cotte de maille et le forcer à livrer un combat désespéré ; plus loin, les Allemands ne sont pour lui rien d'autre que « la race la plus basse, la plus stupide, la plus banale, "hohenzollernisée" jusqu'à la haine de l'esprit et de la liberté ».

Dès lors cela sonne bien quand il reproche aux Hohenzollern de semer « l'abominable semence du dragon du nationalisme entre les peuples », mais dans le même souffle, il accuse Guillaume II de vouloir libérer « les valets noirs par amour pour les esclaves[15] », et si l'on regarde de plus près, on ne voit plus très clairement ce qu'il reproche réellement à Bismarck et Guillaume II. On a déjà cité la phrase sur le « jeune prince à la tête de ses régiments » et il faut en rapprocher un fragment posthume de 1885 : « Je ne me suis pas laissé tromper par l'apparition brillante du Reich allemand. Comme arrière-plan à la rédaction de mon *Zarathoustra*, j'ai pris un État de l'Europe où régnaient, en Allemagne, les mêmes luttes de partis effrayantes et sales que celles que l'on trouve aujourd'hui en France. » C'est au même ensemble qu'appartient une phrase comme celle-ci : « Le démocratisme a toujours été la forme de transition de la force organisatrice : dans *Humain trop humain*, I, 218, j'ai déjà caractérisé la démocratie moderne avec ses imperfections, ou le "Reich allemand" semi-démocratique, comme des formes décadentes de l'État. » L'hostilité de Nietzsche au Reich bismarckien, qui n'avait plus de rapport avec la culture – la chose la plus importante pour lui – devait-elle à la fin consister en ce qu'il y trouvait trop de démocratie, trop de christianisme, trop d'humanitarisme et trop de pacifisme ? Comment Nietzsche aurait-il pu ne

14. *Ibid.*, vol. 2, p. 117-118.
15. Il s'agit d'une phrase extraite d'un fragment du dernier cahier des notes de Nietzsche, cité *in* Curt Paul Janz, *op. cit.*, vol. III, p. 396.

pas se sentir rattaché au Reich allemand, alors qu'il écrivait dans *Le Gai Savoir* : « Provisoirement du moins, toute civilisation à base militaire se trouve bien au-dessus de tout ce que l'on appelle civilisation industrielle : cette dernière, dans son état actuel, est la forme d'existence la plus basse qu'il y ait eu jusqu'à présent. [...] Les fabricants et les grands entrepreneurs du commerce ont probablement beaucoup trop manqué, jusqu'à présent, de toutes ces formes et de ces signes distinctifs de la *race supérieure*, qui sont nécessaires pour rendre des *personnes* intéressantes ; s'ils avaient dans leur regard et dans leur geste la distinction de la noblesse héréditaire, il n'existerait peut-être pas de socialisme des masses[16]. » Et n'exige-t-il pas à un autre endroit le « maintien de l'État militaire » comme dernier moyen d'imposer un arrêt à la décadence moderne ?

On ne saurait certes douter que Nietzsche partageait le rejet instinctif de l'intellectuel face au militarisme et qu'il eut, sa vie durant, certains sentiments fondamentaux du « libéral » ainsi que le montre ce seul fait : dans son verdict contre les Hohenzollern, il fait une exception pour « l'inoubliable Frédéric III ». Mais la cohérence de sa pensée et les circonstances le mènent dans une autre direction. Et il n'y a pas de doute qu'une bonne partie de ses déclarations « anti-allemandes » surgissent de sa déception de rester inconnu en Allemagne, et que ce « premier amour » resta très profondément ancré. Un fragment de l'année 1884 nous éclaire d'une manière extraordinaire : « Peut-on s'intéresser à ce Reich allemand ? Où est la nouveauté de la pensée ? Est-ce seulement une nouvelle combinaison de puissance ? [...] La paix et ses garanties, ce n'est pas la sorte de politique qui inspire le respect. Dominer et faire participer une pensée d'ordre supérieur à la victoire – voilà l'unique chose qui puisse m'intéresser en Allemagne. »

Il saute aux yeux que Nietzsche dans cette déclaration place ses propres pensées sous les termes de « pensée d'ordre supérieur ». Comment l'« avenir allemand » devrait-il apparaître dans les termes de Nietzsche ? À l'évidence il devait pouvoir mettre fin à tous ces phénomènes de déchéance dont nous en connaissons déjà quelques-uns, sous le visage du judaïsme, du christianisme, de la science spécialisée, et du socialisme. Nietzsche se représente en gros cette déchéance comme « dégénérescence généralisée de l'humanité ». Il nous faut maintenant nous consacrer à ce concept nietzschéen et à son contenu.

16. F. Nietzsche, *Œuvres*, coll. « Bouquins », vol. 2, p. 77-78.

9
Émancipation et modernité comme « dégénérescence collective » de l'humanité

Il n'est pas facile pour nous aujourd'hui de comprendre le concept de « dégénérescence collective ». L'humanité tout entière vit, il est vrai, depuis 1945 sous la menace de la bombe atomique et, ainsi, pour la première fois dans son histoire, menacée d'autodestruction. Dans les dernières années sont apparus des soucis d'une sorte toute différente et pourtant semblables en un sens, car ils s'appliquent aussi à l'existence de l'humanité prise comme un tout : destruction de l'environnement, changement de climat, trou de la couche d'ozone... Mais, en règle générale, on voit partout ces dangers provenir d'un « trop-plein », trop-plein de connaissances techniques, et de volonté de changements non maîtrisés ; et on ne leur attribue nullement pour cause les progrès de la liberté : les « pires réactionnaires » ne remettent jamais en question aujourd'hui le droit de vote pour tous, ou bien l'émancipation des femmes pour en faire des membres de la communauté civique, ayant tous les droits possibles.

Au XIXe siècle au contraire, le concept de « dégénérescence » était étroitement lié à celui de « déclin » et comme on avait toujours à l'esprit l'image d'une grande culture disparue, que ce soit celle du temps de Goethe ou bien de l'époque du classicisme français, on voyait en beaucoup d'endroits des symptômes d'une chute culturelle, et on la nommait « dégénérescence ». Le sens du mot est en tout cas celui de « dégénérer » et dans cette mesure s'offrait aussi une interprétation biologique constatant une chute de l'homme hors de son « être » génétique, dont on voyait la cause dans l'évolution de la sphère vitale.

Un lien paradoxal apparaît ici au premier coup d'œil, aussi paradoxal que le fait qu'on puisse aujourd'hui, avec la meilleure conscience du monde, parler d'une « science féminine » et en même temps s'étouffer d'une indignation si l'on entend parler d'une « physique allemande ». Il y a eu des individus pour concevoir l'humanité dans son ensemble comme une cellule dégénérée du Cosmos, comme une tumeur qui détruit, qui attaque la terre et anéantit ainsi finalement également sa propre existence. Une préfiguration de cette conception se trouvait déjà certainement dans les attaques contre « l'impérialisme » ; et encore dans l'affirmation de Theodor Lessing selon laquelle « l'homme occidental » serait la fatalité de l'histoire mondiale ; et là était peut-être aussi le noyau rationnel derrière la déclaration monstrueuse d'Adolf Hitler, qui disait que si le Juif, avec l'aide de sa profession de foi marxiste gagnait sur les peuples de ce monde, alors sa couronne serait la couronne mortuaire de l'humanité et cette planète retournerait errer dans l'éther, vidée des hommes, comme c'était le cas il y a des millions d'années.

Je vais donner maintenant trois exemples d'une conception pré-nietzschéenne du développement historique dans lesquels le concept de « dégénérescence » est utilisé ouvertement ou bien au moins suggéré, et appliqué à l'ensemble de l'humanité.

1. Ernst Ludwig von Gerlach, Novemberrundschau 1851 die *Kreuzzeitung*.

« L'argent qui décompose tout, ce représentant de la quête de jouissance et de l'égoïsme sera le dernier pouvoir survivant et transformera en poussière nos propriétés foncières et les ordres qui constituent notre société, et plus encore l'intérieur de nos villes. En accord avec des lois, qui détruisent tout ce qui est établi et substantiel, il rongera le mariage et l'école, la famille et le dimanche, l'État et l'Église – en accord avec les « Lumières » athées et l'incroyance banale – les colonnes et les fondations de notre patrie, et enfin l'armée et le trône. Seules des formes mécaniques de l'État et du droit subsisteront. Dans ces circonstances on donnera son congé au droit et à la liberté qui seront qualifiés de superstition ; on en viendra à saluer le sabre et ensuite le knout, comme nos seuls chefs réels, comme les plus populaires sauveurs du monde. Alors les peuples de culture mûrs pour la chute, feront une place aux nouveaux barbares comme il y a mille quatre cents ans. »

2. Karl Marx : *Le Capital* I, ch. 24.

« Dès que ce procès de transformation a suffisamment décomposé pour le fond aussi bien que pour la forme, la vieille société ; dès que les ouvriers ont été changés en prolétaires et leurs conditions de travail en capital ; dès que le mode de production capitaliste se suffit à lui-même, la socialisation progressive du travail et la transformation consécutive de la terre et des autres moyens de production en moyens de productions communs, parce que socialement exploités, et par suite l'expropriation des propriétaires privés prennent une forme nouvelle. Cette expropriation s'opère par le jeu de lois immanentes de la production capitalistique elle-même, par la centralisation des capitaux. [...] Concurremment avec cette centralisation, ou l'expropriation de beaucoup de capitalistes par quelques-uns, se développe la forme coopérative, sur une échelle de plus en plus grande, du procès de travail. [...] À mesure que diminue le nombre des grands capitalistes, qui accaparent et monopolisent tous les avantages de ce procès de transformation, on voit augmenter la dégénérescence, l'exploitation, mais également la révolte de la classe ouvrière qui grossit sans cesse et qui a été dressée, unie, organisée, par le mécanisme même du procès de production capitaliste. Le monopole du capital devient l'entrave du mode de production qui s'est développé avec lui et par lui. La centralisation des moyens de production et la socialisation du travail arrivent à un point où elles ne s'accommodent plus de leur enveloppe capitaliste et la font éclater. La dernière heure de la propriété privée capitaliste a sonné. Les expropriateurs sont expropriés à leur tour. [...] C'est la négation de la négation. Elle rétablit, non la propriété privée, mais la propriété individuelle fondée sur les conquêtes de l'ère capitaliste, sur la coopération et la possession collective de la terre et des moyens de productions produits par le travail lui-même[1]. »

3. Arthur de Gobineau : *Essai sur l'inégalité des races humaines*, Livre I, ch. 4.

« Je pense donc que le mot *dégénéré*, s'appliquant à un peuple, doit signifier et signifie que ce peuple n'a plus la valeur intrinsèque qu'autrefois il possédait parce qu'il n'a plus dans ses veines le même sang, dont des alliages successifs ont graduellement modifié la valeur ; autrement dit, qu'avec le même nom, il n'a pas conservé la même race que ses fondateurs, enfin, que l'homme *dégénéré*, est un produit différent, au point de vue ethnique, du héros des grandes époques[2]. »

1. Karl Marx, *Le Capital*, Paris, Alfred Costes éd., 1924, vol. 4, p. 272-273.
2. Arthur de Gobineau, *Essai sur l'inégalité des races humaines*, Paris, Éditions Pierre Belfond, 1967, p. 58.

Nous avons déjà rencontré beaucoup de déclarations de Nietzsche sur la « dégénérescence collective de l'humanité », par exemple dans la partie biographique, le chapitre sur le « dernier homme ». Dans le cours sur *Zarathoustra*, mais aussi dans le comportement de Nietzsche face au christianisme ou face au socialisme, ces deux mouvements étaient présentés comme cause ou accompagnement d'une déchéance complète, d'une décadence universelle, c'est-à-dire « d'une dégénérescence et d'un rapetissement de l'homme réduit à n'être plus qu'un parfait animal grégaire[3] », et apparaissent aux « lourdauds et blondins socialistes », comme l'homme de l'avenir dans une « société libre ».

De là provient aussi évidemment la conception qu'a le jeune Nietzsche de ce que la « culture » est ou devrait être : Socrate est un représentant de la chute, instigateur de la « culture alexandrine[4] », promoteur de la sénilité ; dans le présent, le danger n'est pas seulement celui d'une destruction de l'esprit allemand, au profit de la puissance allemande, mais il est aussi à craindre que l'agitation américano-politique et la culture des érudits du présent ne se confondent[5]. La conscience moderne historique a atteint un degré à partir duquel « la vie s'affaiblit et dégénère ». On lit quelque chose de semblable mais de moins précis encore dans la *Généalogie de la morale* : « Voyez, dans l'évolution d'un peuple, les époques où le savoir passe au premier plan. [...] La suprématie du mandarin ne signifie jamais rien de bon ; tout aussi peu que l'avènement de la démocratie [...] que l'émancipation des femmes, la religion de la pitié et autres symptômes d'une énergie vitale[6]. »

Pour finir, Nietzsche part en guerre contre une réalité qui se dessine, et à laquelle est conférée aujourd'hui un accent très positif, à savoir la « civilisation universelle » qui n'était pour lui – en tant que grand nivellement de tout ce qui est significatif et individuel – rien de moins que « la tendance à la fin de l'humanité », d'abord comprise non pas dans un sens physique mais vraiment intellectuel : « Je ne vois pas dans la tendance étatique et sociale une élaboration de l'*homo communis* : mais l'homme commun et *égal* n'est si désiré que parce que les hommes faibles redoutent l'individu fort et préfèrent la faiblesse généralisée au développement de l'individu. [...] La tendance de la morale altruiste est la bouillie, le sable mou de l'humanité. » Cette conviction générale est pour

3. F. Nietzsche, *Œuvres*, coll. « Bouquins », *op. cit.*, vol. 2, p. 647.
4. *Ibid.*, vol. 1, p. 101.
5. *Ibid.*, p. 593.
6. *Ibid.*, vol. 2, p. 883.

Nietzsche une opinion «*dégénérée*» et il l'appelle «servile»; on ne peut donc comprendre son vocabulaire sans dépasser le plan sociologique biologique; la «grande révolte des esclaves» est la progression des hommes banals vulgaires et qui se frottent les uns aux autres. Les «ratés» sont ceux qui sont incapables de devenir des individualités et de rencontrer la grandeur ne serait-ce qu'avec respect. Comme simple incarnation du phénomène, Nietzsche nomme à un endroit des œuvres posthumes: «Mode, Presse, suffrage universel, faits»; «la soumission aux faits» est donc elle aussi servile.

«Suffrage universel» signifie le règne des «hommes inférieurs» et il en va de même pour la démocratie. Si le nivellement est une mauvaise chose, amoindrissement de l'humain, alors cette émancipation ne peut être que particulièrement néfaste, celle des femmes. Nietzsche dit à ce sujet dans l'aphorisme 232 de *Par-delà le bien et le mal*: «La femme veut s'émanciper, et pour cela elle s'est mis en tête d'éclairer les hommes sur "la femme en soi"; voilà un des pires aspects de l'*enlaidissement* général de l'Europe[7].» Les femmes ne pouvaient certainement pas vouloir un éclaircissement sur elles-mêmes étant donné que rien, depuis longtemps, n'est plus étranger au genre féminin, plus repoussant, plus hostile que la vérité – son grand art est le mensonge, «son but suprême est le paraître et la beauté». Mais le monde n'était-il pas d'après l'une des phrases les plus connues du jeune Nietzsche, éternellement figé «uniquement en phénomène esthétique»?

L'apparence et la beauté n'étaient-elles pas pour lui ce qui pouvait le plus éclairer l'homme? Ne pourrait-on pas dans cette mesure appeler sa philosophie, une «philosophie du féminin», de la victoire du paraître qui insuffle la vie sur la vérité qui la tue? L'émancipation, comme égalité de la femme par rapport à l'homme, devait-elle lui faire l'effet de quelque chose comme une destruction du monde? Il est dans cette mesure très logique que Nietzsche conclue l'aphorisme avec cette phrase: «Je pense que c'est être un véritable ami des femmes que de leur crier aujourd'hui: *Mulier taceat de muliere*[8]!»

Dans ces conditions, il est vraiment étonnant que Nietzsche ait été ami, justement avec des femmes émancipées, Malwida von Meysenbug, Meta von Solis ou Resa von Schirnhofer. Même au sein du véritable mouvement féministe il n'était pas du tout vu comme «l'ennemi» ainsi que nous allons le constater, pas plus d'ailleurs qu'auprès des socialistes ou des anarchistes. C'est pour-

7. *Ibid.*, vol. 2, p. 679.
8. *Ibid.*, p. 680.

quoi il ne faut pas prendre trop au sérieux cette phrase de lui peut-être la plus citée : « Tu vas chez les femmes ? N'oublie pas le fouet[9] ! » et l'on devrait lui pardonner de s'abaisser occasionnellement au niveau du café du commerce : « A-t-on entendu ma réponse à la question comment on guérit une femme, comment on fait son salut ? On lui fait un enfant[10] ! » Mais ce n'était pas seulement les obsessions du célibataire qui faisaient toujours tourner la pensée de Nietzsche autour de la question de l'émancipation de la femme.

Beaucoup de phrases posthumes trouvent un parallèle exact, bien que plus dissimulé chez Friedrich Engels qui, exactement comme Marx, était un défenseur théorique (!) de l'émancipation de la femme : « La virilisation des femmes est le mot exact pour "émancipation de la femme". Ce qui veut dire qu'elles se façonnent d'après l'image que renvoie en ce moment l'homme et désirent *ses* droits. Je vois une *dégénérescence* dans l'instinct des femmes d'aujourd'hui : elles devraient savoir qu'elles détruisent ainsi leur pouvoir – dès qu'elles ne veulent plus se laisser posséder, et qu'elles font vraiment concurrence à l'homme dans le monde de la cité et du politique, par conséquent elles veulent aussi renoncer à ce traitement indulgent qui les ménageait qu'on employait jusqu'alors avec elles. »

Nietzsche rêve ici visiblement à cette sorte de différence qui orne la vie et qui, aujourd'hui encore, fait que les femmes sont habillées avec plus de couleurs que les hommes guindés « dans leur costume universel de bourgeois » ; cette même différence qui, pendant l'époque victorienne se voyait dans l'aspiration des hommes : ils voulaient tenir leur femme à l'extérieur des contraintes de la « société de concurrence capitaliste » et même les en libérer. Mais les soucis biologiques ne lui sont pas non plus étrangers : « Dès que l'esprit industriel l'emporte sur l'esprit militaire et aristocratique, la femme aspire à l'indépendance économique et juridique d'un commis : la "femme-commis" nous attend aux portes de la société moderne en formation[11]. » Il est facile de rire d'un concept aussi « réactionnaire ». Mais c'est une vérité indubitable qu'il est sans précédent dans la nature et dans l'histoire, qu'un être n'accepte plus sa propre reproduction comme « destin », mais qu'il le soumette à son « arbitraire ». Le fait que les individus se considèrent supérieurs à l'espèce à laquelle ils appartiennent est un fait unique dans l'histoire naturelle et n'a pas de précédent dans les

9. *Ibid.*, p. 334.
10. *Ibid.*, p. 1151.
11. F. Nietzsche, *Œuvres*, coll. « Bouquins », *op. cit.*, vol. 2, p. 683.

millénaires d'histoire humaine qui se sont écoulés avant nous. Comme ce règne de « l'arbitraire » – tout simplement l'introduction de la famille à deux enfants ou à enfant unique – n'engendre pas l'harmonie, on peut attendre de très importants bouleversements politiques. On pourrait ramener l'histoire politique, économique et idéologique de l'Europe à cette constatation d'ordre démographique : la France est entrée en stagnation démographique au XIXe siècle sans faire reculer dans la même mesure les revendications, en particulier politiques, de la population. S'il ne se développait aucune « acceptation de la réduction » dans les peuples et les cultures du XXIe siècle, on peut s'attendre à de graves crises. On comprend bien comment les femmes émancipées en arrivent à éprouver leur spécificité – la maternité – comme un handicap insupportable dans la réalisation de l'égalité avec les hommes, mais il faut bien voir alors que la conséquence inéluctable en est un recul matériel de l'humanité.

Mais Nietzsche ne voit pas seulement d'un regard très critique l'émancipation des hommes et des femmes ordinaires, mais aussi, une autre émancipation que nous avons tendance aujourd'hui à envisager positivement, à savoir celle des nations : « Nous sommes en plein dans le dangereux carnaval de la folie de nationalités où toute raison supérieure s'est éclipsée et où la vanité criarde des peuples les plus minables dans les coins les plus perdus réclame le droit à une existence particulière et à la souveraineté. » Là encore il faut reconnaître que Nietzsche avait vu quelque chose de juste. Si l'on considère sous sa face négative l'idéologie de l'ONU, c'est alors depuis 1945 une incroyable « balkanisation du monde » qui apparaît, et qui n'a pas conduit au chaos généralisé tant que deux gigantesques conglomérats de puissances (les superpuissances) ont contenu le phénomène.

On peut donc débarrasser le concept de Nietzsche de la « dégénérescence généralisée de l'humanité » de ce ton strident et fébrile avec lequel il se présente souvent dans l'œuvre tardive : qu'elle soit « civilisation mondiale » sans culture des « derniers hommes », d'où la culture est bannie fondée sur la morale altruiste d'Herbert Spencer, ou bien qu'elle conduise à une déchéance physique d'une race animale oubliée de la nature ; en tout cas cette humanité n'a pas d'avenir positif. Nietzsche est-il alors pessimiste ou bien comme on pourrait le dire un « nihiliste-historique » ?

Ou encore voit-il une issue, conçoit-il une possible brèche ? Quand nous nous souvenons que Nietzsche, surtout dans sa deuxième période, tourne la « démocratie » par exemple également dans un sens positif et qu'il lui arrive fréquemment de voir la dégénérescence comme aussi inévitable que la maladie et la douleur, alors il ne faut pas s'étonner que Nietzsche ait devant les yeux autre chose que l'image simple et *réductrice* d'un avenir d'où tout danger serait banni. Une conception positive existe cependant chez lui, quand il envisage l'avenir des « bons Européens » et du surhomme comme « homme total » ou bien quand il parle du « parti de la vie », auquel correspond une autre version du « surhomme ».

10
Les bons Européens et l'avenir du Surhomme

La question de l'avenir se pose d'une façon complètement différente selon qu'il s'agit de l'Antiquité grecque ou de la tradition judéo-chrétienne : pour Platon, la « Politeia » n'est pas avenir, mais idéal-type ou bien norme ; le monde de la « Polis » n'envisage pas, en dehors de lui-même, un état de chose futur qui ne dépende pas de la « Polis » elle-même. La conception qui fonde l'empire romain ou la vision politique des stoïciens était certainement tout autre, mais là aussi il s'agit plutôt de doctrines cycliques et de paradigmes (empire de la raison ou des sages), plutôt que de ce que nous comprenons sous le terme de philosophie de l'histoire. Celle-ci a son origine dans le judaïsme tardif, avec la prophétie née dans la peine, d'un état de chose à venir où les épées seront fondues et transformées en faux et les lions paîtront à côté des agneaux ; mais aussi où Jérusalem sera le centre du monde.

À la suite de cela et en opposition, l'eschatologie chrétienne se développe avec le concept du « jugement dernier » en particulier du « royaume de Dieu » qui désigne non pas un état de choses terrestre, mais de l'au-delà. La conception d'un « troisième royaume » dès ici-bas, forgée par Joachim de Flore fait exception.

Le « regnum hominis » de Francis Bacon n'est pas seulement d'ici-bas mais il est aussi anti-métaphysique. La nature doit être dominée au profit du bien-être des individus. De Bacon, il est facile de passer aux « Lumières », à leur cosmopolitisme, au règne de la raison et de la paix que Kant développe dans son *Idee zu einer Allgemeinen Geschischte in weltbürgerlicher Absicht* (Idée d'une Histoire générale à dessein cosmopolite) – la conception d'une humanité unie en une « grande fédération des peuples » : Kant, ne parle pas seulement de « planification » mais il compare cette humanité future « aux abeilles et aux castors », à un « automate », c'est-à-dire que cette humanité à venir ne sera plus mue par ce qui a été son moteur jusqu'ici : « l'antagonisme », la « sociabilité produite par l'insociabilité ». Un autre exemple classique est Condorcet.

Chez Hegel, le développement est dialectique et il ne mène pas à un « super-État » final, ni ne met fin à la « société bourgeoise ». On y trouve aussi des prévisions concrètes mais très précautionneuses : l'Amérique est pour lui le pays de l'avenir et il parle du « grand monde slave » qui n'a pas dit un mot. Plus concrètes sont les prévisions de Saint-Simon chez qui les mouvements politiques du libéralisme radical et du socialisme sont les doctrines explicites de l'avenir, d'un caractère optimiste fondamental. Les romans populaires de science-fiction sont dans le sillage des utopies comme Erewhon de Samuel Butler ou bien dans celui de la technocratie baconienne : c'est le cas des romans de Jules Verne.

Le légitimisme et d'une manière générale le conservatisme chrétien se retournent contre cet optimisme et font de la sécularisation quelque chose de négatif, ainsi Ernst Ludwig von Gerlach, d'une manière traditionnelle, et Arthur de Gobineau, d'une manière plus moderne. Nietzsche appartient, selon la période, plus à une tendance ou plus à l'autre, mais globalement l'accent négatif et pessimiste domine. Et, s'il est justifié de mettre sur le même plan « Lumières » et optimisme, Nietzsche doit alors être considéré comme un contradicteur des « Lumières ». Je vais citer maintenant plus longuement les phrases sur le « dernier homme » dans *Zarathoustra* ; on pourrait y adjoindre tous les passages sur les concepts tels que « nivellement », « médiocrité », « chinoiserie » et « dégénérescence collective de l'homme ».

« Malheur ! Les temps sont proches où l'homme ne mettra plus d'étoile au monde. Malheur ! Les temps sont proches du plus méprisable des hommes, qui ne sait plus se mépriser lui-même. Voici ! Je vous montre le *dernier homme*. “Amour ? Création ? Désir ? Étoile ? Qu'est-ce cela ? ” – ainsi demande le dernier homme, et il cligne de l'œil. La terre sera alors devenue toute petite, et sur elle sautillera le dernier homme, qui rapetisse tout. Sa race est indestructible comme celle de l'altise ; le dernier homme vit le plus longtemps. “Nous avons inventé le bonheur”, – disent les derniers hommes, et ils clignent de l'œil. [...] On ne devient plus ni pauvre ni riche : ce sont deux choses trop pénibles. Qui veut encore gouverner ? Qui veut obéir encore ? Ce sont deux choses trop pénibles. Point de berger et un seul troupeau ! Chacun veut la même chose, tous sont égaux : qui a d'autres sentiments va de son plein gré dans la maison des fous. “Autrefois tout le monde était fou”,

– disent ceux qui sont plus fins, et ils clignent de l'œil. [...] On a son petit plaisir pour le jour et son petit plaisir pour la nuit : mais on respecte la santé. "Nous avons inventé le bonheur", – disent les derniers hommes, et ils clignent de l'œil[1]. »

Il n'est pas nécessaire d'apporter de preuve au fait que cet avenir dessiné ici est aujourd'hui une réalité dans une grande partie du monde – jusqu'à récemment, elle l'était sous la double forme de l'État-providence et du « socialisme réel ». Et il ne fait aucun doute que Nietzsche n'a jamais adhéré sans réserves à cet utilitarisme individualiste à l'usage des masses, même dans la période où il s'est le plus rapproché des « Lumières ».

Mais Nietzsche fait aussi des déclarations concrètes sur l'avenir, dans lesquelles la « tendance à l'État-providence » est puissante : il y inclut des idées permettant de surmonter cette tendance. Il faut distinguer deux chemins : le premier est caractérisé par des notions comme « bons Européens » et Europe ; l'autre par la notion de « parti de la vie ». Les deux notions sont liées – d'une manière qui n'est pas toujours très visible – aux représentations de « surhomme » et des « maîtres de la terre ».

Ici encore il faut faire allusion au contexte objectif, en jetant un coup d'œil à la prédiction la plus connue et la plus citée au XIXe siècle, celle des dernières pages de la première partie (1835) de *La Démocratie en Amérique* d'Alexis de Tocqueville.

« Si ce mouvement d'assimilation rapproche des peuples étrangers, il s'oppose à plus forte raison à ce que les rejetons du même peuple deviennent étrangers les uns aux autres. Il arrivera donc un temps où l'on pourra voir dans l'Amérique du Nord cent cinquante millions d'hommes, égaux entre eux, qui tous appartiendront à la même famille, qui auront le même point de départ, qui auront la même civilisation, la même langue [...] les mêmes mœurs. [...] Or, voici un fait entièrement nouveau dans le monde, et dont l'imagination elle-même ne saurait saisir la portée. Il y a aujourd'hui sur la terre deux grands peuples qui, partis de points différents, semblent s'avancer vers le même but : ce sont les Russes et les Anglo-Américains. [...] L'Américain lutte contre les obstacles que lui oppose la nature ; le Russe est aux prises avec les hommes. [...] Pour atteindre son but, le premier s'en repose sur l'intérêt personnel, et laisse agir, sans les diriger, la force et la raison des individus. Le second concentre en quelque sorte dans un homme toute la puissance de la société. L'un a pour principal moyen d'action la

1. F. Nietzsche, *Œuvres*, coll. « Bouquins », *op. cit.*, vol. 2, p. 295.

liberté ; l'autre, la servitude. Leur point de départ est différent, leurs voies sont diverses ; néanmoins, chacun d'eux semble appelé par un dessein secret de la Providence à tenir un jour dans ses mains les destinés de la moitié du monde[2]. »

Si l'on veut défendre Nietzsche des attaques qui furent dirigées contre lui, surtout juste après 1945, il y a peu de concepts aussi efficace que celui du « bon Européen ». En fait, cette notion est très liée à la période des « Lumières » et surgit pour la première fois dans *Humain trop humain*. On y lit : « *Préparer* enfin cet état de choses encore lointain où les bons Européens s'atteleront à leur tâche grandiose : la direction de la surveillance de la civilisation universelle. Celui qui prêche le contraire [...] indique aux peuples la voie qui les fera devenir de plus en plus *nationaux* : il augmente la maladie de ce siècle et s'oppose en ennemi aux bons Européens, aux esprits libres[3]. » Le « bon Européen » est donc celui qui a surmonté la médiocrité et l'étroitesse, en particulier l'étroitesse du nationalisme, et qui s'est placé en « esprit libre » ou bien en « homme des Lumières », également au-dessus des préjugés traditionnels. Mais il est certain que Nietzsche à aucun moment n'a laissé l'idée de progrès déboucher sur l'abolition des différences. Ainsi dans *Par-delà le bien et le mal*, la lente émergence « d'une espèce d'homme essentiellement supra-nationale et nomade[4] » serait « le processus de l'Européen en devenir » qui pourrait être ralenti dans son rythme par de grandes rechutes, par exemple par le nationalisme et le sentiment national, mais aussi gagnerait-il peut-être pour cette raison en véhémence et en profondeur ? Ce processus arriverait pourtant vraisemblablement à des résultats surprenants « pour ses intermédiaires naïfs et ses apologues, les apôtres des idées modernes » ; la démocratisation de l'Europe « implique en effet très involontairement une pépinière de *tyrans* – dans toutes les acceptions du mot, même la plus spirituelle[5] ». Ici et là, les déclarations de Nietzsche rejoignent, au sujet de l'avenir, Condorcet et Jules Verne, mais presque de bout en bout, elles prennent une tournure qui, pour Condorcet et pour Jules Verne aussi, aurait été surprenante et délicate : « L'humanité du siècle prochain aura peut-être à sa disposition, de par la domination de la nature beaucoup plus d'énergie que ce qu'elle peut consommer.

2. Tocqueville, *De la démocratie en Amérique*, Paris, Gallimard – Bibliothèque de la Pléiade, 1992, I, 2e partie, p. 479-480.
3. F. Nietzsche, *Œuvres*, coll. « Bouquins », *op. cit.*, vol. 1, p. 868.
4. *Ibid.*, vol. 2, p. 689.
5. *Ibid.*, p. 690.

Un luxe que nous avons du mal à imaginer s'offrira à l'humanité. Déjà le voyage en aéronef rend périmés tous nos concepts de la culture. Au lieu de s'adonner à la création artistique, c'est la nature que l'on embellira sur une grande échelle en quelques siècles *[sic]* de travail. Par exemple, on essaiera d'amener à la perfection la beauté des paysages alpins. Alors, toute la littérature des siècles passés respirera l'étroitesse des villes de province. Un siècle d'architecture se lève, où, comme les Romains, l'on bâtira à nouveau en pensant à l'éternité les peuplades arriérées d'Afrique, d'Asie, etc. serviront de main-d'œuvre, les peuples de la terre commenceront à se mélanger. [...] Pour préparer un tel avenir, nous devons isoler les mélancoliques, les grincheux, les râleurs, les pessimistes et les abandonner à la mort. La politique organisée de telle façon que des cerveaux moyens lui suffisent et que chacun n'ait pas besoin d'être informé quotidiennement. De même la vie économique sans le désir de vivre ou de mourir. Siècle des fêtes. » On pourrait dire qu'il y a un mélange de conceptions socialistes et darwiniennes. En tout cas, l'« Europe » fait pour Nietzsche toujours autorité quand il est question de la « civilisation universelle » et d'autres notions voisines.

Mais que Nietzsche comprend-il sous « Europe » ? Comment se dessine-t-elle pour lui cette partie de la terre, par rapport aux autres, plus vastes. Les propos de Nietzsche sont ici particulièrement hétéroclites. La caractéristique principale de l'Europe est pour lui en règle générale : une force particulière de tension qu'il juge parfois positivement, parfois négativement et parfois, dans un même propos, de l'une et de l'autre manière. Ainsi dans un fragment de l'année 1875 : « Nous vivons une période où différentes conceptions de la vie se côtoient : c'est pourquoi elle est riche en enseignements, comme aucune auparavant ; c'est pourquoi aussi elle est si malade : elle souffre tout à la fois de maux très différents. Homme de l'avenir : l'homme européen. » L'Europe est pour Nietzsche dans une même phrase à la fois « surpeuplée et surchauffée », « agitée et écorchée ». Il parle ailleurs d'un phénomène caractéristique du passé européen, la « tension entre le dieu conçu toujours plus pur et plus lointain, et l'homme toujours plus pécheur », « l'un des plus grands essais de l'humanité » et la représentation « merveilleuse » de l'amour de Dieu pour le pécheur ; mais justement à partir de cette tension, le nihilisme s'impose pour finir à l'âge moderne, comme « le plus étrange de tous les hôtes », le processus fondamental, « selon lequel les valeurs supérieures se dévalorisent ». À l'intérieur de la société, la « tension » (productive) est pour Nietzsche reliée au fait qu'aucune des deux parties opposées ne veut la destruction de l'autre ; il voit pour les antichrétiens et les immoralistes un avantage à ce que l'Église subsiste. Nietzsche se rapproche ainsi en beaucoup d'endroits du concept du « système libéral » en tant que société des différences productives et de l'émergence de l'Europe, mais en même temps, il recule toujours au dernier moment. Le moment où il en est le plus proche est peut-être celui où il oppose la « Chine » et l'« Europe » et où il reproche aux socialistes d'être des « idolâtres de l'État », de vouloir reproduire en Europe une immobilité toute « chinoise » et de ne pas comprendre qu'il est dans la nature de l'Europe d'être un malade, « qui doit la plus grande reconnaissance à son incurabilité et aux éternelles transformations de son mal : ces situations toujours nouvelles, ces dangers, ces douleurs, *ces expédients*, également toujours nouveaux, ont fini par engendrer une irritabilité intellectuelle qui équivaut presque au génie et certainement à la mère de tout génie[6] ».

De même : « En Europe, le combat contre l'esprit d'anarchie des idées et de la concurrence des princes, des peuples et des marchands, a jusqu'à maintenant, affiné l'entendement. »

Qui sont – pour parler plus concrètement – ces « Européens » à venir qui sont parfois si difficiles à distinguer de ceux que Nietzsche appelle « maîtres de la terre » ? Les propos de Nietzsche sont à nouveau contradictoires. Une fois il voit venir un « régime continental allemand et slave » et à nouveau il incite à une « coopération inconditionnelle avec la Russie », et même une « croissance commune de la race allemande et de la race slave ». Ainsi, la « mesquinerie d'esprit anglaise », c'est-à-dire l'utilitarisme et le parlementarisme (pour finir « les femmes au Parlement ») serait-elle repoussée sur les marges et l'on serait sûr de n'avoir « aucun avenir américain ». À un autre moment, Nietzsche prophétise pourtant : « La force est partagée entre Slaves et Anglo-Saxons. Pour ce qui est de l'influence spirituelle, elle pourrait être entre les mains de l'Européen type. » Mais il n'exclut pas non plus complètement que l'Allemagne un jour « aide la pensée supérieure à vaincre ».

Le choix entre de telles alternatives peut appartenir au domaine de la « grande politique », comme Nietzsche la nommait. Mais pour quiconque a dans les mains « l'administration générale de l'économie », que ce soit une nation, un État, ou une race, la véritable alternative est tout autre : « Quand nous disposerons d'une organisation mondiale de l'économie, qui est inéluctable, alors, l'humanité *pourra* être une machinerie à son service. C'est là qu'elle

6. F. Nietzsche, *Œuvres*, coll. « Bouquins », *op. cit.*, vol. 2, p. 71.

trouvera son véritable sens. [...] Elle représentera une totalité dont l'énergie sera énorme, mais dont les facteurs individuels auront une valeur minimale. Pour aller contre ce rapetissement et cette soumission des hommes à une spécialisation utile, il faut un mouvement inverse, créer un individu qui fasse la synthèse, qui additionne, qui justifie, et pour qui la réduction de l'humanité à l'état de machine soit une condition de l'existence, un socle, sur lequel, lui, peut inventer la forme supérieure qui lui convient le mieux, cette forme supérieure d'aristocratisme est celle de l'avenir [...]. » Cet être totalisant et légitimant, cet homme « total » n'est pas différent du « surhomme » comme Nietzsche le dit très clairement dans un fragment de 1883 où il oppose au mouvement du nivellement (par exemple chez Dühring) « son » mouvement du « renforcement de tous les contraires et agrandissements des gouffres » et il conclut : « Celui-ci produit le dernier homme – Mon mouvement produit le surhomme. »

Mais à cet endroit, le comportement des deux n'est pas conçu comme un comportement de domination : « Le but n'est pas de concevoir ceux-ci comme dominant ceux-là : au contraire, deux espèces doivent coexister, aussi séparées que possibles, l'une étant comme ces dieux de la philosophie épicurienne, qui ne s'occupent pas de l'autre, les hommes. »

Mais ces « surhommes » pourraient bien plutôt être conçus comme les habitants de ce « couvent universel » auquel le jeune Nietzsche rêvait. Il s'agit, pourrait-on dire, de la version irénique du « surhomme ». Mais comment cela se concilie-t-il avec le « combat pour la domination de la terre » à venir, avec le concept des « maîtres de la terre », avec la prophétie qui disait que nous allions vers des temps plus sauvages, avec l'idée que pour l'accomplissement de la démocratie européenne comme pour un esclavage sublime, on aurait recours à un type supérieur d'esprits dominateurs et césariens, et que l'économie de la terre impliquerait le fait de « laisser mourir les mauvaises races » ? Comment cela s'accorde-t-il surtout avec la haine de Nietzsche contre les décadents, les ratés, les « gens en surnombre » – eux aussi réfléchissent en termes de domination et de destruction ? À côté du contexte irénique de l'avenir et du surhomme, il y a chez Nietzsche quelque chose de « polémique », de guerrier pour lequel il n'existe pas, dans l'histoire des Idées, si je ne me trompe, de précédent : le concept du « Parti de la vie » et de la destruction des ratés. Ce sera notre prochain thème.

11
Le concept de destruction et le parti de la vie

De même que l'on peut à partir du concept de « bon Européen », rendre Nietzsche « comestible » pour notre époque, de même on peut sans beaucoup se forcer instaurer Nietzsche en précurseur du national-socialisme à partir de ses propos « polémiques et pratiques ». Mais il est vraisemblablement plus exact de dire que le national-socialisme resta à l'arrière-plan, comme l'une des tendances de la pensée de Nietzsche et qu'il ne la développa complètement que juste avant son aliénation, si bien qu'il ne faut pas exclure d'emblée l'idée qu'il se soit brisé à cause d'elle et avec elle.

Le jeune Nietzsche déjà voulait, comme nous l'avons vu, chanter un « péan à la guerre » – à la guerre comme vérité de l'être humain pourrait-on dire. Mais exactement comme le « polemos patér pànton » d'Héraclite est susceptible d'être mal interprété, alors qu'il ne signifie pas obligatoirement guerre sanglante entre les États, ainsi les propos de Nietzsche sur la guerre laissent supposer qu'il envisageait des joutes spirituelles. Ainsi dans l'aphorisme 283 du *Gai Savoir* : « Je salue tous les indices de la venue d'une époque plus virile et plus guerrière qui mettra de nouveau en honneur la bravoure avant tout ! Car cette époque doit tracer le chemin d'une époque plus haute et rassembler la force dont celle-ci aura besoin un jour – pour introduire l'héroïsme dans la connaissance et *faire la guerre* pour l'amour de la pensée et de ses conséquences. [...] Car croyez-m'en ! – le secret pour moissonner l'existence la plus féconde et la plus grande jouissance de la vie, c'est de *vivre dangereusement !* Construisez vos villes au pied du Vésuve ! Envoyez vos vaisseaux dans les mers inexplorées ! Vivez en guerre avec vos semblables et avec vous-mêmes ! [...] Enfin la connaissance finira par étendre la main vers ce qui lui appartient de droit : elle voudra *dominer* et *posséder*, et vous le voudrez avec elle[1] ! »

Cet aphorisme semble donc appartenir à la conception nietzschéenne des – philosophes dominateurs, qui ne peut naturellement pas nier une parenté étroite avec le concept platonicien équivalent : celui du philosophe roi. La notion des « seigneurs de la terre » correspond en partie aux « phylakes » de Platon, auxiliaires et « instruments » des philosophes dominateurs : « Est rendue possible l'émergence de lignées internationales qui se fixent pour tâche d'élever une race des seigneurs, les futurs "seigneurs de la terre" ; – une aristocratie nouvelle, des géants qui se sont imposé à eux-mêmes la plus dure des lois ; l'assurance de subsister des millénaires est offerte à la volonté d'hommes de violence philosophes et de tyrans artistes : il s'agit d'un type supérieur d'hommes qui mettant dans la balance tout le poids de sa volonté, de son savoir, de sa richesse et de son influence se sert de l'Europe démocratique comme d'un instrument très malléable et très souple. Il tient entre ses mains le destin de la terre et il modèle "l'homme" en artiste [...]. » Il n'est pas clairement établi si ce type humain supérieur est déjà le « surhomme » ou bien si seul le philosophe dominateur est ici en question. Quand il s'agit de « richesse et d'influence écrasante », on pourrait un instant penser à la ploutocratie américaine qui gouverne par ses journaux et ses chaînes de télévision « l'opinion publique » d'un grand pays ; mais les individus concernés ne se soumettent pas « à la plus dure des contraintes individuelles » dont parlait Nietzsche et ils sont beaucoup trop empreints de cet « esprit servile » que le philosophe méprisait tant. Il serait plus exact de voir l'illustration du concept nietzschéen de philosophe dominateur chez Mao Tsé-toung. Il concevait les Chinois comme des feuilles de papier sur lesquelles exercer ses talents calligraphiques et il avait pour instrument, un parti ascétique, à l'opposé de la ploutocratie. Si l'on cherche un juste milieu entre les extrêmes, on se perd dans des constructions fictives, imaginaires, et c'est pourquoi il faut tourner les yeux vers ce qui, chez Nietzsche, n'apparaît que trop lié à l'époque et concret et tranche de la manière la plus radicale avec le concept du « bon Européen » : « L'entretien de l'État militaire est le dernier recours, soit pour renouer avec, soit pour consolider le type de l'homme fort. Et toutes les notions qui éternisent l'inimitié, la différence de rangs

1. F. Nietzsche, *Œuvres*, coll. « Bouquins », *op. cit.*, vol. 2, p. 169.

entre les États peuvent recevoir le sceau de l'approbation – par exemple le nationalisme, les barrières douanières. »

On pourrait croire que rien d'autre n'est ici désigné que la conservation du modèle de la noble bravoure, bien mieux incarnée dans le corps des officiers supérieurs allemands ou français que dans une riche classe d'industriels et de marchands. Mais, d'ailleurs, tardivement, Nietzsche pose la question : « Où sont les barbares du XXe siècle ? Visiblement ils apparaîtront d'abord et se consolideront à la suite de monstrueuses crises socialistes » ; Nietzsche ne pense alors certainement pas à un homme comme Moltke. Ces barbares sont-ils par exemple « la nouvelle noblesse », à propos de laquelle Nietzsche dit dans *Zarathoustra* qu'elle est « adversaire de tout ce qui est populace et despote, une noblesse qui écrit de nouveau le mot "noble" sur des tables nouvelles[2] » ? Ne s'agit-il pas cependant d'une table que l'on peut concevoir comme archaïque, et en même temps plutôt barbare que noble, quand Nietzsche postule de même dans *Zarathoustra* : « C'est ainsi que je veux l'homme et la femme : l'un apte à la guerre, l'autre apte à engendrer[3]. » Mais seul un contemporain de Darwin et de Galton pouvait affirmer que la juridiction de certaines fonctions grammaticale était en dernier lieu « la juridiction des jugements de valeur physiologique et de conditions raciales », la race serait « extrêmement plus importante » que le milieu, et le mélange sanguin des maîtres et des esclaves serait l'origine de l'émergence de l'ordre démocratique des choses.

On ne peut pourtant pas réduire le concept nietzschéen de « combat » ou de « guerre » à une « joute spirituelle » ; mais on ne peut pas non plus l'en séparer. Le propos ne saurait être seulement métaphysique quand Nietzsche dit : « L'époque vient où le combat pour la domination de la terre va être mené – il le sera au nom de fondements philosophiques. » Des guerres nationales et sociales en font partie, au cours desquelles l'idée la plus importante s'imposera. Ce que Nietzsche annonce pour le XXe siècle, c'est avant tout une grande guerre civile idéologique à laquelle les guerres nationales et sociales seront subordonnées. Les partis qui s'affronteront pour finir, Nietzsche les a décrits dans un fragment incomplet du début de l'année 1888 :

« Un parti de la paix sans sentimentalisme, qui s'interdit – ainsi qu'à ses enfants – de faire la guerre, qui éveille contre lui le combat,

2. F. Nietzsche, *Œuvres*, coll. « Bouquins », *op. cit.*, vol. 2, p. 443.
3. *Ibid.*, p. 450.

la contradiction, la persécution. Un parti des opprimés, au moins pour un moment ; tout de suite : le *grand* parti. Hostile aux sentiments de vengeance et aux ressentiments. Un *parti de la guerre* ayant les mêmes bases et la même exigence envers lui-même, mais dans la direction opposée. »

On ne peut pas reconnaître au premier coup d'œil auquel de ces deux partis va la sympathie de Nietzsche. Le « parti de la paix » est peint sans couleurs criardes ou repoussantes, – exactement comme Nietzsche dans *L'Antéchrist* semble apporter son adhésion à la doctrine de Jésus – mais on doit garder présent à l'esprit ce que Nietzsche avait dit de la décadence, de la chute de la vitalité, des « ratés » et de la dégénérescence collective de l'humanité pour voir clairement qu'il n'est pas seulement le prophète de la « guerre mondiale » à venir, mais qu'il doit prendre parti ; son adversaire, pour finir, n'est pas un tolstoïsme, comme dans le passage précédemment cité, mais un parti de « bourreaux » qui lui crient : « Où est l'alternative à ce système clos de volonté, de but et d'interprétation ? Pourquoi l'alternative fait-elle défaut ? »

Visiblement sa philosophie doit être cette solution, il postule l'existence d'un parti, *son* parti qui dispose d'une unité semblable et même plus évidente encore en ce qui concerne « volonté, but et interprétation ».

L'appel à la destruction et à l'élimination (qui doivent être « contre-destruction » et « contre-élimination ») domine particulièrement les derniers mois et même les dernières années de l'existence consciente de Nietzsche ; l'appel à fonder un parti va de pair, ainsi que la volonté d'être en personne le chef de ce parti. On l'a déjà évoqué, mais il reste à l'observer encore une fois ici.

D'abord en ce qui le concerne, il affirme que s'il y avait sur terre une grande politique, il serait, lui, Nietzsche « le destructeur par excellence qui, comme le physiologiste » exige « l'ablation de la partie dégénérée[4] » ; il ne parle pas seulement de la castration future des criminels, mais de « l'extermination de millions de ratés ». Il exige d'« exterminer avec un œil divin et sans remords », en particulier en commençant par [les individus] qui « éprouvent du bien-être ». On ne devrait avoir aucun contrat : avec les différentes « forces de corruption », c'est-à-dire les émancipations vues comme dégénérescence collective de l'humanité : « Ici on doit éliminer, anéantir, faire la guerre » et le moment est venu de prêcher : « Sauver le monde de l'emprise de ses sauveurs. »

4. F. Nietzsche, *Œuvres*, coll. « Bouquins », *op. cit.*, vol. 2, p. 1168.

C'est dans *Ecce homo* qu'apparaît le plus clairement le lien avec les pensées de sa jeunesse, mais aussi avec le plus particulier et le moins remarqué des concepts de Nietzsche : « Projetons nos regards à un siècle en avant. Admettons que mon attentat contre deux millénaires de contre-nature et de profanation de l'humanité réussisse. Ce nouveau parti, qui sera le parti de la vie et qui prendra en main la plus belle de toutes les tâches, la discipline impitoyable de tout ce qui présente des caractères dégénérés et parasitaires, ce parti rendra de nouveau possible la présence sur cette terre de cet *excédent de vie*, d'où sortira certainement de nouveau la condition dionysienne. Je promets la venue d'une époque *tragique* : l'art suprême dans l'approbation de la vie, la tragédie, renaîtra quand l'humanité aura derrière elle la conscience des guerres les plus dures, mais les plus nécessaires, *sans en souffrir*[5]... »

Les tout derniers textes de décembre 1888 sont pleins de la représentation de cette guerre civile à venir, qui doit être un combat de la vie pour sa libération : « J'apporte la guerre. Pas entre les peuples. [...] Pas entre les classes. [...] J'apporte la guerre, une guerre coupant droit au milieu de tous les absurdes hasards que sont peuple, classe, race, métier, éducation, culture : une guerre comme entre montée et déclin, entre vouloir-vivre et *désir de se venger* de la vie, entre sincérité et sournoise dissimulation. [...]

Premier principe : la grande politique veut que la physiologie soit la reine de toutes les autres questions : elle veut créer un pouvoir assez fort pour élever l'Humanité comme un tout supérieur avec une dureté sans ménagements, contre tout ce qu'il y a de dégénéré et de parasitique dans la vie. [...]

Deuxième principe : Guerre à mort contre le vice : est vicieuse toute espèce de contre-nature. Le prêtre chrétien est l'espèce d'homme la plus vicieuse, car il enseigne la contre-nature.

Deuxième principe *(sic)* : créer un parti de la vie assez fort pour la grande *politique*. [...] Elle met impitoyablement fin à tout ce qui est dégénéré et parasitaire[6]. »

Pour ce qui est des détails sur ce parti, Nietzsche fait, comme on s'en souvient, deux déclarations principales : les officiers et les banquiers juifs doivent être ses cadres, et il veut mener une guerre à mort contre la maison des Hohenzollern. Nietzsche ne dit pas comment les officiers cesseront d'être une « caste », ni de quelle manière on dressera Rothschild et Bleichröder contre les Hohenzollern. On

5. *Ibid.*, p. 1156.
6. F. Nietzsche, *Œuvres*, édition Colli-Montinari, *op. cit.*, vol. 14, p. 377-378.

ne peut poser éternellement ce genre de question, de même qu'on ne doit pas toujours demander de quelle manière le parti tolstoïen de la non-résistance peut devenir un grand parti. Ce dont Nietzsche rêve, c'est une « pure guerre civile » ; mais si l'on pousse ses idées jusqu'au bout, ce que Nietzsche veut anéantir, c'est tout un courant qui a dominé le développement de l'humanité depuis la fin de l'Antiquité classique ; cela inclut aussi les représentants actuels du mouvement : prêtres chrétiens, philosophes des « Lumières », démocrates, socialistes, et avec leurs « pasteurs », les « troupeaux » des dégénérés. Si la destruction est comprise au sens littéral, le résultat devrait être un « massacre » en comparaison duquel la « solution finale » des nazis a des proportions microscopiques. Cette conception dans toute sa « pureté », est plus monstrueuse encore que la réalité et ses « compromis ».

À l'inverse, chez Marx, ignoré par Nietzsche, ce qui ne l'empêche pas d'en incarner l'ennemi désigné, la conception de l'histoire à venir est, somme toute, assez inoffensive : il s'agit de chasser de leurs positions un nombre infime de grands capitalistes qui n'ont pas encore été balayés, comme tout ce qui n'est pas prolétarien, par l'histoire. La mise en œuvre du marxisme se révéla cependant beaucoup plus problématique que ce que la doctrine prévoyait. L'élimination sociale prit partiellement une forme d'extermination, de « solution finale » aux dépens de la noblesse, de la bourgeoisie, de la paysannerie aisée et des milieux intellectuels, comme si la réalisation de la doctrine ne pouvait pas se passer de violence. La vraie guerre civile du XXe siècle fut certes en partie internationale, mais elle eut en même temps peu à voir avec ce que Nietzsche avait imaginé qu'elle serait.

Ainsi, Nietzsche ne se fonde pas toujours sur des conceptions biologico-physiologiques de vie. On trouve par exemple dans les fragments de l'année 1885 une déclaration étonnante, qui modifie beaucoup sa vision des guerres des « seigneurs de la terre » : « Ces seigneurs de la terre doivent à présent remplacer Dieu et gagner une confiance profonde, absolue, chez ceux qu'ils dominent. Tout d'abord, leur nouvelle sainteté, leur renonciation au bonheur et au bien-être. Ils donnent aux hommes des couches inférieures le droit au bonheur, pas à *eux-mêmes*. Ils libèrent les ratés par la doctrine de la "mort rapide", ils offrent des religions et des systèmes, selon le rang des individus. » Cette déclaration paraît être intermédiaire entre celle que l'on vient de citer et cette autre où la relation n'est nullement conçue comme relation de domination. Et il ne faut pas oublier non plus que chez Nietzsche « l'art supérieur dans l'acceptation de la vie» était la tragédie, donc un phénomène de culture et non biologique. Nous n'avons pas fait explicitement un thème des grands concepts philosophiques de Nietzsche : «volonté de puissance», «éternel retour» et «surhomme», bien que nous les ayons toujours rencontrés en marge de notre questionnement. Mais, afin, non pas de ramener à l'unité ce qui est complexe mais plutôt pour éclairer cette complexité de l'intérieur et nous confronter à la conclusion de la philosophie de Nietzsche, nous voulons cependant nous demander ce que Nietzsche a mis sous le terme de «vie» ; et c'est aussi la question de la relation entre la connaissance et la vie, entre la vérité et le mensonge, dans sa pensée.

12
Vie et connaissance, vérité et mensonge

« La vie » ressort de notre questionnement comme le plus important et le plus central des concepts de Nietzsche. De l'existence exubérante et même triomphante des dieux olympiens, de la sauvegarde de la vie dans *Naissance de la tragédie*, jusqu'au « parti de la vie » dans les derniers propos, resurgît toujours ce concept – différent du « barbare », de la « volonté de puissance » et de « l'éternel retour » qui ont des phases de présence et disparaissent à d'autres moments pour une période limitée – presque toujours en liaison avec les concepts de « connaissance », « conscience », « vérité » et « mensonge ». Nulle part les propos de Nietzsche ne sont plus contradictoires ; on peut tenter cependant de trouver un fil d'Ariane ; une fois de plus nous devons passer en revue la pensée de Nietzsche, et c'est justement à propos d'un concept aussi central chez lui qu'il devient clair à quel point Nietzsche était un « champ de bataille ».

Si Apollon est le dieu du « principium individuationis », Dionysos est le dieu de la rupture, de la réduction et de la dissolution du principe d'individuation, le dieu de l'unité totalisante et du sentiment d'unité. L'individualisation est pour le jeune Nietzsche, comme pour Schopenhauer, apparence et absence de vérité, car comme pour Hegel, la vérité est pour lui le tout ; non pas un tout pluriel organisé en lui-même mais plutôt l'unité totale que l'on peut éprouver dans l'ivresse, à laquelle s'oppose la tentation de l'individualisation qui mène au rêve.

D'après le principe, il s'agit donc d'une conception de la mystique selon laquelle la vision mystique mais aussi la mort, signifient l'entrée de la personne finie dans l'infinité de Dieu. Conçu un peu différemment il s'agirait – d'un point de vue panthéiste – de la noyade de la vie individuelle dans le tout. Dans les deux cas le processus est ressenti comme une possession accompagnée de plaisir ; la représentation de l'être ou de la vie est univoque. Mais ce qui est surtout visé par Nietzsche, c'est l'art, et non pas le tout en tant que tel ; et l'interaction du principe apollinien et dionysiaque fait partie de l'art. Nietzsche voit dans l'escalade et le paroxysme des mouvements dionysiaques « la plongée de la subjectivité dans l'oubli complet d'elle-même ». Et en référence à Schopenhauer le « tout » est malheureux, douloureux, en attente de salut. Ce n'est pas la vie individuelle qui trouve son salut dans la vie totale, mais la vie totale dans la beauté de l'apparence qui, dans cette mesure, doit servir de vérité. Ce qu'il y a de torturant, la volonté, prend sa place en même temps au sein de l'Un sous une forme particulière : la cruauté du monde des Titans, autant dans le sens de « mouvement effrayant vers la destruction de ce qu'on appelle l'histoire universelle », que dans celui de la cruauté de la nature. Cette cruauté est alors, de son côté, désignée comme « vérité », et doit être voilée par l'art, afin que la vie en général soit possible. Comme forme suprême de vie, apparaît ensuite le monde des dieux olympiens : « Ici, rien ne rappelle l'ascétisme, la spiritualité, ni le devoir : ici ne s'exprime qu'une vie exubérante, triomphante, dans laquelle tout le réel, le bien comme le mal sont également divinisés[1]. » Ce monde des dieux n'est donc pas un « idéal », mais en tant que réunion du Bien et du Mal, la vie même et, en tant que vie, la vérité. Pourtant Nietzsche distingue explicitement « les racines de la montagne magique olympienne » et les décrit « comme les peurs et les horreurs de l'existence ». Le « purement dionysiaque » ne devrait donc pas être unification pleine de plaisir avec le tout, mais une terrible confrontation avec la cruauté ; peut-être s'agit-il du dionysisme asiatique, mais je ne vois pas que Nietzsche ait précisé sa pensée à cet égard ; et quand il parle dans ce contexte de l'excitation sexuelle effrénée, il peut difficilement vouloir désigner autre chose qu'un déclin de l'individualité dans la jouissance. Le « purement apollinien » est plus facile à concevoir : ce n'est rien d'autre que la « superfétation du logique » dans le rationalisme socratique, qui détruit l'art tragique, et, dans cette mesure la vie

Mais cette prétention à la vérité est pourtant à son tour caractérisée par Nietzsche comme « représentation profonde de la folie » ; visiblement Nietzsche tient le concept de vérité chez Socrate pour

1. F. Nietzsche, *Œuvres*, coll. « Bouquins », *op. cit.*, vol. 1, p. 42.

une erreur : elle consisterait à croire « que la pensée soit en mesure non seulement de connaître l'être, mais aussi de le corriger ».

Je laisse ici indécise la question de savoir s'il s'agit d'une contamination d'élans de différentes sortes, de contradictions ou bien d'un véritable monument de la pensée et je me tourne vers d'autres propos du jeune Nietzsche concernant la vie et la connaissance vraie.

Dans la deuxième *Considération inactuelle*, il cite : « des doctrines que je tiens pour vraies, mais aussi pour mortelles : les doctrines du devenir souverain, de la fluidité de tous les concepts, types et espèces, du manque de toute différence cardinale entre l'homme et l'animal ». C'est donc la science moderne dans son hostilité aux consolations de la religion et de la métaphysique, qui est visée. Elle détruit le monde où l'homme pieux pouvait se sentir à sa place. Ce monde se confondait avec la vérité. Sa destruction n'est pas celle de la vie biologique, mais de la « culture », qui donnait à la vie sa profondeur métaphysique et constitue cette « atmosphère » du mythe et de la croyance qui est la condition préalable à cette vie. Un exemple de la science dénoncée par Nietzsche est l'historicisme, où ne subsiste que l'être éveillé, la conscience claire, nuisibles à la vie. Dans un sens encore plus général, Nietzsche parle du tremblement conceptuel de la science qui « vole à l'homme le fondement de toute sa sécurité et de sa tranquillité, sa croyance à la persistance et à l'éternité ». Mais quand Nietzsche pose la question : « La vie doit-elle régner sur la connaissance et la science, la connaissance doit-elle régner sur la vie ? », alors le concept de vie, de culture redevient « biologique » et l'exhortation concomitante à la jeunesse part aussi dans cette direction.

D'un autre côté, il n'est pas du tout question de « science », ou bien c'est dans un autre sens, quand Nietzsche écrit en décembre 1872 à Carl von Gersdoff au sujet d'un décès : « Et puisque tu as eu auparavant une fois encore sous les yeux la terrible image de la nature, avec la bière et la sépulture, tu n'oublieras jamais sur quelles horreurs reposent même la plus belle existence et l'art le plus libérateur, mais aussi que, pour pouvoir supporter le royaume terrestre ou l'air terrestre, nous avons toujours besoin du royaume céleste, que ce soit celui de la religion ou de l'art ou de la pure connaissance[2]. » « Connaissance » signifie ici visiblement la même chose que « philosophie ». La signification la plus simple et la plus limpide des rapports entre vie et vérité semble être que la religion,

2. F. Nietzsche, *Correspondance*, *op. cit.*, vol. II, p. 382-383.

l'art et la métaphysique consolent l'homme de ces réalités effrayantes qui font partie de la vie : la mort, la cruauté et l'injustice – surtout du système de pompage des corps par les organes de sécrétion particulièrement répugnant en ce qu'ils caractérisent la vie. Mais la science est la puissance qui détruit cette signification, et confronte l'homme à l'horreur d'une manière immédiate et sans issue. En raccourci et simplifié, il s'agit donc « du combat pour la foi de l'enfant » comme il a été rêvé par tant de contemporains de Nietzsche, par exemple Ernest Renan. Pour Nietzsche, la métaphysique de Schopenhauer ferait aussi partie de cette foi d'enfant.

Il a déjà tendance à s'en éloigner en 1872-1873 en particulier dans l'avant-propos « Sur le pathos de la vérité » et dans le fragment « Sur la vérité et le mensonge en un sens extra-moral ». Nietzsche y parle des « bêtes futées » qui découvrirent un jour la connaissance dans un coin de l'univers et en vinrent à la maudire, lorsque après quelques respirations de la nature elles durent mourir avec leur cerveau, se raidissant. Elles avaient même finalement reconnu « qu'elles avaient tout interprété faussement ». Comme dernière vérité valable elles auraient en effet reconnu qu'elles « étaient condamnées éternellement à la non-vérité ». Mais ce que le philosophe dans sa curiosité funeste peut – si ce n'est reconnaître – du moins pressentir, c'est cela :

« L'homme repose non seulement sur la convoitise, l'insatisfaction, le dégoût, l'absence de pitié, l'envie de tuer, dans l'indifférence de son ignorance. En même temps, il est comme assis sur le dos d'un tigre, suspendu à ses rêves. »

Le « réveil » imaginé par le philosophe est donc tout simplement opposé à l'art et à la vie, pourtant Nietzsche émousse cette pensée quand il affirme que le philosophe sombre lui-même dans un « sommeil encore plus profond et encore plus magique » – peut-être rêve-t-il alors des « Idées ou de l'immortalité ». Mais les idées et l'immortalité sont elles-mêmes quelque chose de consolateur et dans cette mesure du domaine de l'art ; ainsi la connaissance qu'il oppose, dans la dernière phrase, à la vie ne peut pas être un acte de philosophe : « L'art est plus puissant que la connaissance, car il veut la vie, alors qu'elle n'atteint pour finir que la destruction. » Dans les fragments, le caractère de tromperie de « l'intellect » est aussi particulièrement mis en relief et à la fin l'homme intuitif et l'homme de raison ou bien abstrait sont opposés l'un à l'autre. L'homme intuitif est celui de l'hellénisme du début, dans la culture duquel l'art règne sur la vie, pendant que l'homme abstrait est dépeint par Nietzsche comme le Stoïcien « dénué de sens artistique », immuable et « luttant contre la douleur ». Mais la vie de l'homme abstrait est aussi pleine de dérangements et d'illusions et l'on peut se demander si Nietzsche mène sa pensée jusqu'au bout.

Il apparaît donc que connaissance et vérité pour finir aident la vie et ne doivent donc pas lui être opposés. Et pourtant l'on trouve, avant 1875-1876, des propos comme ceux-ci : « L'humanité possède en la connaissance une bonne méthode de chute » ou bien encore : « La vérité comme devoir absolu, hostile et détruisant le monde [...] sans absence de vérité, sans société et sans culture [...] la vérité tue – elle se tue elle-même (en comprenant que son fondement est l'erreur). » Il y a en tout cas déjà pour le jeune Nietzsche un antagonisme mortel, entre la vie et la connaissance ou plus précisément entre l'apparence et la vérité ; la plus contraignante de toutes les possibilités de pensée. La signification du fragment « Vérité et mensonge au sens extra-moral » ne devrait pas être cherchée dans les mots repris à Schopenhauer sur la faiblesse de l'intellect mais dans l'essai de dépouiller la connaissance de sa nature propre et de la comprendre comme une forme parmi beaucoup d'autres de l'état d'origine, si bien que l'opposition entre art et science serait surmontée ; la science se révélerait être une sorte d'art. Si la connaissance n'a pas d'autre rapport aux « choses » que l'art aux œuvres d'art, c'est-à-dire si les choses, ou plus exactement la « chosité » des choses, sont créées par l'imagination humaine, alors il ne saurait y avoir d'antagonisme fondamental entre la création artistique et la connaissance scientifique :

« Ce n'est que par l'oubli de ce monde métaphorique primitif, ce n'est que par le durcissement et la rigidification d'une masse d'images découlant originellement à grands flots de la capacité primitive de l'imagination humaine, ce n'est que par la croyance invincible que *ce* soleil, *cette* fenêtre, *cette* table est une vérité en soi, ce n'est qu'à travers cela, bref, que l'homme s'oublie comme sujet et même comme sujet créant artistiquement et qu'il vit dans une certaine mesure dans la quiétude, la sécurité et l'esprit de suite [...]. »

De là résulte le fictionalisme de la théorie de la connaissance nietzschéenne : la conviction qu'il y aurait des choses uniquement dans leur relation au sujet créateur et que le monde que l'homme place autour de lui ne se différencie pas fondamentalement des « mondes » des animaux.

Il faut maintenant rendre compte en détail des idées de la période intermédiaire concernant vie et vérité. La formule qui vient à l'idée est celle que Nietzsche intitule « vision fondamentale », qu'il aurait déjà pu d'ailleurs exprimer dans la période du début: « Il n'existe pas d'harmonie préétablie entre l'exigence de vérité et le bien de l'humanité ». Si toutefois « l'attitude fondamentalement illogique envers les choses » était pour l'homme aussi « naturelle » que pour les animaux, alors Nietzsche ne pourrait pas dire que même l'homme le plus raisonnable aurait de temps en temps besoin de cette attitude. Parfois la différence est exprimée par Nietzsche comme une structure statique: « Nous sommes d'emblée des êtres illogiques et par conséquent injustes; nous pouvons comprendre cela: il s'agit d'une des plus grandes et des plus irréductibles disharmonies de la nature. »

De « l'irrationnel » dépend tout « ce qui donne de la valeur à la vie » : les passions, la langue, l'art, la religion; et tout cela, au sein de la vie même, est visiblement menacé par une avancée de la raison. On trouve une correspondance étonnante chez un autre écrivain qui a réfléchi au XVIIIe siècle, – le plus intéressant à ce sujet avec Nietzsche, parce qu'aussi plein de contradictions: Renan: « La religion est nécessaire. Le jour où elle disparaîtrait, ce serait le cœur même de l'humanité qui se dessécherait[3]. » « Qui sait si la vérité n'est pas triste[4] ? » « Le jour où l'humanité deviendrait un grand empire romain pacifié et n'ayant plus d'ennemis extérieurs serait le jour où la moralité et l'intelligence courraient les plus grands dangers[5]. »

Nietzsche en vient ainsi à l'idée des « deux parties du cerveau » qui ferait une place reconnue à la « croyance », comme Kant a essayé de le faire d'une autre manière avec ses « Critiques ». Un autre accent est mis quand Nietzsche voit fleurir la « moralité de la plus haute espèce » d'une « des racines les plus sombres ». Quand on réfléchit sur les fondements de l'existence, il s'agit seulement de constater une correspondance nécessaire: plus un arbre grandit, plus il enfonce ses racines « dans l'obscurité, la profondeur, l'amplitude – c'est-à-dire le mal ». À chaque fois cet « irrationnel » est mis en relief; il doit être l'origine du rationnel, ou au moins la condition de son développement; il doit pourtant être toujours vu comme opprimé et menacé. De ce point de vue, les propos unanimement favorables à la science ou aux « Lumières » se trouvent dans la période intermédiaire, être des exceptions; par exemple lorsque Nietzsche dit que l'on devrait reconnaître « dans le mouvement vers la connaissance de l'ensemble du devenir historique »,

3. Ernest Renan, *Œuvres complètes, La chaire d'hébreu au collège de France*, 1re édition, vol. 1, p. 169.
4. *Ibid.*, *Dialogues philosophiques*, p. 614.
5. *Ibid.*, *Réforme intellectuelle et morale en France*, p. 401.

une aspiration de l'humanité au génie. Mais quand Nietzsche affirme qu'ainsi les murs existant entre la nature et l'esprit, l'homme et l'animal, la morale et la physique seraient « percés », alors les murs de séparation entre les deux parties du cerveau tombent effectivement et les doctrines que le jeune Nietzsche avaient tenues pour « mortellement dangereuses » sont acceptées ; il s'agit aussi d'une possibilité de faire ressortir d'une autre manière la nécessité absolue du non-raisonnable, du non-rationnel. Il s'agit vraisemblablement du « chaos » que l'homme doit avoir en lui pour pouvoir engendrer une étoile dansante. Mais les « derniers hommes » dont il est ici question n'ont même plus ce chaos en eux. Ce n'est donc pas seulement une donnée intangible. Pour cette raison, il faut se demander si c'est vraiment une plainte – et non pas plutôt un « auto-apaisement » – qu'exprime le titre de l'aphorisme 117 d'*Aurore* : « En prison[6] ». On y lit : « autour de chaque être s'étend un cercle concentrique qui lui est particulier. [...] C'est d'après ces horizons, où nos sens enferment chacun de nous, comme dans les murs d'une prison, que nous *mesurons* le monde, en disant que telle chose est près, telle autre loin, telle chose grande, telle autre petite, telle chose dure et telle autre molle : nous appelons « sensation » cette façon de mesurer, – et tout cela est erreur en soi ! » Si la « mesure » de l'homme n'est fondamentalement rien d'autre que la « mesure » de l'aigle ou du bouc, elle ne peut alors jamais mettre son existence en danger en tant que purement humain.

Nietzsche parle pourtant en termes très clairs de la connaissance comme d'une « nouvelle passion[7] » qui n'a peur d'aucun sacrifice : « La possession de la connaissance fera peut-être même périr l'humanité ! Cette pensée, elle aussi, est sans puissance sur nous. [...] Voulons-nous que l'humanité finisse dans le feu et dans la lumière, ou bien dans le sable[8] ? Il doit donc y avoir dans la volonté de connaissance quelque chose de « surhumain » qui nous libère des murs de la prison de la simple perception des sens, et dans cette mesure Nietzsche paraît tout à fait en accord avec la métaphysique classique et en particulier avec le platonisme. Mais n'avait-il pas déclaré assez tôt déjà que sa philosophie était « un platonisme inversé » ? Au contraire de Platon, Nietzsche désigne souvent ce « surhomme » comme ce qui est ennemi de l'homme ; ainsi par exemple dans *Zarathoustra* : « J'appelle méchant et ennemi de l'homme tout

6. F. Nietzsche, *Œuvres*, coll. « Bouquins », vol. 1, p. 1040.
7. *Ibid.*, vol. 2, p. 130.
8. *Ibid.*, vol. 1, p. 1159.

cet enseignement d'un être unique, et parfois immobile, suffisant et impérissable[9] ! » Il s'agit d'une reprise de l'attaque qu'il avait déjà formulée à ses débuts, contre Parmémide et l'abstraction puissante de l'opposition entre « être » et « étant ». Dans *Le Gai Savoir* pourtant il confirme Parménide en affirmant : « Il n'y a aucun doute, le véridique, au sens le plus hardi et le plus extrême, tel que le présuppose la foi en la science, affirme ainsi un autre monde que celui de la vie, de la nature et de l'histoire. » Et dans cette mesure, « il lui faut nier le monde, notre monde[10] ». La connaissance et la vérité prennent-elles leurs racines dans une puissance de l'abstraction ou du dépassement, que ne possèdent pas du tout, ou peu, les êtres qui sont enfermés dans leurs perspectives comme dans les murs d'une prison ? Ce qu'il y a de plus intérieur à l'homme n'est-il pas proprement « humain » et pour cette raison le pire danger qui le menace ? Aucun autre être ne peut émettre des jugements généraux, mais cet élan hors de soi n'a pour Nietzsche comme conséquence rien d'héroïque, mais plutôt quelque chose d'extraordinairement mesquin, ou même de non naturel : « La tendance des jugements généraux, c'est la vulgarité des sentiments, c'est leur pauvreté, leur absence d'énergie, c'est la tendance à la fin de l'humanité. Les “vérités absolues” sont l'outil du nivellement, elles engloutissent les formes pleines de caractère. »

« Fin » ne signifie pas – du moins ici – « fin physique » mais fin du nivellement et de l'égalité qui, de leur côté, ont pour fondement un « absolutisme » de la pensée et de la connaissance.

Dans les fragments posthumes, la pensée de Nietzsche comme conséquence tourne d'une manière variée et contradictoire autour du problème central du rôle de la connaissance dans la vie et pour la vie. Il prend ainsi comme modèle l'« épanouissement » des animaux et la « floraison » des plantes, auxquels il oppose « les êtres humains pâles, épuisés, inaptes à la reproduction et souffrant de leurs pensées », comme paradigme de la dégénérescence. On se demande même s'il ne se désigne pas lui-même de cette manière. À un autre endroit c'est dans la vie organique qu'il voit une dégénérescence en tant que telle, et il aspire à sortir du monde mensonger du vivant pour retourner dans la vérité éternelle du monde non organique, lui, le « philosophe de la vie » ! Puis il dit que la connaissance parfaite nous « fait tourner, froids et brillants, comme un astre autour des choses », puis viendrait notre fin car un être fini

9. *Ibid.*, vol. 2, p. 348.
10. *Ibid.*, p. 208.

ne peut pas survivre sur le long terme à une telle distance des choses. Mais c'est encore une autre perspective quand il dit que l'existence corporelle ne supporte pas la vérité ultime des flux des choses car nos organes sont fixés sur une erreur, l'erreur du monde, inventé, de l'absolu, de ce qui est toujours semblable à soi-même. Ce serait donc le contraire de cette autre « vérité » de l'Un, du complet, de l'immobile, du rassasié, qui est pourtant tout aussi destructrice pour la vie. Nietzsche cherche donc une issue dans une position intermédiaire : il compare volonté de connaissance et volonté d'erreur (comme fondement de l'art) avec le reflux et le flux, si bien qu'il ne faudrait rejeter que « l'absolutisme » de l'un ou de l'autre. Pourtant il parle toujours de la connaissance comme de quelque chose d'absolu : « Comment suis-je moi, seulement possible, au milieu des hommes ? Comment l'homme est-il possible à mes côtés ? »

Cette connaissance n'est visiblement pas identique à l'intellect – ni même seulement fondé sur lui, car l'intellect simplifie en permanence le monde et le fausse ; il crée la « chosité », les chiffres, les lignes, les représentations de l'espace et rend ainsi la vie vivable ; mais la connaissance en vient aussi à l'idée que tout cela n'existe pas véritablement. « Il n'y a pas de matière, pas d'espace (pas d'*actio in distans*), pas de forme pas de corps et pas d'âme, pas de "création", pas de "savoir absolu" – pas de dieu et pas d'homme non plus. » On pourrait interpréter ces mots comme la conséquence dernière de la doctrine de la connaissance de Nietzsche : le scepticisme total et le nihilisme qui rendrait naturellement impossible tout discours sur la « volonté de puissance », « l'éternel retour » et même « le monde dionysiaque ». Mais en fait Nietzsche repousse toujours cette conséquence ultime de sa pensée, ou se contente de l'ignorer. Quand il dit « il faut conserver le mal », cela résonne un peu comme lorsque l'on dit aujourd'hui : « Il faut protéger la nature. »

Ce qui allait au début complètement de soi, ce qui était même prédominant est relégué dans le domaine du souci ; mais cela suppose qu'il existe une force qui le met en danger. Cette force qui met en danger le mal indispensable à la vie, Nietzsche l'appellera, à la fin, la morale, et cette morale est visiblement étroitement liée à l'idéalisme platonico-chrétien, qui aspire à s'établir au-dessus de la vie. Le salut ne peut donc provenir que d'une complète « éclosion » de la vie, et l'on pourrait voir ici à tout le moins une des origines du concept de l'« éternel retour ». Cette conception bouche toute issue dans un monde « absolu » et de « l'au-delà », dans une

« juridiction de l'être » à laquelle l'homme n'a aucun droit mais à laquelle il aspire pourtant toujours.

C'est seulement lorsqu'on a renoncé aux illusions sur l'au-delà que la connaissance philosophique peut atteindre un degré de « création » semblable à celui de l'artiste ; sous la forme de la « volonté de puissance » qui forge le caractère de « surhomme ». Mais que doit « créer » le surhomme si la création elle-même est mise en danger – exactement comme le « mal » – par une capacité énigmatique de l'homme, que Nietzsche appelle le plus souvent « morale » et qu'il compare au « déclin ». « S'il y avait une morale absolue, elle exigerait que l'on suive *absolument la vérité*. Par suite donc que les hommes et moi nous soyons détruits par elle – d'où mon intérêt à anéantir la morale. » Le plus haut degré de la création devrait être la destruction de la destruction, et la destruction n'est pour Nietzsche, en beaucoup d'endroits, rien d'autre que la pensée : « Ce que nous rencontrons de plus fort et de plus durablement exercé à tous les paliers de la vie, c'est la *pensée*. Elle est là dans chaque perception mais aussi dans chaque souffrance apparente. [...] À la longue elle tyrannise toutes les autres forces. Elle devient pour finir "la passion en soi". »

Comment l'homme peut-il être sauvé de ce qu'il y a de plus fort en l'homme ? – c'est ainsi que l'on pourrait formuler la question de Nietzsche. On peut la diviser elle-même en deux questions qui, toutes deux, s'accordent : Comment la culture peut-elle être maintenue malgré les progrès incessants de la science ? Comment le vivant, c'est-à-dire la diversité des vies en elles-mêmes, riches en tensions peut-il rester préservé de la décadence qui mène à la médiocrité et au déclin de la vitalité ? Les concepts de vie culturelle et de vie biologique chez Nietzsche sont étroitement liés, mais ne sont pas pour autant identiques. Selon l'accentuation donnée, la prépondérance va au positif ou au négatif dans le « contre-mouvement » dont Nietzsche fait un postulat de base. Visiblement Nietzsche croit qu'il est possible de mettre en place de nouvelles valeurs et d'éviter ainsi le danger de la perte de sens de toutes les choses : « Celui qui détermine les valeurs et qui dirige la volonté de millénaires entiers, par ce fait qu'il dirige les natures supérieures est lui – même l'homme supérieur. » Mais ce surhomme philosophique peut-il vraiment créer de nouvelles valeurs, un nouveau sens ? S'il essayait de faire reculer les grandes duperies déjà « incorporées » à la vie, il détruirait en même temps l'humanité. Et que signifie la volonté derrière la doctrine de l'éternel retour de trouver le sens justement dans ce qui n'a pas de sens, en vue d'une élévation de la vie ? L'un des grands mensonges s'appelle « l'égalité des hommes ». Doit-elle être annulée ? Ou bien doit-elle être préservée et être en tout cas transformée en une forme d'existence supérieure ? Nous avons déjà rencontré des propos de ce genre. Mais sont-ils toujours d'actualité si le philosophe et la science sont à nouveau caractérisés comme « une sorte de dégoût de la vie pour elle-même » ?

L'issue choisie le plus souvent est l'adhésion sans arrière-pensée « au devenir, au monde apparent » qui en tant « qu'unique », et libéré de la sentence de la morale doit être divinisé et approuvé, de telle sorte que c'est justement ce qu'il y a de plus court et de plus passager qui a la plus grande valeur « le scintillement doré et séducteur des écailles du ventre du serpent Vita ». C'est à cela que se rattache l'aphorisme que les éditeurs ont placé à la fin de *La Volonté de puissance* : « Et savez-vous ce que “le monde” est pour moi ? [...] Un monstre d'énergie sans début, sans fin [...] un jeu de forces et d'ondes de forces qui est à la fois un et multiple [...] une mer de forces qui sont une tempête et un déluge en elles-mêmes qui se transforment éternellement, qui reviennent éternellement. [...] Ce monde dionysiaque qui est le mien de l'éternelle création de soi, de l'éternelle destruction de soi, ce monde mystérieux des voluptés doubles [...] – voulez-vous un nom pour ce monde ?

Une solution pour tous ces mystères ? Ce monde est la volonté de puissance – et rien d'autre ! Et vous aussi vous êtes cette volonté de puissance – et rien d'autre ! »

C'est la formulation très impressionnante d'une théodicée panthéiste ; mais ce qu'il y a de particulier dans la pensée de Nietzsche n'apparaît pas ici : à savoir qu'il y a dans ce monde un être qui met en œuvre son propre déclin ; ce déclin ne provient pas du jeu des forces en tant que tel, mais d'une puissance qui ne devrait pas justement exister à l'intérieur de ce monde dionysiaque, la puissance de négation de la vie ; or Nietzsche la conçoit souvent comme la puissance de la pensée et de la connaissance ; et dans la Praxis aussi, il est enclin à mettre en évidence quelque chose de « contre nature », c'est-à-dire un monde de morale qui est un monde de valeurs antivitales, anti-dionysiaques et qui veut être le « royaume de Dieu ».

À cet « absolutisme » énigmatique dans un monde qui n'est « absolu » que pris dans son ensemble, Nietzsche n'oppose pas, aux endroits décisifs, le postulat de la modération et de la conservation, mais le principe tout aussi absolu de la contre-destruction ;

c'est là que réside la signification du concept de « parti de la vie », cette entreprise de guérison, pourrait-on dire, ce « parti de l'anti-abstraction » qui rend à nouveau possible sur terre ce trop-plein de vie grâce à la « destruction de millions de ratés » et qui trouve son incarnation supérieure dans la renaissance de la tragédie. La tragédie n'était pourtant pas pour le jeune Nietzsche un simple reflet du monde dionysiaque, mais une modération réciproque de principes opposés, par conséquent un anti-absolutisme ; si cette nouvelle vérité est le contraire exact de cette ancienne vérité platonicienne, chrétienne et absolue, à présent reconnue comme la force la plus perfide du mensonge, elle est alors elle aussi un simple retournement, un « absolutisme ». Pour cette raison, le concept de « parti de la vie » n'est qu'une tentative de sortir d'une situation que Nietzsche a essayé de formuler avec des concepts divers et que l'on peut caractériser par une notion qu'il n'emploie jamais : la transcendance comme être le plus intime de l'homme ; elle s'articule d'abord dans la pensée ; dans le présent elle atteint un tel degré d'abstraction pratique, c'est-à-dire de possibilité d'action des sciences naturelles et socio-techniques, qu'aussi bien la culture établie jusqu'alors que l'existence physique de l'homme sont mises en danger.

Toute la pensée moderne tourne autour de la recherche de possibilités de réactions, de moyens de salut. L'une des possibilités extrêmes de pensée est la possibilité naïve et optimiste qui croit pouvoir rendre à l'humanité entière cette existence apaisée et pacifique dont ses éléments jouissaient, ainsi qu'elle le croit, dans une existence préhistorique. La possibilité contraire est celle de Nietzsche qui a une compréhension bien plus profonde de la « vie » et de la « vérité », c'est-à-dire de la transcendance et qui est pourtant dans ces postulats pratiques tout aussi contrainte et démunie. Si maintenant et à l'avenir on doit penser quelque chose de nouveau, un chemin « médian » doit être trouvé qui n'est pas nécessairement « médiocre » et qui devrait avoir incorporé la pensée de Nietzsche comme celle de Marx. Nous voulons essayer de déterminer en dernière partie si les « nietzschéens » des décennies précédant la Première Guerre mondiale s'étaient déjà lancés sur ce chemin ou bien s'ils expliquaient d'une manière triviale ce qui dans la pensée de Nietzsche se côtoyait d'une façon contradictoire et profonde.

III

Le nietzschéisme jusqu'en 1914

1
Disciples et enthousiastes

Le « nietzschéisme » dans le sens le plus simple du mot, signifie enthousiasme actif pour Nietzsche, et dans un sens plus fort culte de Nietzsche. Le centre de l'enthousiasme actif pour Nietzsche fut, à partir de 1894, les « Archives Nietzsche » que sa sœur, Elisabeth Förster-Nietzsche, fonda après son retour du Paraguay ; elles furent d'abord dans la maison de leur mère à Naumburg, puis, à partir de 1897 à Weimar, dans la « Villa Silberblick », située dans la partie supérieure de la ville. Pendant six ans Nietzsche vécut, fou, dans la maison où était produite la « propagande » pour son œuvre. On peut en effet parler de « propagande » car c'est avec une énergie indomptable qu'Elisabeth Förster-Nietzsche y prépare, avec ses collaborateurs, la parution des œuvres de Nietzsche chez C. G. Naumann à Leipzig ; c'est là qu'elle écrivit les différentes parties de la biographie de son frère, et là encore qu'elle fournit contributions, et prises de position dans certains des périodiques les plus connus d'Allemagne, surtout dans la *Zukunft* de Maximilian Harden ; c'est de là que les écrits de ses collaborateurs partirent pour l'imprimerie. On comptait parmi ces collaborateurs les coéditeurs des œuvres, avant tout Fritz Kögel, Ernst et August Horneffer, Peter Gast, Arthur Seidl, Otto Weiss, Eduard von der Hellen. Il faut encore ajouter à cela une série d'homme et de femmes qui furent proches – sur la durée ou bien pour un moment déterminé – des « Archives Nietzsche », tels Rudolf Steiner, Meta von Salis, Marschlins, Max Zerbst et d'autres encore.

Il ne s'agissait absolument pas d'un cercle fermé, d'hommes et de femmes partageant le même avis. La fondation et l'existence des « Archives Nietzsche » furent bien plus caractérisées par une série de combats qui répondaient en partie à des motifs personnels, mais aussi objectifs et scientifiques. Elisabeth congédia le premier éditeur, Fritz Kögel avec force reproches sur ses capacités scientifiques ; Arthur Seidl attaqua vivement, dans la *Gesellschaft* de Michael Georg Conrad, Rudolf Steiner, et Rudolf Steiner attaqua de son côté Arthur Seidl ainsi qu'Elisabeth ; des discussions interminables eurent lieu entre les éditeurs et les Amis de Nietzsche sur la question de savoir quelle était la meilleure manière d'éditer les œuvres posthumes.

Et tous les amis de Nietzsche n'étaient pas rattachés aux « Archives », ni à sa sœur ; et même, un profond fossé se creusa dans le groupe de ces amis. Franz Overbeck surtout émit des protestations, lui à qui la manière dont Nietzsche encore vivant était transformé en objet de musée[1] déplaisait ; de son côté, il fut critiqué par Elisabeth d'une manière abrupte parce qu'il ne s'était prétendument pas montré assez soucieux des papiers que Nietzsche avait laissés à Turin. Elisabeth critiqua encore plus sévèrement Lou Andréas Salomé à qui elle reprocha d'avoir peint une fausse image de son frère décédé dans différentes publications sur lui, et particulièrement dans son livre *Friedrich Nietzsche dans ses œuvres* de 1894, mais aussi d'avoir inventé des phrases entières et des lettres. Mais, très tôt, Elisabeth dut essuyer de différents côtés des reproches similaires, qui ne furent donc pas du tout formulés seulement après 1945 (et furent ensuite cas partiellement avérés). Carl Albrecht Bernoulli[2], dont l'œuvre en deux volumes donnait une image de Nietzsche complètement différente de celle qu'Elisabeth avait forgée, prit le parti d'Overbeck. Elisabeth répliqua à toutes les critiques en peignant dans sa biographie Overbeck sous des couleurs plutôt sombres et Lou en la noircissant vraiment. Son livre de 1907, *Les Archives Nietzsche, ses amis et ses ennemis* donne de son point de vue une impression vivante, mais peu positive de tous ces échanges ; mais elle fournit des informations importantes comme celle-ci : les fonds des « Archives » comprenaient, précise-t-elle, « outre quelque 1 200 lettres autographes de mon frère, 17 manuscrits imprimés, quelques douzaines de dossiers remplis de feuillets détachés et 160 cahiers *in-octavo* et *in-quarto* ; parmi ces derniers il y avait 44 livres de notes et carnets, 51 cahiers d'études philosophiques et de cours et 65 cahiers reliés, composés de journaux et de projets au contenu philosophique général[3] ».

1. Richard Frank Krummel, *Nietzsche und der deutsche Geist*, Berlin-New York, 1974 et 1983, vol. II, p. 208.
2. Carl Albrecht Bernoulli, *Franz Overbeck und Friedrich Nietzsche. Eine Freundschaft*, 1907.
3. P. 15.

Il ne faudrait pas croire cependant que l'enthousiasme pour le philosophe a commencé avec l'institution par sa sœur des Archives Nietzsche. Au contraire, Nietzsche fit lui-même, déjà en 1877, l'expérience de l'existence d'un cercle d'admirateurs à Vienne : en faisait partie une série de personnalités qui furent ensuite de grands noms dans le monde intellectuel et politique, entre autres Victor Adler, Heinrich Braun et Engelbert Pernerstorfer. L'intermédiaire le plus important fut Siegfred Lipiner ; il y eut à une époque où Nietzsche faisait un cas extraordinaire de sa pièce *Prométhée*. Richard von Kralik, également, était proche de ce cercle et en a fait mention dans ses *Mémoires*. Au même moment il existait un cercle à Berlin autour de Berhard Förster ; celui qui devait devenir le beau-frère du philosophe était un wagnérien enthousiaste et un collaborateur des « Bayreuther Blätter ». À cette époque Nietzsche reçut même une lettre enthousiaste de Ludwig Schemann, appelé à devenir plus tard le propagateur principal des idées du comte Gobineau en Allemagne.

Un nouveau cercle se forma au milieu des années 1880 à Berlin autour de Paul Rée et de Lou Andréas Salomé ; il comprenait entre autres, Georg Brandes, Heinrich Romundt et Ferdinand Tönnies. Le fait que Nietzsche fit une profonde impression sur les poètes Michael Georg Conrad et Hermann Conradi est attesté de manières diverses. Et en même temps, il existe un grand nombre de propos critiques et défiants de Nietzsche, sur les nietzschéistes. On reviendra sur un certain nombre d'entre eux dans un autre contexte. Mais celui qui aime les détails et voudrait se familiariser avec les noms, trouvera un matériau presque inépuisable dans le travail de recherche gigantesque effectué par Richard Frank Krummel, dont l'ambition a été de recenser chaque livre en article écrit sur Nietzsche.

D'autre part, deux nietzschéens proches des « Archives Nietzsche », l'architecte Henry von de Velde et le diplomate, le comte Harry Kessler, conçurent, dès 1911, un projet fort intéressant, et cela, contre l'idée d'autres amis de Nietzsche. Il s'agissait de créer un lieu commémoratif qui serait formé en haut de Weimar d'un grand terrain avec des rues, un parc, un temple et un stade. Devant le temple, la figure d'un jeune homme, sculptée par Maillol, incarnerait le principe apollinien. À l'intérieur du temple, à l'emplacement de l'autel des églises chrétiennes, un grand Hermès-Nietzsche devait trouver sa place. Dans le stade auraient lieu annuellement des combats, luttes où « la beauté et la force du corps, que Nietzsche était le premier philosophe moderne à avoir à nouveau mis en liaison avec les plus hautes facultés de l'esprit, pourraient s'épanouir ». Ce terrain aurait en fait pu devenir le centre d'un mouvement nietzschéen, comme la maison du festival à Bayreuth était devenue le centre du wagnérisme. Des hommes aux noms illustres, entre autres Gabriele D'Annunzio, Maurice Barrès, Anatole France, André Gide, Gerhart Hauptmann, Hugo von Hofmannsthal, Gustav Mahler, Walther Rathenau, Richard Strauss, H. G. Wells faisaient partie du comité d'organisation. C'est seulement avec le début de la Première Guerre mondiale qu'il fut mis un terme à ces projets internationaux, « européens », philhelléniques et « néo-païens[4] ».

Une fois posé le cadre général, plutôt que de poursuivre les énumérations, peut-être vaut-il mieux envisager quelques exemples de prises de position particulières, à l'égard de Nietzsche.

Si quelqu'un peut avancer l'idée qu'il a été le plus précoce, le plus fiable et dans une période limitée, même l'unique « disciple de Nietzsche », c'est bien le musicien Heinrich Köselitz, originaire d'Annaberg im Erzegebirge, auquel Nietzsche donna le pseudonyme de « Peter Gast » et qu'il appelait « le nouveau Mozart ». À partir de l'été 1875, il fut l'auditeur de Nietzsche à Bâle et resta par la suite un adepte dévoué et un ami, bien qu'il menât – surtout à Venise – la vie pleine de contraintes d'un artiste indépendant qui avait peu de succès. Après la mort de Nietzsche, il travailla avec Elisabeth jusqu'à une première rupture, fut éditeur et commentateur de plusieurs œuvres ; et après 1900, il revint aux Archives, et se rangea du côté d'Elisabeth dans ses luttes contre Overbeck, sans avoir toujours bonne conscience. Ses lettres à Nietzsche sont le signe d'un enthousiasme véritable et permanent à son égard. Entre 1875 et 1889, il ne s'adresse jamais à Nietzsche autrement qu'en l'appelant « Verehrter Herr Professor[5] » et signe le plus souvent « Votre élève reconnaissant » ou une autre formule de ce genre. Déjà en 1878, il écrivit à Nietzsche que des textes tels que *« Le promeneur »* ou *« Entre amis »* n'avaient pas leurs pareilles dans la littérature ; personne n'avait encore atteint cette manière de concevoir et de ressentir – sauf peut-être Goethe, qui possédait beaucoup de cette « sagesse poétique » que Nietzsche condensait[6]. Dans une lettre de Peter Gast d'avril 1887, Nietzsche pouvait lire : « En exprimant ces choses d'une manière si frappante, après les avoir vues clairement pour la première fois, vous êtes proche de Napoléon.

4. Hubert Cancik, *Der Nietzsche-Kult in Weimar. Ein Beitrag zur Religionsgeschichte der wilhelminischen Ära, in* Nietzsche-Studien, vol. 16, 1987, p. 405-429.
5. Formule de déférence normale en Allemagne à l'égard des Professeurs.
6. *Briefe Peters Gast an Friedrich Nietzsche,* Munich, 1923-1924, vol. I, p. 55.

Je célèbre votre existence[7]. » Le 9 janvier 1889 il répond à l'un des « billets de la folie » de Nietzsche : « Et tout ce que vous avez fait ou qu'on devine que vous avez "avec un corps pur et une intelligence sacrée", tout cela secouerait même les gens les plus solides. [...] Vous êtes une santé contagieuse ; l'épidémie de santé qu'il vous est arrivé d'appeler de vos vœux, l'épidémie de votre santé est désormais inévitable. [...] Plein du bonheur et de la joie que m'inspirent vos triomphes, rempli d'admiration[8]. » Cela était donc justifié que Peter Gast lors de l'enterrement de Nietzsche le 28 août 1900 à Röckern prononçât l'oraison funèbre du philosophe. Je cite quelques phrases de ce discours : « De quelle manière pourrions nous être Tes[9] amis ? Uniquement dans la mesure où Tu nous surestimes ! Ce que Tu as été, un esprit ébranlant l'univers, nous l'avons sous les yeux ; et ce que Tu fus comme homme de cœur – chacune de Tes pensées le proclame. [...] Ce que Ton regard, Ta bouche aimante a dit – c'était plein de modération, le bien t'inspirait, cela respirait la majesté... Tu voulais nous épargner la honte, tu as été un des hommes les plus nobles et les plus honnêtes que la terre ait jamais compté. Paix à Tes cendres, que Ton nom soit saint pour toutes les races à venir[10]. »

La volonté de faire de Nietzsche un Christ saute aux yeux. Cette tendance se faisait déjà sentir dans le discours – sur lequel nous devons revenir dans un autre contexte, que Kurt Breysig avait tenu deux jours auparavant aux Archives, lors d'une réunion autour du mort. On y lit entre autres : « Voici un candidat pour la couronne de roi de l'humanité. Seuls les grands éducateurs de notre race, décrits par l'histoire de la religion – Bouddha, Zarathoustra et Jésus – ont prétendu autant. [...] Qui ose dire combien de temps durera ce feu que les mains de ce nouveau porteur de lumière alluma ? [...] Il est ainsi devenu un homme à l'action rayonnante, de la plus grande action, même s'il n'a jamais quitté sa retraite de penseur, sur les versants solitaires. [...] Notre fierté est de pouvoir rendre encore un hommage – peut-être le dernier – à lui, le grand homme[11]. » Ce discours n'est pas dépourvu de prise de distance et

7. *Ibid.*, vol. II, p. 87.

8. *Ibid.*, p. 179 sq.

9. N.d.T. : la majuscule Du (Tu) était normale en allemand jusqu'à la récente réforme de l'orthographe, et ne doit par conséquent normalement pas être conservée dans la traduction. Nous avons cependant choisi de la conserver ici, pour aller dans le sens de l'interprétation de Nolte : ce texte a des accents de divinisation du philosophe mort.

10. *Ewiges Gedächtnis*, édité par A. Schröder, Hambourg, 1939, p. 46-47.

11. Kurt Breysig, *Aus meinen Tagen und Träumen*, Berlin, 1962, p. 57-65.

même de critique, mais des phrases comme celles-là sont celles que l'on retient. Je veux encore citer, parmi les discours nécrologiques sur Nietzsche, celui d'un homme, qui en tant qu'éditeur d'un journal très favorable à Nietzsche, *Der Kunstwart*, peut être compté dans un sens plus large au nombre des enthousiastes nietzschéens, et dans le cercle gravitant autour des Archives Nietzsche : Ferdinand Avenarius. Lui aussi paraît d'abord employer le ton d'un hymne ou d'un culte : « Cela fait déjà plus d'une décennie que son esprit n'est plus parmi nous. Son corps se reposait, abattu, son âme était quelque part dans le lointain. C'est seulement alors que l'on commença à venir voir en pèlerinage, comme au temple d'un dieu, mais celui qui avait prononcé les paroles qui attiraient, était désormais inaccessible, séparé de tous par une barrière sacrée, et quand il apparaissait malgré tout, c'était une bouleversante image muette qui se montrait. »

Mais ensuite, Avenarius limita l'importance de Nietzsche à celle d'un artiste, d'un poète et d'un « être noble », et à la fin il remarqua, en se moquant légèrement, ce paradoxe : « Même derrière celui qui haïssait, comme personne avant lui tout ce qui s'apparentait au troupeau, court un troupeau de complaisants, parmi lesquels chacun se voit comme un petit surhomme[12]. »

On ne trouve en revanche aucune sorte de distanciation, ou bien même de critique, dans les biographies d'Elisabeth Förster-Nietzsche, celle en trois tomes de 1895 et de 1904 ainsi que les versions remaniées et populaires, *Le Jeune Nietzsche*[13] et *Nietzsche le solitaire*[14]. Il est toujours seulement question de « mon frère », et ce frère est « le génie le plus noble », le « héros » « le plus solitaire des solitaires » qu'une race naine et sournoise qui déteste toute grandeur et tout caractère « surhumain », a conduit à une chute beaucoup trop précoce et imméritée ; en tout premier lieu, « cette fille étrangère et taillée pour le mal, à savoir Lou Andréas Salomé[15] ». En même temps, la grande biographie fut précieuse pour les contemporains, car un grand nombre de citations et fragments non publiés, en particulier de *Ecce homo* y étaient inclus ; ces livres ne sont aujourd'hui que des « sources », à utiliser avec précaution.

12. *In Der Kunstwart*, 13ᵉ année, 1900, p. 429 *sq.*
13. 1912.
14. 1914.
15. Elisabeth Förster-Nietzsche, *Das Leben Friedrich Nietzsches*, Leipzig, 1904, vol. II, 2, p. 407.

Une source qui, d'une manière bien sûr très limitée, donne plus d'information et plus sûre, dès lors qu'elle restitue des conversations, entre Nietzsche et son auteur, c'est le livre de Meta von Salis *Philosoph und Edelmensch. Ein Beitrag zu Charakteristik Friedrich Nietzsches* (Philosophe et empreint de noblesse : étude sur le caractère de Friedrich Nietzsche[16]). Cette jeune aristocrate du canton des Grisons voit Nietzsche avant tout comme un « aristocrate » lui-même, qui s'oppose à « la grande vague de boue de la démocratisation initiée au début de notre siècle et qui, à l'heure qu'il est, a presque submergé l'Europe[17] ». Nietzsche lancerait le mouvement opposé, celui d'une ré-aristocratisation. Et c'est pourquoi, elle polémique contre ces « adeptes et disciples qui rendent compte grossièrement de ses pensées et confondent sentiment authentiquement aristocratique et morale des seigneurs ».

Dix ans plus tard, le livre de l'un des éditeurs aux Archives Nietzsche n'était pas très éloigné de cette manière de voir ; il se disputa d'ailleurs justement à ce sujet, avec Elisabeth : il s'agit des « Conférences sur Nietzsche » de Ernst Horneffer de 1906[18]. D'après Horneffer, Nietzsche, « le philosophe et le prophète » voulait une « humanité complètement nouvelle[19] ». Il n'était pas un fondateur de religion, mais la philosophie n'était pas, pour lui, pour autant, seulement de la science, ni un enseignement prodigué aux hommes. « Mais elle est aussi un guide pour les hommes, une ligne de conduite, une proposition, une culture, une création[20]. » Pour cette raison, Nietzsche est « un puissant destructeur » mais « aussi un édificateur, un créateur, un aimant ». L'enseignement de la Volonté de puissance sert cette élévation de la vie, mais la vie ne peut s'élever, ne peut grandir que par « la croissance de l'homme individuel » et c'est pour cette raison que rien n'est aussi néfaste que « l'épouvantable doctrine de l'égalité de tous les hommes, de tous leurs travaux[21] ». Ainsi Nietzsche offre, à la place de la « couronne d'épines » qui pendait jusqu'alors au-dessus de l'humanité, une « couronne de roses » comme « signe véritable du bonheur et de la joie ». C'est donc le défenseur du progrès vers l'individualisme et vers « une humanité supérieure » qui pour Ernst Horneffer est le vrai Nietzsche.

16. Publié à Leipzig, en 1897.
17. *Ibid.*, p. 1.
18. Publié à Berlin en 1906.
19. *Ibid.*, p. 30.
20. *Ibid.*, p. 23.
21. *Ibid.*, p. 106-107.

J'évoquerai pour finir encore trois personnalités qui jouèrent un rôle important, mais qui peuvent malgré tout être comptés dans le cercle des Archives.

Julius Langbehn se fit fort vers 1890 de guérir Nietzsche et il eut pendant quelque temps la confiance de Franziska Nietzsche. À cette époque il était déjà l'auteur du livre qui devait le rendre célèbre, lorsqu'il parut après sa mort en 1907, sous son nom et non plus anonymement : *Rembrandt éducateur. D'un Allemand.* Le « disciple allemand de Rembrandt » exerça une influence qu'il est difficile de concevoir aujourd'hui ; mais l'époque aspirait visiblement à des interprétations et Langbehn entreprit d'interpréter le présent et le passé à partir de l'esprit du « bas-allemand » dont il étendait la sphère d'influence si loin que même Rembrandt et Shakespeare en faisaient partie. Langbehn critique vivement la tendance à la spécialisation de son époque, ainsi que de l'esprit démocratique du siècle, niveleur et atomisant[22]. Le mot magique et positif est celui d'individualisme, que Langbehn relie à la terre et la sensualité innocente ainsi qu'à l'exigence d'un dépassement de la social-démocratie par une « social-aristocratie. » La critique de la « grossière culture de l'argent » nord-américaine et « juive » s'accompagne d'une volonté de « refaire un peuple de la plèbe qui ne possède rien et qui s'agite[23] ». Les influences proprement nietzschéennes sont dans cette mesure à peine reconnaissables ; on peut plutôt parler d'une évidente ressemblance, dans le cadre d'un élan général de critique de la culture.

La signification propre du rôle de Lou Andréas Salomé est déjà incluse dans le fait que non seulement elle eut beaucoup d'importance pour Nietzsche, à une époque, mais plus encore plus tard, et d'une façon plus intense pour Rainer Maria Rilke, et pour finir pour Freud. Son livre *Friedrich Nietzsche dans ses œuvres*, publié en 1894, a été réédité après la Seconde Guerre mondiale, sans doute parce que Lou fut la première à voir en Nietzsche avant tout, l'homme religieux, le chercheur de Dieu, qui aurait trouvé sa fin dans l'autodéification.

Rudolf Steiner enfin, Autrichien et d'abord coéditeur des écrits de science naturelles de Goethe dans l'édition de Weimar « Sophien » fut un temps un ami proche de Fritz Kögel et donna des cours particuliers à Elisabeth Förster-Nietzsche sur la philosophie de son frère. Plus tard il se disputa avec les deux et devint célèbre comme fon-

22. Julius Langbehn, *Rembrandtdeutsche*, édition de 1922, p. 45.
23. *Ibid.*, p. 345 et 223.

dateur de l'anthroposophie, des « Waldorfschulen », de l'« Eurythimie » et du « Goetheanum » à Dornach. Dans les années 1890, il publia en tant que rédacteur du *Magazin für Literatur*, plusieurs articles sur Nietzsche ; mais c'est son livre *Friedrich Nietzsche, un homme en lutte contre son époque* qui fut remarqué. Il affirme qu'il n'est pas du tout un nietzschéen, mais qu'il est arrivé par lui-même dès 1886, dans son livre *Erkenntnistheorie der Goethaner Weltanshauung* (Théorie de la connaissance dans la vision du monde de Goethe) à des conceptions semblables à celles de Nietzsche. Pour lui, Nietzsche n'est *pas* un messie ni un fondateur de religion. Lou Andréas Salomé a eu le tort de faire du surhomme un « monstre mystique ». Le surhomme est d'après la conception de Steiner bien plus « l'individu apte à ne dépendre que de lui-même, à créer par lui-même[24] ». On dirait du Max Steiner, l'auteur de *Der einzige und sein Eigentum* (L'individu et ses capacités). Dans cette mesure, Steiner assure le lien avec un groupe qui fut toujours combattu par Nietzsche avec une force particulière, et parmi lesquels se trouvaient pourtant quelques nietzschéens convaincus : les anarchistes et les socialistes.

24. Rudolf Steiner, *Friedrich Nietzsche. Ein Kämpfer gegen seine Zeit*, Weimar, 1895, p. 4, 35, 100.

2
Socialistes, anarchistes, féministes

Si l'on se rappelle quels propos acerbes Nietzsche a tenus sur le socialisme, il n'est pas étonnant que les porte-parole du parti social-démocrate aient montré une grande hostilité envers le philosophe. Le principal organe intellectuel du parti était la *Neue Zeit* ; et aucun des collaborateurs de la revue rédigée par Karl Kautsky ne prit aussi souvent la parole que Franz Mehring, autrefois « bourgeois » et « libéral », devenu, par haine du système prusso-allemand, défenseur du prolétariat et socialiste. Avec sa plume acérée il entra souvent dans la discussion sur Nietzsche. Mais, de façon intéressante, débattre sur Nietzsche signifiait aussi débattre sur des tendances qui cherchaient à s'exprimer au sein du parti social-démocrate allemand.

En 1891, il formulait, dans son livre *Kapital und Presse* (Capital et Presse), l'interprétation, qui devait rester prépondérante dans son parti, et qui n'a pas disparu, selon laquelle Nietzsche ne serait pas, comme l'a affirmé Georg Adler, « le philosophe de l'aristocratie », mais « le philosophe du capitalisme[1] ». Nietzsche serait resté un fidèle élève de Schopenhauer tant qu'il s'agissait de pester contre Hegel et la conscience de classe bourgeoise, mais il serait allé au-delà des intentions de son maître « en cessant de prôner la rente petite-bourgeoise, pour couronner de lauriers le grand capital exploitant ». Ce qu'il y a de nouveau chez Nietzsche, à savoir la volonté de dépasser la morale, avait été formulée par Marx et Engels, qui ont avant lui montré que nos concepts ne sont que les images des choses réelles, et que les hommes doivent manger, boire et se loger avant de pouvoir penser et faire des vers. Dans chaque situation, ce sont les « circonstances matérielles » qui domi-

1. Franz Mehring, *Kapital und Presse*, Berlin, 1891, p. 119.

nent et il n'existe pas de « théorie morale valable absolument ». La conception historique de Nietzsche ne serait rien d'autre qu'une « grossièreté brutale et dépourvue d'esprit ». Elle démontrerait négativement la supériorité incontestable de la conception historique matérialiste qui est celle de Marx et Engels : en méprisant les conditions de la vie réelle, la philosophie de Nietzsche retomberait lourdement dans la matière, où elle se vautrerait de façon particulièrement repoussante. La philosophie morale de Nietzsche aurait pour résultat ultime de faire sauter toutes les contraintes de la morale de classe du capitalisme. Jusqu'alors, le capitalisme avait été maintenu, dans certaines limites mais, grâce à Nietzsche, sa morale de classe révélerait à présent toute son inhumanité, toute son horreur. Mehring doit bien sûr constater par exemple, que quelques personnes qui se disent « vrais socialistes » raffolent de Nietzsche ; Brahms et sa *Freie Bühne*.

Lorsque Mehring, trois ans plus tard, prend à nouveau position au sujet de Nietzsche, il s'en prend beaucoup plus explicitement à des individus qualifiés « d'anarchistes bourgeois ». Mehring attaque des gens qui, d'après lui, sont « des malades d'esprit et des gens aux instincts pervers, ainsi qu'une société qui tourne mal en fournit par centaines » : « Les étudiants et les hommes de lettres infectés par Nietzsche, qui cultivent la propagande anarchiste en parole et par écrit[2]. » L'anarchiste qui avait été le point de départ de l'analyse de Mehring, pour une peine de prison dont il avait écopé, Mehring aimerait le voir dans un asile plutôt qu'en prison. En effet, il avait publié peu auparavant dans le journal *Freie Bühne* un « article écumant de rage contre le parti des ouvriers ayant une conscience de classe ». Ce journal est pour Mehring tout particulièrement une pierre d'achoppement et il en dénonce la « charlatanerie anarcho-bourgeoise », contaminée par le nietzschéisme. La *Freie Bühne*, explique-t-il, flatte tous les instincts corrompus du bourgeois, et cherche à égratigner le prolétariat et sa conscience de classe.

C'est aussi le nietzschéisme qui caractérise l'homme de lettres Bruno Wille, qui, pour Mehring, tue le socialisme par sa « philosophie du moyen pur ». Pour Mehring, la *Freie Bühne* n'est pas seulement pour les esprit malades et les gens aux instincts pervers, « mais qu'elle est écrite et publiée dans un but tout autre ».

Nous reviendrons plus tard brièvement sur la *Freie Bühne* et le cercle de poètes de Friedrichshagen autour de Bruno Wille et des frères Hart ; il suffit pour l'instant de dire que l'article de Mehring

2. *In Neue Zeit*, XII, 1, p. 673-677.

est une réponse tardive d'un « ancien » aux « jeunes » du parti social-démocrate, suivant un conflit des années 1890 et sur lequel Friedrich Engels avait aussi pris position, pour critiquer ce qu'il appelait une « révolte d'hommes de lettres et d'étudiants ». Pourtant, l'un des principaux défenseurs « jeunes », Paul Ernst, avait critiqué Nietzsche très rudement et d'une manière très orthodoxe dans la *Freie Bühne*, en 1890, en tant que membre de la « classe des bourgeois *décadents*[3] ». L'année suivante, il est vrai, lorsque Julius Hart repousse une « attaque sociale-démocrate contre la « jeune Allemagne » dans la revue, il n'argumente pas philosophiquement ou politiquement, mais purement esthétiquement : tous ces socialistes, avec Liebknecht à leur tête, sont peut-être révolutionnaires dans le domaine esthétique, mais sont très proches des conservateurs bourgeois par leur manque de compréhension de l'art avant-gardiste. Quant à la « philosophie du moyen pur » de Bruno Wille, ce n'était rien d'autre qu'une des nombreuses formulations nouvelles, sur la base de la tendance rousseauiste et anarchiste des « Lumières » qui oppose la morale et l'État à la raison. Il décrit aussi « l'instinct grégaire » comme ennemi de la raison et s'exprime encore contre « l'enthousiasme pour les révolutions dans les relations extérieures ». C'était déjà une raison suffisante pour provoquer la colère de Mehring. Mais le pire restait à venir : un article de Franz Servaes toujours dans la *Freie Bühne*, en 1892 arrivait à la conclusion que Nietzsche avait beaucoup de disciples chez les jeunes sociaux-démocrates, même si la plupart étaient en pleine confusion et avaient rapproché Nietzsche et le socialisme, comme deux révélations pleines d'avenir.

Et c'est là que se situe en fait la question véritable : comment le prétendu philosophe du capitalisme pourrait-il être efficace en s'appuyant aussi sur les socialistes ? L'une des réponses possibles nous est donnée par Kurt Eisner qui publia, en 1891, dans la revue *Gesellschaft* (Société), puis en livre, un traité qui avait pour titre : *Psychopathia spiritualis. Friedrich Nietzsche et les apôtres de l'avenir*. J'en citerai quelques phrases : « Il [Nietzsche] est un corrupteur, parce qu'il est un "génie". Quand on rentre à la maison l'esprit rendu ivre par cet homme, qui semble être le seul en Allemagne à être assez fort pour déborder les frontières géographiques et temporelles. [...] *Zarathoustra* est l'égal de l'œuvre majeure de Goethe. [...] *Zarathoustra* signifie pour notre littérature et la littérature universelle, un sommet unique dominant le lyrisme de la pensée. [...]

3. En français dans le texte.

Nietzsche, le penseur, proclame – et c'est un moment de l'éducation du peuple – sans se cacher ses convictions. Il a le courage et l'étoffe de tout exprimer sans considération pour les coutumes, l'usage, l'opinion commune, la police, le Code pénal, la justice, les preuves et la vraisemblance. [...] Nietzsche est un pillard de l'esprit qui nous enlève, à nous autres pauvres petits épiciers de la pensée, notre dernier petit trésor de confiance, de foi, de tranquillité et de suffisance[4]. » Un peu plus loin, il est vrai, Eisner critique Nietzsche pour le moins durement et il le fait dériver du romantisme compris comme le contraire du rationalisme et du socialisme. L'attaque vise principalement les « nietzschéens » et d'une façon étonnante, Eisner jette dans le même sac l'antisémitisme de Stöcker et de Dühring. Mehring pourtant ne s'en tire pas mieux que Nietzsche, et Eisner écrit à son propos qu'il fait comme « s'il voulait remporter le titre de champion des lanceurs d'insulte du Nord de l'Allemagne[5] ».

La social-démocratie des années 90 ne devait pas seulement combattre les anarchistes – pour partie issus de ses propres rangs, mais elle était aussi divisée en son sein. Dès avant le célèbre livre d'Eduard Bernstein de 1899, il y avait des « révisionnistes » ; ces révisionnistes avaient leur propre organe : les *Sozialistische Monatshefte* (Cahiers mensuels du socialisme), sous la direction de Josef Bloch, où s'exprimaient des opinions impossibles à confondre avec le « marxisme révolutionnaire » de Mehring, sans pour autant que leurs auteurs quittent le parti. Parmi ces révisionnistes précoces, on peut citer entre autres Heinrich Braun, proche de ce cercle viennois qui osa plus tard parler du « régime terroriste » que Mehring imposa au parti[6]. Dans les *Sozialistische Monatshefte* parut en 1900 un article sous le pseudonyme « Ernst Gystrow » (en réalité Willy Hellpach), « Quelque chose au sujet de Nietzsche et de nous, les socialistes ». Il ne critique pas Braun avec moins d'âpreté que Mehring : « Un veau d'or comme pierre tombale pour Nietzsche, c'est le rêve des rares personnes que Hermann Bahr appela autrefois les marxistes » ; ce programme de sagesse pseudomarxiste se serait épuisé dans « Philosophes du capitalisme ». Mais il argumente aussi contre Eisner, car il pense que Nietzsche n'a jamais été romantique que superficiellement. De plus il n'aurait rien compris au capitalisme ; par conséquent il ne saurait, en rien,

4. Kurt Eisner, *Psychopathia spiritualis, Friedrich Nietzsche und die Apostel der Zukunft*, Leipzig, 1892, p. 6 *sq*.
5. *Ibid.* p. 89.
6. R. Hilton Thomas, *Nietzsche in German politics and society*, p. 32.

en être le philosophe. Mais, dans la question sociale, Nietzsche aurait soulevé la question aristocratique, déjà tranchée à priori pour les socialistes par le fait que Lassalle fût le génie du pouvoir *par excellence*, et qu'un sentiment de dictateur très puissant habita Marx : le socialisme pouvait-il croître seulement dans les processus de démocratisation ? La démocratisation économique bien comprise ne serait rien d'autre qu'une aristocratisation spirituelle de la masse ; un jour, le mot « salarié » serait aussi riche de sens que le mot « bourgeois » à l'époque où écrivait l'auteur. Un socialisme qui se serait libéré des anciens dogmes telle la triste doctrine de l'effondrement ou l'utopie du « but final », devrait dire à propos de Nietzsche : « Il était des nôtres [...] il a prédit ce que nous devons obtenir par notre travail : que la valeur de l'humanité réside en l'homme et que chaque amélioration a un sens aristocratique. Cette idée est éternelle, elle est une puissance qui ne mourra jamais, ni ne perdra de son sens[7]. »

Ce qui aurait dû inquiéter encore plus Mehring, c'est le fait que parut en 1914 un livre contenant les résultats d'une enquête sur ce que des ouvriers pensaient au sujet de Nietzsche ; le livre apprenait ou confirmait que les ouvriers empruntaient les livres de Nietzsche dans les principales bibliothèques publiques, beaucoup plus que ceux de Marx[8]. Je citerai ici trois phrases de différents ouvriers : (un serrurier) : « Nietzsche est un géant solitaire. [...] Nietzsche porte si bien le sceau fier de la compréhension de l'éternité sur son front. » (un teinturier) : « J'ai lu beaucoup de livres parmi lesquels des œuvres d'auteurs renommés ; aucun pourtant jusqu'alors ne m'a autant saisi que l'œuvre principale de Nietzsche : *Ainsi parlait Zarathoustra*, et autant poussé à la réflexion. » (un tisserand) : « Marx ne montre pas seulement l'instabilité des philosophies morales mais aussi leurs origines économiques. En revanche il ne s'interrogeait pas sur l'homme ; ils n'étaient pour lui que des chiffres[9]. »

On ne peut discerner clairement lequel de ces ouvriers se serait décrit lui-même comme social-démocrate, lequel comme anarchiste. La raison pour laquelle Nietzsche peut trouver une approbation chez les anarchistes saute aux yeux : il suffit pour cela de souligner sa réaction contre l'État, qu'il définit comme « le plus froid des monstres froids », son individualisme et son combat contre l'unifor-

7. *Sozialistische Monatshefte*, 1900, p. 630-640.
8. Behler, *in* « Nietzsche-Studien », vol. 13, p. 521.
9. *In* Adolf Levenstein, Leipzig, 1914, p. 46, 50, 35.

misation contemporaine. En son cœur, l'anarchisme n'est rien d'autre que le socialisme originel, non encore imprégné d'économie nationale, ni de philosophie de l'histoire : suppression de toute inégalité institutionnalisée, mise sur le côté de tous les appareils impersonnels, rétablissement d'une vie simple et « humaine » ; ce sont des postulats principaux, et ils sont vraisemblablement « éternels » dans une mesure bien plus grande que la doctrine spécifique du marxisme. Je choisirai comme exemple Gustav Landauer, qui s'était exprimé en 1899 dans la *Neue Zeit* d'une manière encore relativement orthodoxe en évoquant Nietzsche, mais qui tomba ensuite dans le cercle des « adeptes » et fut pour finir proche du « mouvement de réforme de la vie », tout en restant toujours un « socialiste prémarxiste » ou un socialiste anarchiste. Cela ne l'empêche pas, avant de connaître une mort violente, de s'ouvrir partiellement à des pensées sionistes, après avoir établi un rapport étroit entre judaïsme et idée de l'humanité, car la perspective messianique qui avait déterminé tous les mouvements égalitaires jusqu'à une période très récente était une héritière de l'Ancien Testament. Son but ultime demeure de ramener le « monde autosuggéré et abstrait » de la modernité au cœur de l'humain ; l'opposition – qui va de pair – à la raison instrumentale, lui donne plus d'une occasion de se réclamer de Nietzsche ou bien encore de s'exprimer en des termes nietzschéens comme par exemple dans sa dépréciation de la conscience par rapport au sentiment, et dans le grand cas fait de la force créatrice des mythes pour l'homme.

De là aussi sa ligne très brutale contre le marxisme, qui fait de l'abstraction moderne une condition préalable au socialisme, au lieu de s'orienter selon les formes de vies réussies du Moyen Âge. Il oppose donc plus que personne le marxisme au socialisme, et dit de lui « qu'il est la peste de notre époque et la malédiction du mouvement socialiste », parce qu'il est ami des masses, des étendues, du centralisme, de l'abstraction ; surtout le marxisme croit pouvoir rire des « villes républiques » du Moyen Âge, ou bien d'une monnaie villageoise et il dénigre le « plus grand de tous les socialistes, Proudhon ». Et en effet, malgré la référence à Nietzsche, ils sont très proudhoniens ; ces propos de Landauer : « Nous sommes des mendiants, des sots, des fous car l'argent est devenu Dieu et mangeur d'hommes[10]. »

Les marxistes révolutionnaires, les révisionnistes et les anarchistes se considéraient tous comme des « opprimés », plus précisément

10. Gustav Landauer, *Aufruf zum Sozialismus*, Frankfurt-Wien, 1967, p. 93 et 178.

des porte-parole des « opprimés » ; tous attaquaient la « bourgeoisie », « l'État » et les « puissants ». Et pourtant, il n'y eut pas un grand mouvement, une « majorité énorme », issue de la classe des prolétaires, mais des partis ou des tendances avec des orateurs et organisateurs qui s'imposaient en général hostiles les uns aux autres, et se jugeaient mutuellement comme des oppresseurs – potentiellement – pires que leurs adversaires à tous. (De la même manière, la « bourgeoisie » n'a jamais été une force unifiée.)

Un autre mouvement fut à même de diviser « l'armée des exploités et des opprimés » : le « mouvement des femmes ». Il est évident que le groupe sociologique homogène appelé « les femmes » n'existe pas ; les femmes partagent et représentent toutes les classes et les « inégalités » dans la société : de la reine, régnant effectivement, jusqu'à la veuve blanchisseuse, il y avait une grande distance et il existait de nombreux stades intermédiaires. Il n'était pas vrai non plus que « les femmes » aient été « sans pouvoir » à toutes les époques ; jusqu'à aujourd'hui les femmes n'ont vraisemblablement jamais exercé un pouvoir si important que sous l'Ancien Régime français. Rien ne serait plus absurde que d'affirmer que les femmes n'ont jamais eu de droits politiques ; la reine Victoria avait des droits politiques considérables. Mais les femmes n'eurent, il est vrai, jusqu'au XXe siècle, pas le droit de vote (comme, pendant longtemps d'ailleurs, la majorité des individus) ; si l'on identifiait le concept de « droit politique » avec celui du droit de vote, on pourrait parler des femmes comme d'un groupe dépourvu de droits et « sous-privilégié ». Combattre pour l'égalité des droits – pris dans ce sens – ainsi que pour un accès égal aux biens culturels, c'était le but de celles qui combattaient, qui luttaient au sein du « mouvement des femmes » et que l'on appela plus tard en Angleterre les suffragettes. Elles purent d'ailleurs se réjouir d'avoir le patronage d'un homme aussi important que John Stuart Mill.

Nietzsche au contraire avait pris parti avec des mots très durs, contre « l'émancipation de la femme ». Dans la partie prolétaire du mouvement des femmes, très étroitement relié au SPD, Nietzsche ne fut pas jugé autrement que dans le reste du parti, et je ne crois pas que quelque membre du parti se soit élevé, en se réclamant de Nietzsche, contre l'« esprit patrimonial » dont les chefs de parti de sexe masculin – malgré tout leur assentiment verbal à l'émancipation des femmes – n'étaient pas exempts. La partie « bourgeoise » du mouvement féministe s'était regroupée sous le nom « Association générale des femmes allemandes » à la tête de laquelle se trouvait Helene Lange. Dans cette association, on attribuait à Nietzsche le fait qu'un autre groupe, orienté bien plus à gauche – la « Fédération de protection de la mère » – les frontières d'un développement élaboré de l'individualité féminine, et de la formation esthétique des jeunes femmes eût dépassé les bornes, souvent au profit de revendications aussi problématiques que la reconnaissance de relations hors du mariage, l'égalité des enfants nés hors mariage et la légalisation de l'avortement. En fait le « philosophe du capitalisme » rencontrait à gauche aussi une grand approbation, et Helene Stöcker, qui dirigeait la confédération, partageait son enthousiasme pour Nietzsche avec son ami le social-darwiniste Alexandre Tille, sur lequel nous reviendrons plus tard. Pour Helene Stöcker comme pour Tille, aussi un nouvel ordre social et sexuel devait être le prélude à un développement supérieur de l'humanité. Sans Nietzsche – c'est ainsi qu'elle voyait les choses – personne ne pourrait réussir à comprendre son époque spirituellement : « cela reviendrait au même que de vouloir comprendre les Grecs sans Platon [11] ».

La jeunesse elle aussi peut s'estimer opprimée : mais au fond il en va comme pour les femmes. Un prince peut se sentir tout autant entravé par son père dans le développement de ses capacités qu'un apprenti par son maître ou qu'un jeune ouvrier par le « patron de son syndicat ». L'oppression dont chaque membre d'un « parti de la jeunesse » voulait avant tout secouer le joug, était celle qu'entraîne l'artifice et le non-naturel ; il cherchait par conséquent à s'en libérer en supprimant les « conventions bourgeoises » au moyen d'un habit particulier : « les frusques » ; il s'appliquait à éviter la mauvaise santé des villes en se promenant dans la campagne. Pour le membre de ce parti de la jeunesse, Nietzsche ne signifiait pas grand-chose. Mais il en alla tout autrement avec la « Freideutsche Jugend » fondée juste avant 1914 ; là, le réformateur de l'école Gustav Wynekan mais aussi l'éditeur Eugen Diederich étaient très marqués par Nietzsche. Dans les deux cas, Nietzsche était avant tout comme un libérateur : il délivrait de la pression de la conformité, de la contrainte à toute soumission, et de la victoire de la « morale ». Malgré toutes leurs divergences sur les points essentiels, « les opprimés » s'accordaient – à l'exception des marxistes révolutionnaires – sur celui-ci : ils interprétaient Nietzsche comme une force « révolutionnaire », et de gauche. Il est étonnant de voir qu'il en allait de même parmi les philosophes et les spécialistes de sciences humaines, qui ne se comptaient pourtant presque jamais au nombre des « opprimés ».

11. R. F. Krummel, *op. cit.*, vol. 1, p. 216.

3
Nietzsche dans la philosophie et les sciences humaines

Les années 70 et 80 du XIXe siècle ne furent pas une grande époque pour la philosophie allemande. L'hégélianisme de droite comme de gauche s'étaient épuisés ; Hermann Lotze mourut en 1881, Wilhelm Wundt et d'autres penseurs semblaient se rapprocher de plus en plus d'une psychologie comprise du point de vue des sciences naturelles ; le néokantisme en était encore au début de son développement et se présentait encore seulement comme une théorie scientifique. Une impulsion pour les sciences de l'esprit vint surtout de Wilhelm Dilthey ; à la frange de la philosophie académique il y avait Edward von Hartmann et Eugen Dühring.

Nietzsche n'avait pris connaissance des philosophes contemporains que d'une manière très sélective. Il s'appuya très souvent sur Hartmann et Dühring et leur doit certainement plus que ses propos presque toujours polémiques, ne le laissent entendre. Pour ce qui est des autres philosophes, nous retrouvons Friedrich Albert Longe, dont l'*Histoire du Matérialisme* fut étudiée assez tôt par Nietzsche ; Gustav Teichmüller, un court moment collègue de Nietzsche à Bâle, dont le livre *Le Monde réel et le monde apparent* influença le « perspectivisme de Nietzsche : African Spir qui allait dans le même sens avec l'accent, agressif, « à la Parménide », mis sur l'absolu accessible à la seule pensée, insaisissable dans le monde perceptible.

De son côté, Nietzsche ne fut, tout au long de sa vie, que très peu pris en compte par le philosophie académique – et même seulement une fois que son aliénation l'avait déjà gagné. J'introduirai maintenant les exemple de trois philosophes véritables – c'est-à-dire rendus significatifs par des résultats qui leur sont propres – qui percèrent dans le dernière décennie du siècle, ou dans les années qui suivirent la mort de Nietzsche.

En 1896, Georg Simmel publia dans la *Zeitschrift für Philosophie und Philosophische Kritik* un article sur Nietzsche, qui avait pour titre « Eine moralphilosophische Silhouette ». Ce n'était pas complètement un hasard si le marginal fut découvert si tôt par un autre « marginal » ; Simmel était en effet déjà *Privat-dozent* de philosophie à Berlin, mais il était pourtant en marge du corps professoral, non seulement comme Juif, mais aussi parce que c'était un homme à la richesse d'esprit inhabituelle et qui se consacrait à des thèmes inhabituels. Cet article commence avec l'idée que « le sérieux de Nietzsche est trop enrobé dans le charme d'une expression joyeuse, étincelante et charmant les sens pour arriver à l'oreille des philosophes allemands » : il n'a pas été pris au sérieux par les penseurs de métier, « parce qu'il pouvait être autre chose[1] ». Mais ses disciples eux-mêmes lui ont donné à tort une place en dehors de la philosophie, en faisant de sa pensée une phénomène autonome. La pensée fondamentale de Nietzsche serait, d'après Simmel, qu'au cours de l'histoire, la majorité des faibles et des insignifiants ont obtenu la domination sur la minorité des gens forts, des gens distingués et des êtres singuliers, il en résulte nécessairement pour lui la médiocrisation du type humain commun. La doctrine de Nietzsche est donc une théorie des valeurs et son noyau est la conviction de la distance naturelle entre les hommes. Sans un ordre hiérarchique des individus d'après leurs valeurs, le progrès de l'homme vers l'idéal est irréalisable. Cela ne dépend pas, d'après Nietzsche, de la question de savoir si une valeur donnée peut se réaliser souvent, mais seulement de ce qu'elle atteigne un degré, ne serait-ce que dans un seul individu. Mais « les plus belles fleurs de la réalisation idéale » peuvent seulement éclore d'une culture et d'une sélection plus strictes. Il y a ici une analogie claire avec Platon. Il s'agit donc d'un individualisme d'ordre éthique qui est opposé au simple égoïsme ou eudémonisme. Il n'y est plus question d'épicurisme ou de cynisme. Nietzsche a réellement plus accompli un fait copernicien pour la première fois dans l'éthique moderne, l'augmentation de la force, de la beauté et de la distanciation entre les hommes est un but en soi. L'échelle est changée : à la différence de presque toute l'éthique traditionnelle, ce n'est pas la majorité ou la totalité, mais les plus petits qui forment le but définitif et le sens de la vie surtout. En tant que dernier principe, cette maxime ne peut pas être ni prouvée ni réfutée ; elle contraint à un rejet ou bien à une adhésion. Le fait que Nietzsche se soit décrit lui-même comme décadent est

1. R. F. Krummel, *op. cit.*, p. 202 *sq.*

en tout cas le signe d'une rupture intérieure et même d'une déchirure qui autorise peut-être le propos selon lequel son corps a péri sous la violence de sa pensée[2].

Un an plus tard, en 1897, Aloïs Riehl, professeur à Freiburg et néokantien, fit paraître un livre ayant pour titre *Friedrich Nietzsche. Der Künstler und der Denker.* (Friedrich Nietzsche, l'artiste et le penseur). Le cœur de la thèse de Riehl est le suivant : « Nietzsche est le philosophe de la Culture. » Mais la culture n'a pas seulement pour but l'élévation de l'homme ; elle est avant tout art, unité du style artistique dans toutes les expressions de vie d'un peuple, et elle est aussi connaissance. La spécificité du philosophe est de former de la culture. Nietzsche s'en est toujours tenu à cette particularité pratique de la philosophie mais dans la seconde période il donne l'idée d'une auto-rédemption par l'art et il s'en tient au seul être donné, que le métaphysicien nomme la « représentation » et qui est un monde de l'erreur. Mais Nietzsche veut justement dissoudre dans le mouvement et l'activité le monde de la représentation de choses si chères y compris la matière[3]. C'est aussi parce qu'il est un « esprit libre » que Nietzsche ne devient pas positiviste, mais qu'il reste artiste. En tant qu'artiste et que philhellène il voit dans la haine, l'envie et la recherche de domination des émotions conditionnant la vie ; à la place du « retour à la nature » de Rousseau, il propose une « ascension vers la nature ». Mais la culture moderne ne correspond justement pas à cette revendication qui rend l'homme toujours plus petit et abandonne le chemin prétracé par la nature au développement de la parole. Nietzsche n'est donc pas du tout un sceptique de la morale et celui qui rapproche Nietzsche de Stirner « le parodiste involontaire de Fichte » trahit un manque de capacité à différencier. Riehl ne veut visiblement pas apparaître comme « nietzschéen », et c'est une critique de sa part quand il dit que Nietzsche est le penseur le plus radical et en même temps le plus réactionnaire. L'accent que Nietzsche met sur les instincts de vie agressifs et qui divisent, au détriment des instincts de sympathie et unificateurs est orienté ; la morale des seigneurs repose sur une exaltation de la différence de rang entre les hommes. La volonté de puissance n'est pas non plus un principe de morale créateur, car elle est aveugle et sans unité essentielle. Nietzsche passe donc à côté du concept kantien de la volonté prenant appui sur la raison et s'éloigne ainsi de la

2. *Ibid.*, p. 215.

3. Aloïs Riehl, Friedrich Nietzsche. *Der Künstler und der Denker*, Stuttgart, 1897, p. 61.

tendance la plus positive de la philosophie qui, pour Riehl comme pour tous les néo-kantiens est un « retour à Kant ».

Hans Vaihinger voulait aussi revenir à Kant, lui qui fonda plus tard, comme professeur à Halle les « études kantiennes ». Il développe une « philosophie du comme si », qui dans son insistance sur l'importance des « fictions », de la poésie et du faux dans le processus de la connaissance a l'air tout à fait nietzschéenne ; elle fut pourtant conçue indépendamment de Nietzsche. Dans l'opuscule paru en 1902 *Nietzsche philosophe*, le parallélisme entre sa vie de la connaissance et celle de Nietzsche n'est pas encore particulièrement souligné (ce sera seulement en annexe à la troisième édition de 1904), mais Vaihinger veut tracer une image d'ensemble. Après avoir récusé quelques objections que Nietzsche serait un « philosophe à la mode » ou bien « un esprit systématique » ou bien encore un « malade de l'esprit », et fait quelques remarques sur le style de Nietzsche, Vaihinger différencie sept tendances principales chez Nietzsche : l'antimoraliste, l'antisocialiste, l'antidémocrate, l'antiféministe, l'anti-intecllectuel, l'antipessimiste et l'antichrétien. Les premières phrases sont bien caractéristiques de la conception d'ensemble de Vaihinger : « Friedrich Nietzsche est aujourd'hui un souverain littéraire sur le devant de la scène. Ses œuvres sont lues avec curiosité aussi bien à l'étranger qu'en Allemagne. [...] Il me suffit de citer Gerhart Hautpmann, Sudermann et Halbe parmi les écrivains allemands, Klinger parmi les artistes, pour ne rien dire d'écrivains étrangers comme Maeterlinck et Gabriele D'Annunzio, Strindberg et Brandes. » Vaihinger croit pourtant pouvoir ramener les sept tendances susnommées à un unique principe fondateur : « La doctrine de Nietzsche est celle de Schopenhauer tournée positivement, et ce retournement (ou bien si l'on veut cette « transvaluation ») de Schopenhauer se produisit sous l'influence du darwinisme[4] ! »

Le renversement de la doctrine de Schopenhauer réussit parce que dans le combat entre les différents centres de volonté, Nietzsche ne voit plus dans le monde le mal dont on cherche à se libérer dans l'art et dans l'ascèse, mais bien « principe du développement de toute culture[5] ». Mais le chemin vers la culture supérieure conduit pour Nietzsche, d'après l'exemple du darwinisme, obligatoirement à l'élimination de tous les faibles. « Mort aux faibles » serait le mot d'ordre de Nietzsche[6].

4. Hans Vaihinger, *Nietzsche als Philosoph*, Berlin, 1902, p. 43.
5. *Ibid.*, p. 53.
6. *Ibid.*, p. 90.

Vaihinger s'approche du concept du « parti de la vie » mais il en est naturellement trop éloigné pour souscrire simplement au darwinisme. C'est en tout cas dans un sens très limité que l'on peut parler, avant 1914, de philosophes « nietzschéens » ; l'expérience de la guerre mondiale fut nécessaire, pour qu'avec des penseurs comme Ludwig Klages et Alfred Baeumler, viennent au premier plan des hommes ayant une relation existentielle à Nietzsche ; et il fallut attendre l'après 1933 pour que de grands philosophes proposent de son œuvre, une interprétation d'ensemble philosophique, au sens strict du terme, comme ce fut le cas avec Karl Jaspers et Martin Heidegger.

S'il faut de la prudence en ce qui concerne les philosophes, il en va de même pour les spécialistes de sciences humaines. Il faudrait vraisemblablement un livre entier pour déceler les influences de Nietzsche auprès des différents spécialistes ; pourtant par définition, aucun ne devrait pouvoir être nietzschéen, en tant que spécialiste. Je choisis comme exemple trois cas significatifs de scientifiques qui essayèrent de fonder des spécialités avec plus ou moins de succès, et peuvent par conséquent être placés dans la proximité des philosophes. Ferdinand Tönnies, que l'on peut appeler le père de la sociologie allemande, était dans sa jeunesse une sorte de « nietzschéen » authentique. Dans ses *Mémoires* écrits en 1923, il raconte : « De mon premier semestre, j'aimerais encore évoquer le jour où je vis dans la vitrine de Doebereinerschen un livre dont le titre me frappa fortement : *La Naissance de la tragédie enfantée par l'esprit de la musique*, de Friedrich Nietzsche [...] je [...] le lus avec un plaisir, énorme et presque avec le sentiment d'une révélation. » Un peu plus tard il tomba sur les deux premières *Considérations inactuelles* ; il fut « profondément bouleversé », en particulier par la seconde. Mais, en 1897, il publia un livre sur le culte de Nietzsche qui critique durement, d'un point de vue influencé par Marx, non seulement les célébrants mais aussi l'initiateur : « Le système n'est qu'un sabbat de pensées, d'exemples et de déclarations, d'accès de fureur et d'affirmations non contradictoires ; tout cela entrecoupé de nombreux éclairs de génie éclatants et aveuglants[7] ». Cependant encore en 1900, il adressa, après la mort de Nietzsche, une lettre à Elisabeth Förster-Nietzsche dans laquelle on trouve cette phrase : « Je l'ai aimé depuis les premiers jours. » La question décisive est celle de savoir si dans l'œuvre principale de Tönnies de 1887 *Gemeinschaft und Gesellschaft*.

7. Ferdinand Tönnies, *Nietzsche-Kult*, Leipzig, 1897, p. 111.

Grundbegriffe der reinen Soziologie (Communauté et société. Concepts fondamentaux de la sociologie pure), des influences nietzschéennes sont décelables et importantes. Tönnies différencie deux types humains idéaux de « vivre ensemble » (comme on pourrait le dire selon les termes de Max Weber), qui sont en même temps pour lui des réalités et des phrases historiques : la communauté, caractérisée par la « volonté d'exister », « l'affirmation de soi », « la propriété », « la terre et le sol », « le droit de la famille », et la société, caractérisée quant à elle par « l'arbitraire », « l'individu », « la fortune », « l'argent » et « le droit des obligations ». La communauté est le contraire de la société, car c'est une sorte de vie ensemble, dans laquelle règne l'esprit communautaire, qui est interprété par chaque individu dans ses activités : la vie de famille, la vie dans un village, dans une petite ville, l'entente, les coutumes, l'Église. Dans la société, l'individu autant qu'il s'émancipe est déterminant ; convention, contrat, échange, concurrence correspondent à la vie de la grande ville et de l'État, c'est-à-dire finalement une vie cosmopolite. La société est donc, du point de vue de la communauté, dissolution et décomposition ; elle représente cependant, d'après Tönnies, un état de transition vers le socialisme étatique et international, qui est une forme supérieure de communauté. Ces types idéaux et l'image de ce mouvement historique, dérivaient manifestement des œuvres de Marx qui, volontairement, n'avait donné aucune description systématique ; mais ils avaient aussi un modèle dans la construction nietzschéenne opposant la communauté dionysiaque ou plus précisément dionyso-apollinienne qui se présente comme unité de culte et de religion, et à la culture tardive et délétère de l'alexandrinisme rationnel, fondé par Socrate et Euripide. Mais, l'opposition entre les sociétés « organiques » et « mécaniques » se trouve bien sûr déjà – avant Marx – chez Adam Müller et Saint-Simon ; ce sont les propos déjà cités de Tönnies qui fondent l'idée que l'influence de Nietzsche fut essentielle.

Max Weber, un peu plus jeune que Tönnies, n'a cité Nietzsche que rarement. Et pourtant son cours d'intronisation à Fribourg, en 1895, sur « l'État national et politique économique » fut accueilli par ses auditeurs avec une réaction de méfiance provenant sans doute du sentiment d'avoir été confrontés à un nietzschéisme du « devenez durs ». Au premier coup d'œil, le discours est malthusien, étatique et même « raciste » : il veut montrer les raisons pour lesquelles à l'est de l'Allemagne, l'implantation des Polonais progresse, et pourquoi les ouvriers journaliers allemands quittent les grands domaines et s'en vont en Allemagne de l'Ouest. La raison n'en est pas la plus grande habileté des Polonais dans le combat pour la vie, mais l'état inférieur de leur culture, leur absence d'exigence et leur rapide accroissement démographique. Les ouvriers journaliers allemands au contraire entendent l'appel de la liberté et voient que rester là où ils sont nés ne leur garantit aucune *perspective* à eux ni à leurs enfants. La sélection dans le libre jeu des forces ne tourne pas ici, comme le pensent les optimistes, à l'avantage de la nationalité plus développée ou mieux douée. « Le petit paysan polonais gagne du terrain car il broute en quelques sorte l'herbe de ce terrain, non pas *en dépit*, mais *à cause* de ses habitudes de vie profondément ancrées, tant physiques que morales[8]. » La conclusion qu'en retire Max Weber est la suivante : « Ce n'est pas la paix et le bonheur de l'homme que nous devons transmettre à nos descendants mais le *combat éternel* pour la conservation et l'amélioration de notre espèce nationale[9]. » Cela sonne très darwinien ; mais la question est de savoir si Weber aurait choisi une telle formulation sans connaître Nietzsche. Et quand dans la suite, il s'exprime concrètement sur la guerre civile, les Junker, Bismarck, l'aristocratie ouvrière, ce que Nietzsche n'a jamais fait, ce dernier n'est jamais complètement absent, en particulier quand Weber fait appel pour finir à la jeunesse et se plaît à évoquer de « grandes passions » et de « grands instincts ». Dans l'ensemble gigantesque de l'œuvre de Weber, Nietzsche est souvent présent – même s'il ne le nomme pas – et presque aussi présent que Marx. Cela ressemble plutôt à Nietzsche qu'à Marx quand Weber écrit, pendant la Première Guerre mondiale, que les générations à venir *nous* rendront responsables : « Si nous laissions les règlements des employés russes et les conventions de la "society" anglo-saxonne, enrobés éventuellement de raison latine[10], disposer de la domination mondiale – c'est-à-dire de la culture de l'avenir. » C'est Nietzsche que l'on croit entendre quand Weber parle de la nécessité de donner aux « hommes sains et forts » la place qui revient à la défense légitime de leur intérêts[11]. La signification que Weber donne aux constellations humaines (opposés à l'abstraction des relations économiques), ainsi que la caractérisation du présent comme étranger à Dieu et sans prophètes ; la valeur attribuée au « combat » comme essence de la vie, l'importance des concepts « d'ascèse » et de ressen-

8. Max Weber, *Gesammelte politische Schriften*, p. 8.
9. *Ibid.*, p. 14.
10. *Ibid.*, p. 140.
11. *Ibid.*, p. 306.

timent, comme fondement, du « désenchantement du monde » chrétien, et surtout la conception d'un rationalisme occidental qui enferme pour finir les hommes dans la loi d'airain des dépendances. Pour Weber, le monde et l'histoire sont « tragiques » comme pour Nietzsche. Il existe cependant de grandes différences entre les deux : Weber reste très éloigné de prêcher la destruction du monde en vue de régénération ; et dans *Économie et Société* il parle du culte dionysiaque, de la « danse rituelle, l'extase dionysiaque » et du style de vie éminent de la noblesse avec un certain mépris[12]. Max Weber non plus n'était pas un nietzschéen. Mais sans Nietzsche, il ne serait peut-être pas devenu un penseur indépendant et important.

Citons encore, Kurt Breysig, peut-être le plus nietzschéen des trois chercheurs, dont nous dressons un portrait rapide. On a déjà évoqué son discours enthousiaste aux *Archives Nietzsche*. Lui, comme Simmel, était une sorte de marginal parmi les « assistants » de l'université de Berlin. Bien qu'élève de Gustav Schmoller et spécialiste reconnu de l'histoire des « états » en Prusse orientale et de l'administration financière du Brandebourg, il fut écarté parce qu'il se consacra très tôt à des questions générales d'histoire sociale et d'histoire universelle ; entre autres à travers des recherches comparatives sur les « doctrines du salut » et des œuvres ambitieuses en vue de l'élaboration progressive d'une histoire universelle. C. H Becker finit par le faire nommer professeur, et, après 1945 son œuvre resta dans l'ombre parce que, – bien que marié avec une Juive, il avait montré dans les dernières années de sa vie de la sympathie pour le nazisme. Mais cette sympathie perçait déjà dans son rejet de la pensée égalitaire, de la démocratie du suffrage universel ainsi que dans son concept de la « noblesse des producteurs », ou encore dans la proposition que l'Allemagne dirige la politique mondiale. Son concept de « vie » comme la base créatrice de tout devenir, était d'une manière évidente déterminée par Nietzsche. Quand il disait vouloir donner une « écriture philosophique de l'histoire[13] », il allait bien au-delà de Nietzsche, mais restait dans les voies déjà tracées par le philosophe. Et plus intéressante que sa longue amitié avec Elisabeth Förster-Nietzsche ou sa relation temporairement très proche avec *Die Zukunft* de Maximilian Harden, devait se révéler sa connaissance personnelle de Stefen George et son admiration pour le poète. Cela sonne

12. *Ibid.*, p. 822.

13. Bernhard vom Brocke, Kurt Breysig, *Geschichtswissenschaft zwischen Historismus und Soziologen*, Lubeck et Hambourg, 1971, p. 101.

en effet plus « géorgien » que « nietzschéen » quand Breysig note pour lui-même : « L'art est le jeu des filles et des garçons un peu légèrement vêtus ; la recherche supérieure est la danse armée des hommes qui ne craignent pas la pointe et le tranchant de l'acier nu[14]. » Breysig est une transition idéale vers l'influence de « Nietzsche sur la littérature ».

14. Kurt Breysig et Stefan George, *Gespräche, Dokumente*, Olten, 1974, p. 105.

4
Influences de Nietzsche dans la littérature

Cette question se heurte à des difficultés considérables. Où doit-on placer la limite entre littérature proprement dite et essais – auxquels il faudra d'ailleurs consacrer un cours à part. Un homme comme Michael Georg Conrad, fondateur et rédacteur de la revue *Gesellschaft* était-il d'abord un poète, un écrivain, ou bien un journaliste ? Y a-t-il entre ces domaines des frontières fixes ? Suffit-il de rassembler toutes les mentions faites de Nietzsche et d'en conclure à son influence ? La *Freie Bühne*, elle-même un des principaux organes de l'influence nietzschéenne, parle plus souvent de Tolstoï que de Nietzsche. Peut-on accepter des caractérisations rétrospectives ? Max Halbe qui remporta en 1893 un grand succès avec son drame naturaliste *Jugend* écrivit plus tard dans son autobiographie *Scholle und Schicksal* (Terre et Destin) : « Le grand événement séculier de cette époque fut Nietzsche. [...] Je pense surtout ici à *Zarathoustra* dont j'ai ressenti l'effet prodigieux pendant quelque temps[1]. »

Le vieux Gottfried Benn dit rétrospectivement que Nietzsche avait été pour sa génération « le tremblement de terre de son époque et le plus grand génie de la langue depuis Luther[2] ». Kurt Hiller alla jusqu'à qualifier Nietzsche, dans son autobiographie, de « plus grand homme des deux derniers millénaires[3] ». Peut-on sans chercher plus, parler d'influence de Nietzsche, là où certains écrivains proposent l'idéal de la Renaissance d'une vie remplie de beauté et d'ivresse, comme par exemple Heinrich Mann dans sa trilogie *Les Déesses*. Ce n'est pourtant pas Nietzsche, nous nous en souvenons, qui a pris

1. Max Halbe, *Scholle und Schicksal*, Salzbourg, 1940, p. 369.
2. Bruno Hillebrand, *Nietzsche und die Literatur*, I, Texte zur Nietzsche-Rezeption, 1873-1963, II; Forschungsergebnisse, Tübingen, 1978, vol. I, p. 37.
3. *Ibid.*, p. 42.

le premier ouvertement la Renaissance comme thème ; en effet Burckhardt, Gobineau et d'autres le précédèrent. L'utilisation de termes comme « dionysiaque », « Zarathoustra », « surhomme », « Evoe » est certainement un indicateur plus sûr de l'influence nietzschéenne, mais il pourrait bien s'agir là d'influences très superficielles.

Nous nous en tiendrons aux critères fixés par les auteurs eux-mêmes : M. G. Conrad voulait être à la fois un écrivain et un poète ; Maximilian Harden ou Ludwig Klages n'ont jamais manifesté une telle ambition (ou du moins pas sérieusement).

Plus importants pour nous que des observations rétrospectives sont des propos des contemporains de Nietzsche ; on ne peut dire de poètes animés d'une joie de vivre païenne ou d'un sombre pessimisme culturel, qu'ils ont été influencés par Nietzsche que dans la mesure où ils se sont appuyés sur lui, au moins dans leurs journaux, ou encore directement. Il en va de même pour les citations de Nietzsche. Quelques-uns de ses contemporains avaient tracé assez tôt un tableau très noir des influences de Nietzsche sur la littérature et l'intelligentsia littéraire. On lit ainsi dans le petit livre de Leo Berg (1897) – *Der Übermensch in der Literatur* – ce qui suit : « Lorsque Nietzsche eut prononcé son mot magique, tout devint subitement "surhomme" en Allemagne, et l'on voulut l'exploiter littérairement et humainement ; et vaniteuse et mesquine comme est notre engeance, à nous les poètes, le surhomme nous l'avons toujours rapporté à nous-mêmes. On s'est targué de ses privilèges, l'un comme artiste – mot mystérieux qui signifie pour beaucoup "surhomme" – l'autre comme écrivain érotique. On commit des fautes, séduisit des filles, et l'on se saoula, tout cela à la gloire de Zarathoustra[4]. »

En fait, beaucoup des influences de Nietzsche sur la littérature apparaissent bizarres au lecteur d'aujourd'hui. Le poète – mort jeune – Hermann Conradi, s'était, dès 1886 adressé lui-même à Nietzsche, provoquant l'ire du philosophe ; en 1887, il publia dans les *Liedern eines Sünders* un poème ayant pour titre « Triumph des Übermenschen » :

> « Regarde les étoiles, oublie les êtres
> qui fourmillent, innombrables, à tes pieds :
> Sous les cieux éternels d'airain
> Tu jouiras de la richesse des ombres !
> Toi qui es déterminé par la poussière !
> [...]

4. Leo Berg, *Der Übermensch in der Literatur*, Munich, 1897, p. 216.

Ô mortel ! Converse avec l'éternité !
Les étoiles t'accompagnent –
Elles brûlent au-dessus de toi
Répandant des flots de bénédiction :
La joie de vivre soulève les paupières –
Elle entasse des pierres pour une *nouvelle* bâtisse[5].

En 1899, on lit dans le poème de Michael Georg Conrad intitulé « Zarathoustra » ce qui suit :

« [...] Et comme saignant entre les serres de l'aigle,
brisé pourtant, plein d'une surhumaine beauté
et de la gloire du messie
ton corps de héros prométhéen flotte,
majestueux
en rondes étoilées
au sein de la nuit bleue.

Bien loin en dessous de toi, ton Golgotha –
Gronde au son des harmonies des sphères,
Mugit à celui des hymnes olympiens du rêve
Souffle celui des Dithyrambes.
Ô Dionysos – Evoe

En haut, en haut[6] ! »

Parmi les premiers périodiques littéraires, la *Freie Bühne* était l'un des lieux d'action majeur de l'influence nietzschéenne ; l'un de ses principaux auteurs, Julius Hart, avait écrit dans son livre *Der neue Gott* de véritables hymnes en prose célébrant le nouveau monde dionysiaque, le sentiment d'unité de l'homme avec le monde ; il critiquait cependant le poète et le penseur Nietzsche en termes sévères.

Un autre nietzschéen a parlé de l'aspiration à la proximité avec la nature de cette Allemagne « jeune », « très jeune » ou « verte », autour de Bruno Wille, les frères Hart et Wilhelm Bölsche ; il s'agit du polonais Stanislaw Przybyszewski, dans ses *Erinnerungen an das literarische Berlin* (Souvenirs du Berlin littéraire) ; il le fait d'ailleurs d'une manière aussi plaisante que chauvine. Ces « Stürmer

5. *In* Bruno Hillebrand, *op. cit.*, p. 61.
6. *Ibid.*, p. 118.

und Dränger[7] » qui s'étaient pour la plupart installés à Friedrichshagen près de Müggelsee, exprimèrent tout leur contentement d'eux-mêmes, au début de la cinquième année de parution de leur revue, en écrivant : « Au moment où le combat pour le nouvel art s'embrasa et où la querelle entre "vieux" et "jeunes" était à son paroxysme, fut fondée la *Freie Bühne* et ce périodique devint la bannière des "jeunes", dans ce combat. » Autour de lui se rassemblèrent les meilleurs et les plus sérieux de ceux qui croyaient à l'émergence d'un art jeune, accordé à l'époque sous le signe de la vérité ; « cet art était plus accordé à nos sens, plus proche de nos cœurs, plus apparenté à nos idéaux que celui des épigones qui revendiquaient sur l'héritage ». Puis ils proclamèrent la « victoire » et « la conviction à la fois grande, salvatrice et productrice, du droit fondamental et unique de l'artiste à un libre développement de la personnalité », de même qu'ils accentuèrent le rapport interne entre art et vie. Le nom de Nietzsche n'est pas cité, mais le texte se finit par l'appel suivant : « Les esprits sont réveillés, c'est une envie de vivre[8]. »

La revue *Pan* était un bon spécimen d'art littéraire nietzschéen, mais elle était également tournée vers les autres arts. Fondée par O. E. Hartleben, elle commença sa parution avec des extraits d'œuvres de Nietzsche et donnait encore, dans sa dernière année, la parole à Elisabeth Förster-Nietzsche, pour parler « un peu de nos ancêtres ». Grâce à ses auteurs – outre Hartleben, il y avait O. J. Bierbaum, Richard Dehmel, Johannes Schlaf, le comte Harry Kessler et bien d'autres – ce fut presque une histoire de la littérature au tournant du siècle qui fut écrite ; on peut évoquer ici le « Nachruf an Nietzsche » (Évocation de Nietzsche) de Richard Dehmel ou encore l'article synthétique de Schlof : « Der Fall Nietzsche. Eine Uberwindung. » (Le cas Nietzsche. Un dépassement.)

Je me limiterai à l'évocation un peu plus précise de trois écrivains : Georg Heym, Stefan George et Thomas Mann. Georg Heym, – mort noyé à 25 ans en faisant du patin à glace sur le Wannsee, en 1912 – l'un des fondateurs de l'expressionnisme littéraire, ne paraît au premier abord incarner que cette sombre forme « d'esprit du temps », commune à Nietzsche et à cet auteur beaucoup plus jeune. Son poème « Der Krieg » est généralement interprété comme pressentiment très impressionnant de l'horreur de la guerre mon-

7. N.d.T. : Nom d'un courant littéraire de la fin du XVIIIe siècle. « Sturm und Drang » signifie littéralement « tempête et désir ».

8. *In* « Neue Deutsche Rundschau » *(Freie Bühne)*, 1894, vol. 1, p. 1 *sq.*

diale. Mais, on ne sait si Heym ne décrit que ce qui va venir ou bien s'il l'anticipe en lui donnant son approbation, et cela à cause d'un profond refus de la trivialité d'une paix qui ne laisse aucune place à la grandeur humaine. Le signe le plus remarquable de cette atmosphère est le poème, dont la deuxième version a pour titre « Gebet » :

« Éole, toi qui es assis sur les grands boyaux de la guerre,
Toi qui as les joues gonflées du souffle de la peste que tu remâches
Laisse sortir la mort, comme la tempête vers le matin.
Donne-nous de la pluie, Seigneur, de froids hivers et de la famine
Nous étouffons, Seigneur, car nous sommes gras et malades
Notre sang coule de cire, ses gouttes sont pales.
[...]
Montre-nous les morts sur les barricades
Qui ont galvaudé leur vie pour un empire de pensée,
Afin que nous honorions à nouveau la mort et que nous la craignions,
Regardons-la bondir sur les corps, pale,
Montre-nous le feu des guerres et les pays qui brûlent
Afin qu'une fois encore notre cœur vibre comme la corde d'un arc
Quand le tonnerre de la bataille gronde au-dessus d'un vaste champ
Et que les rires caverneux des canons résonnent
Afin que les forêts brûlent, pour toi, les unes après les autres
Et quand tu marches, tel un géant surplombant le déclin
De jours rouge sang, retentissent, très ardents,
La clameur et le chant de louange de milliers de mourants[9]. »

La Première Guerre mondiale ne tomba pas du ciel, pas plus que les révolutions qui suivirent ; elle avait été préparée dans les pensées (et l'on pourrait aussi citer Rilke, qui écrivit en 1914 : « Je ne suis plus maudit, il m'est donné de voir des gens enthousiastes »). Et le regard nostalgique que porte Heym sur ceux « qui donnèrent leur vie pour un royaume de la pensée », rappelle directement le postulat de Nietzsche : « aider les idées supérieures à parvenir à la victoire ». Mais selon toute vraisemblance, il ne s'agit pas d'un simple parallèle ; il ressort en effet d'une manière irréfutable

9. Georg Heym, *Dichtungen und Schriften*, Hambourg-Munich, 1964, vol. 1, p. 354 *sq*.

du journal de Heym que la lecture de Nietzsche lui a fait grande impression, et qu'il souhaitait « transfigurer maintenant [m]a vie pour devenir un pilier du "surhomme" [10] ».

Un semblable rejet profond de la médiocrité, de la déchéance, de l'ennui, de la routine du présent fut aussi pour Stefan George une inspiration déterminante, mais il réussit ce que jamais Nietzsche n'avait réussi : l'élaboration d'un « couvent universel », c'est-à-dire d'une communauté d'esprits dont le point de rencontre était « Die Blätter für die Kunst » (Les feuilles artistiques). Au début de la cinquième série des « Blätter » (1900-1901), on trouvait un programme. L'importance du « sentiment vital et original » de petits cercles unis par les convictions est soulignée ; essentiels sont l'aspiration à la « pureté de la forme » et le refus de la prussianité comme système ennemi de l'art et de la culture. La bourgeoisie est critiquée pour la corruption et la perversité de son goût ; on invoque la figure du poète, que l'époque a remplacée par ces « bourgeois fonctionnaires érudits » qui font des poèmes. La jeunesse permettrait la croyance « en un avenir proche avec une conception plus haute de la vie et un besoin de beauté plus profond ». Le premier poème nietzschéen de George vient immédiatement après ; il fut repris dans le *Siebente Ring*. Il part d'un souvenir d'une visite à Weimar et attribue en même temps à la gloire de Nietzsche simplement un rôle avant-coureur :

> « Toi, le sauveur ! toi-même, le plus infortuné –
> Chargé du poids de quelles destinées
> N'as-tu jamais vu rire le pays de la nostalgie ?
> [...] elle aurait dû chanter
> Ces nouvelles âmes ne doivent pas parler. »

Juste après vient un poème de K. W. (Karl Wolfskehl ?) ayant pour titre « Zarathoustra ». Quelques années plus tard, paraissaient les *Proklamationen* de Ludwig Derleth, le disciple nietzschéen de George, pieux catholique qui avait pourtant des visions ensanglantées : « À tous les régiments, dépôts et ateliers du monde. Nous décimons [11]. [...] L'élévation de digues bizarres contre la folie de la raison n'est pas une œuvre de fonctionnement logique. Je ramène avec vous dans un corps raidi le mouvement salvateur rouge sang de la sainte tactique, dans le combat de l'individu contre l'ennemi

10. *In* Hillebrand, *op. cit.*, note 2, p. 147.
11. Ludwig Derleth, *Das Werk*, vol. 1, p. 45.

qu'est la masse, et je restaure la communauté chrétienne par la guerre sainte[12]. [...] Mais nous amenons au vivant la vie ; en son nom, l'ordonnateur peut rayer une peuple entier de l'histoire, jusqu'au dernier homme[13]. [...] Bientôt vous fêterez les grandes Dinonysies. La guerre, c'est le pressoir[14]. [...] Soldats, je vous donne le monde à piller[15]. »

Mais les phrases les plus émouvantes de la critique du présent et de ce qui concerne Nietzsche proviennent de George lui-même et se trouvent dans le « Stern des Bundes » (1914)

« Vous bâtissez criminels, aux limites de la Meuse et tout contre la frontière :
Ce qui est haut peut l'être plus encore ! Pourtant inventions,
Étais et rapiécages ne servent plus de rien [...] la maison est ébranlée
[...]
Le [ciel] rit : trop tard pour l'arrêt et le remède.
La sainte folie doit en frapper dix mille
La sainte épidémie doit en emporter dix mille
Dix mille encore la guerre sainte[16]. »

Ce n'est en fait qu'une autre version de cette attitude justicière (qui n'était pas étrangère à Nietzsche, « ce justicier de l'être »), quand le philosophe plus loin devient même le thème du poème :

« Un homme se leva qui tranchant comme l'éclair et l'acier
Élargit les failles et divisa les camps
A créé un au-delà en mettant sur la tête un ici-bas
[...]
Il a crié tellement longtemps en vous votre folie
Et tellement fort qu'il en a perdu la voix
[...]
Le guetteur s'en est allé [...]
Vers la roue qui roule
Vers le vide et dont aucun bras ne peut saisir les rayons. »

12. *Ibid.*, p. 47.
13. *Ibid.*, p. 55.
14. *Ibid.*, p. 71.
15. *Ibid.*, p. 89.
16. Stefan George, *Stern des Bundes*, 1914, p. 34.

Thomas Mann parle de Nietzsche dès 1918 dans ses *Betrachtungen eines Unpolitischen* et, par la suite, il en parle très souvent ; il l'érige en maître aux côtés de Wagner et Schopenhauer et finalement fait de Nietzsche, dans *Dr Faustus* le symbole du destin des Allemands du XXe siècle,sous la figure d'Adrian Leverkühn », cet individu qui donne le ton en Allemagne, et qui a signé un pacte avec le diable. Avant 1914, l'influence de Nietzsche sur Thomas Mann est moins clairement visible, mais on ne peut la discerner malgré tout. Dans ses premières nouvelles, *Der Wille zum Glück* (La Volonté de bonheur) (1896), le personnage principal est un écrivain, Paolo Hoffmann, fils d'un Allemand et d'une Sud-Américaine ; l'attitude de ce dernier par rapport à ses camarades est caractérisée dès la première page par le concept de « pathos de la distance » ; il est malade dès le début ; il deviendra ensuite écrivain à Munich. Il y tombe amoureux d'une fille ravissante, ayant pour parents un banquier allemand et une « laide petite juive » ; repoussé par le père, Hoffmann part sans donner d'adresse, pour plusieurs années en Italie, où le narrateur le rencontre finalement à nouveau. Comme sa bien-aimée tient à lui d'une manière inconditionnelle, le père abandonne et le mariage a lieu. Mais seule la volonté de bonheur avait maintenu ce malade si longtemps en vie ; lorsque le bonheur arrive, il meurt « le matin suivant le mariage ». On reconnaît ici un des thèmes favoris de Thomas Mann : le lien entre la vie et l'art d'une part, et l'appartenance de la vie à la santé et de l'art à la maladie et à l'échec d'autre part.

Le thème est abordé d'une manière classique et bien plus soutenue dans *Tonio Kröger* (1903), le fils artiste, d'un père hanséatique et d'une mère frivole du Sud. Tonio aime les bien-portants, les « blonds aux yeux bleus » : Hans Hansen et Inge Holm qui lui restent à tout jamais étrangers, car il n'est pas, tout éloigné de la vie, rang et grandeur. Tonio n'est pas « un tsigane dans une voiture verte », mais un « bourgeois égaré », ce qui le distingue de la masse des simples hommes de lettres. On trouve facilement, dans *Tonio Kröger*, des propos ouvertement nietzschéens :

« Mais plus sa santé se détériorait, plus sa veine artistique s'affirmait, devenait sélective, élitiste, précieuse, raffinée, intolérante à l'égard du banal, exigeante en matière de finesse et de bon goût[17]. » « Le sentiment, le sentiment tout chaud, qui vient du cœur, est toujours banal et inutilisable et seules relèvent de l'art les irritations et froides extases de notre système nerveux dépravé, notre système

17. Thomas Mann, *Tonio Kröger,* Folio Bilingue, 1993, p. 62.

nerveux d'artiste[18]. » « Car enfin, l'artiste est-il un homme ? Il faut poser la question à la femme[19] ! »

On peut en tout cas reconnaître une certaine prise de distance quand Tonio dit à son amie Lisaweta : « Ne croyez-vous pas qu'il s'agisse là de César Borgia ou de ces folles philosophies, qui le portent aux nues[20] ? »

La plus nietzschéenne de toutes les œuvres de jeunesse de Thomas Mann est certainement son unique pièce de théâtre *Fiorenza* (1904), histoire du combat pour Florence entre Laurent le Magnifique, – avide de vivre et pourtant invalide –, la belle Fiore son amante – incarnation de la plénitude de la vie – et le prieur Jérôme Savonarole qui déteste le monde païen, qui traite de prostituée babylonienne, en présence de tout le peuple, Fiore arrivant en retard à la messe qu'il célèbre, accompagnée d'une suite brillante. Et la sainteté de Savonarole prend sa source dans le ressentiment, parce que jeune homme, à Ferrare, il avait passionnément désiré Fiore qui l'avait éconduit. Le souvenir de Nietzsche est tout proche quand Thomas Mann fait dire à Savonarole dans l'un de ses deux sermons aux « misérables, aux opprimés, aux malades, aux méprisés » pour les consoler : « Saint Thomas d'Aquin n'a-t-il pas annoncé que les bienheureux, dans le royaume des cieux, assisteront au châtiment des damnés si bien que leur bonheur céleste leur paraîtra d'autant plus doux ? »

Le contre-exemple positif est visible quand Lorenzo se rappelle positivement, peu avant sa mort, les temps où Florence succomba au Dieu et où la dignité des hommes et la pudeur des femmes vacillèrent en un puissant « Evoe » ; quand les enfants eux-mêmes étaient atteints par ce saint délire et qu'avant l'heure, leurs sens s'éveillaient à l'amour. [...]

Et au seuil de la mort il se défend de toutes ses forces contre le prédicateur qui veut régner à sa place : « C'est la mort que tu annonces et la vie de toute vie est l'art. » Mais il meurt et Savonarole triomphe. Fiore a pourtant raison avec sa prophétie : « Reste distant. Le feu que tu allumes te consommera, toi-même pour te nettoyer et pour nettoyer le monde de ta présence. Arrête de vouloir, au lieu de vouloir le néant. Éloigne-toi de la puissance. Renonce ! Fais-toi moine[21]. »

18. *Ibid.*, p. 74.
19. *Ibid.*, p. 78.
20. *Ibid.*, p. 93.
21. Thomas Mann, *Fiorenza,* Berlin, 1922, p. 112, 175, 224 *sq.*

Mais le prieur est rempli de volonté de puissance (c'est ainsi qu'il faut l'appeler). Il aspire à un pouvoir sombre et ennemi de la vie, et pour cette raison, préfère sa chute au renoncement qu'il prêche. Comme chacun sait, aucune démarcation précise ne sépare Thomas Mann l'écrivain, de l'essayiste ou du journaliste. Cela ne vaut d'ailleurs pas seulement pour lui personnellement, mais aussi dans un sens plus général.

5
« Publicistes » et essayistes

Les « publicistes[1] » et les essayistes se différencient essentiellement en ce que les premiers ont une influence importante et continue, souvent en liaison étroite avec un organe de presse, et les autres parlent plutôt en leur nom propre, en exposant leurs conceptions dans différents périodiques. Mais il s'agit là plutôt de types idéaux : en réalité, la frontière est encore plus difficile à établir que celle entre les poètes et les écrivains.

Mais le mieux est certainement de se tourner d'abord vers les journaux et leurs rédacteurs ; il faut commencer par évoquer *Die Zukunft*, avant tout le forum de son rédacteur en chef Maximilian Herder, ancien acteur, d'origine juive, qui fit de cet outil, au prix d'un travail très rude, un lieu d'influence, à partir duquel il put attaquer l'empereur lui-même et établir une sorte de contre-pouvoir intellectuel ; ce n'était pas un contre-pouvoir issu de l'extrême gauche, et il ne se trouvait qu'en passant un accord avec la social-démocratie ; il se fondait plutôt sur un « bismarckisme », hostile plus aux discours sur la « politique mondiale » qu'à la politique mondiale elle-même. Comme la *Freie Bühne*, *Die Zukunft* était un vecteur important des influences nietzschéennes ; on ne peut pourtant pas, là non plus, dire que cette revue, dans son ensemble, ait été « nietzschéenne ». Pour en offrir, au moins au début, une vue générale, je donnerai un aperçu rapide du contenu de quelques numéros depuis 1900.

1. N.d.T. : « Publizist » désigne, en allemand, quelqu'un qui prend part régulièrement au débat public par l'intermédiaire d'organes de presse et de publications dont il assure éventuellement la direction. Le publiciste est plus qu'un éditorialiste. Il contribue à « faire l'opinion ». Il peut être lui-même invité par des journalistes à donner son avis.

Dans le numéro 31 se trouvent reproduites quelques pages inédites de « la grande œuvre de Nietzsche » encore appelée à l'époque « transvaluation », ou encore quelques passages sur le nihilisme. Elisabeth Förster-Nietzsche donne sa version sur le « combat pour l'édition de Nietzsche », et attaque violemment Koegel et Gustav Naumann, entre autres. Un extrait de l'« histoire culturelle » de Kurt Breysig est aussi publié[2].

Dans le volume suivant[3], on lit des aphorismes de Nietzsche des années 1887-1888. Alexander Tille dont il nous faudra reparler évoque la guerre des Boers en Grande-Bretagne, c'est-à-dire en rapport avec elle, des prises de position essentiellement imaginées par le chauvinisme. Harden lui-même s'exprime rudement contre des manifestations voisines chez le « discours sur les Huns » de Guillaume II. Harden fut condamné lui-même plus tard à six mois de détention pour crime de lèse-majesté. Il est particulièrement intéressant d'apprendre avec Harden que Guillaume II avait assisté peu auparavant, à une représentation de la *Trilogie des Nibelungen* de Hebbels, ce qui rend en fait beaucoup de choses plus compréhensibles dans ce discours – et encore plus incompréhensible. Le discours commémoratif de Breysig prononcé lors de l'enterrement de Nietzsche est lui aussi complètement nietzschéen. Mais un essai sur « l'égalité de rang de l'impératrice » est publié juste à côté ; il rend un son aussi « féodal » que possible.

Dans le volume suivant[4] est publiée une lettre de Nietzsche à Peter Gast, suivie d'un essai d'Aloïs Riehl sur « l'œuvre de Nietzsche ». Dans le volume 34 (1901), Samuel Lublinski écrit sur le rapport entre Machiavel et Nietzsche (voilà notre thématique du « et » !). Une phrase très caractéristique : « Et pendant que les vautours mangeaient son âme, il jouait sur sa lyre un chant dionysiaque, il louait, adorait et réhabilitait la force diffamée[5]. » Dans le même numéro, Helene Stocker s'exprime sur l'hostilité de Nietzsche envers les femmes. Son point de vue est un « oui... mais » équilibré. Juste avant sont imprimées des lettres de Hans von Bülow à Nietzsche et de Nietzsche à Von Bülow.

À partir du tome 35, Nietzsche passe vraiment à l'arrière-plan, mais dans un article sur Gabriele D'Annunzio, on lit que ce dernier fait des cours sur Nietzsche, et qu'il voudrait devenir un visionnaire

2. P. 10 *sq*, 110 *sq*.
3. N° 32, 1900.
4. N° 33, 1900.
5. P. 82.

au sens de Zarathoustra. On trouve d'autre part dans le numéro 43 un article de Georg Brandes sur George Bernard Shaw, dans lequel Nietzsche n'est pas évoqué. Dans ces numéros commence le célèbre combat de Harden contre la « Table ronde de Liebenberg », et en particulier le prince Philippe Eulenburg ; ce qui domine, c'est la critique des propos inconsidérés de l'empereur sur le régime personnel et sur les affaires allemandes entre la Prusse et l'Allemagne (Un conseiller financier supérieur à Poznan épouse la fille d'un adjudant, ce qui a entraîné des conséquences assez graves !) La fragilité de l'alliance intellectuelle entre la « gauche bourgeoise » et la social-démocratie apparaît clairement : August Bebel s'exprime très négativement – lors de la journée du parti en 1903 – sur Harden et est attaqué en retour pour cette raison, très vivement, par ce dernier.

Les autres périodiques où il était souvent question de Nietzsche étaient – en dehors du *Kunstwart* de Ferdinand Avenarius et la *Gesellschaft* de Michael Georg Conrad – *Die Gegenwart*, le *Magazin für Literatur* et les *Süddeutsche Monatshefte*. Ajoutons aussi la revue catholique *Hochland* éditée par Carl Muth, qui comprend dans ses premiers numéros – comme si cela allait de soi – un article sur la « nouvelle littérature nietzschéenne ».

J'étudierai maintenant ces « publicistes » qui sont diffuseurs d'importants courants de pensée, et je commencerai par le « social-darwiniste » Alexandre Tille, originaire d'une famille de pasteurs en Saxe, qui passa plus tard quelque temps comme lecteur à Glasgow et fut pour finir proche du baron de Stumm. Il avait publié dès 1894 dans la *Zukunft* un article intitulé : « Nietzsche, moraliste de l'évolution », dans lequel il fait du biologiste W. H. Rolph un précurseur de Nietzsche ; pour Rolph, le motif du développement n'était pas dans un combat de défense et d'auto-conservation mais dans la surabondance, de telle sorte que le combat biologique, devait être essentiellement un combat offensif. Un an après, Tille publie *Von Darwin bis Nietzsche. Ein Buch Entwicklungsethik* (De Darwin à Nietzsche. Un livre d'éthique morale de l'évolution). Nietzsche est ici encore interprété comme auteur d'une « morale de l'évolution », sur les traces de Darwin et de Galton. Il a cependant définitivement surmonté ce qui restait de dépendance à l'égard de l'idéal chrétien et humaniste chez ses prédécesseurs anglais. Cet idéal est vu comme antimoderne, et ne saurait être séparé de la cause d'une « Église qui est vouée à la démolition » ; il est un obstacle sur chemin qui mène à « l'exaltation et l'épanouissement de l'espèce[6]». Cela ne saurait réussir qu'à la condition qu'une « sélection des plus efficaces » soit favorisée, et non pas, comme jusqu'alors, entravée. Cette sélection a été dénigrée – en tant que dure et inhumaine – par la morale de l'esclavage du christianisme et plus tard de l'humanitarisme, alors qu'elle est en vérité la seule source du progrès. On dirait parfois que Tille défend ainsi une simple idéologie d'entrepreneurs : « C'est ainsi que cela se passe dans la vie humaine : le plus travailleur, le plus endurant, le plus astucieux, le plus rusé, le plus prudent, le plus calculateur arrive à sortir la tête hors de l'eau ; le plus lent, le plus confiant, celui qui est loyal, généreux envers les autres, indulgent envers lui-même et qui se laisse vivre, celui-là sombrera[7]. » Si le communisme et le socialisme ne sont pour Tille rien d'autre qu'une rechute dans la barbarie, il partage pourtant quelques-unes de leurs exigences les plus importantes ; dans cette mesure c'est un révolutionnaire – au sens consacré du terme : il aspire exactement comme eux à l'abolition du droit d'aînesse et à la disparition de la guerre, non pas dans le but de l'instauration d'une société égalitaire, mais dans le but de l'abolition des obstacles modernes de la sélection, ou de l'établissement d'une pure méritocratie ou d'une social-aristocratie. Il partage également scientisme et hostilité à l'Église avec le socialisme ; cette proximité interne contribue cependant certainement à l'aggravation à « l'idée socialiste ». « L'idée biologique » (Alfred Döblin) est à la fois plus proche, et plus hostile à « l'idée socialiste » que les idées de ses opposants – les platoniciens, les chrétiens et les humanitaires et elle revendique explicitement, comme le fit Nietzsche, la sauvegarde de l'humanité face à « une menace d'anéantissement[8] ».

La doctrine de Ludwig Klages mettait aussi la « vie » au premier plan ; elle aussi se référait à Nietzsche ; Elle était pourtant le contraire exact de la morale de l'évolution d'Alexandre Tille. C'était avant tout une accusation singulière contre l'européanisme qui tendait à conquérir le monde, contre le rationalisme de l'Occident, et dans cette mesure également contre la « société de rendement » ; c'était une des premières formes – et des plus radicales – de la pensée « écologique ». Je citerai ici quelques passages de son livre de 1913, *Menschen und Erde* (Les hommes et la terre) : « À l'endroit où l'homme du progrès a pris le pouvoir, dont il se glorifie, il a semé tout autour le meurtre, et la cruauté de la mort [...] la pie, le

6. Alexandre Tille, *Von Darwin bis Nietzsche. Ein Buch Entwicklungsethik*, Leipzig, 1893, p. 23.
7. *Ibid.*, p. 125.
8. *Ibid.*, p. 201.

pivert, le loriot, la mésange, le rouge-queue, la fauvette et le rossignol tous disparaissent inéluctablement. [...] Que l'on nous prouve la nécessité selon laquelle la terre devrait être submergée de milliards de mauvais journaux, de pamphlets, de romans noirs ; si ce n'est pas possible, l'essartage des forêts originelles est alors pur crime. [...] La mode occasionne des ravages encore plus affreux, elle assouvit la soif du gain de quelques tailleurs et commerçants dont les inventions médiocres semblent leur avoir été soufflées par Satan lui-même. L'humanité a réussi une orgie de dévastation sans pareille, la "civilisation" porte les marques d'une tentative de meurtre déchaînée, et la masse de la terre se dessèche à cause du souffle empoisonné. C'est ainsi que poussent les fruits du progrès ! [...] Sous prétexte de "besoins", de "développements économiques", de "culture", il [le progrès] débouche sur la destruction de l'humanité. Sous toutes ses formes, il déboise, il élimine des espèces animales, il éradique les peuples originels, il surcharge et il défigure avec le vernis de l'industrialisation le paysage, et avilit ce qu'il laisse encore en vie, en en faisant des bêtes de boucherie, une simple marchandise. Le progrès est l'œuvre de pillards[9]. »

Mais Klages ne se contente pas de faire cette description, d'essayer de produire une prise de conscience, une réforme. Il dépeint l'humanité ancienne, qui était en accord avec la nature, animée par une vision cosmique ; cette humanité a pris fin avec le « déclin de l'âme » et l'anéantissement de toute « chaleur intime du cœur humain » : une puissance extérieure au monde est entrée dans la sphère de la vie[10] ». Cette puissance est « l'esprit » qui s'est d'abord incarné dans le christianisme ; le christianisme a placé l'homme dans une position déifiée tournant le dos à la nature ; ainsi il a rendu possible aussi bien la science que le capitalisme, après avoir déclaré la guerre « au polythéisme du monde au nom du monothéisme de l'esprit » et dans une attitude de justicier, il a dénoncé la mystique panthéiste[11]. Klages s'appuie ici à bon droit sur Nietzsche, mais aussi sur les *Götter Griechenlands* de Schiller et il ébauche ainsi une doctrine historique complète, et même une cosmologie qu'il développa de manière exhaustive après la guerre dans son œuvre en plusieurs volumes *Der Geist als Widersache der Seele* (L'esprit comme contradicteur de l'âme).

On pourrait donc dire qu'il y a ici aussi un mélange très étonnant de motifs antisocialistes et socialistes (c'est-à-dire anticapitalistes) ; il

9. Ludwig Klages, *Menschen und Erde*, Iena, 1933, p. 13-25.
10. *Ibid.*, p. 38.
11. *Ibid.*, p. 36.

faut cependant se souvenir que le socialisme marxiste était lui aussi un « mélange », et rappeler avant tout que Ludwig Klages formait avec son ami Alfred Schuler le cercle des « cosmiques », qui étaient encore inclus, au début du siècle, au cercle de Stefan George, puis s'en séparèrent car le discours du « flambeau sanglant » et le concept d'un panhétairisme à reconquérir ne rencontra pas l'approbation de George. Et lorsque Klages édita en 1940 à Leipzig les *Fragmente und Vorträge* d'Alfred Schuler, à partir de ses œuvres posthumes, il montra très clairement dans son introduction que derrière le rejet du christianisme et du capitalisme se trouvait une sorte d'antijudaïsme cosmique qui voyait le mauvais principe de l'esprit – par opposition à l'âme – incarné dans le « molochisme » et le « yahvisme » et reprenait les thèses antisémites sur la « conspiration juive universelle » et même l'aggravait en parlant de « centres de pouvoir cachés ennemis de la vie[12] ». Klages n'hésite pas à affirmer que les « instigateurs de la guerre mondiale et les pourvoyeurs de fonds de la révolution russe étaient juifs ». Il est une phrase, prise dans les fragments de Schuler, – mort dès 1923 – qui résume les propos ultérieurs de Klage comme dans un miroir concave : « La fouine Judas s'est glissé au cœur de la terre. Pendant deux millénaires, il a comprimé le cœur maternel chaud, battant, bouillonnant et rêvant. [...] Le cœur de la terre comme enfer des Chrétiens[13]. » Le sang, la roue du soleil, la croix gammée – ce sont pour Schuler les symboles positifs de la vigueur de l'époque antique qui se vit remplacée par l'époque du progrès, « période de la vie éclatée, de l'aliénation progressive des hommes les uns par rapport aux autres, de la contrainte, de la formation des castes, de la vie brisée[14] », de l'obscurantisme. Dans la vie ouverte de l'époque originelle, il n'y a au contraire aucune possession, aucune propriété ; la volonté abusive de la puissance virile n'est pas encore apparue, pas plus que la soumission de la femme à l'homme. Schuler s'empare des motifs socialistes originels en montrant ainsi qu'ils ne sont pas la propriété d'un parti déterminé. Mais l'énorme écart avec Marx devient flagrant lorsque Schuler fait le plan de guérir Nietzsche malade par une danse extatique de jeunes gens vêtus d'armures en cuivre. Et pourtant, ce précurseur du nazisme qualifiait peu avant sa mort le nazisme de « flambeau de la mort ivre qui éclaire les peuples en les menant à l'abattoir[15] ».

12. *Ibid.*, p. 43.
13. *Ibid.*, p. 151.
14. *Ibid.*, p. 162.
15. Gerhard Plumpe, *Alfred Schuler*, Berlin, 1978, p. 179.

Le « progrès » et la « régression », en tant qu'ils sont clairement reconnaissables, ont une place à part dans l'histoire : on les découvre toujours dans les marges !

Un article sur « Nietzschéisme et Judaïsme » paru dans la revue *Ost und West. Illustrierte Monatsschrift für modernes Judentum* (1902) et écrit par un sioniste influent, Achad Haam, constitue le contraire exact de l'anti-intellectualisme de Klages et de Schuler. Achad Haam qui hébraïsa assez tôt son nom originel – « Ginzberg » – part de ce fait qui l'inquiète vraiment beaucoup : même dans la jeunesse juive, la « transvaluation des valeurs » prêchée par Nietzsche a gagné des disciples ; ces jeunes gens voient – avec Nietzsche – une erreur fondamentale à travers toute l'histoire du peuple juif : l'erreur de la foi en la prépondérance de l'esprit sur la matière ; ils pensent que l'un comme l'autre aspirent à une liberté sans limites. La doctrine du « surhomme » trouve également beaucoup d'adeptes parmi les jeunes juifs, et il apparaît clairement que l'identité juive est mise en danger : l'on ressent une déchirure intérieure de soi, et l'on croit pouvoir la guérir en introduisant des pensées européennes. Au regard de cette situation dangereuse, Achad Haam adopte avec grande détermination l'idée qu'il faut reconsidérer le concept de « surhomme » à partir de la tradition juive ; on deviendra alors conscient du fait que pour cette tradition, le « surhomme » n'est rien d'autre que le « juste » et que celui-ci ne peut exister qu'en accord avec le « surpeuple » – le « surpeuple » juif – capable d'être conscient de son « génie moral » qui constitue sa supériorité sur les autres peuples. Ce n'est qu'après la Révolution française et ses maximes d'égalité et de fraternité que le peuple juif a commencé à ne plus vouloir se concevoir comme peuple élu. Achad Haam veut rendre au peuple juif la conscience de son élection en combinant la vieille doctrine du judaïsme avec la transvaluation nietzschéenne des valeurs et en insistant plus qu'autrefois – à l'image de Nietzsche lui-même – sur la justice comme sommet de la perfection. Il veut, contre les valeurs de la diaspora, rendre au judaïsme sa supériorité à la fois unique et universelle : l'assimilation de beaucoup de Juifs « aux nations » « détruit le noyau le plus intime de l'être [du peuple juif] et menace d'étrangler son esprit vital historique[16] ».

Il faut donc voir l'article d'Achad Haam dans le contexte du mouvement sioniste qui voulait ramener les Juifs au-delà de l'oubli de leur religion à leur essence en tant que peuple, et les sauver

16. *Ost und West,* 2e année, 1902, Cahiers 3 et 4, p. 145-152 et 241-254.

ainsi d'un danger conçu comme mortel. Pour Theodor Herzl, ce danger était avant tout un danger de la destruction physique, puisque d'après lui les Juifs étaient engagés d'une manière très visible du côté du capitalisme comme du socialisme, si bien que la bataille sociale serait tranchée à leurs dépens. Pour Achad Haam, la disparition par l'assimilation, la confusion dans la fusion du monde moderne est le plus grand danger pour le peuple juif, d'où son sionisme culturel originel, qui pouvait donc se comprendre comme nietzschéisme juif.

Le fait que parmi les Juifs, des expériences générales – comme par exemple le sentiment du danger d'une perte d'identité, mais aussi la protestation contre une histoire propre – se soient articulés avec une force particulière, se voit clairement dans l'éclairage opposé qu'offre un article sur « Judaïsme et Antisémitisme », qui parut en 1889 dans la revue « Gesellschaft » et émanait d'un auteur juif du nom de Conrad Alberti[17]. Nulle part ailleurs on ne trouve formulé avec autant de clarté le souhait du « judaïsme de la diaspora » si dénigré par Achad Haam de sortir de tout ce qui rattache les Juifs au Moyen Âge et de s'intégrer sans hésiter à la germanité. Alberti affirme « qu'il n'y a – parmi la jeune génération cultivée de souche juive – pas un seul membre qui ne soit convaincu au plus profond de son âme, de la surabondance, du dommage, de la pourriture du judaïsme ».

Le monothéisme n'est plus digne de foi, explique Alberti, « l'Ancien Testament démasqué comme tromperie et, d'un point de vue politique, le judaïsme fait l'effet d'un élément à la foi ultra-réactionnaire et ultra-révolutionnaire », car il s'accroche avec une ténacité fanatique aux conceptions et aux organisations vieillissantes, et pose avec le même fanatisme des bombes et des cartouches de dynamite. Ces deux extrêmes ont existé depuis toujours dans l'être du judaïsme et pour cette raison, il serait « l'ennemi naturel et obstacle à un développement général organique ». Dans le présent, le judaïsme a cessé depuis longtemps « d'être une religion, une race, une nation – ce n'est plus qu'une clique – une clique de soutien réciproque dans le combat de l'existence économique ». Un certain nombre de reproches adressés au judaïsme sont injustifiés, mais il ne fait aucun doute, selon Alberti, que le judaïsme est le propagateur le plus caractéristique et le plus conséquent du capitalisme moderne. Une intolérance brutale et même barbare est propre à cette « clique » ; si quelqu'un ose s'opposer à

17. P. 1718-1733.

elle, elle essaie de l'anéantir avec une brutalité barbare ; dans le combat social comme moral, cette « clique » se sert des moyens les plus bas et les plus communs ; le silence fait autour de quelqu'un qu'on veut éliminer en particulier serait spécifiquement juif.

Les jeunes Juifs cultivés se sont complètement détournés de cette orientation, car ils ont été élevés « dans les idées de Darwin, Wundt, Taine, Nietzsche, Marx et de tous les esprits modernes illustres ». Ils souhaiteraient participer pleinement à la « destruction du judaïsme » mais il y n'y aurait qu'une seule et unique entrave, à savoir l'antisémitisme. Alberti attribue à ce dernier, comme au judaïsme lui-même un « caractère tragique interne », car il n'est pas cohérent, même s'il a raison en beaucoup de points et n'est pas dépourvu d'idéalisme. Pourtant, Alberti condamne l'antisémitisme au même titre que le judaïsme ; en effet par son hostilité militante, l'antisémitisme empêche cette auto-décomposition interne et morale qui seule peut détruire et dissoudre le judaïsme. C'est seulement si l'aspiration la plus profonde des Juifs allemands est satisfaite – c'est-à-dire s'ils sont vraiment mis sur un pied d'égalité avec les Allemands et peuvent devenir par exemple officiers de réserve – et si en même temps l'immigration des Juifs polonais en Allemagne est rendue impossible, que le germanisme et le judaïsme arriveront à une synthèse fructueuse pour les deux parties : pour les Juifs bien sûr, la chute de leur nation fallacieuse et inauthentique, et pour les Allemands en revanche un renforcement décisif. Comme pour Achad Haam, Nietzsche est donc pour Alberti l'un des guides vers un avenir meilleur pour les Juifs ; et pourtant peut-on imaginer conception de l'avenir plus opposée de l'avenir du judaïsme que celle qui existe entre les deux hommes ? Un tel conflit n'est pas sans équivalent : on songera à l'opposition entre partisans de « l'européanisation » et « traditionalistes » en Espagne ou bien entre partisans de la « civilisation occidentale » et de la « singularité allemande » (« Sonderweg ») en Allemagne. On peut cependant se demander si, face aux remises en cause de l'identité par la modernité, il existe quelque chose qui dépasse en intensité ce conflit interne au judaïsme. On comprend que le judaïsme occupe une place aussi cruciale dans la réflexion de Nietzsche.

Theodor Lessing écrivit en 1906 un livre très vaste ayant pour titre *Schopenhauer-Wagner-Nietzsche* ; il y développe des conceptions bien plus proches de Ludwig Klages que d'Achad Haam, qui lui ont attiré le reproche d'« antisémitisme juif », car il s'identifie à la conception de Nietzsche selon laquelle l'intellectualisation *(sic !)*, la socialisation et la civilisation sont une décadence biologique, décadence liée dans la modernité d'une manière essentielle avec le triomphe « d'un judaïsme socio-éthique au caractère cosmopolite[18] ». Mais il n'est pas si pessimiste qu'il n'exprime ses remerciements à Nietzsche en tant qu'« éducateur de notre génération ». Les contrastes auxquels Nietzsche succomba sont d'après lui les conflits de son époque et d'une certaine manière, « nous devons tous passer par le même chemin que lui[19] ».

Rudolf Pannwitz décrit Nietzsche comme le seul être dont il puisse se dire l'élève[20], et à un autre endroit, comme « un fait semblable au mont Blanc ». Mais malgré sa sympathie pour le caractère dionysiaque et dominateur de la pensée de Nietzsche, il en vient cependant à l'idée de ne pas supprimer ce qui est chrétien, mais de le surmonter par du « sur-chrétien ».

Nous connaissons déjà Paul Ernst comme socialiste : il joua en 1890 un rôle parmi les « Jeunes », et critiqua à la même époque Nietzsche comme philosophe de la décadence bourgeoise. Lorsqu'il écrivit en 1900 un essai assez long sur Nietzsche, il s'était complètement séparé du parti social-démocrate, et il se demandait si le but du mouvement des ouvriers une fois atteint ne rendrait pas les hommes malheureux à partir du moment où le bonheur longtemps proclamé serait réalisé. Ils découvriraient en effet que ce bonheur ne peut pas être un véritable but. Nietzsche deviendrait alors utile : « il a osé nous montrer un but supérieur qui suffit à le mettre pour toujours au rang des plus grands bienfaiteurs de l'humanité[21] ».

Paul Ernst fut, à partir de 1910, pendant et même au-delà de la guerre dans une relation d'estime réciproque avec Georg Lukacs. Il devint un critique ouvert du marxisme et exprima en 1933 – peu avant sa mort – son approbation face à la victoire du nazisme. Georg Lukacs s'inscrivit à la fin de 1918 au parti communiste de Hongrie et apporta plus tard à Staline sa loyauté, bien que certaines réserves soient restées perceptibles ; il n'y avait pas de muraille de Chine entre l'Allemagne et l'étranger. Nietzsche n'était pas seulement un événement allemand mais aussi un événement européen dès avant 1914. Pour finir ce cours il nous faut donc parler de « Nietzsche à l'étranger ».

18. Theodor Lessing, *Schopenhauer, Wagner, Nietzsche*, Munich, 1906, p. 374.
19. *Ibid.*, p. 476.
20. Rudolf Pannwitz, *Das Werk der deutschen Erzieher*, p. 142.
21. Paul Ernst, *Friedrich Nietzsche*, Berlin, 1900, p. 37.

6
Nietzsche à l'étranger

« Nietzsche à l'étranger » : on pourrait d'abord comprendre, « les séjours de Nietzsche à l'étranger », de telle sorte que l'on donnerait cette réponse simple : à partir de la vingt-cinquième année de sa vie, Nietzsche vécut à l'étranger, et il y est resté pendant toute sa vie de penseur. Ce point de vue n'est en fait pas sans signification, car on ne saurait dire à quel point l'œuvre de Nietzsche aurait été différente s'il avait été nommé professeur à Greifswald ou bien à Göttingen au lieu de Bâle. Bâle et la Suisse, il est vrai, appartenaient à l'espace linguistique et culturel allemand ; ajoutons que pendant un certain temps, Nietzsche resta lors de ses séjours en Italie dans un environnement allemand : Malwida von Meysenburg à Sorrente et Rome, Peter Gast à Venise. Lou Andréa-Salomé était appelée la « Russe », mais était en fait allemande. La connaissance que Nietzsche avait des langues étrangères était très limitée, il lisait seulement le français mieux que l'allemand cultivé moyen, et il fut ouvertement défenseur jusqu'au début de sa « deuxième période » de ce que l'on pourrait nommer la renaissance allemande engendrée par l'esprit grec (antique). Dans sa « deuxième période », sa bonne « européanéité » demeure plutôt théorique ; et c'est seulement dans les dernières années qu'il lut en grand nombre des auteurs français, qu'il fit l'éloge de Bourget et Taine, qu'il découvrit Stendhal. Il entre peu avant son effondrement en contact avec August Strindberg ; mais personne ne l'approcha personnellement, qui ne fût germanophone.

Les rapprochements entre Nietzsche et des auteurs étrangers, ne doivent pas s'expliquer par des influences mais par « l'esprit du temps » qui transcende les frontières des nations et qui peut être une sorte de racine commune. La critique nietzschéenne de la « morale » n'était pas encore aboutie lorsque Henrik Ibsen faisait dire à Madame Alving dans *Les Revenants* : « Oh ! loi et ordre ! [...] ils sont cause de tous le malheurs dans le monde » et « Mais, Manders, je crois presque que nous sommes tous des fantômes ! [...] de vieilles idées mortes, toutes sortes de vieilles croyances mortes – elles retiennent la vie en prison et tuent cette force indomptable et cette joie de vivre ». Et de même, August Strindberg n'avait pas besoin de Nietzsche en 1888, pour montrer dans *Mademoiselle Julie* que l'instinct naturel dans l'être humain se dresse contre les conventions et que la noble demoiselle peut s'abandonner dans les bras du serviteur de la maison mais qu'ensuite les conventions, la morale, reprennent le dessus et mettent à mort le « pécheur » (ici donc la pécheresse). Nietzsche a été découvert en même temps dans la plupart des pays européens dans les années 1890, exactement comme en Allemagne.

On pourrait même dire qu'il a fallu le détour par l'étranger pour qu'il soit vraiment découvert en Allemagne. Les cours sur Nietzsche de Georg Brandes à l'université de Copenhague furent pour Nietzsche lui-même, comme nous l'avons entendu au début de ce cours, à la fois le premier et le dernier signe de sa gloire à venir ; ce fut en même temps un élan important pour l'intérêt allemand en direction de Nietzsche : en 1890 paraissait dans la *Deutsche Rundschau* l'article de Brandes, « L'extrémisme aristocratique », au titre duquel Nietzsche avait applaudi ouvertement. Peu après, on pouvait lire en France des articles sur Nietzsche dans la *Revue des Deux Mondes* et le *Mercure de France* ; c'est à l'occasion de la réception de Nietzsche en France que Max Nordau se livre à l'une des attaques les plus sévères contre Nietzsche, ainsi que d'ailleurs contre l'art moderne et la littérature dans son best-seller *Dégénérescence* en 1892-1893. En Italie, Gabriele D'Annunzio s'appuie ouvertement sur Nietzsche ; en Russie parurent jusqu'en 1913 pas moins de dix-huit éditions de *Zarathoustra* (certes la dix-huitième fut la dernière avant des décennies !) – la volonté de puissance ne fut pas autorisée par la censure, et il n'est donc pas étonnants que les « marxistes légalistes » comme Peter Struve et Nicolas Berdiaeff se soient exprimés en faveur de Nietzsche, comme à une période Maxime Gorki, alors qu'Anatolij Lunatscharski essayait en même temps de faire une synthèse de Marx et de Nietzsche. En Angleterre, il fallut plus de temps, avant que ne perce cette nouvelle « influence continentale » et que des écrivains s'expriment ouvertement et d'une manière positive – par la voix de George Bernard Shaw et William Butler Yeats. Parmi les scandinaves, il faut nommer en premier lieu l'écrivain – aujourd'hui complètement oublié – Ola Hansson qui vécut longtemps en Allemagne et contribua beaucoup à faire connaître Nietzsche ; par exemple dans son petit livre au ton dithyrambique (1900) *Friedrich Nietzsche. Seine Persönlichkeit und sein System* (Friedrich Nietzsche, sa personnalité et son système) où l'on lit pour finir : « Les individualistes forts [c'est Nietzsche qui annonce cela], les natures fières et têtues allaient acquérir un terrain d'action d'une sorte toute différente de celui qu'ils occupaient jusqu'alors. C'est ici que réside la plus grande action de Nietzsche ; son effort décrit la plus grande révolution que l'histoire ait à présenter à la morale depuis le combat du christianisme avec l'Antiquité[1]. »

Je veux maintenant présenter un peu plus dans le détail quelques œuvres issues de l'influence nietzschéenne. Je choisirai un ordre décroissant : dans la première œuvre il est question très expressément de Nietzsche, dans la dernière son nom n'est évoqué qu'en marge, mais elle établit le lien avec cette personnalité étrangère, cet homme politique qui doit être notre dernier thème.

Gabriele D'Annunzio plaça en exergue dans son roman de 1894 *Il trionfo della morte* une formule de *Par-delà le bien et le mal*, cité dans l'original allemand, et dans la dernière phrase de « l'Avant-Propos », il dit : « nous offrons notre oreille à la voix du Zarathoustra au grand cœur... et nous préparons dans l'art – avec une grande foi – l'arrivée de "l'Übermensch", du surhomme. Le héros du roman est au premier abord bien sûr bien plus un décadent qu'un surhomme, et le contenu une sorte de psychodrame qui se joue essentiellement entre deux personnes.

Giorgio Aurispa est un jeune homme d'une vieille famille, qui – grâce à un héritage – peut mener une vie matériellement aisée à Rome, loin de sa famille qui habite en province ; il a une relation avec Ippolita, femme très charmante mais peu cultivée, tout juste rescapée d'un mariage malheureux. Il craint de la perdre un jour, au profit d'un vulgaire amant, même si cela n'arrivait qu'après sa mort ; la pensée de la mort est constamment présente chez lui, elle est partout dans son entourage, surtout à Rome, cette « ville où l'on ne peut que mourir ». Pour cette raison, l'idée d'un suicide est toujours présente à son esprit, malgré – ou peut-être à cause de – son bonheur amoureux ; mais dans la torpeur de son bien-être il ne trouve pas l'énergie de concevoir un plan sérieux. Les finesses psychologiques, les hauts et les bas permanents de cette relation très sensuelle ne seront interrompus qu'en deux occasions ; la

1. Ola Hansson, *Friedrich Nietzsche. Seine Persönlichkeit und sein System*, Leipzig, p. 30.

première fois par un séjour dans la maison parentale où l'engourdissement d'une vie quotidienne obscure et pitoyable l'envahit ; la deuxième fois en passant avec sa maîtresse des vacances au bord de la mer : il est confronté, lors d'une excursion à un lieu de pèlerinage, à un véritable déchaînement de superstition, à une misérable danse de sorcières. C'est ainsi en effet que D'Annunzio décrit de toute la force de son rejet, cette superstition misérabiliste, ce mélange de fanatisme de la part des pauvres et d'appât du gain des prêtres, que représente pour lui le catholicisme italien. Il n'est donc pas étonnant qu'une contre-image se présente à son œil intellectuel : l'image de la vie dionysiaque – « comme Friedrich Nietzsche l'a vu de manière intuitive » qui inclut l'effrayant, la destruction et la mort. Le devenir individuel et le devenir cosmique deviennent identiques dans cette conception, les « Dionysiens » ne fêtent rien d'autre que le secret de la fertilité sexuelle et de la mort, qui en fait nécessairement partie. Giorgio Aurispa s'approprie donc les mots « de cet homme, Nietzsche », qui lui paraissent être les plus humains et les plus nobles jamais formulés par un poète et philosophe des temps modernes. Mais son propre amour est justement infructueux, car Ippolita ne peut pas avoir d'enfant ; il s'accuse d'impuissance car il voit de plus en plus clairement la femme qui l'aime lui reste profondément étrangère ; il en arrive ainsi à concevoir celle qui l'embrasse passionnément comme « ennemie », qu'il ne cède à aucun autre homme et veut donc emmener avec lui dans la mort. Un suicide qui est en même temps un meurtre, forme donc la fin du roman : au dernier moment lorsque Ippolita se défend de toutes ses forces, au bord du gouffre, contre Georgio et crie au meurtre, des deux côtés l'amour s'est transformé en haine extrême entre deux ennemis irréconciliables. Et c'est la mort qui triomphe, contre laquelle ils se battent ensemble.

L'union des sexes repose sur un grand fond d'étrangeté et de haine – c'est ainsi que l'on pourrait aussi formuler la représentation principale du drame de Bernard Shaw : *Homme et Surhomme* ; mais la conception selon laquelle la femme, dans toute sa faiblesse feinte, est la véritable maîtresse dans les filets de qui se prennent les hommes faibles et fous, qui perdent l'idée du caractère central et de la reproduction, fait la différence avec D'Annunzio.

Le héros, John Tanner est présenté comme un Don Juan qui n'est pas un chasseur, mais un gibier, et finit par se plier à la volonté d'Anne, une femme qui sait où elle va : pourtant l'œuvre, qui apparaît d'abord comme une comédie de société typiquement anglaise, subit ensuite une métamorphose au cours de laquelle

Tanner – en tant que Don Juan – converse avec le diable et la statue – puis l'on retombe dans la comédie de mœurs ; c'est, sous bien des aspects une autocritique de l'Angleterre et l'exposition d'un socialisme qui, avant comme après, est anticapitaliste, mais non démocratique, plutôt orienté vers la reproduction améliorée de l'humanité et la génération du surhomme. Participe à cette impression de « chaos noyé dans l'ironie » (si l'on peut parler ainsi) le fait que Shaw rajoute à la pièce une longue introduction, sous la forme d'une lettre à Arthur Walkley, et lui met en épilogue le texte par lequel l'action trouve son sens : « le catéchisme et le carnet du révolutionnaire John Tanner, M.c.r.o (Membre de la classe des riches oisifs). Un des thèmes principaux en est le surhomme, et on y lit que l'appel au surhomme n'aurait pas commencé avec Nietzsche, et qu'il ne devrait pas non plus cesser quand Nietzsche ne serait plus à la mode. Ce surhomme à venir a ici deux visages : il est tourné d'une part vers l'avenir conventionnel du socialisme où la propriété privée est complètement abolie mais il a aussi un profil bien plus atypique et darwinien : le surhomme est vu comme le résultat d'une sélection destinée à revigorer et où la reproduction est complètement séparée de l'amour individuel. Ce n'est plus seulement une planification consciente de l'économie mais celle d'une fécondité consciente raisonnable et surveillée, qui est le but véritable et cela sonne très ambigu quand il est dit des juifs qu'ils auraient – de Moïse jusqu'à Marx et Lassalle provoqué toutes les révolutions et que pourtant aucun changement essentiel de la nature humaine n'en serait sorti. On croirait presque entendre Nietzsche lui-même quand on lit : « Nous devons exterminer le Yahoo [c'est-à-dire la plèbe] sinon son vote anéantira l'État et la société bourgeoise. On ne sait pourtant pas – comme le plus souvent chez Shaw, ce qui est dit sérieusement et ce qui est rejeté – au travers de la plaisanterie, mais le propos le plus propre est, comme chez Nietzsche, non pas un dogme mais une prédiction, qui se trouve juste au début de l'introduction : « Quand j'achète le *Times* et que je vous y trouve, mon oreille prophétique entend le bruit de la charrette du bourreau. »

C'est avec une sombre prophétie et une expérience très incertaine que se finit aussi le roman de Dimitri Mereschkowski *Julian der Abtrünnige* (Julien l'Apostat) de 1895 ; mais Nietzsche n'est absolument pas évoqué dans ce roman. En fait, Nietzsche, jamais nommé, y est pourtant bien présent. On s'en rendrait compte, même si l'on ne savait pas de la biographie de Mereschkowski que ce cofondateur du symbolisme russe avait associé un voyage fait très tôt en Italie et en Grèce (1891) à des lectures de Nietzsche, et qu'il était déjà très fortement dans les années 1894 et 1896 sous l'influence de Nietzsche, avant de s'en éloigner à nouveau en essayant de réconcilier modernité et christianisme[2].

Le roman dépeint l'Antiquité tardive dans son passage du paganisme au christianisme dans la génération d'après Constantin le Grand. Là encore les deux sortes d'existence cohabitent longtemps même si c'est dans une lutte intense ; ainsi les « galiléens » et avant tout les moines sont les accusateurs. Les signes du paganisme survivant, de sa pureté et de sa beauté sont présentés de manière beaucoup plus positive que l'obscurité et l'humeur querelleuse du monde chrétien naissant qui consiste au fond en beaucoup de sectes ennemies. Entre les couvents sombres et les bois sacrés des dieux, remplis de lumière, grandit Julien, le cousin toujours menacé de mort de l'empereur régnant, Constantin. Il doit s'humilier et se rabaisser et même se faire moine pour survivre malgré toutes les persécutions ; mais il expérimente la leçon de professeurs de sagesse païens ; il prend part à des mystères, parmi lesquels une danse de jeunes hommes nus fait apparaître cette surabondance de vie menacée de disparition car une nuit barbare est en train de tomber.

Mais pour finir, Julien est fait « César » par Constantin et envoyé sur le Rhin. Là l'hypocrisie monacale de sa jeunesse est écrasée par le sang guerrier de la race de Constantin[3]. Il remporte de grandes victoires et lorsque la mort de l'empereur lui ouvre le chemin vers le trône il fait déchirer les emblèmes chrétiens des drapeaux ; il veut devenir celui qui rétablit la vieille croyance polythéiste. On entend à nouveau de « joyeux chants de Bacchus », à nouveau Julianus se fait purifier de la « pourriture galiléenne » par des mystères placés sous les signes de Zoroastre ou de Mythra-Dionysos : il ordonne la réouverture du temple de Dionysos, et il se met lui-même, dans la capitale à la tête d'une bacchanale. Des panthères apprivoisées courent le long de son char, les Bacchantes jouent des cymbales, pendant que des garçons déguisés en faunes, avec des cornes de bouc sur le front, versent du vin avec de grandes cruches dans des coupes[4]. Mais Julien pressant que ce ne sont pas là des Hellènes libres comme autrefois à Athènes et qu'il

2. *Nietzsche in Russia*, édité par Bernice Glotzer-Rosenthal, Princeton, 1986, p. 71 *sq*.

3. Dimitri Mereschkowski, *Julian der Abtrünnige*, Munich, p. 141.

4. *Ibid.*, p. 198.

s'agit d'une « racaille », fortement touchée par la « pourriture chrétienne ». Il marque donc une vraie conviction intérieure lorsqu'il fait annoncer en grande pompe à tout l'empire : « Le titan se soulève contre les Galiléens... Je suis le messager de la vie, je suis le libérateur, je suis l'Antéchrist[5]. » Puis surgit un doute profond quand Julien mise tout sur une guerre contre les Perses, et adresse ces mots audacieux aux soldats, dans une situation pleine de dangers : « Je vous conduirai de par monde, comme le Dieu Dionysos, vous remporterez une victoire sur les hommes et les dieux, et vous serez semblables aux dieux eux-mêmes[6]. » Mais dans la bataille décisive, il est blessé à mort car il a dédaigné l'armure et c'est alors qu'il prononce ce célèbre jugement : « Galiléen tu as vaincu. » Peu avant, sa « maîtresse cachée » (malgré toute l'insistance sur la joie de vivre antique, il n'y a aucune scène érotique dans le roman, et il n'est même pas clairement dit si Arsinoé lui a déjà appartenu) lui a désigné la véritable raison de sa défaite : « Même si tes livres maudissent le crucifié, ton âme se languit toujours dans son attente[7]. » On ne pouvait plus sauver l'Antiquité, sa lumière n'était qu'apparence, déjà traversée par les ombres de la nuit qui se prépare. La plèbe a pris le pouvoir sur le monde dans la personne du nouvel empereur, appelé par les soldats, et les derniers païens eux-mêmes déjà émus par le christianisme, parmi lesquels Arsinoé et le futur historien Ammien Marcellin ne peuvent que se détourner, dégoûtés de l'odeur du troupeau humain. En se détournant, ils protègent les derniers feux de l'Antiquité, et l'espoir d'une renaissance survit en eux.

En étudiant pour finir Georges Sorel, nous nous tournons vers un essai, et en même temps vers la politique. Encore aujourd'hui, Sorel n'est généralement connu que comme l'auteur des *Réflexions sur la violence* (1908) et par là même comme théoricien du « syndicalisme révolutionnaire » ; mais en l'étudiant avec soin, on verrait que cet ingénieur, qui n'était qu'un peu plus jeune que Nietzsche, et dont la véritable carrière d'écrivain ne commença qu'une fois en retraite, (Nietzsche était déjà mort), présente une personnalité complexe, au croisement de traditions et de tendances différentes. D'un certain point de vue, il était et resta un conservateur français « pur sang » avec son profond rejet des rhéteurs et des littérateurs ; mais à la fin de sa vie, il écrivit, en 1919 « Pour Lénine » un texte

5. *Ibid.*, p. 205.
6. *Ibid.*, p. 309.
7. *Ibid.*, p. 316.

antisémite, dans la mesure où il attribuait la responsabilité de l'excès de terreur et le sang versé pendant la révolution bolchevique, aux juifs et plus particulièrement à Trotski ; il fut, avant la déclaration de guerre, assez proche de Charles Maurras et de l'Action française, et en même temps reconnu, dans les rangs des syndicalistes et socialistes de gauche en France et en Italie, comme un théoricien de référence. Deux autres livres parus la même année sont à mettre sur le même plan que les *Réflexions : Décomposition du Marxisme* et *Les Illusions du progrès*. Parmi le grands philosophes et théoriciens, il évoque Bergson et Marx bien plus souvent que Nietzsche, mais il n'y a pas de doute qu'il fut profondément influencé par Nietzsche. On voit déjà une proximité objective dans le concept de « mythe », ou encore quand Sorel rapproche l'Irrationnel et la vie politique, bien plus encore que Nietzsche ne l'avait fait : « Les hommes qui participent aux grands mouvements sociaux, se représentent leur action prochaine sous forme d'images de bataille assurant le triomphe de leur cause. Je proposais de nommer mythes ces constructions dont la connaissance offre tant d'importance pour l'historien : la grève générale des syndicalistes et la révolution catastrophique de Marx, sont des mythes. » Avec ces phrases, Sorel prend position autant contre l'orthodoxie marxiste que contre le réformisme : le « socialisme scientifique de Marx » est conçu comme le déguisement rationnel d'une aspiration originelle et est « ainsi relativisé » ; le Réformisme apparaît comme une forme de décadence du socialisme.

L'humanitarisme, lui, est une forme de décadence bourgeoise qui, pour finir, mène à une capitulation lâche tandis que le capitalisme bien compris est quelque chose « d'héroïque ». Le mouvement syndicaliste a d'après Sorel la fonction de réveiller les énergies endormies, si bien qu'entrepreneurs et ouvriers, malgré leur inimitié atteignent également ce qui donne à la vie son sens, et ne soulage pas seulement les peines de la vie quotidienne : le sentiment de la grandeur, la conscience de « possession », la contrainte de la création. La guerre des classes qu'attend Sorel ne doit donc pas être une destruction mais une amélioration et un renouvellement de la vie. Seule une « race de chefs audacieux » d'un côté, et de l'autre une classe d'ouvriers contraignant le syndicalisme à avoir recours à la violence peuvent s'opposer à la décadence à laquelle est réduite l'Europe, par les beaux parleurs à la Jaurès. Et seul un horizon déterminé par les mythes – c'est ainsi que l'on pourrait résumer Sorel, selon une conception nietzschéenne – donne aux groupes humains et aux classes sociales énergie et force de vivre.

À partir de là il s'agit surtout pour Sorel de distinguer le combat syndicaliste des autres militants de ce soulèvement des esclaves qui s'est toujours répété dans l'histoire. Sorel exprime ouvertement – dans *Les Illusions* – qu'il choisit la distinction de Nietzsche entre morale des maîtres et morale des esclaves comme hypothèse de travail ; et il veut visiblement attribuer aux ouvriers les qualités de la morale des maîtres et aux réformistes pacifistes et humanitaires la morale des esclaves. Il pense ainsi dans la même direction que Bernard Shaw en Angleterre et que quelques-uns des « modernes » en Allemagne : il cherche à rendre Nietzsche fructueux pour le socialisme et, par cette synthèse, à dissoudre les vieilles forces du socialisme. Mais avec ce postulat il reste à la marge de la véritable politique. Seul un jeune Italien lui emboîta le pas avant la guerre ; il n'est pas rare qu'il se réfère à Sorel, mais encore plus à Marx et, en des points essentiels de sa pensée, à Nietzsche.

7
Benito Mussolini, marxiste et nietzschéen

Benito Mussolini est le premier homme politique auquel nous nous intéressons dans ce livre, et il est vraisemblablement le seul politicien d'importance qui puisse nous intéresser dans le cadre de notre problématique. Dans le Reich allemand de Guillaume II aucun homme politique « nietzschéen » ne pouvait jouer un rôle équivalent. Il n'y avait en effet aucun parti pour le soutenir et même s'il y avait eu un tel parti, il n'aurait exercé aucune influence sur le gouvernement ; c'est la même chose en Angleterre. Nous avons déjà rencontré des enthousiastes nietzschéens devenus par la suite importants dans la politique autrichienne, comme par exemple Victor Adler et Engelbert Pernerstorfer, mais leur « nietzschéisme » était une sorte de péché de jeunesse et ils devinrent plus tard des sociaux-démocrates banals. Il en allait tout autrement des « modernes » allemands. Bruno Wille et Paul Ernst ne rejetèrent jamais complètement l'influence nietzschéenne ; ils ne devinrent cependant pas politiciens mais hommes de lettres. Ce qui est sûr, c'est que le marxisme fut le socle sur lequel on put discerner le plus clairement l'influence de Nietzsche sur la politique. Cela n'apparaît chez personne de façon plus éclatante que chez Benito Mussolini.

Déjà son nom complet permet de voir quelle était la tradition de la famille dans laquelle grandit cet enfant né en 1883 : Benito Amilcare Andrea – Benito d'après Benito Juarez, Amilcare d'après Amilcare Cipriani, un combattant des Communes, autrefois très connu, Andrea d'après Andrea Costa, l'un des fondateurs du socialisme italien. Son père Alessandro, maréchal-ferrant, fut révolutionnaire puis anarchiste. Le climat de la Romagne, sa patrie, était révolutionnaire. La possession d'une foi socialiste (« fede ») ne fut jamais remise en cause par Mussolini tout au long de sa vie. Il ne fut pas ouvrier ou artisan comme son père mais professeur d'école primaire et de collège ; il n'exerça des métiers « bourgeois » que pour une courte période, et se consacra très tôt au travail pour le parti socialiste. Après des séjours d'agitation politique à l'étranger, en Suisse et en Autriche, il fut à partir de 1909 éditeur d'un hebdomadaire, *La Lotta di classe*, dans sa patrie, et adhéra à l'aile révolutionnaire et intransigeante à l'intérieur de son parti ; en 1912, il obtint, lors du Congrès du parti en Émilie, et après des échanges animés avec les réformistes, la direction de cette aile dure ; peu après il devint, en tant que membre du conseil du parti, qui comptait dix membres, directeur de *l'Avanti*, le journal du parti, et ainsi la personnalité déterminante du PSI, déjà une sorte de Duce. Jusqu'à la guerre, il conserva le même poste, mais en Europe, hors de l'Italie, il n'était pas encore vraiment pris au sérieux, comparé aux autres chefs du socialisme de gauche, Rosa Luxemburg, Karl Liebknecht, Gustave Hervé et Lénine ; mais il était le seul à se trouver à la tête d'un parti encore uni, incluant l'aile la plus moderne des réformistes sous l'égide de Filippo Turati. Il serait donc inexact de dire que Mussolini ne devint connu et important qu'après la Première Guerre mondiale, en tant que Duce du parti national fasciste.

Le jeune Mussolini était, selon sa propre interprétation, un marxiste. Visiblement il avait tout lu de ce qui existait en langue italienne des écrits de Marx, mais aussi beaucoup dans l'original allemand ; il continuait de fêter le « père et professeur » à lui tout seul la « boussole » du mouvement prolétaire et socialiste. En même temps, on remarque assez tôt d'autres influences, comme celles de Sorel, ou de Bergson, et sa philosophie de la vie. Partout en Europe il y avait des marxistes pour mettre leur croyance en rapport avec les courants contemporains, tels le positivisme ou le darwinisme. Mussolini dans cette mesure n'était pas original, il n'était nullement un simple « syndicaliste » romantique, mais sans doute il était plus ouvert à d'autres influences et dans l'ensemble une personnalité plus colorée et plus impulsive que Kautsky ou Lénine. Pour cette raison il pouvait aussi s'approprier des pensées nietzschéennes et devenir nietzschéen, dans certaines limites[1].

Son marxisme, sur des points essentiels, est un modèle d'orthodoxie. Par points essentiels, j'entends les doctrines de la lutte des classes, de l'objet ultime et du combat prolétarien ; la lutte des classes entre capitalistes et prolétaires est la réalité fondamentale

1. Ernst Nolte, « Marx und Nietzsche im Sozialismus des jungen Mussolinis », *in* HZ, Cahiers 191-192, octobre 1960, p. 249-325.

de l'époque. Son origine est la séparation des instruments de production et des producteurs dans la société bourgeoise qui conduit à ce que les prolétaires produisent de la richesse pour tous et sont pourtant exposés à la misère. Le but de la lutte des classes est l'expropriation de la bourgeoisie, grâce à quoi les moyens de production sont rendus aux producteurs, et l'exploitation trouve une fin. La lutte des classes est une force potentielle, et Mussolini fait l'éloge non pas de Sorel mais de Marx, « ce grand philosophe de la force des ouvriers ». Il se retourne ainsi contre la manie générale de grève des syndicalistes et exige des « préparatifs ». Il ne combat pourtant rien avec plus de force que la collaboration de classe à laquelle « les émigrants de la bourgeoisie » veulent persuader le prolétariat de se ranger ; une participation au gouvernement des socialistes, qui paraissait presque à leur portée en Italie avant 1912, est à ses yeux une trahison condamnable du marxisme.

Quand Mussolini invoque l'idéalisme pour lutter contre toutes les tendances à sombrer dans le quotidien et le pragmatisme, il ne s'agit pas d'une position métaphysique ou de théorie de la connaissance, mais d'un appel au combat contre le réformisme, qui mène à mettre de côté même le concept de révolution. Mussolini a bien le sentiment que l'Italie est en retard dans son développement, et pour cette raison il recommande, exactement comme Lénine, une alliance avec les paysans, en particulier les ouvriers agricoles. C'est seulement ainsi que la révolution peut devenir une réalité en Italie ; Mussolini se la représente au sens de la théorie de la catastrophe marxiste, comme un événement unique, c'est-à-dire le « plus grand des bains de sang », qui signifiera justement la fin de toutes les bains de sang. Le combat contre l'évolutionnisme, le réformisme et le positivisme ainsi impliqué est une caractéristique générale du marxisme révolutionnaire ; certes il y a chez Mussolini un ton particulier, quand il veut mettre en première ligne le combat de classe d'un « petit noyau décidé et audacieux » ; et pourtant, il est en accord ici avec Lénine. Même le postulat selon lequel le socialisme devrait devenir à nouveau « mouvement, combat, action » n'est nullement pas antimarxiste, tout en étant empreint de « philosophie de la vie ».

Mussolini s'en tient toujours à l'objectif ultime du marxisme, et il reste très éloigné de la conception de Bernstein, qui avait expliqué le mouvement comme « tout » et le but final comme « rien ». « La société sans classes » est cet objectif ultime, mais Mussolini accorde plus d'importance à l'aspect de progrès technique, et d'ouverture de nouvelles possibilités de vie pour les « esprits inquiets » que

Marx ne l'avait fait ; pourtant il y avait à cela des parallèles indéniables dans le mouvement socialiste, comme par exemple chez Trotski. C'est plutôt l'accent mis sur la foi qui sonne un peu hétérodoxe, étant insuffisamment « scientifique » ; mais la tendance qui consiste à séparer le marxisme du *scientisme* et à le concevoir comme croyance, utopie (au sens positif), se trouvait aussi chez Sorel et le jeune Ernst Bloch.

Pour Mussolini, il était évidemment exclu qu'un autre mouvement international puisse avoir une « croyance » ; le fait que l'internationalisme fût plus fort et plus adapté au temps que le nationalisme ne faisait pour lui aucun doute. En effet, il affirme à la fois que les guerres sont devenues impossibles, et en même temps, exactement comme Lénine, qu'une guerre déclarée doit aussitôt être transformée en guerre civile, c'est-à-dire guerre civile internationale. Comme Gustave Hervé, plus encore que Lénine et Rosa Luxemburg, Mussolini se transforme en combattant d'un « antipatriotisme » prolétarien pour lequel la patrie est « une fiction mensongère ». Lors du début de la guerre libyenne, il répète avec grande insistance que les prolétaires arabes et turcs sont « nos frères » alors que les bourgeois turcs et italiens, sont « d'irrémédiables ennemis ». C'est en fait un degré supérieur du cosmopolitisme et justement ce maximalisme abstrait amène, encore plus que les influences de la philosophie de la vie à poser la question de savoir si le marxisme de Mussolini a grandi avec la confrontation à une actualité dramatique.

En même temps, le rapport de Mussolini à Nietzsche constitue le point culminant d'une potentielle hétérodoxie. Ce rapport n'est pas aussi intensif ni continuel que celui avec Marx ; on le voit dans quelques-uns de ses textes longs, et l'on ne peut pas constater une progression constante du nietzschéisme dans sa pensée. Mais ces prises de position prouvent une connaissance importante – vu les circonstances de l'époque – des écrits de Nietzsche et on arrive à identifier une direction dans laquelle la lecture de Nietzsche pourrait, pourvu que certaines conditions soient réunies, entraîner Mussolini loin du marxisme.

Dès 1908, Mussolini publia dans un hebdomadaire républicain un long article ayant pour titre « La philosophia della forza ». La biographe de Mussolini, Margherita Sarfatti, en a conclu que son héros avait, dès ses jeunes années, été un « parfait Nietzsche », mais il ne peut en être ainsi. Il s'agit en effet d'un rapport commentant un exposé du député socialiste Claudio Treves, et il ne faut pas traduire le titre par « Philosophie de la force », mais « Philosophie de la puissance ». Les remarques propres à Mussolini sont pourtant très instructives. Dès le début, il dit que Nietzsche est l'esprit le plus génial du dernier quart de siècle, exerçant une influence extraordinaire. Treves est un prétexte pour citer les exposés de Nietzsche sur l'État dans *La Généalogie de la morale* y compris «la horde des bêtes sauvages blondes». Il fait aussitôt intervenir «le principe de solidarité» qui devrait assurer le lien des maîtres entre eux et celui de la caste des maîtres avec les esclaves ; le corpus des idées socialistes est là pour améliorer Nietzsche. Plus loin, il parle de l'antichristianisme de Nietzsche avec des expressions de sympathie et croit pour cela – d'une manière vraiment originale – en découvrir la cause dans sa position anti-allemande : «Peut-être son *Antechrist* est-il le dernier produit d'une réaction puissante contre l'Allemagne féodale, pédante et chrétienne.» De même l'anti-ascétisme de Nietzsche rencontre l'approbation de Mussolini ainsi que son jugement négatif sur l'Européen moderne sorti de cette histoire, «ce petit monstre boursouflé d'une médiocrité personnelle irrémédiable a une âme incapable de vouloir de grandes choses ; il n'est pas suffisamment réactionnaire pour défendre le passé féodal, ni suffisamment rebelle pour parvenir aux dernières conséquences de la révolution[2]». D'une manière similaire, le «surhomme» est marxisé : «le surhomme ne connaît rien d'autre que la révolte. Tout ce qui existe doit être détruit.» Mais Mussolini est plus nietzschéen que marxiste lorsqu'il déclare : «La plèbe, qui est assez christianisée et humanitaire ne comprendra jamais qu'un degré supérieur de mal puisse être nécessaire à la prospérité du surhomme[3].»

Quatre ans plus tard, Mussolini écrit dans *Avanti* un compte rendu de la biographie de Nietzsche par Daniel Halévy. Ici aussi il est clair que, comme socialiste il ne se voit pas remis en question, mais qu'il croit pouvoir faire entrer Nietzsche dans le schéma marxiste. À nouveau on reconnaît un ton nietzschéen quand il décrit, pour finir, Nietzsche par cette phrase : «Le "saint" avait bu tout le calice et achevé son sacrifice dans une folie amnésique et par conséquent divine[4].»

Mussolini réalise la synthèse la plus étonnante de Nietzsche et de Marx en 1913 d'une manière insolemment ludique dans un essai auquel il donne le titre : «Chasse au sain entendement humain». J'en cite quelques phrases : «Une fois pour toutes : je déteste le bon sens. Je le déteste au nom de la vie et de mon sens insurmon-

2. *Ibid.*, p. 306.
3. *Ibid.*, p. 307.
4. *Ibid.*, p. 309.

table de l'aventure. Car ce bon sens signifie le conservatisme, il est... philosophie des classes qui sont arrivées et non pas de celles qui commencent seulement à vouloir atteindre un objectif. On doit contempler les révolutions comme revanche de la folie contre le bon sens. Car les révolutions sont folles, sans tête, violentes, idiotes, bestiales. Elles sont comme la guerre. [...] La société bourgeoise a fait l'homme-machine, l'homme-fonction, l'homme-mouvement, l'homme-règle. Je rêve au lieu de cela de l'homme-exception. Le bon sens menace maintenant d'empoisonner aussi l'idée de révolution. [...] Autrefois le socialisme était la chose des "déguenillés", des "malfaiteurs", de la "canaille" ; aujourd'hui il est civil, civilisé. Il est cultivé, veut que nous soyons raisonnables : il est si sentimental qu'il pleure et qu'il fait pleurer ; il a un dégoût superstitieux du sang, s'épouvante face à l'aventure. [...] Comparez une page de Marx avec une page de Bonomi ou Turati ! [...] Jamais il [le bon sens] ne se surmontera [...] il préférera le marécage au sommet, le repos à la marche, la paix à la guerre [...] il prendra continuellement d'autres masques ; il sera noir et rouge, conservateur et révolutionnaire, insolent et pusillanime, homme et femme... et je l'étendrai sur le carreau. Ensuite je le montrerai aux masses et je dirai : "citoyen j'ai tué votre pire ennemi, montrons notre joie en dansant une danse sauvage[5]." » Certainement il ne faut pas aborder un morceau de prose aussi moqueur et caricatural à l'aide de concepts très sérieux, comme irrationalisme ou anarchisme. Mais des caricatures peuvent être plus éclairantes que des reproductions exactes par leurs déformations et leurs aggravations. Et il est vraisemblable que jamais un autre socialiste n'avait écrit un tel texte, avec des implications aussi importantes. Car s'il faut rapprocher la révolution (Marx) et la guerre (Nietzsche), alors la volonté de guerre pourrait un jour être la vie supérieure, dans la mesure où la révolution se serait révélée impossible. Et si le masque du sain entendement humain peut être aussi rouge et « révolutionnaire », alors Mussolini pourrait un jour se voir contraint de tuer les honnêtes hommes révolutionnaires. Et lorsqu'il fait l'éloge, au début, « des chevaliers du Moyen Âge », ne doit-il pas pour finir rejeter une doctrine qui voit dans ces chevaliers, comme dans toutes les classes dirigeantes, uniquement des « exploiteurs » ?

Nous avons constaté des ressemblances importantes entre Marx et Nietzsche, et nous avons aussi dégagé une différence fondamentale. Comme Mussolini veut être à la fois marxiste et nietzschéen, il

5. *Ibid.*, p. 310 *sq.*

réunit ce qui ne peut l'être, mais qui n'est que partiellement inconciliable. La dissonance ne conduit à aucune solution, car le marxisme reste toujours le plus important et ce qui domine chez Mussolini. L'influence nietzschéenne se faisait pourtant sentir avec l'idée que ce qui, chez Marx, était provisoirement subordonné, c'est-à-dire l'héroïsme, la croyance, la volonté de mouvement et le changement, pourrait se libérer et devenir son propre but. Mais à aucun moment, avant 1914, on ne rencontre chez Mussolini, ce que l'on pourrait appeler un marxisme de la vitalité, un marxisme refondu biologiquement, et qui serait une figure autonome. Aucun développement purement intellectuel ne permet d'expliquer la transformation du marxiste influencé par Nietzsche et du propagateur de la guerre civile en l'interventionniste, apologiste de la guerre, ni plus tard, son passage au fascisme. La raison en était l'imprévisible, bien qu'ici ou là pressenti, redouté et en même temps voulu : le début de la Première Guerre mondiale. Notre cours s'approche ainsi de sa fin c'est-à-dire du début de cette guerre civile européenne, d'abord à peine reconnaissable dans les orages d'acier de la guerre des peuples et qui fut pourtant, pour finir, suffisamment visible pour donner à la guerre mondiale son caractère le plus marqué.

Conclusion

Nietzsche, Marx et la guerre civile européenne

Si nous regardons rétrospectivement le nietzschéisme dans son ensemble, nous trouvons notre hypothèse confirmée : ce qui chez Nietzsche cohabitait d'une manière contradictoire s'est réparti entre différentes personnalités et regroupements d'individus : la grande auto-satisfaction de Nietzsche est acceptée ou rejetée, son élitisme est un étendard pour les uns et, pour les autres, Nietzsche vaut avant tout comme libérateur des liens de la morale et de la convention ; sa critique de la culture est reprise ; sa louange de la vie prend la forme d'un nouveau paganisme ou de l'esthétisme ; il sert de précurseur à de nouvelles synthèses de l'élitisme et du socialisme ; on le conçoit comme fondateur d'une éthique social-darwiniste, ou comme défenseur de l'irrationnel contre les tendances génératrices de mort du rationalisme et du scientisme. Dans tous ces effets et contre-effets se joue une part considérable de l'histoire de l'esprit entre 1890 et 1914 : la philosophie de la vie et le symbolisme, le scientisme et l'anarchisme, le mouvement des femmes et le socialisme sont sous l'influence de Nietzsche, ou bien conservent des marques essentielles de lui. Des hommes aussi significatifs que le comte Harry Kessler, Gustav Landauer, Georg Simmel, Ferdinand Tönnies, Max Weber, Ludwig Klages, Thomas Mann, Stefan George, Gabriele D'Annunzio, sont des nietzschéens, ou du moins fortement influencés par Nietzsche.

Mais on ne peut pas dire qu'il ait été nulle part considéré comme l'incarnation de la diversité d'une situation de conflit social, comme un « champ de bataille », ou comme le prophète d'une future guerre civile. Certes, Bernard Shaw parle des « charrettes des bourreaux du XXe siècle », certes Vaihinger voit dans le mot d'ordre « Mort aux faibles » un des principaux postulats de Nietzsche, certes la morale de l'évolution d'Alexandre Tilles laissait prévoir des luttes violentes pour le futur, mais le concept de « parti de la vie » ne surgit nulle part, et les discussions qui ne sont pas rares sur « Marx et Nietzsche » traitent plutôt du contraste entres les « collectivistes » et les « individualistes ».

Dans ce cours, nous n'avons pas envisagé Nietzsche d'abord comme philosophe, ni non plus comme écrivain, mais d'abord comme « intellectuel » qui fut assailli comme aucun autre par les contradictions de son temps car il avait – en tant que philhellène – ses racines intellectuelles profondément plongées dans le passé, et pour cette raison, il était capable d'éprouver la différence du présent particulièrement fortement ; intellectuel dont le discours ne se ramenait pas à un « oui » ou un « non » univoques, mais qui pensait la grande insécurité de la modernité et la vivait. Nous avons vu ici le grand contraste avec Marx qui avait été un humaniste philhellène et classique, mais qui trouva très tôt une nouvelle assurance dans la mission historique mondiale qu'il s'attribuait– en même temps, ainsi qu'à un vaste groupe d'hommes à travers les nations. J'ai essayé de montrer que c'est justement de la confrontation avec le socialisme qu'a résulté pour Nietzsche la nécessité d'une conception opposée, elle aurait dû à son tour lui procurer la sécurité mais elle reste caractérisée par une « contrainte et un artifice ». Alors que Marx se trouvait en accord avec beaucoup d'autres hommes, quand il attendait dans un futur proche la victoire du prolétariat industriel dans tous les pays avancés, ainsi que la métamorphose – en résultant – de la « préhistoire de l'humanité » en une existence libérée, heureuse et riche pour tous les hommes, Nietzsche devait recourir à des constructions très problématiques et isolées quand il voulut assurer une victoire décisive à la « vie », contre la décadence d'un « soulèvement d'esclaves » vieux de plusieurs millénaires. La représentation salvatrice marxiste était, de beaucoup, « plus naturelle » que son opposé nietzschéen : nous avons parlé du fait que Marx prévoyait un conflit final « idéal » qui n'aurait pas la caractéristique d'une guerre civile car il consisterait simplement à se débarrasser d'un petit nombre de magnats du capital ou bien à les instrumentaliser ; cela serait accompli par l'énorme majorité des exploités ; de son côté, nous l'avons rappelé, le concept idéal de Nietzsche prévoyait plutôt un massacre qu'une guerre civile, à savoir l'extermination de millions de « ratés ». En même temps, nous avons établi que Nietzsche prévoyait l'époque à venir – époque des « anarchies européennes et des tremblements de terre » – dans ses lignes fondamentales, d'une manière plus juste que Marx, qui avait quelquefois divagué, avec sa représentation « idyllique » de la révolution (d'un jour) simultanée en tous lieux, victorieuse et prolétarienne (comparer le titre de Kautsky : *Am Tage nach der sozialen Revolution*, Le lendemain de la révolution sociale).

Mais la révolution marxiste prit un visage terrible : lorsqu'elle dut frapper une « bourgeoisie » « qui n'avait pas accompli son devoir historique », elle fut confrontée à une paysannerie qui n'était pas encore devenue une minorité insignifiante de la population. Elle dut elle-même accomplir cette destruction sociale qui aurait dû être le fait de l'histoire ; et, comme une telle destruction n'était pas imaginable sans une forte résistance de ceux qui étaient attaqués, son visage devint celui d'exterminations sur une grande échelle. Pour cette raison même, la conception nietzschéenne prit un aspect terrible : non qu'une minorité des gens forts voulût anéantir la majorité des faibles, mais que la majorité, se sentant menacée par le marxisme, voulut passer du côté des forts et mit en œuvre une destruction biologique ou méta-biologique qui devait garantir définitivement contre le plus dangereux de tous les attentats et dans cette mesure sauver l'humanité et surtout la race des maîtres et la sur-race.

Pour voir encore plus clairement ce que ces conceptions et leur confrontation signifiaient vraiment, je présenterai pour finir quelques réflexions qui semblent nous emmener dans des domaines complètement différents. Homère raconte dans le 2e Chant de l'*Iliade* qu'Agamemnon mystifié par Zeus dans un songe a appelé les Achéens à se rassembler en conseil et leur fait la proposition fallacieuse d'arrêter ce siège qui durait depuis dix ans et de rentrer à la maison. Mais cette proposition rencontre beaucoup plus de succès que ne l'attendait le roi, et Ulysse et les autres chefs ne parviennent qu'à grand peine à apaiser les masses et les ramener au lieu du rassemblement : « Les autres donc s'assoient et consentent enfin à demeurer en place. Thersite, seul, persiste à piailler sans mesure. Son cœur connaît des mots malséants, à foison, et, pour s'en prendre aux rois, à tort et à travers, tout lui est bon, pourvu qu'il pense faire rire les Argiens. C'est l'homme le plus laid qui soit venu sous Ilion. Bancroche et boiteux d'un pied, il a de plus les épaules voûtées, ramassées en dedans. Sur son crâne pointu s'étale un poil rare. [...] Mais lui, c'est à grands cris qu'il cherche querelle à Agamemnon disant : « Allons ! fils d'Atrée, de quoi te plains-tu, de quoi as-tu besoin encore ? Tes baraques sont pleines de bronze, tes barques regorgent de femmes, butin de choix, que nous, les Achéens, nous t'accordons, à toi, avant tout autre, chaque fois qu'une ville est prise. [...] Ainsi parle Thersite. Il cherche querelle à Agamemnon, pasteur d'hommes. Mais le divin Ulysse, vite est près de lui ; sur lui il lève un œil sombre, il le tance avec des mots durs. [...] Il dit et, de son sceptre, il le frappe au dos, aux épaules. L'autre ploie l'échine, et de grosses larmes coulent de ses yeux : une bosse sanguinolente a sailli sur son dos au choc du sceptre d'or. Il s'assied, pris de peur, et, sous la souffrance, le regard perdu, il essuie ses larmes. Et malgré tout leur déplaisir, les autres à le voir ont un rire content ; et chacun alors de dire en regardant son voisin : [...] son noble cœur ne le poussera plus je pense, à prendre les rois à parti avec des mots injurieux[1]. »

Il n'est pas difficile de voir quel processus se cache derrière cette narration pleine d'humour : une mutinerie, une protestation des masses de simples guerriers ou soldats qui ont été laissés à l'abandon et trop maltraités par leurs chefs. La réaction est rapide et efficace : elle ne consiste pas seulement en une punition de Thersite par Ulysse, mais elle la déborde dans la représentation du poète : celui qui amène la mutinerie est détestable, lâche et mauvais ; c'est pourquoi se retournent finalement contre lui ceux-là mêmes pour le bien de qui il a parlé. Il y a toujours eu dans les États guerriers et surtout dans les situations de guerre, de soulèvements des désavantagés, des opprimés ; et la réaction à leur égard s'est toujours manifestée avec les moyens les plus radicaux des aristocrates ou bien des officiers et des fonctionnaires ; dans aucun des cas on n'a prouvé que les opprimés se soient organisés de manière durable ou bien qu'ils aient développé une conscience d'eux-mêmes particulière et positive. Pourtant il n'est pas rare que de telles révoltes et mutineries aient atteint immédiatement leur but ; mais le résultat fut en règle générale seulement la consécration d'un nouvel empereur ou bien le remplacement des membres du sénat haïs par d'autres, mieux aimés. Dans cette mesure aussi le fait suivant devient évident : les « dominants », au milieu du luxe et de la corruption, ne s'occupent pas exclusivement de leurs « intérêts privés », mais doivent assurer aussi un minimum de cohésion et de direction. Il y a eu déjà dans l'Antiquité une forme d'État où le poids de l'aristocratie guerrière et où la liberté de l'individu put s'exprimer, y compris les plaintes et les revendications de ceux qui étaient désavantages la démocratie : « Dans un pareil État, le maître craint et flatte ses élèves. [...] En général les jeunes vont de pair avec les vieux et luttent avec eux en paroles et en

1. Homère, *Iliade*, Paris, Éd. Les Belles Lettres, 1949, Chant II, p. 37-40.

actions. Les vieux de leur côté, pour complaire aux jeunes, se font badins et plaisants et les imitent pour ne pas savoir l'air chagrins et despotiques. [...] J'allais oublier de dire jusqu'où vont l'égalité et la liberté des rapports des hommes et des femmes. [...] Les bêtes mêmes qui sont à l'usage de l'homme sont ici beaucoup plus libres qu'ailleurs, à tel point qu'il faut le voir pour le croire. [...] C'est là qu'on voit les chevaux et les ânes accoutumés à une allure fière et libre, heurter dans les rues tous les passants ; et c'est partout de même un débordement de liberté. [...] Et ils (les citoyens) en viennent à se moquer des lois écrites ou non écrites, afin de n'avoir absolument aucun maître[2]. »

Pour Platon, la tyrannie découle nécessairement de cet état de choses ; la démocratie est seulement un stade intermédiaire entre l'oligarchie ploutocratique, avec son désir effréné d'enrichissement, et la domination du sabre du despote unique. D'un autre côté, il y eut dans l'Antiquité des utopies ou des « romans politiques » qui décrivaient des républiques dans lesquelles les principes de liberté et d'égalité étaient portés à une telle perfection que dans ces États imaginaires, non seulement personne ne gouvernait, mais personne ne prenait l'avantage sur l'autre. L'idéal « an-archique » ou égalitaire, c'est-à-dire l'idéologie de « la gauche éternelle » existait déjà complètement, et les deux obstacles principaux à sa réalisation apparaissaient clairement : il ne fallait pas de danger externe (d'où la situation en général dans une île) et la liberté devait consister seulement dans la liberté pour l'égalité, c'est-à-dire que l'égoïsme devait être exclu. Mais, aussi antique et notoirement enraciné dans des formes archaïques de communauté cet idéal ait-il été, il ne pouvait pourtant parvenir à une efficacité continue et organisée que sous certaines conditions historiques. Je m'en tiens à cette thèse selon laquelle la formation du « système libéral européen » était une telle condition ; les débuts de ce système sont à chercher dans la séparation entre les puissances supérieures, spirituelle et séculière (pape et empereur) ainsi que dans la mise en place d'une noblesse puissante – mais non pas surpuissante – et de communautés autonomes. La gauche « an-archiste », « extrême » ou « éternelle », commença à se déployer librement et donc à être efficace pour la première fois à l'époque des « Lumières », chez des auteurs comme Rousseau et Linguet, Morelly, Mably et d'autres encore ; sans ces influences, la Révolution française n'aurait pas pris la forme des années 1793-1794, et sans elles le cri de ralliement :

2. Platon, *La République*, Paris, Éd. Les Belles Lettres, 1967, VIII, p. 35-36.

« Guerre aux palais, paix aux chaumières » n'aurait pas existé. La conséquence en fut la première guerre civile européenne, avec la conquête temporaire de toute la puissance par les Jacobins français et le ralliement des « Jacobins » allemands, autrichiens, et italiens à la France révolutionnaire, contre les gouvernements « contre-révolutionnaires » de leurs propres pays. Ce n'est pas un hasard si, depuis, presque tous ceux qui se voient comme opprimés ou désavantagés et cherchent du secours dans le combat politique, se sont réclamés de l'exemple de la Révolution française, et pourtant, dans cette révolution, se sont accomplis d'étranges retournements (par exemple du cosmopolitisme au nationalisme), et la conception de Platon du revirement de la démocratie en la tyrannie y a trouvé une de ses confirmations les plus remarquables.

Je m'éloigne maintenant de la succession chronologique et cite quelques cas de soulèvements d'opprimés ou de désavantagés qui sont des idéaux-types. La question de savoir s'ils ont débouché sur une guerre civile m'intéresse. Vers 1900, la réformatrice suédoise Ellen Key proclama le « siècle de l'enfant ». Les enfants peuvent être opprimés ou désavantagés : que l'on pense aux enfants de l'Ancien Régime, habillés et se comportant sur le modèles des adultes, ou bien au travail des enfants au XIXe siècle. Mais leur émancipation ou l'amélioration de leur état ou bien encore leur libération peut seulement être accomplie par des adultes ; une « guerre civile » de ces opprimés contre leurs oppresseurs serait une idée absurde.

La même chose vaut, avec une moindre évidence, pour les jeunes gens. « Jeunesse » peut être un cri de combat, mais les plus vieux sont en possession si ferme de tous les moyens de puissance qu'un soulèvement par la force est exclu.

La population noire des États-Unis est en état de s'associer et de s'armer. Mais elle est une minorité trop petite pour pouvoir commencer une guerre civile avec un espoir de victoire. Si pourtant elle en faisait l'essai, sa destruction serait la seule issue. Si par des moyens paisibles, comme des manifestations et des votes elle ne parvient pas à redresser quoi que ce soit, il ne lui restera que le terrorisme occasionnel conduisant peut-être à des concessions du côté des Blancs. Une majorité noire comme celle de l'Afrique du Sud aurait pu au contraire commencer la guerre civile avec bon espoir de succès si elle avait réussi à s'organiser et à se préparer fondamentalement. Mais cela lui était interdit par les Blancs, et elle dut s'en remettre à la compréhension grandissante de ceux qui avaient le pouvoir, à la protection de sympathisants étrangers, et parfois même au terrorisme occasionnel. Semblable est la situation de nations entières face à la domination étrangère ; ici, seule une guerre de libération organisée serait possible et elle ne conduirait à une guerre civile que si des parts importantes de la nation soumise passaient du côté de l'oppresseur étranger, certainement avec l'idée que la libération entraînerait avec elle une dégradation partielle ou totale de la situation économique.

Aujourd'hui, la situation du Tiers Monde face au « premier monde » ne semble pas très différente, bien que les conditions de domination politique n'existent plus. Il est cependant toujours imaginable que l'essai soit tenté, de mettre fin à l'infériorité économique par la force. On en viendrait alors à une guerre classique, et très inégale au regard de la répartition des moyens de pouvoir, qui pourrait dans cette mesure prendre un caractère de guerre civile, de même qu'il serait possible que des parties de la population du « premier monde » passent du côté du Tiers Monde. C'est le concept de « combat anti-impérialiste » de petits groupes terroristes qui n'a aucune chance de réalisation à vue humaine, parce que les intérêts palpables d'une grosse majorité s'y opposent.

La société contemporaine de l'Ouest est souvent caractérisée comme la « société des 2/3 » – on pourrait la qualifier comme une société dans laquelle il n'y a presque plus de « palais » et où le nombre de « maisons » est bien plus grand que celui des « chaumières ». Et les espoirs du tiers désavantagé ne sont pas nuls, d'atteindre une amélioration de sa situation par le droit de vote, par ses manifestations, et sa capacité à s'ouvrir. Une guerre civile serait donc là sans espoir, les rapports de puissance étant trop inégaux.

Exactement la moitié de la population est constituée de femmes, et selon les propos de leurs porte-parole, elles sont désavantagées si ce n'est opprimées. Pourtant une guerre civile des femmes contre les hommes n'est pas imaginable, car les inter-dépendances et les accords entre les deux sexes sont bien plus forts que les féministes militantes n'aiment à le dire.

En Occident, on aperçoit la possibilité d'un état de société qui garantisse une vie à chaque citoyen bien au-dessus d'un minimum vital même s'il se refusait à travailler : nous avons tué l'origine des grands conflits sociaux (la faim et l'espérance d'inverser cette situation qu'elle engendre). Dans cet état de choses tous pourraient se sentir libres et égaux malgré une différenciation grandissante, mais en même temps chacun pourrait se sentir opprimé, car pour chacun, dans le mouvement impersonnel du grand tout anonyme, les malheurs individuels sont considérés comme immérités, si bien que la société de la richesse commune est en même temps une société où tout le monde peut se sentir malheureux et frustré. Une guerre civile serait impossible dans un État tel que celui-là, mais peut-être ses habitants devraient-ils vivre avec des déclenchements permanents d'insurrections et de terrorisme sélectif.

Nous semblons nous rapprocher d'un tel état de choses. De ce point de vue, on peut très bien imaginer quelle sorte particulière de conflit social surgira. Pour qu'une guerre civile transnationale surgisse, qui pourrait aussi prendre la forme d'une guerre internationale entre États, il faudrait qu'un grand groupe de la population d'un État important, potentiellement une majorité, et qui se trouverait désavantagée d'une manière très sensible, soit bien organisée et décidée, à prendre le risque d'une action armée contre la minorité régnante. On a rencontré deux fois dans le cours de l'histoire un tel groupe : « le tiers État » face à l'aristocratie dans la France d'Ancien Régime, et le « prolétariat » en Angleterre et en Allemagne, contre la classe gouvernante, issue de la bourgeoisie et de la noblesse. Les conditions nécessaires à une situation de guerre civile étaient réunies, mais elles n'auraient pas suffi. Pour déclencher un conflit civil, il fallait d'abord ces affirmations idéologiques et ces exagérations qui firent dire à l'abbé Sieyès que le Tiers État n'était rien et qu'il voulait être tout, et qui conduisirent Karl Marx à affirmer, par imitation, que le prolétariat serait la majorité victorieuse et débarrasserait le monde de la malédiction de la propriété privée, c'est-à-dire du désir de possession et de l'égoïsme.

Une autre condition préalable fut que les couches sociales les plus élevées qui se sentaient menacées, acquièrent le soutien d'une part importante de la population. Vraisemblablement, l'idéologie marxiste conduisit essentiellement à ce que de fortes sensations de peur et de menace s'étendent et émergent. Marx lui-même ne pouvait développer son idéologie que parce qu'il ne prenait pas au sérieux la diversité et l'opposition potentielle des différents sentiments d'oppression, et qu'il escamotait la notion de guerre civile à l'aide du terme de « lutte des classes », et par la représentation de la « majorité écrasante ».

Si une idéologie opposée aussi radicale surgissait, elle devait de son côté arriver à un rejet de toutes les émancipations en tant que « soulèvement d'esclaves ». Marx et Nietzsche développèrent donc des conceptions opposées qui étaient liées à la situation sociale de l'époque, entre révolution industrielle et « société de consommation ». Ni l'une ni l'autre ne se voulaient être proprement des conceptions de la guerre civile. Mais elles durent bien en venir là, quand fut franchi le pas dans la direction du réel. Ce pas décisif, ce fut le putsch des bolcheviks au sein de la révolution russe, qui réussit sur la base de conceptions complètement différentes de celles de Marx, et qui apporta pourtant la preuve qu'un parti marxiste était en état de prendre le pouvoir et de réaliser la destruction sociale, que selon Marx l'histoire aurait dû se charger d'accomplir. Une menace universelle prenait une forme concrète. La situation de guerre civile devenait une réalité et elle fut définitivement là lorsque dans un État de même poids que la Russie, un parti de conception opposé s'imposa, qui, se réclamait de Nietzsche, pour simplifier. La situation se transforma fondamentalement lorsque le socialisme soviétique de Staline avec l'aide de son vieil ennemi déclaré, le « capitalisme », eut atteint la victoire militaire sur l'ennemi mortel – la parti fasciste – son ennemi mortel qui lui ressemble tant. La situation fut alors une « guerre civile mondiale », entre le libéralisme de la société de marché des puissances anglo-saxonnes et le communisme.

Cette guerre civile mondiale n'atteignit pas comme tout le monde le sait, son développement logique, à cause de l'apparition d'une arme d'une force de destruction sans pareille. La lutte idéologique continua mais la « société des deux tiers », occidentale, gagna petit à petit plus de partisans à l'Est, que l'économie planifiée, bureaucratique et caractérisée par une réelle rareté des biens n'en avait à l'Ouest. Les partis communistes au pouvoir, véritable « bourgeoisie politique », se retrouvèrent dans une situation qui ressemblait beaucoup à celle de la « bourgeoisie économique » occidentale au début du siècle. L'année 1989 a révélé la différence de réaction des bourgeoisies placées dans une situation identique.

Aujourd'hui où nous sortons de la situation de guerre civile – qui a culminé entre 1917 et 1945 – nous pouvons dire sans risquer de nous tromper que Marx et Nietzsche en ont été les idéologues les plus importants. En même temps, nous devons nous demander ce qui peut être utile, à l'avenir, pour tracer une « voie médiane » qui ne soit pas celle de la médiocrité.

Si une hypothèse pour l'avenir est possible, je dirai : nous ne pourrons en aucun cas, dans le futur, concevoir, comme Nietzsche le fit, le concept d'émancipation comme « soulèvement d'esclaves » ou « dégénérescence généralisée », et nous n'avons pas non plus à l'aborder avec ces cris de ravissement non critiques qui sont aujourd'hui d'usage. On ne doit pas entreprendre avec Marx de fabriquer un monde sans aliénation qui fonctionnerait sans argent ni valeurs d'échange. Mais nous ne devrions pas non plus cesser de considérer ce qui n'a pas de valeur marchande, les valeurs de la personne, comme ce qu'il y a de véritablement humain au sein du monde. Nous ne devons aspirer à « l'utopie » que pour l'individu. Nietzsche et Marx furent dans les premières décennies des figures de proue ou des adversaires ; ils pourront à l'avenir être des aides : nous deviendrons leurs compagnons de pensée.

Remerciements

Je prie Monsieur le Professeur E. Nolte de bien vouloir trouver ici l'expression de ma reconnaissance pour sa disponibilité au cours de la réalisation de cette traduction. Je remercie également Manuel Albertini, Pascal Bouffandeau, Elizabeth Décultot et Loïc Godail qui ont aidé à sa réalisation matérielle.

Index

Table

III

Le nietzschéisme jusqu'en 1914

Achevé d'imprimer en avril 2000
sur système Variquik
par l'imprimerie Sagim
à Courtry
pour les Éditions Bartillat

Composition – Mise en pages
DV Arts Graphiques à Chartres

Dépôt légal : avril 2000
N° d'impression : 4203
ISBN 2.84100.219.5

Imprimé en France